U0546546

圖書館電子資源組織

——從書架到網路

Organizing Electronic Resources in Libraries
--From Shelf to Web

張慧銖　著

序　言

自民國 93 年由臺大醫學院圖書館的行政職轉任中興大學圖書資訊學研究所之教職，迄今已有六年半，在此期間前三年擔任所長的職務，致力於制度與檔案的建立，並且在全所師生的通力合作下，順利通過民國 96 年教育部對本所的評鑑。後三年半積極經營教育部所支持的學分學程，由「人文數位典藏學程」至改名後的「人文數位典藏與加值應用學程」，吸引許多本校文學院的學生投入資訊科技能力的培養，為其第二專長預作準備。

在行政職務之外，努力從事於教學與研究工作，對長久以來所關注的資訊組織議題投注最深。在教學上因開設「技術服務研究」、「電子資源組織與管理」，及「圖書館管理」等課程，深感技術服務是圖書館所有服務的基礎，若沒有完善的技術服務便很難開展圖書館的各項業務。因此，在教學過程中逐漸累積的文獻閱讀心得與思考便成為撰寫本書的動機，而在執行研究計畫與指導研究生撰寫論文的經驗則是實務的操作，更是文獻的驗證，而這些理論與實務多數都已納入本書之範圍。

資訊組織對圖書館而言雖相當重要卻是容易被忽視的議題，無論在學的學生抑或是圖書館的主管大都對資訊組織工作敬而遠之。究其原因，應與其呆板枯燥的刻板印象、須遵循諸多標準與規範，及跨領域的特質有關。然而長期因不瞭解而產生排斥或忽視的結果，除了造成技術服務館員士氣低落之外，也使得圖書館的資訊組織工作面臨危機。再加上網路與電子資源的快速發展，更迫使圖書館不得不面對電子資源的衝擊而調整其資訊組織相關的工作流程、人員訓練與組織架構。因此，實務上不僅要處理紙本的資源，更要面對電子資源，圖書館的資訊組織工作可說是正處於十字路口。而在教學上亦然，究竟要放棄舊有的標準與規範，全部講授新的，或是應新舊並存等同視之，亦呈現兩難的狀況。而此一困境仍有賴學界與業界共同努力建立共識，以尋求解決方案。

本書以「圖書館電子資源組織」為名，以探究圖書館電子資源組織的相關議題，副書名「從書架到網路」則是一個抽象的概念，欲突顯從過去到現在，從傳統到數位的進程，並無具象指涉之意。全書主要採文獻探討之方法，針對相關文獻與研究報告加以分析，並且納入曾執行過之研究計畫成果，綜合論述。共分七章：第一章導論，說明電子資源組織與管理的重要性；第二章電子資源的組織標準，說明描述電子資源所需的編目規則與後設資料；第三章電子資源的主題分析，說明分析電子資源主題的方法、工具及其發展；第四章電子資源的連結與互通，說明後設資料互通的重要性，及所採用的方法、標準與系統；第五章電子書與電子期刊的組織，說明電子書與電子期刊的組織與利用方法；第六章引進電子資源對圖書館組織架構的影響，以實例說明圖書館因應電子資源的衝擊所作的組織調整，進而討論人員的技術能力與教育訓練；第七章圖書館資訊組織發展趨勢，從幾個重要面向觀察圖書館資訊組織的發展趨勢。

本書之內容是近十年來圖書館資訊組織相關議題的綜合整理與討論，可說是現階段個人教學與研究成果的展現。正如同其他的研究者一般，在本書撰寫過程中個人身心備受煎熬，所幸有賴諸多同儕、好友與親人的支持與鼓勵，方能在預訂的時程內完成。因此，對於他們的親愛精誠心中實充滿無限的溫暖與感謝。此外，學程助理廖冠淵協助繪圖；研究生林美妙、蘇士勛同學協助參考書目之整理，亦在此一併致謝。

張慧銖　謹識於臺北寓所

中華民國 100 年 2 月 1 日

目　錄

圖表目錄

圖目錄

表目錄

第一章　導論

圖書館的存在是基於社會的需要，而惟有穩定的政治環境才有可能孕育圖書館事業蓬勃發展的沃土。圖書館的起源與進步實際上受到政治、經濟、社會與科技的影響至深(Billings, as cited in Rubin, 2004a, p.100)。若回顧人類文明的進程，在文字尚未發明以前，人們僅能以口耳相傳的方式傳授生活經驗與人生哲理，接著以圖像方式記錄生活點滴，在發展出文字之後，人們開始利用文字、圖像等符號記錄知識與生活智慧，同時將這些代表人類文明演進的資訊記載於泥土、紙草、竹簡、布帛等各種載體之中流傳後世，進而彌補了人類依賴有限記憶，以保存口耳相傳的資訊和知識流失。直到紙張發明，不僅改善人類記載資訊的載體，亦使得資訊的傳播變得輕盈簡易，不若先前以泥土、竹簡等書寫材料般在製作和傳遞資訊時顯得笨重。十四、十五世紀東西方先後發明了活字版印刷術，不僅增加文字記載的便利性，同時也加速人類知識的累積與傳播，使世界文明更向前邁進了一大步。

紙張與印刷術的發展，產生圖書這項產品，記載著人類文明發展的歷史，世代以來各式各樣的資訊和知識被記載於圖書之中，使得圖書成為人類蒐集與保存的對象。時光荏苒，到了另一個改變人類習性的轉折點，那就是十九世紀的工業革命和二十世紀資訊科技與網際網路的快速發展，促使人類記錄、傳遞和閱讀資訊的習慣漸漸產生變化。資訊科技的進步，讓各種類型的資訊驟增，人類利用不同的工具來記錄與溝通知識，包括筆、活字印刷、打字機、影印與電腦等(Rubin, 2004b)。更由於網際網路的興起，使得原有的出版生態有了極大的改變，從繁複的紙本印刷流程逐漸衍成人人皆可在自己的電腦工作站進行線上出版，從而產生大量的電子資源，此一轉變不僅深深影響著知識的組織、傳遞、使用與保存，也使得閱讀與資訊使用行為與傳統方式有所不同，甚至改變了人類的生活、思考與工作模式。而網際網路的發展，也使得人類獲得知識的途徑產生重大的變化，尤其透過電腦科技的應用，不僅使得資訊的生產與加值越來越豐富，也讓知識更容易記錄與傳播。

圖書館的目錄型式與科技的改變息息相關，早期圖書館員將館藏清單記錄於泥版或卷軸上，當複印的技術出現之後，圖書館員便利用這項技術產生書本式的目錄及指引。二十世紀初，卡片式目錄出現，國會圖書館在 1901 年開始出售印刷卡片(Cole, 2006)，讓其他的圖書館可以利用其書目資料。個人電腦出現之後，圖書館員立刻擁抱這項產品，將它利用於線上公用目錄的查詢，並且發展了一些軟體工具來分享書目資訊與權威紀錄，自此目錄遂成為圖書館自動化系統的核心。隨著網路科技的進展，現在的圖書館自動化系統，不僅具備傳統目錄查詢的功能，更是使用者通往數位資訊的入口。

圖書館自動化系統始於 1970 年代，書目紀錄以 MARC 的方式處理，至 1990 年代便使用書目紀錄及權威紀錄作為核心資料，提供採購、連續性出版品管理、編目、流通、參考服務等應用(Hagler, 1997b, p. xxxi)。到了 2000 年，有愈來愈多的工具出現，有一些產品可以整合傳統的館藏與電子資源，提供使用者更好的服務。而隨著科技不斷地進展，雖然可以增添新工具讓圖書館員的工作更為方便，但相對地，館員需用的編目格式與新標準也在不斷地增加。在此過程中會有部分產品被淘汰，迫使圖書館員放棄使用這些工具，例如打孔卡片便是如此，也就是說圖書館員會隨著科技的進展而調整其腳步。

圖書館也會依使用者的需求來選擇適當工具，但這並不意味著圖書館所編目的資源就一定是經由圖書館所處理，例如，館員會依賴其他的工具提供部分文獻的書目控制，像是一些連續性地圖就有它們特有的索引，或是一些技術文件會由商業公司製作索引，而圖書館就直接利用這些工具來提供服務。圖書館界利用其他的書目控制工具並不是一件新鮮的事，在十九世紀末期，隨著期刊文獻不斷地增加，圖書館與出版商就曾嘗試合作，為每一篇出版的文獻提供書目紀錄，但幾個月後，終因不合適而停止了這項合作，但這項工作卻導引 H. W. Wilson(2010)開始製作定期的索引。自此之後，一些索引與摘要的服務都會包括這些定期出版的資料。為滿足讀者的資訊需求，圖書館會在進行參考服務時利用摘要與索引、書目、目錄及其他工具，並且藉由自動化的幫助將圖書館的編目與前述工具結合，讓使用者可以更方便地使用。

除了工具的改變之外，出版方式的變革與保存需求亦造成許多電子資源的產生，若與紙本相較，兩者實有許多相異之處，包括：在載體方面，前者有形、後者無形；在傳遞方面，前者以書架陳列、後者透過桌上型電腦即可；在組織方面，前者利用編目、分類與索引，後者可採用其他方式。因此，電子資源的產生確實給圖書館帶來許多挑戰，圖書館員必須在其知識與技術上有所精進，方能掌握數位時代資訊的型態與使用者的需求，進而提供適切的服務。這其中包括了對電子資源特性的瞭解、組織與利用電子資源所需的標準與工具、圖書館工作流程的改變、部門權責的劃分，以及館員技術能力與知識的提昇等面向。

電子資訊資源可以揉合聲音及動態圖像來為資訊尋求者提供更豐富的資訊內容與相關經驗，而網際網路則是一個不明確的、大型的資源空間，可容納多媒體格式和大量的資料。Ann Huthwaite(2003, p. 5)認為當資訊大量產生，急需進行資訊組織之際，如果編目員能及時掌握住這個時機，將會大有可為。因為過去的資訊形式很明確，但現在則是模糊易變的，例如，從前的「電腦檔」確有實體，但現在的「電子資源」可以直接檢索、或以無形遠端載入的形式提供，對於編目員而言，在沒有任何實際可供掌控的實體狀況下，的確使得組織整理的工作變得複雜與困難。

為瞭解圖書館的資訊組織工作在面對電子資源時所產生的變化，本章共分為四節，分別就電子資源的產生與發展、定義、範圍與特性加以探討，並且逐一說明本書各章之內容。

第一節　電子資源的產生與發展

早於 1950 年代即有電子形式之資訊產出，至於真正適合查詢的資料庫大約於 1960 年代誕生，直至 1970 年代初期，線上資料庫檢索系統便蓬勃發展，當時主要是以書目性資料庫為主。到了 1980 年代中期就有光碟產品問世(Thornton, 2000)。根據財團法人台灣網路資訊中心(2010)的統計網際網路主機在 2010 年八月止已突破 15,557,053 台，約有 129,713 個網站，較 2009 年增加了 1,645 個網站，成長率為 1.3%，可謂十分驚人。至於全球網路文件的數量雖無法精確統計，但應可由下列幾組數據獲得概括性的瞭解。

一、電子期刊

若查詢知名的期刊指南 Ulrich's Periodicals Directory[1]，可以得知目前全球被其收錄的學術性電子期刊種數約有 36,184 種。而國內 CONCERT 電子期刊聯盟針對其電子期刊聯合目錄資料庫所收錄的電子期刊做整理，計有 20 個西文電子期刊系統，合計約有 49,237 筆期刊資料，經彙整合併重複的書目資料之後，得單一期刊約 22,218 種(截至 2010 年 6 月)，其中社會與行為科學佔 42.02%；醫學與健康科學佔 16.33%；藝術與人文佔 11.29%；自然科學佔 9.21%；工程科學佔 7.86%；生命科學佔 6.94%；電腦科學與數學佔 5.12%；總類佔 1.23%(財團法人國家實驗研究院, 2010)。

---

[1] 網址為 http://www.ulrichsweb.com/ulrichsweb/

另依據美國研究圖書館學會(Association of Research Libraries，簡稱 ARL)的統計，在 2000 年以前其會員圖書館購買電子書與電子期刊的經費為 99,071,852 美元，到了 2003 至 2004 年，購買電子資源的經費成長為 301,699,645 美元，已是三年前近 3 倍的金額。到了 2007 至 2008 年購買電子資源的經費已成長為 627,707,869 美元，約為 2000 年的 6 倍多，成長率可謂十分快速。圖 1-1-1 為 ARL 的會員館自 1992 至 2008 年花在購買電子資源與非電子資源經費的成長狀況，可以很清楚地看出電子資源的經費可說是逐年上升的。

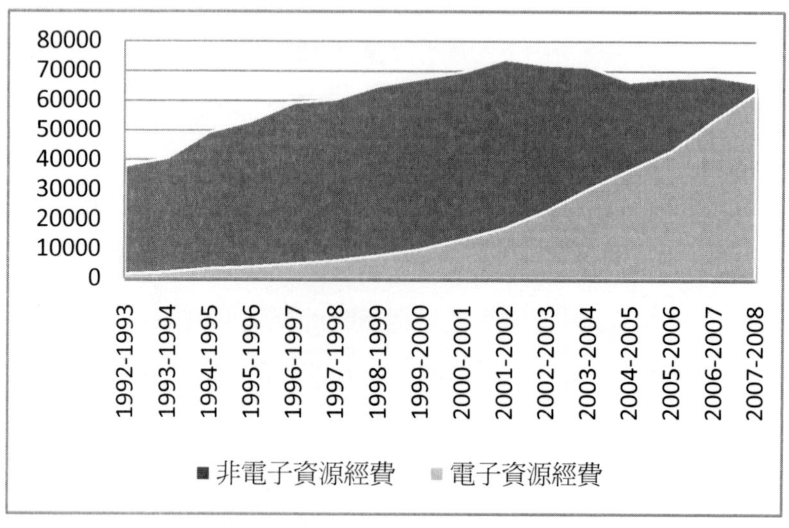

圖 1-1-1　ARL 的會員館購買電子資源與非電子資源經費成長圖

資料來源：Association of Research Libraries. (2009). *ARL statistics 2007-08*. pp.20-21. Retrieved November 2, 2010, from http://www.arl.org/bm~doc/arlstat08.pdf

二、電子書

從國際數位出版論壇（International Digital Publishing Forum，簡稱 IDPF）所公布的美國境內零售電子書營收統計可以看出，近幾年來有大幅成長的趨勢，至 2010 年第一季的產值便已突破 9,000 萬美元(International Digital Publishing Forum, 2010)。反觀國內，依圖書館年鑑的調查顯示，國內大專校院圖書館平均電子書館藏（含電子論文）的可使用量從民國 92 年度的 2,146 種，激增至 97 年度的 196,824 種，六年來的成長量超過 91 倍。相較於 96 年度，97 年度平均電子書訂購量增加 32,821 種，成長率為 57.74%，可使用量則增加至 35,515 種，成長率為 22.02%，相關數據如圖 1-1-2(曹淑娟, 2010, p. 2)。

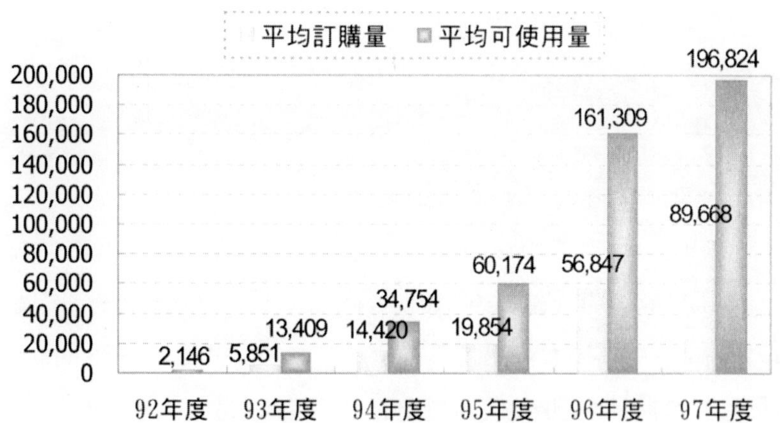

圖 1-1-2　國內大專校院圖書館電子書館藏平均訂購量與可使用量統計圖

資料來源：曹淑娟. (2010). *臺灣學術電子書聯盟營運模式對國內大學圖書館館藏發展之影響.* 碩士, 中興大學, 台中. p.2

在各校平均投入電子書館藏的經費方面，民國94年度為658,510元，95年度為995,537元，96 年度則為741,066元，各年度電子書經費均佔總圖書資料經費的2.5%以上(曹淑娟, 2010, p. 2)。此外，依教育部所公布的98學年度大專校院圖書館統計表可知，各校之紙本書與電子書共計81,574,730冊(教育部, 2010)，其中電子書即佔三成六之多。由此可知，電子書的館藏量及其對大學圖書館的重要性確實與日俱增。

由前述統計數據可知，無論是電子期刊、電子書、或網路資源的數量都呈現急遽成長的狀況，國內外圖書館都在其年度經費中勻出相當大的比例用於採購電子資源，尤以學術圖書館為最，而這些被納為館藏的電子資源究竟應如何組織整理以提供利用？已然成為圖書館無法逃避必須面對的議題。

第二節　電子資源的定義

由於新形式的資源在發展的過程中常會因為使用的方式、工具、或傳遞的媒介不同而產生概念相近的名詞，也經常因為概念的差異而產生溝通不易與未具共識的困擾。就以電子資源(Electronic Resources)來說，經常與其一起出現或互用的詞彙有電子資訊(electronic information)、電子館藏(electronic collection)、網路資源(Internet resources)與數位資源(digital resources)等。為能更清楚地界定本書探討的範圍，本節先針對電子資源的定義加以說明。

無論從學者認知與文獻探討中皆發現網路資源、數位資源與電子資源三個名詞經常混用，本書嘗試將其分別定義如下：

一、網路資源

網路資源亦可稱為「網路資訊資源」(network information sources)或「以網路為基礎之電子資源」(network-based electronic sources)(Tonta, 1996, p. 242)。廣義地說，以電子形式存在且必須以電腦或其他設備才能讀取或使用的資源，皆可視為網路資源。

網路資源也可說是「網路化」的電子資源，亦即可從網際網路中取得的所有資源，Yin Zhang(1998, p. 242)認為網路資源包括：回覆的電子郵件、郵寄名單或論壇中刊載的資訊、透過 Gopher、WWW、FTP 等可取得的出版品，即包括自我出版的文章、電子期刊中的文章、通訊或其他電子叢刊、工作文件、技術報告、會議報告、電子書籍等，另商業化的網路資源則包括線上資料庫系統。

二、數位資源

數位資源是指數位形式的資料，即將資訊轉換為電腦可辨識的位元（Bit），可藉由電腦與網路傳輸和利用(詹麗萍, 2005, pp. 9-10)。吳逸賢、曾鴻超(2004, pp. 1-2)則認為網路上的資源會以不同方式呈現，且為表達意念與資源傳遞，會藉由不同媒體來傳送，此種媒體稱之為多媒體，也就是數位資源。數位資源可藉由以下幾種方式表達：文字(txt)、圖像(graphics)、聲音(sound)、動畫(animation)和視訊(video)。也就是說數位資源的基本元素可以包括上述幾種方式所構成的檔案，參見下表：

表 1-2-1　數位資源基本元素一覽表

表達方式	檔案類型
文字(txt)	• 純文字檔→.txt • Microsoft word →.doc • PDF (Portable Document Format)→.pdf
圖像(graphics)	• BMP (BitMap Picture) →.bmp • GIF (Graphics Interchange Format) →.gif • JPG (Joint Photographic Experts Group) →.Jpg • PNG (Portable Network Graphics) →.png • TIF (Tagged-Image File Format)→.tiff
聲音(sound)	• WAV →.wav • MIDI (Musical Instrument Digital Interface)→.mid • MP3 (MPEG Audio Layer 3) →.mp3 • WMA (Windows Media Audio file) →.wma • Real Audio →.ra
動畫(animation)	• Macromedia Flash →.swf • GIF (Graphic Interchange Format) →.gif • FLC, FLI, FLX美國AutoCAD制定的檔案格式 • VRML (Virtual Reality Modeling Language) 描述互動3D物件或虛擬情境的檔案格式。
視訊(video)	• MPEG (Moving Picture Experts Group) →.mpeg

	• AVI (Audio Video Interface) →.avi • Windows Media Video file →.wmv • DIVX • Quick Time 麥金塔平台上的影片格式, 目前PC上也有Quick Time Player →.mov • Real Media →.rm

資料來源：吳逸賢, & 曾鴻超. (2004). *精彩多媒體應用：我是多媒體高手*. 台北市: 網奕資訊科技.

三、電子資源

根據《美國國會圖書館電子資源編目指引》(LC Draft Interim Guidelines for Cataloging Electronic Resource)的定義(Library of Congress, 1998)，電子資源係指藉由電腦操作而呈現的作品，其利用方式包括直接取用或遠端利用。而有些電子資源還需要利用與電腦相連的周邊設備，例如：CD-ROM 光碟機。電子資源可以每天 24 小時隨時提供使用者服務，可突破距離的限制，以即時和同步化更新與跨系統的整合性檢索。

若根據《英美編目規則第二版（2002 年修訂版）》（Anglo-American Cataloguing Rules, 2nd ed.,2002 Revision）的解釋，所謂的電子資源是指需以電腦操作的資料檔及程式檔。此一資源可能是直接存取（Direct Access），有實際載體（如磁碟／磁片）可據以描述，但使用時必須插入電腦設備或隨附之周邊設備（如光碟機）；也能夠遠端存取（Remote Access），卻沒有實際載體可以描述，使用時需要連上網路（亦即網際網路 Internet）。這些資源可能採互動模式

（Interactive Mode），也可能並非以互動模式存在。簡言之，必須使用電腦的資訊資源才包含在此定義之範圍內。雖含數位資訊，但若不需要使用到電腦的資源則被排除在外(Weitz, 2004)，如CD唱片（或音樂光碟）、雷射影碟（LD）、影音光碟（VCD）與數位影音光碟（DVD-Video）。唱片視為錄音資料，影碟等則屬錄影資料。(陳和琴 & 陳君屏, 2007, p. 1)

綜合上述，可以得到以下幾點結論：

1. 可從網際網路中取得的所有資源都算是網路資源，故其範圍大於數位資源及電子資源。
2. 有些數位資源不需用到電腦即可使用者，就不能算是電子資源或網路資源。
3. 有些電子資源不需用到網路，亦不能算是網路資源。
4. 電子資源必須使用電腦及其周邊設備，如光碟機及網路，可直接取用或遠端利用。

本書所指之電子資源主要是指電腦可處理的任何形式的資訊，它可以各種不同的儲存媒體出現，如：磁碟、磁帶、光碟、個人電腦或主機的硬碟等並納入圖書館館藏者。而一般常見的電子資源館藏有光碟資料庫、網路資源、線上資料庫、電子期刊、電子報、電子書……等，若以圖書館的館藏區分，則圖書館可以提供的電子資源館藏主要分為三類：1.將圖書館現有的館藏電子化；2.引進出版市場現成的電子資源；3.運用網路上免費的電子資源。

第三節　電子資源的範圍與特性

電子資源的種類繁多，例如：CD-ROM 資料庫、線上資料庫、電傳視訊、電子期刊、電子報、電子圖書、電子圖書館、多媒體、隨選視訊、網路資源等。根據「國際標準書目著錄--電子資源」（ISBD--ER），將電子資源分為下列三大類(International Federation of Library Associations and Institutions, 1999)：

一、電腦資料（Computer data）

包括：1.電腦數據資料：電腦人口普查資料、電腦調查資料；2.電腦文件資料：電腦書目資料庫、電子期刊、電子通訊、電子文件（電子信函、電子論文）；3.電腦圖像資料；4.電腦表述資料；5.電腦音訊資料；6.電腦視訊資料。

二、電腦程式（Computer programs）

包括：1.電腦公用程式；2.電腦應用程式：電腦輔助設計程式、電腦試算程式、電腦文字處理程式、電腦排版出版程式、電腦遊戲；3.電腦系統程式：電腦作業系統程式、電腦程式語言、電腦檢索程式。

三、電腦資料與程式（Computer data and program）

包括：1.互動式多媒體；2.電腦線上服務：如電子布告欄、電子論壇、全球資訊網站等。

若依出版型態分類，則電子資源可以分成下列幾種：

一、資料庫

是歷史最久、影響最廣的一種電子資源，能提供讀者良好的檢索功能和最佳的取用工具。依其內容可以分成以下四種：

1. **書目資料庫**(bibliographic databases)：

此種資料庫包括索引、摘要等二次文獻資料，以提供書目資料為主，為查尋期刊論文、專書篇章、會議論文等資料之工具，如 Science Citation Index(SCI)、Education Resources Information Center (ERIC)、LISA(Library and Information Science Abstracts)等。

2. **全文資料庫**(full text databases)：

此種資料庫提供文獻資料完整的全文檔案，整合文獻檢索與取得資料全文之功能，是公認最方便利用、最有發展性的電子資源類型。目前全文資料庫與書目資料庫之間的界線已經很難區分，因為有越來越多資料庫廠商將索摘資料庫加入全文，將書目資料與全文資料混合成另一種資料庫，稱為「複合資料庫」(hybrid batabases)，如 ABI/INFORM Complete、Social Science Abstracts Full Text、中文電子期刊服務(CEPS)、中國期刊全文資料庫（原中國期刊網）等。

3. **多媒體資料庫**(multimedia databases)：

此種資料庫含有照片、音樂、動畫、影片等多媒體資訊，在網路上益形普遍，如 Alexander-Music Online、Science Resource Center(科學全文資源中心)等。

4. **數據資料庫**(numeric databases)：

此種資料庫包括數字、統計數據、科學實驗數據、科學測量數據等，如 Compustat(Standard & Poor'sResearch Insight)、Aremos 資料庫等。

若依連線方式區分，則可以分成：單機版資料庫、校園網路資料庫及 Internet 資料庫等三大類。

二、電子期刊

自 1990 年代興起之後，透過網路傳播、超連結、多媒體、不受時空限制等特色，形成學術傳播的新模式，是學術界非常重要且深受使用者喜愛使用的電子資源。由於電子期刊承襲自紙本期刊一貫的特性，能傳播最新的研究成果，因此是使用者在獲取最新學術研究成果中，最常使用的資料來源，亦在圖書館所有電子館藏中佔有舉足輕重的地位。

由於電子期刊具有許多特性，使得它成長的速度非常快，歸納其特性有以下幾點：1.出版週期短，易於更新內容；2.容易複製、流通傳播及發行；3.依賴電腦設備，受場所和設備限制；4.使用者需具有一定的操作能力；5.與通訊科技結合，便於遠距離快速傳輸；6.不須排架，不佔儲存空間，館藏也不會遺失、缺刊；7.可下載單篇資料，建立個人資料檔；8.對知識重新組織，具全方位、深層的檢索功能。

三、電子書

目前電子書的銷售市場雖然尚未打開，且在圖書館館藏的角色定位也還不明確，一般來說讀者的接受程度並不高，主要原因包括：電子書數量少、閱讀器的問題、讀者無法選擇自己想讀的書、受版權限制使用不便、下載速度慢、編目問題等。雖然大學圖書館的讀者對電子書接受度較高，但圖書館仍存有疑慮，究竟是否應大量引進電子書，及是否能以電子書取代紙本的收藏，作為長期的館藏發展目標。

實務上圖書館在採購電子書時，經常遭遇以下問題，包括：1.保存格式：圖書館在購買電子書時，會考量資料保存格式是否具有通用性，因科技技術變遷快速，特殊規格或早年購入的軟體，可能發生無法使用，或原廠歇業無法求助的情況；出版社對電子書列印、下載與儲存的限制，這些都會對圖書館電子書內容保存作業產生某種程度的影響。2.預算編列：政府常以專案計畫的補助方式來編列預算，以致圖書館無法有系統的規劃年度預算，在短時間內與購買的資源無法滿足館藏發展的需求。3.評鑑制度：圖書館的預算配置受評鑑方式所牽動，有時無法完全考量讀者需求或館藏特色的發展，偶爾會購買知名度高卻不見得符合讀者需要的產品。4.行銷陷阱：廠商在行銷產品時，會將不同類型資源套裝在一起，讓圖書館購買一整套產品，而無法確實滿足圖書館的需求。也有獨家壟斷市場產品且每年調漲的情形，造成圖書館購買上的困擾。5.使用載具：電子書的載具與類型相當多樣，在選擇時需考量該硬體設備的獨特性、載具特性、版權問題，及使用流程是否簡便等因素(邱炯友 & 鍾勝仲, 2001)。

四、其他資源

除了上述主要常見的電子資源類型外，網路上數量龐雜的網站、電子報、電子論壇、部落格、各類軟體、文件等，豐富的參考資源無序地分散在網際網路的各個角落。

綜合而言電子資源具有下列特性：1.以多種形式出現；2.提供全文式的資訊；3.具有超文件或超媒體的能力，可以連結相關電子文件或其他電子資源；4.為互動式多媒體形式；5.電腦與網路通訊、資訊內容業結合將促進多媒體業的發展；6.資訊以多層次方式提供；7.電子資源採用各種電子文件編碼標準，如 TEI、SGML、HTML、XML 等。8.電子資源有些在本地電腦可直接取用，有些則需透過遠端取用；9.電子資源的組織與資訊系統的檢索功能密切關連。

第四節　本書宗旨及各章內容

本節分述本書之撰寫宗旨與各章內容，以使讀者能快速瞭解並掌握全書之梗概。

一、本書宗旨

由於電子資源與紙本文件大不相同，其獨具之特性牽動著圖書館各項服務的提供與工作程序的變動。在面對大量電子資源產出的同時，圖書館遭遇前所未有的困境，相關問題散佈在整個電子資源的生命週期，即發現、試用、選擇、訂購、組織、檢索利用與刪除之循環中，例如：在經費的分配方面必須考量紙本與電子資源間的平衡或消長；在資源選擇方面，包含相同內容的電子資源該如何選擇，應擇定一種或全部訂購；在採購方式上該採取各別訂購、包裹訂購或聯盟訂購；對於資訊組織與主題分析的標準要如何遵循，紙本與電子版本是否要合併著錄；為提供電子資源的查詢，應自行建置系統、與廠商合作開發系統或直接購買現有的系統、應將紙本與電子資源整合提供利用，或將電子資源獨立出來；在工作流程的調整與人力的安排上該由專人負責電子資源相關工作、組成任務編組統籌處理，或將相關工作分散各組；該如何教育訓練館員、如何蒐集與解讀電子資源的使用數據，做為續訂與否及調整服務的參考。

上述各個面向都與以往僅是管理紙本的資源有很大的差異，其中電子資源的組織與整理可說是一切服務和管理的基礎，Michial Gorman(1995, pp. 32-34)曾說：「若沒有完善的資訊組織便不可能有良好的讀者服務」。因此，若欲探討如何提供使用者適切的電子資源資訊服務，就必須先瞭解如何進行電子資源的組織與整理。由於電子資源的種類繁多，本書內容以圖書館目前蒐藏數量最多的電子書、電子期刊與資料庫為主要探討範圍，其餘充斥於網路上的各種資源，包括電子報、部落格、網站與電子論壇……等雖在文中偶會提及，但並不包括在討論之列。

二、各章內容

本書以圖書館電子資源的資訊組織為探討範圍，共分為七章，茲將各章之內容簡述如下：

第一章　導論

首先說明電子資源的產生與發展現況，雖然無法提供精確的電子資源統計數據，但從出版量及圖書館購買量的成長，還是可以看出電子資源的發展相當迅速。其次探討電子資源的定義、範圍並簡述其特性，最後說明本書之宗旨及各章節的內容。

第二章　電子資源的組織標準

電子資源的成長規模對圖書館編目造成很大的壓力，編目館員面對電子資源變幻無常的特性及其倍數成長，深刻感受編目數量及維護工作成為沉重的負擔。再就圖書館使用的編目工具來看，現有編目規則及編目格式是針對實體的館藏資源所設計，無法滿足電子資源處理上的需要，也由於電子資源生產容易、增長快速，又有稍縱即逝及變化萬千的特性，不論館員多麼努力，永遠掌握不易，處理速度始終趕不及資訊在網路上出現的速度。儲存資訊的系統亦不斷更新，書目紀錄的連結也可能毫無預警地失效，造成使用者利用資訊的困難度。圖書館一旦開始進行電子資源的編目，便陷入永無止境的正確性維護工作。因此，如何將電子資源納入圖書館目錄，提供使用者方便的檢索及利用管道，可說是圖書館資訊組織工作努力追求與突破的方向。對圖書館員來說，電子資源的編目工作是一項全新的經驗，幾乎每一項工作細節都無法以傳統的方式運作，例如沒有實體物品供驗收、黏貼標籤、上架，流通也無控制權。因而如何具體描述無形的電子資源，將之記錄於自動化系統的書目檔中，對於館員而言，實在是一項艱難的挑戰。

本章說明描述電子資源所需的編目規則與後設資料，以瞭解組織電子資源需用的相關標準。其中包括：CCR、AACR2 及其後續更新的 RDA、MARC21 及 MARCXML、MODS、DC 等圖書資訊學界相當熟悉的標準；最後一節提出其他後設資料概述，將不同數位藏品的描述性後設資料擇要說明，以提示在圖書館之外其他領域常用的後設資料標準，作為將來資源整合與後設資料互通預做準備。

第三章　電子資源的主題分析

本章說明主題分析的概念、工具、方法與發展。圖書館主題分析的工具主要採用分類法和主題詞，各個分類表雖也能運用於網路資源的編目(陳雪華, 1996, pp. 23-46)，但並未因應電子資源做大幅度的修改，而層面分類法對於資源的檢索與網站的設計相當有助益，因此本章專立一節加以探討。索引典和語意網是未來主題串連的重要工具和發展概念，亦有專節加以說明。LCSH 的發展是主題檢索概念重要的引領，後續主題詞的相關計畫皆植基於此，故成為本章探討的重點。另 SKOS 是重要的網路資源索引，可以讓現存的主題詞表得以互通再利用。因此，它可說是主題詞發展的重要概念，而在討論 SKOS 之前勢必要對 RDF 和 OWL 的內容先行瞭解。循此，本章共分七節，第一節主題分析概述；第二節層面分類的發展；第三節索引典和語意網；第四節美國國會圖書館標題表(LCSH) 的發展；第五節資源描述框架(RDF)與網路本體語言(OWL)；第六節簡單知識組織系統(SKOS)；第七節主題詞的發展。

第四章　電子資源的連結與互通

本章首先說明電子資源連結的重要性，其次討論後設資料的建置，闡明負責者與工作流程將是後設資料品質優劣的重要影響因素。而瞭解後設資料互通的重要性及互通的方法，可便於圖書館進行資訊組織與系統建置時標準的選擇與利用之參考。因此，本章詳述後設資料互通的種種方法並舉實例予以參照。此外，後設資料互通的需求不僅止於圖書館之間，博物館和其他典藏庫亦有互通的需要。最後討論圖書館應用供應鏈中後設資料的可行性，同時將電子資源連結與互通常用的相關標準與機制加以解釋。

第五章　電子書與電子期刊的組織

由於圖書館目前處理的館藏電子資源無論是否以經費購買都以電子書、電子期刊和資料庫最多，這幾類電子資源在組織整理的方法上有其共通之處，也有因應各自特色而獨有的方式，例如皆可納入 OPAC 之中、透過整合檢索機制供查詢，或使用電子資源管理系統(ERMS)，也都可以考慮運用 FRBR 模式，呈現不同版本之間的書目關係。但礙於連續性出版品多變的特性，造成在應用上述方法時需考量各種因素。因此，本章分別討論電子書和電子期刊的定義與特性，編目方法與相關議題，如何查詢與利用，以及其間的書目關係，同時探討連續性出版品是否適用於 FRBR 模式予以組織，其間亦列舉相關的研究及實驗計畫以為佐證，便於瞭解 FRBR 模式的實際應用情形。

第六章　引進電子資源對圖書館組織架構的影響

傳統圖書館各部門的分工與權責劃分基本上是以資訊資源到館的順序作安排，也就是由採訪、編目、期刊、閱覽流通、參考與典藏等部門依序處理後提供利用。但因為電子資源的特性，使得圖書館無法完全以原有的組織架構來處理。而電子資源的生命週期，包括其產生與消失皆對圖書館的工作流程造成衝擊，也因為它的類別與特性使得傳統圖書館各部門之間的權責劃分無法完全因應，甚至產生衝突。此外，由於電子資源的使用、控制和維護與紙本資源有極大的差異，使得館員的技術與能力也面臨前所未有的挑戰。例如：電子資源採購與計價模式與紙本資料大不相同，館員除了要清楚計價模式與談判技巧之外，亦需瞭解連結技術的基礎架構與方法，更要讓讀者可以透過 proxy server 自校外連線使用，以解決檢索的相關問題。

早期圖書館員認為編目的範圍僅止於圖書館「擁有」的館藏，

而電子資源並未真正為圖書館所擁有，僅有取用的權限。因此，有些館員便視電子資源編目是「不恰當」的行為，甚至還「蓄意阻撓」(Wang & Pribyl, 2007, p. 144)。相對於紙本資源，電子資源剛開始進入圖書館時，可謂少數的資源類型，不僅未受青睞也沒有專人處理。然而隨著讀者的使用習慣改變，電子資源的發展日益蓬勃，圖書館開始重視電子資源，有圖書館設置專人負責、亦有成立電子資源部門，不僅在組織方面做調整，也逐漸重視館員的教育訓練與使用者利用電子資源的行為。

本章說明引進電子資源對圖書館的衝擊，為因應電子資源納入館藏，列舉實例說明圖書館之工作流程與組織架構如何變動，接續探討數位時代的館員應該加強的技術能力與教育訓練的內涵。

第七章　圖書館資訊組織發展趨勢

本章探討圖書館資訊組織近十年來的發展趨勢，從新一代圖書館線上公用目錄談起，說明新世代的OPAC應該具備的特色與功能，包括整合 Web 2.0 技術、可供多語言主題檢索、行動版的 OPAC、無所不在的 OPAC、符合 FRBR 概念架構，以及具備優值的查詢介面等。此外，經過加值的書目紀錄不僅可以提高資源檢索的效率、協助使用者辨識與選擇資源、提昇珍貴資源的能見度之外，還能因此吸引使用者多利用線上公用目錄。

源於 Web 2.0 精神所產生的社會性標記具有相當多的優點，若與圖書館主題標目相較可說是各有擅場，然而如何擷取社會性標記的優點並將其納入主題標目，以豐富主題詞表並提昇線上公用目錄主題檢索的效能，可說是圖書館員所引頸盼望的；反之，如何利用主題標目的階層與詞間關係協助標記的進行與標籤的有效性，亦是使用者所樂見的。

權威控制是圖書資訊學領域堅持目錄品質的重要方法，面對數位資源的急速成長和語意網的理想，權威控制的重要性更是無庸置疑。然而權威控制的進行是一項費時與費力的工作，如何整合現有的權威檔，使其具備跨語言與文字的藩籬，而成為全球共享的資源，已成為各國的共識與發展方向。

圖書館是全球進行資訊組織與提供利用的機構之一，以往圖書館所組織的資訊大都在圖書館之間流傳與互通，極少成為網路世界所共用的資源。為達成語意網的理想，如何將圖書館所組織的龐大資源轉成關聯的資料(Linked Data)可說是相當重要的發展方向。

本章共分五節，除說明新一代圖書館線上公用目錄應具備的特色與功能之外，再分別介紹書目紀錄加值的功用與方法、使用者標記的特性與圖書館主題標目的關係、跨語言權威控制的重要性與相關計畫，以及關聯的圖書館資料(Library Linked Data)之應用等幾個值得觀察的發展面向，期能描繪圖書館資訊組織的發展趨勢。

第二章　電子資源的組織標準

資訊組織是一項複雜的工作，需要採用一系列相關的工具、技術與標準做為依據，其中不論編目規則、分類表、主題詞表或索引法等無一不在逐步更新，以因應新的挑戰與需求。圖書資訊學界長久以來相當成功地進行資訊的組織、利用與分享，然而在過去幾十年當中，由於網際網路和網路技術的發展使得任何人都可以經由適當的設備生產、傳播與使用資訊，也使得資訊組織工作益形複雜，充滿挑戰。

以往圖書館目錄具有相當高的編目品質，使用者可以透過館藏目錄了解實體館藏。然而隨著網路的普及，提供電子資源成了圖書館必備的服務，這些電子資源往往由其他的資訊儲存所負責保管，並且經常動態地更新，但傳統目錄的範圍僅侷限於圖書館實際擁有的館藏，原有的編目流程亦難以處理這種「動態更新目錄」的狀況。MARC 是許多圖書館儲存書目資訊的格式，圖書館間也常使用 MARC 來交換書目資訊，藉以加快編目速度與降低編目成本。面對電子資源的出現，圖書館界的解決方法之一就是在 MARC 中增加 856 欄位，以記錄電子資源的位址，協助連結使用。然而即使增加了 856 欄位，若仍遵循固有的編目流程，則依舊無法解決電子資源動態且快速更新的問題。

為透過網際網路和區域網路取得資訊，已逐步發展出新的工具、技術與標準用以組織和處理數位資源，包括後設資料的標準、分類(taxonomies)、知識本體(ontologies)、XML、RDF 等。而這些倡議的主要目的都在提供以「意義」(meaning)和「語意網」(semantic web)的發展方式為基礎，進行資訊的組織與處理。

隨著 XML 的出現，讓圖書館界有了解決電子資源動態與快速更新這個問題的機會，雖然 XML 本身無法傳遞與交換資訊，但是利用 XML 卻可以用比較簡單的方式，建構資訊交換的「骨架」，而這個「骨架」可以用來儲存、傳遞與交換資訊。利用 XML 可以大幅簡化系統間資訊交換的複雜性，但它畢竟不是萬靈丹，有了它並不能解決所有的問題，亦需發展相關的應用程式。然而 XML 的出現，改變了資訊管理與傳遞的方式則是不爭事實，有愈來愈多的圖書館使用 XML，例如：由柏克來大學圖書館發展的「檔案描述編碼格式」(Encoded Archival Description，簡稱 EAD)，到後來亦利用 XML 作為資訊組織的工具(Banerjee, 2002)。MARC 雖然讓圖書館間可以很容易地分享書目資訊，但要與「非 MARC」系統直接交換資訊，仍存在著一些障礙。因此，LC 於 2002 年公佈了 MARCXML，將 MACR「XML 化」，欲藉由 MARCXML，使 MARC 與非 MARC 系統之間的「資訊交換程式」更容易發展，讓資訊得以在 MARC 與非 MARC 系統之間順利交流(Library of Congress, 2006a)。

都柏林核心集(Dublin Core，簡稱 DC)則是另一個常見的後設資料標準，亦是利用 XML 作為資訊組織的工具，DC 係由 OCLC 和美國國家高速電腦應用中心(National Center for Supercomputing Applications，簡稱 NCSA)共同發展，希望提供一個簡單的方式來著錄電子資源，以方便電子資源的查詢與利用。它的特性是易懂、易用，適合眾多的領域與主題，目前許多數位圖書館亦利用 DC 作為其資訊組織與資訊交換的格式。

「後設資料物件描述綱要」(Metadata Object Description Schema，簡稱 MODS）是 LC 在 2002 年公佈的後設資料標準，它亦是利用 XML 來構建資訊組織的「骨架」，MODS 是一種描述性的後設資料，其資料元素取自 MARC21 並經過重組與簡化，它與 MARC 之間有很好的相容性(Library of Congress, 2006d)。

由於電子資源具備若干紙本資源所未具有的特性，因此，無論其語意、語法與結構的描述及標準都必需另做考量，方能達到資訊查詢與傳遞的目的。晚近雖有適用於不同藏品的後設資料產生，但由於各種後設資料都有其優缺點與適用的領域，其中或多或少亦存在著差異性，對於圖書館電子資源的組織與描述而言，MARC、MARCXML、Dublin Core 及 MODS 仍為圖書資訊學領域所熟知的規範。本章針對電子資源的組織標準，介紹相關的編目規則與後設資料，共分五節加以說明：第一節編目規則，第二節機讀編目格式，第三節後設資料物件描述綱要(MODS)，第四節都柏林核心集(DC)，第五節其他後設資料概述。期能透過這些內容的分析與闡述對電子資源在組織上需應用的著錄標準有所認識，而能在圖書館實務工作上有所遵循。

第一節 電子資源相關編目規則的發展

所有的國家及國際編目綱要皆建立在編目原則所建構的描述與取用之基本元素上，這些綱要係採用國際間所接受的標準，如巴黎原則(Paris Principle)及國際標準書目著錄(International Standard Bibliographic Description，簡稱 ISBD)，世界上的圖書館皆普遍地分享著這些標準。圖書館編目綱要對於促進全球書目紀錄與權威紀錄的資訊分享、一致性，以及編目員訓練方面有相當的重要性。由於持續地進行修訂與更新，所以即使當前圖書館之資訊組織面對環境不斷的變動與衝擊，英美編目規則（Anglo-American Cataloguing Rules，簡稱 AACR2）仍然被視為是可用的規則。Ann Huthwaite(2003)認為由於資訊大量產生，急需資訊專家包括編目員為人們組織資訊，如果能及時掌握住這個時機，那麼編目員將大有可為。然而過去資訊的形式很明確，但現在則是模糊易變，例如，從前的「電腦檔」有實體，而現在的「電子資源」可以有形直接檢索，抑或以無形遠端載入的形式存在，對於編目員而言，其實並無任何可確切掌控的實體，因而使得編目工作變得困難。

何以圖書館員覺得日益增加的電子資源有編目的需要？部分人士並不覺得需要對電子資源作編目，他們認為如此做，有點像對電話號碼及郵件進行編目一樣，不僅不切實際且毫無意義。實際上，編目活動應該要專注於圖書館為目標讀者所選擇的資源，假設圖書館有一群特殊需求的目標讀者，而圖書館所購買的資源可以完全滿足他們的需求，那麼編目工作就是要能讓他們在圖書館之中找到所需資源，而這個目標只要藉由編目規則便可以完成。此外，圖書館還應該提供更精確的搜尋，例如聚集同一作者的作品或同一主題的作品。在 FRBR 架構的目錄中，使用者可以在書目家族裡尋找、識別、選擇、及獲取所需資源，同時清楚地瞭解館藏作品之間的關係。然而由於網路資源的變動性大，使用者又希望能以最簡單的輸入，便可以彙集最好的資訊搜尋成果。為了提供檢索，電子資源就有必要被組織。

由於各種資料類型推陳出新，電子出版品急遽發展，對編目環境及現有編目標準產生了巨大的影響，究竟要如何因應？成為當前編目界重要的研究議題。為清楚說明編目規則因應電子資源產生所做的修訂，以下先針對大環境中影響編目規則發展的重要因素加以說明，包括：國際編目原則的編訂、書目紀錄功能需求的發展，以及國際標準書目著錄原則—整合版之出版等。

一、國際編目原則（Statement of International Cataloguing Principles）

IFLA 自 2003 年開始，分別舉辦了五屆的國際編目專家會議，第一屆於 2003 年在法蘭克福(International Federation of Library Associations and Institutions, 2003)、第二屆於 2004 年在阿根廷(International Federation of Library Associations and Institutions, 2004)、第三屆於 2005 年在希臘(International Federation of Library

Associations and Institutions, 2005b)、第四屆於 2006 年在韓國、(International Federation of Library Associations and Institutions, 2006)及第五屆於 2007 年在南非(International Federation of Library Associations and Institutions, 2007a)。直至 2009 年 2 月才正式發表了國際編目原則(International Federation of Library Associations and Institutions, 2009b)，修訂了自 1961 年以來國際通用的巴黎原則。是份原則之中共包括以下七個部分：1.範圍(Scope)；2.一般原則(General Principles)；3.款目、屬性及關係(Entities, Attributes, and Relationships)；4.目錄的目的與功能(Objectives and Functions of the Catalogue)；5.書目記述(Bibliographic Description)；6.檢索點(Access Points)；7.檢索的基礎(Foundations for Search Capabilities)(International Federation of Library Associations and Institutions, 2009b, p. 1)。此原則出版後已成為各國編目規則發展與修訂的參考規範。

二、書目紀錄功能需求(Functional Requirements for Bibliographic Records，簡稱 FRBR)

FRBR 係由國際圖書館協會(IFLA)自 1991 至 1997 年所發展並於 1998 年提出最終報告，其最新版本為 2009 年，係針對專題著作、音樂作品及其他資源進行討論，但並未對連續性出版品做細節的描述。其主要目標是以實體關係的概念模型(entity-relationship model)運用在讀者的查詢工作，強調書目層次及書目關係的聚合，以增進目錄的導航功能，同時因應目錄使用者的需求，提供適合特定層次的書目查詢。關於 FRBR 是否適用於連續性出版品的相關議題，將於本書第五章第六節做詳細討論。除了 FRBR 之外，IFLA 另出版了關於檢索點及名稱權威控制的「權威資料功能需求」(Functional Requirements for Authority Data，簡稱 FRAD)(Patton, 2009)及關於主題權威控制的「主題權威資料功能需求」(Functional Requirements for Subject Authority Data，簡稱 FRSAD)(International Federation of Library Associations and Institutions, 2010)，以規範名稱及主題權威資料之間的關係。

晚近為利於圖書館的書目資料與博物館後設資料間的整合與互通，已在 2000 年成立了 FRBR/CIDOC CRM 協調工作小組，後於 2006 年訂出 FRBRoo(FRBR object-oriented)初稿(Martin & Patrick, 2009)。其中博物館界的藏品資料概念模型為 CIDOC CRM (Conceptual Reference Model)，係由國際博物館聯盟工作小組 (International Council for Museums – International Committee on Documentation 簡稱 ICOM-CIDOC) 於 1996 年開始研訂，目的在提供一個正式的架構，以描述文化遺產相關文件之間的內外在關係。FRBRoo 可說是一個獨立的文件，它以 CIDOC CRM 物件導向的方法和結構來表達 FRBR 的概念，可說是從另一個角度看圖書館的概念模型，其目的並非取代 FRBR。

三、國際標準書目著錄原則－整合版(International Standard Bibliographic Description(ISBD)－Consolidated Edition)

ISBD 的研訂目標是為國際圖書館界提供一書目著錄標準，使不同機構著錄的書目紀錄可以跨越語言與資料類型達到共享的目標，原已訂定的標準有以下幾種：

1. 國際標準書目著錄原則－通則(ISBD(General))
2. 國際標準書目著錄原則－古籍(ISBD(Antiquarian))
3. 國際標準書目著錄原則－地圖出版品(ISBD(Cartographic Materials))
4. 國際標準書目著錄原則－電子出版品(ISBD(Electronic Resources))
5. 國際標準書目著錄原則－連續性出版品(ISBD(Serials and Other Continuing Resources))
6. 國際標準書目著錄原則－圖書式出版品(ISBD(Monographic Publications))
7. 國際標準書目著錄原則－非書資料 (ISBD(Non-Book Materials))
8. 國際標準書目著錄原則－樂譜(ISBD Printed(Music))

由於 ISBD 之冊數多，且其規則、語言及範例皆不統一，使得更新相當困難。而現行之資料類型標示(General Material Designation，簡稱 GMD)也已不適用，再加上編目員需同時參考數本國際標準書目著錄規則，使得工作不具效率，因而有修訂 ISBD 的必要。

2003 年 ISBD 成立研究小組，開始修訂綜合版，首先針對資料類型標示(GMD)及特別資料類型標示(Specific Material Designation，簡稱 SMD)，討論如何處理多種內容與媒體型態之作品，同時停止修訂各單冊之國際標準書目著錄原則，而在 2007 年公布了整合版初版(preliminary consolidated edition) (International Federation of Library Associations and Institutions, 2007c)。更新的版本除了配合 2009 年的《國際編目原則》(Statement of International Cataloguing Principles)之外，也參考了《書目紀錄功能需求》(FRBR)的概念，包括：與 FRBR 中之國家書目紀錄基本著錄層次一致、遵循必要(mandatory)及選擇(optional)描述項、使用統一詞彙，及提供 FRBR 及 ISBD 對照表等。2009 年又增加第零段(Area 0)(International Federation of Library Associations and Institutions, 2009a)，即內容形式與媒體型態(content form and media type)。整合版之目次如下表所示：

表 2-1-1　ISBD 整合版目次一覽表

A	通則(General chapter)
0	內容形式與媒體型態項(content form and media type area)
1	題名及著者敘述項(Title and statement of responsibility area)
2	版本項(Edition area)
3	媒體及資源特殊細節項(Material or type of resource specific area)
4	出版、製造、經銷項(Publication, production, distribution etc., area)
5	稽核項(Physical description area)

6	集叢及多冊書項(Series and multipart monographic resource area)
7	附註項(Note area)
8	資源識別指標及獲得來源項(Resource identifier and terms of availability area)

其中 A 為通則，即原 ISBD 中的 0 段；0 表示內容形式及媒體型態項，取代了資料類型標示(GMD)並新增三個描述項，即 0.1 內容形式(content form)；0.2 內容限定詞(content qualification)；0.3 媒體型態(media type)(International Federation of Library Associations and Institutions, 2009a)

AACR2 與《中國編目規則》兩者都是圖書館描述紙本資源的依據，如今面對電子資源，仍被視為可行的書目資訊描述標準。原因在於兩者皆持續地進行修訂與更新，尤以 RDA 的發展將取代 AACR3，以有效見容於當前的資訊環境。以下簡要說明兩者針對電子資源所做的修訂與發展狀況。

（一）AACR2

AACR2 是一個國際標準，在設計之時，便希望能容納各種類型之資料格式，但它一直被人詬病的就是無法快速地因應改變。在 1990 年代末期網際網路普及之後，這個問題受到了更大的關注。由於網頁大量出現，許多的資訊可以從網站上取得，網路提供作者與出版者一個快速散播資訊的管道。然而，編目規則對各類型資料都提供了編目的指引，並且讓各圖書館可以共享書目紀錄，當大家期望可以更廣泛地著錄電子資源，可以控制其檢索點並與圖書館原有的資源整合時，基本上使用 AACR2 被認為是足夠的。然而在面對新的資料形式時，編目規則的更新與修訂就需要非常慎重。英美編目規則修訂委員會(Joint Steering Committee，簡稱 JSC)並不希望進行過於頻繁與廣泛的規則修改，因為對圖書館來說，面對規則的改變需要付出相當大的代價，特別是修改必須經由所有成員小心及周全地思考，同時必須能夠真正符合使用者的需求。總計自 1967 年 AACR 出版以來共有下列版本，分別為 1978 年之 AACR2；1988 Revision，蒐集了 1982、1983 及 1985 年以來的修正條文，以單冊書及活頁方式於 1993 年出版；1998 Revision，蒐集了自 1992 至 1996 年以來的修正條文，以書和光碟型式於 1999 和 2001 年出版，其中 2001 年版包括第九章的完整修正；2002 Revision，蒐集了 1999 和 2001 年的修正條文，括第三章(Cartographic Materials)和第十二章(Continuing Resources)的完整修訂條文(Joint Steering Committee, 2009)。

AACR2 針對電子資源所做的修訂可謂相當積極，首先修訂了第九章。在 1997 年 IFLA 出版並修訂 ISBD(ER) 後，JSC 便以新的 ISBD(ER)為依據，著手修訂了 AACR2 並相繼出版 AACR2 2001 及 2002 年修訂版，茲將其中相關的修訂擇要說明如下：

1. 第九章改名：以「電子資源」(Electronic resources)取代「電腦檔」(Computer Files)，並且在規則中作了適當修正，以融合新型式的資料，特別是網路資源也反應在更新的範例中。同時進行「資料類型標示」(General Material Designation，簡稱 GMD)的修改，將「電腦檔」(Computer Files)改為「電子資源」(Electronic resources)。

2. 結合 ISBD：雖然 AACR 的修訂與 ISBD 每五年的修訂會有些許不一致，但應建立協調委員會進行溝通與協調。
3. 擴充第九章的範圍：新的 0.24 規則指引編目員資源描述的各面向，涵蓋內容、載體、出版品形式、書目關係、及是否出版，互動式多媒體也包含在其中。本章修定後可以明確區分電子資源的查詢、載入及其使用設備。
4. 重新界定主要著錄來源：電子資源的主要著錄來源並不是畫面題名，而是來自資源本身的資訊。
5. 相關實例：在第九章加入許多現況實例，特別是遠端存取、網路、互動式多媒體資源。
6. 更新款目詞彙：針對當前變動的款目詞彙予以增訂。
7. 修訂第十二章連續性出版品：以 “continuing resources”取代原有之“serial publications”並首次使用「整合性資源」 (integrated resource)這個名詞。
8. 定期檢視術語的用法：使 AACR 在修訂時採用一些實用與適當的術語。

AACR2 2002 年版發行之後，還是不斷地有更新編目規則的呼聲，尤其是針對以下幾點提出建議：

1. 簡化電子資源的 Area 3(資料特殊細節項)。

2. 重新組織 AACR2 Part 1：使用 ISBD 對各項的敘述，不再對各類型的資料提供特殊的規定。
3. 探討以內容版本格式(expression-based)為基礎的編目方式，也就是 FRBR。
4. 決定 GMD(一般資料標示)的角色：要採用電子版或紙本？內容版本或載體版本？
5. 對於規則的改變，必須要有附錄，以闡明新的改變需產生哪些新的書目紀錄。
6. 新的“Introduction”中，希望能包括編目的目標、編目規則背後的原則、在什麼概念下訂出這項規則，同時針對不同型式的資料提供編目相關範例。
7. 應該要與其它的編目組織合作，期能符合使用者現在及未來的需求。

上述建議都在編目規則修訂的過程被充份討論，且多數建議也都被考慮並加入新的編目規則。

（二）資源描述與檢索(RDA)的發展

資源描述與檢索(Resource Description and Access，簡稱 RDA)為著錄書目資料的規範與原則，係為支援書目資源的查詢而編訂，目標在滿足使用者執行查詢(Find)、辨識(Identify)、選擇(Select)與獲取(Obtain)相關工作。RDA 以 FRBR 和 FRAD 兩個概念模型為基礎，以描述各種內容與不同類型的資源，期能相容於國際流通的標準與原則並符合資源描述機構，如：圖書館、博物館、出版商的需求，不僅期望能適用於英語國家和西方國家，同時可以作為世界範圍內的資源描述與檢索的內容標準。由於在資訊資源組織網路化、國際化、標準化的趨勢之下，需要有在全球範圍皆可使用的規則。又因 AACR 及 AACR2 都有繁瑣、不易於一般人使用的缺點，因此為提高編目效率，便需要簡單、易於掌握和使用的規則，並且適用於 Web 環境的應用和操作。

1997年在加拿大多倫多舉行的AACR原則與未來發展國際會議 (Weihs, 1998)，JSC 和 CoP (The Committee of Principals)邀請世界各地的專家共同研究，擬制定 AACR 的未來發展計畫。後於 2005 年 JSC 便宣佈以 RDA 替代 AACR3 成為數位環境下的編目規則。然而在延宕多時之後，RDA 終於在 2010 年 6 月正式出版，其組織結構共分為十個部分，如表 2-1-2。

表 2-1-2　RDA 組織結構表

Sec.1	著錄載體版本與單件的屬性 (Recording attributes of manifestation and item)
Sec.2	著錄作品與內容版本的屬性 (Recording attributes of work and expression)
Sec.3	著錄個人、家族與團體機構的屬性 (Recording attributes of person, family, and corporate body)
Sec.4	著錄概念、物件、事件與地點 (Recording attributes of concept, object, event, and place)

Sec.5	著錄作品、內容版本、載體版本與單件的主要關係 (Recording primary relationships between a work, expression, manifestation, and item)
Sec.6	著錄個人、家族與團體機構和資源的主要關係 (Recording relationships to persons, families, and corporate bodies associated with a resource)
Sec.7	著錄主題關係 (Recording subject relationships)
Sec.8	著錄不同作品、內容版本、載體版本與單件間的關係 (Recording relationships between works, expressions, manifestations, and items)
Sec.9	著錄個人、家族與團體機構彼此間的關係 (Recording relationships between persons, families, and corporate bodies)
Sec.10	著錄概念、物件、事件與地點彼此間的關係 (Recording relationships between concepts, objects, events, and places)

資料來源：Joint Steering Committee. (2010). *RDA toolkit: Resource description & access*. Retrieved November 2, 2010, from http://www.rdatoolkit.org/

若將 RDA 與 AACR2 加以比較，可以發現多數編目規則並未改變，且為配合 FRBR 之使用者工作，其章節組織與 AACR2 完全不同，RDA 已放棄以往 AACR2 以不同載體形式安排規則的架構，而將所有的載體等同看待，僅在稽核項詳細著錄其特性。又因考量讓使用者易於使用線上公用目錄，也有少部分的規則不同於 AACR2，而 RDA 所使用的詞彙與 AACR2 也有很大的差異，此點可由下表略見端倪：

表 2-1-3　AACR2 與 RDA 使用詞彙對照表

AACR2	RDA
Main entry　（主要款目）	Preferred title + authorized access point for creator if appropriate
Added entry（附加款目）	Access points
Uniform title　（劃一題名）	Preferred title (+ other information to differentiate); Conventional collective title
Heading　（標目）	Authorized access point
Author/director/producer/writer /compiler　（著者）	Creator
See reference　（見款目）	Variant access point
Physical description　（稽核項）	Carrier description
Chief source　（主要來源）	Preferred sources
GMD（資料類型標示）	Media type + carrier type + content type

其中 RDA 已刪除「資料類型標示」，分別以內容型式(Content type)(Library of Congress, 2010e)、媒體型式(Media type)(Library of Congress, 2010g)及載體型式(Carrier type)(Library of Congress, 2010f)三者，以表達編目資料的特性。為配合 RDA，MARC21 之書目紀錄亦產生三個新的欄位，即 tag336 (Content Type)、tag337 (Media Type)

和 tag338 (Carrier Type)，以取代資料類型標示 (GMD)原欄位 245 及分欄 h。另在 RDA 中採用了兩種核心元素，分別為 Core 及 Core if，前者係指只要出現在資源上就必須著錄；後者為某種情況下為核心元素才需著錄。而對於所謂的非核心元素，則應由編目機構決定是否要予以著錄。

RDA 雖已正式出版，然而要如何使用？在應用上會產生何種問題？則不得而知，無論學界或圖書館界都對 RDA 存有相當的疑慮，紛紛敦促除了開放各界檢視規則之外，還建議應該暫緩 RDA 的發展作業，再清楚說明 RDA 的優點，同時對於 FRBR 也要再行探討 (Gorman, 2007, pp. 64-65)。為更清楚 RDA 實際應用的情形，美國決定由其國會圖書館、國家醫學圖書館及農業圖書館帶領其他二十個圖書館一同測試，預計六個月的測試期，前三個月由參與測試的圖書館閱讀 RDA 並開始習慣使用 RDA Toolkit(Joint Steering Committee, 2010)，後三個月則由各館登錄 RDA 書目紀錄，預計要同步登錄 25 筆 RDA 與 AACR2 之書目紀錄進行測試，而整個 RDA 的實施時間表如表 2-1-4：

表 2-1-4　RDA 實施時間表

期程	工作內容
2010/01/15	舉行測試圖書館「訓練－訓練者講習會」
2010/6/22	RDA Toolkit(線上版本)出版
2010/7/1-9/30	參與測試圖書館熟悉RDA編目規則並練習使用RDA線上工具

2010/10/1-11/31	參與測試圖書館登錄RDA書目紀錄
2011/1/1-3/31	分析測試結果並撰寫結論報告

（三）中國編目規則

《中國編目規則》主要遵循國家圖書館原訂《中文圖書編目規則》之精神與體制，另參考英美編目規則之目錄著錄原則，並且考慮我國目錄著錄之實際需要而研訂。自民國 72 年出版以來，國內圖書館皆普遍採用，做為記述編目的準則。後於民國 74 年另出版《中國編目規則簡編》，以因應中、小型圖書館的需要。在使用過後各館皆普遍認為有重新檢討條文之必要，加上《英美編目規則第二版》1988 年修訂版（AACR2R）問世，中國圖書館學會分類編目委員會遂於民國 79 年冬著手修訂，且於民國 84 年完成《中國編目規則修訂版》(中國圖書館學會分類編目委員會, 1995)。

民國 87 年中國圖書館學會分類編目委員會緣於新資訊媒體的出現而不符實際需要，乃針對《中國編目規則修訂版》進行討論與修訂，而於民國 89 年出版《中國編目規則修訂二版》。其中除保存《中國編目規則》原有特色外，亦參考 AACR2 1998 修訂版，將第十三章的章名由「電腦檔」改為「電子資源」，適用範圍涵蓋所有新型態的電子資源，包括互動性多媒體及網路資源等。資料類型標示亦由「電腦檔」改為「電子資源」，同時在附註項中增加網址的記載(中國圖書館學會分類編目委員會, 2000)。同年又以修訂二版為基礎出版使用手冊。

民國 92 年中國圖書館學會分類編目委員會針對修訂二版修正第三章連續性資源及第十三章電子資源，於民國 94 年出版《中國編目規則第三版》(Chinese Cataloging Rules，簡稱 CCR3)。由於 CCR3 的內容頗多參考 AACR2 之條文，但 AACR2 與 RDA 之差異相當大，因此，CCR3 是否要跟進 RDA 而進行修訂，則需要再進一步深思與討論。

國家圖書館為配合行政院於民國 98 年 8 月 31 日核定通過的「數位出版產業發展策略與行動計畫」並依據行政院國家科學技術發展基金管理會核定通過之「數位出版品國家型永久典藏計畫」為基礎，擬定了「國家圖書館電子書送存暨國際標準書號（ISBN）編訂作業程序(草案)」。該草案在電子書送存流程上，除給予電子書 ISBN 號、加強電子書書訊傳佈服務外，還提供電子書出版認證檔案，內容包括編製完成的電子書書目資訊，含基本資料、ISBN、主題及分類號等，意即電子書從一出版便可完成送存國家圖書館、給予 ISBN 編碼，同時完成編目作業，可說是國內電子書資源組織的新發展(政大圖檔所, 美國資訊科學與技術學會台北分會, & 國家圖書館, 2010)。

為配合前述發展，國家圖書館編目組亦已完成「電子資源編目規範(草案)」，期望將國內學者專家的意見納入後，便可以整合至未來 CCR3 的修正版本。但國內是否要配合 RDA 的發展，將 CCR3 做大幅度的修改，在 RDA 測試報告未提出之前，尚未有共識，故此時國家圖書館是否需要針對電子資源另行編訂編目規範，亦未受到國內分類編目相關學者專家的支持(國家圖書館, 2010b)。

第二節　MARC 與 MARCXML

機讀編目格式(Machine Readable Cataloging，簡稱 MARC)是圖書館作為資訊資源描述的後設資料，也是大多數圖書館儲存書目資訊的格式，圖書館間也常使用 MARC 來交換書目資訊，藉以加快編目速度與降低編目成本。

MARC 的發展可追溯至 1960 年代，由於電腦的出現，以電腦儲存與處理編目紀錄遂成為討論的議題，美國國會圖書館(LC)在當時展開一系列的計畫，其研究的主要目的是希望將編目資料以機器可讀的方式加以組織與整理。1980 年代以後隨著網路發展，MARC 由原來的圖書資料格式，陸續發展出期刊、視聽資料、電子檔案等多種格式，以因應不同類型資訊處理的需求。MARC 21 於 1999 年出版，是因應網路時代各種載體所產生的一種新資料格式，所增加的 856 欄位，即是用於網路資源編目，以記錄網路位址與使用相關資訊(Rubin, 2004a, pp. 246-247)。

以最新的 MARC 21 機讀編目格式為例，係由三項要素所組成，即紀錄結構、內容標示，與紀錄的資料內容。茲說明如下：1.紀錄結構(record structure)：主要包括紀錄標示(Leader) 、指引(Directory)及變長欄(Variable fields)，將書目資料的格式予以結構化。為了國際性書目資料的交換，更需符合資訊交換標準的規範，如美國國家標準局的 ANSI/NISO Z39.2(Information Interchange Format)、國際標準組織的 ISO 2709 標準(Format for Information Exchange)，這些標準均規範了交換格式的需求，以及資料處理系統交流的架構(Rubin, 2004a, pp. 247-248)。2.內容標示(content designation)：為欄號、指標及分欄識別，以快速識別機讀格式，進而描繪機讀紀錄中的資料元素，支援 MARC 格式資料的操作。3.紀錄的資料內容(data content of the record)：即資料登錄欄，由其他標準規範其內容格式，如國際標準書目著錄(ISBD)、英美編目規則第二版(AACR2)、美國國會圖書館標題表(LCSH)、美國國會圖書館分類法(LCC)等(數位典藏計畫後設資料工作組, 2008)。

為了讓書目資料格式化以便電腦程式辨讀，MARC 結構誠如上述係以欄位、指標及分欄等方式組織書目紀錄。以 MARC21 為例，其欄位結構如表 2-2-1 所示，每一欄位均以 3 位數字之標記代表欄位名稱(tag)，如 245 為題名與著者敘述項，記錄主要題名與著者資料；大部分的欄位均有分欄，以增加欄位資料的精確性，如出版項 260，分欄 a、b、c 分別代表出版地、出版者與出版年。此外，為了能更明確地表達欄位資料內容的特質或資料應被處理的方式，MARC21 以 2 位的指標字元來達到控制的目的，如表 2-2-2 所示(Library of Congress, 2009b)。

表 2-2-1　MARC21 欄段結構表

MARC21	說明
0xx	控制項、代碼資訊
1xx	主要款目
2xx	題名、版本、出版等資訊
3xx	實體資訊描述
4xx	集叢資料
5xx	附註說明
6xx	主題
7xx	附加款目
8xx	集叢附註資訊、資源位址

表 2-2-2　MARC21 指標示意表

245	0	4	$a The Year book of medicine.
欄段	指標1為0代表無附加款目	指標2的值為4，代表不列入排序的字元數有4個	題名中的冠詞The及其後的空格共計4個字元不列入排序

MARC 是用於描述、儲存、交換、控制和檢索書目資料的標準，許多圖書館界人士認為可以 MARC 來描述與組織電子資源。Vianne T. Sha 提出若以 MARC 編目網路資源具有以下優點(Sha, 1995)：

1. 為標準的通訊格式：MARC 是一個通用的標準，可以幫助資訊的傳播，適用於不同的系統得以分享資源。

2. 以簡單書目結構可做各種程度的敘述：MARC 的紀錄結構利用紀錄標示、指引、變長欄，將書目資料的格式予以結構化，可描述最基本的書目資料，如著者、書名、出版者，甚至到最複雜的書目資料。
3. 彈性的呈現型式：MARC 紀錄鍵入系統後，同一筆書目紀錄可因應不同的目的而以不同的型式呈現。
4. 提供多種檢索點：可用題名、著者、出版者、關鍵字、標題進行檢索，且可使用資料之類型、語文、國家、出版日期等進行限制查詢。
5. 完整的書目敘述：基本的書目資料包括著者、書名、版次、出版項、附註、摘要、標題、電子資料的位址，使用者可從這些著錄精確地找到所需資源。
6. 整合各種資源到圖書館的目錄：隨著 WebPAC 的發展，只要電子資源被編目，使用者便可從 WebPAC 中查到館藏之電子資源。
7. 向公眾開放：透過圖書館提供的設備及資源，公眾可便捷地檢索與取用資源。

自 1960 年代末期起，MARC 成功地應用於圖書館各類型的館藏資源，但因電腦科技及數位環境的迅速發展，產生大量的數位資源，以傳統 MARC 的複雜特性實無法消化龐大數位物件的描述需求，致使各種物件之描述性後設資料應運而生。90 年代開始，編目規則、機讀格式陸續因應網路資源的發展，不斷地進行修正，包括增加記錄網路資源的MARC856欄位、電子資源位址及取得方式等，可是這些修正在數位資源的組織整理上，卻始終有其無法突破的困境。王妙婭、李小梅(2004)曾列舉 MARC21 作為數位物件描述標準的限制，包括：

1. MARC 因其體系龐大，修訂程序複雜而緩慢，而且只能由專業人員進行；
2. 字段重覆，且紀錄中某些描述是程序性而非描述性；
3. 書目關係的呈現是隱性而非顯性；
4. 不適於處理動態數位資訊的描述；
5. ISO 2709 所規定的語法結構不清楚；
6. 無法直接在 Web 上瀏覽。

鞠福琴(2005, p. 192)也指出，MARC 最致命的弱點在於其IS02709 編碼標準，因為著錄的結果不僅佔據儲存空間，並且無法直接呈現在網路上。

在 MARC 遭遇瓶頸之際，XML 的出現別具意義。XML 的發展迅速，乍看之下似乎是突然崛起的，實際上從 ISO 開始發展 SGML 標準算起，其間至少經過 20 年的歲月。HTML 遵循 SGML 標準，雖精簡許多，但卻沒有彈性。XML 則介於 HTML 與 SGML 之間，既沒有 SGML 的複雜性，也比 HTML 更具彈性。因為 XML 具有以下特性：(1)資料長度可變；(2)不同階層皆有明確的標籤(tag)；(3)採階層式結構；(4)使用 Unicode，可容納各種不同語言的文字及符號。而 XML 文件本身主要是藉由「標示」表達資料的性質，而標示則是透過由「標籤」所標記，提供軟體辨識。標籤分為「起始標籤」與「結束標籤」，夾在「起始標籤」與「結束標籤」範圍內的便是「資料」。該筆資料可能會有下一層標籤，但也可能就是資料內容(余顯強, 2004, p. 31)。茲舉一 XML 文件的範例如下(Library of Congress, 2009a)：

```
<?xml version='1.0' ?>
    <document >
      <title>Arithmetic</title>
      <creator>Sandburg, Carl,1878-1967. </creator>
      <creator>Rand, Ted, ill.</creator>
      <type/>
      <publisher>
         San Diego :Harcourt Brace Jovanovich,
      </publisher>
      <date>c1993.</date>
      <language>eng</language>
      <description>
        A poem about numbers and their characteristics. Features
        anamorphic, or distorted, drawings which can be restored to
        normal by viewing from a particular angle or by viewing the
        image's reflection in the provided Mylar cone.
      </description>
      <description>
        One Mylar sheet included in pocket.
      </description>
      <subject>Arithmetic</subject>
      <subject>Children's poetry, American.</subject>
      <subject>Arithmetic</subject>
      <subject>American poetry.</subject>
      <subject>Visual perception.</subject>
    </document>
```

由上例可以看出，採用 XML 標誌語言顯然比 MARC 使用欄位代號更容易區辨與在 Web 上傳遞。

美國國會圖書館發展 MARCXML，使 MARC 資料得於 XML 環境中運作(Library of Congress, 2009a)，MARCXML 可謂將 MARC 格式完整的「XML 化」，雖然解決 MARC 互通性的問題，卻仍無法克服 MARC 過於複雜的缺失。依據 MARC 紀錄分為指引、控制欄號與一般資料欄號三個部分的特性，MARC21XML Schema 在定義上便將 MARC 區分成 leader、controlfield、datafield 三類，其中 datafield 之下再包含一 subfield 子類，用於存放分欄資料。各類的內容藉由屬性 id 指定其所屬的欄號或分欄，但並不直接將各欄號或分欄定義成 XML 的元素型態名稱，此種定義方式可以免除 MARC 定義中自設欄號或不同 MARC 之間欄號或屬性名稱不同而造成資料無法對應的情況(余顯強, 2004, p. 37)。以下為採用 MARCXML 描述電子期刊 *The quarterly review of biology* 的範例(張慧銖, 2009)：

```
<marc:record>
  <marc:leader>01776nas a2200385 a 4500</marc:leader>
  <marc:controlfield tag="001">45446985</marc:controlfield>
  <marc:controlfield tag="003">OCoLC</marc:controlfield>
  <marc:controlfield tag="005">
     20010718130012.0
  </marc:controlfield>
  <marc:controlfield tag="006">m d</marc:controlfield>
  <marc:controlfield tag="007">cr cnu--------</marc:controlfield>
  <marc:controlfield tag="008">
     001130c19269999iluqr p s o 0 0eng c
  </marc:controlfield>
  <marc:datafield tag="010" ind1="" ind2="">
    <marc:subfield code="a">00227447</marc:subfield>
```

```
  </marc:datafield>
  <marc:datafield tag="019" ind1="" ind2="">
    <marc:subfield code="a">42821687</marc:subfield>
  </marc:datafield>
  <marc:datafield tag="022" ind1="" ind2="">
    <marc:subfield code="a">0033-5770</marc:subfield>
  </marc:datafield>
  <marc:datafield tag="040" ind1="" ind2="">
    <marc:subfield code="a">EYM</marc:subfield>
    <marc:subfield code="c">EYM</marc:subfield>
    <marc:subfield code="d">UV$</marc:subfield>
  </marc:datafield>
  <marc:datafield tag="042" ind1="" ind2="">
    <marc:subfield code="a">lcd</marc:subfield>
  </marc:datafield>
  <marc:datafield tag="050" ind1="1" ind2="4">
    <marc:subfield code="a">QH301</marc:subfield>
  </marc:datafield>
  <marc:datafield tag="130" ind1="0" ind2="">
    <marc:subfield   code="a">
      Quarterly   review   of biology (Online)
    </marc:subfield>
  </marc:datafield>
  <marc:datafield tag="245" ind1="0" ind2="4">
    <marc:subfield   code="a">
      The   quarterly   review of biology
    </marc:subfield>
    <marc:subfield   code="h">
      [electronic   resource]
    </marc:subfield>
  </marc:datafield>
</marc:record>
```


由上例可以看出 MARCXML 就像是一個 MARC 紀錄穿上一件 XML 的衣服一般，整體上仍未改變 MARC 的架構。雖然許多學者提出 MARC 在面對數量龐大的網路資源無法有效地予以組織與連結，但亦有資深的圖書館員為文捍衛 MARC 的有效性，堅信 MARC 在網路時代仍有其優勢。Jeffrey Beall(2006, pp. 71-73)在比較了

MARC、DC 與其他的後設資料後認為 MARC 是一個強而有力的後設資料綱要，因為它具有以下特色：

1. MARC 的描述元素豐富且詳細，有助於資源的發現與聚合；
2. MARC 與內容標準連結可維持一致性；
3. 許多廠商販售的多種系統可容納 MARC 的資料；
4. MARC 可應用於不同的社群；
5. MARC 有高度的互通性，很多系統都可以轉換其紀錄；
6. MARC 為世界通用具有普及性與未來性；
7. MARC 資料為專業人員所建置，而他們正是建立後設資料的專家；
8. MARC 背後有強而有力的組織在支持與維護；
9. MARC 具調合多種後設資料的功能，例如版權及保存的功能；
10. MARC 可因應在地需求而調整；
11. MARC 的規模夠大，在 OCLC 的 WorldCat 資料庫中就有約六億個書目紀錄。

雖然有死忠的支持者，且為了便於網路呈現，MARC 亦改以 XML 語法標誌，但其複雜性與需要專業人員負責描述的缺失，仍然是它在數位時代中的致命傷，這也是為什麼「MARC 必然死亡」(MARC must die!)之聲時有所聞，然而事實果真是如此嗎？此一問題留待本書第四章再詳加探究。

第三節　後設資料物件描述綱要(MODS)

後設資料物件描述綱要（Metadata Object Description Schema，簡稱 MODS）是 LC 試圖讓「MARC 再生」的一項努力，係由美國國會圖書館網路發展部和 MARC 標準辦公室(Network Development and MARC Standards Office at LC) 所發展，原始的設計就是為了圖書館的應用，但後來也被應用至其他的資源描述。MODS 是由 MARC 所衍生的後設資料，大多數 MARC 的欄位都可以在 MODS 中找到相對應的資料元素，許多相關的欄位亦被重組與整合進 MODS 的資料元素中，目前 MODS 最高層的資料元素共有 20 個(Library of Congress, 2006d)。以延續 MARC 的角度來看，MODS 解決了 MARCXML 複雜性的缺點，亦同時解決了 DC 與 MARC 轉換時造成「資訊遺失」的問題，也就是說 MODS 比 MARCXML 及 DC 都更適合做為讓「MARC 再生」的 metadata 架構。

為了對 MODS 有進一步的瞭解，本節分別介紹 MODS 的產生，MODS 的特性、優缺點與範例，以及 MODS 在圖書館社群的發展趨勢，同時以美國國會圖書館 MINERVA 計畫與澳洲國家圖書館 ANBDMP 計畫兩個實例，說明 MODS 的應用並探討其未來可能的發展趨勢(張慧銖, 陳素美, & 吳國禎, 2006)。最後針對其品質加以評估後提出結語 。

一、MODS 的產生

MODS 1.0 版是在 2002 年公佈並試驗了 6 個月，試驗之後修正的版本是 MODS 2.0 版於 2003 年 2 月問世，同時建置了 MODS 討論群（Listserv），供使用者參與討論，討論期間至 2003 年 8 月止，2003 年 9 月便公佈了 MODS 3.0 版，後於 2006 年 6 月 1 日公佈 MODS 3.2 版。在 MODS 的網站上除了列有綱要及說明文件外，亦提供 MODS⇔MARC21 與 MODS⇔DC 的轉換對照表(Library of Congress, 2006c)。2010 年 6 月，MODS 3.4 版正式公告，其中主要的改變包括：明確地將名稱與劃一題名分開、針對同一個字詞將其意譯與音譯作連結、增加不同的屬性來區別權威控制的種類、針對權威控制的資料加入 URI 的連結，以及加入不同的屬性來描述各項資源的發行方式等(Library of Congress, 2010a)。

MODS 可應用於圖書館與現有的 MARC 相互轉換，並以 XML Schema 作為文件結構，可說是描述性的後設資料(Descriptive metadata)。然而什麼是「描述性的後設資料」？ Michael Day 認為描述性的後設資料可用於資源之識別與描述，包含題名、作者、摘要與關鍵字，如：MARC、DC 等(Day, 1998)。也就是說 MODS 與 MARC 和 DC 一樣，都是屬於描述性的後設資料。

MODS 雖是為便於圖書館的應用而發展，但也可適用於其他物件的描述(R. Guenther, 2005)。由於具備若干特性使得 MODS 可作為傳統圖書館系統與非 MARC 格式系統之間的橋樑，是支援 MARC 書目元素互通機制的一種綱要（尤其是 MARC21），能將 MARC 紀錄轉成 MODS 的格式。若再透過後設資料框架(metadata framework)

如：METS，便可提供更高層次之概念結構(G. Hodge, 2005, pp. 39-40)。

二、MODS 的特性、優缺點與範例

茲將 MODS 的特性、優點、與缺點分述如下，並且舉例說明其格式：

（一）MODS 的特性

1. 採用 XML 語言

MODS 採用 XML 語言，由於 XML 遵循 SGML 標準，對圖書館而言，可以作為一個長期的解決方案。而許多電子資源本身即為 XML 格式或與 XML 相容，這是 MODS 決定使用 XML 的另一個原因。在網路環境中，如果電子資源可以直接與各種後設資料結合，以共通的 XML 格式作為描述語言，這樣在處理網路上各類資源時，將會非常便利。當圖書館員想在電子資源的表頭嵌入 MARC XML 資料時，MODS 將會是一個很好的選擇，因為它比 MARC 簡單而且能與 MARC 相容(McCallum, 2004)。

MODS 的內容採用 W3C 所發展的 XML Schema 作為限定 XML 的文件結構(鞠福琴, 2005, p. 193)，XML Schema 的功能和文件格式定義（Document Type Definition，簡稱 DTD）的角色相同，同樣在定義 XML 的組成元素(elements)、個別元素的內容與屬性(attributes)，

以及元素的重複與順序。相較於 DTD，XML Schema 可更進一步限定每個元素與屬性的資料型態與值域，例如：定義元素的內容值為 0~99 的整數(陳嵩榮, 2005, pp. 297-298)。

由於 MODS 採用 XML Schema 標準，可以克服傳統 DTD 的不足，XML DTD 的語法是簡化 SGML DTD 的語法，並非 XML 語法，所以支援資料型態的能力較弱，更無法限定數值範圍，而且擴展性較差(陳嵩榮, 2005; 羅昊 & 劉宇, 2003, p. 33)，但 XML Schema 則是完全採用 XML 語法。

2. 採使用者導向的標籤，可依特定需求訂定合適的標籤

MODS 提供使用標籤及符號的語法和規則，允許開發者自行定義標籤，至於標籤的名稱及含義可由開發者根據應用需要做適當的選擇。因此，MODS 能夠滿足各類資訊交換的需要，顯示出其良好的適應性(李世玲, 2005, p. 162)。此外，MODS 決定使用語言詞彙的標籤來描述資料，原因在於這樣的方式較為友善，也讓一般人容易理解。

MARC 使用 3 個數字為其標籤，它的優點是處理時較有效率，但其意義必須透過專家或對照表才能解讀。MODS 的標籤是英文，只有部分為縮寫，以表 2-3-1 為例，針對題名（title），MARC 的表示方式為 "245 $a"，但 MODS 的表示方式為"<title>"，顯然 MODS 具有較高的可讀性。此外，使用詞彙標籤的另一個優點是可以節省訓練時間，大學圖書館中常會聘用學生助理或臨時人員對載體做基

本的著錄，為了讓他們在短時間內學會這些描述方式，必須提供一個具有簡單標籤的綱要(McCallum, 2004, p. 83)。

表 2-3-1　MARC21 與 MODS 使用標籤對照表

項目	MARC21	MODS	備註
title	245 $a	<title>	
subTitle	245 $b	<subTitle>	
General information	008	<genre>	縮寫
publisher	260 $b	<publisher>	

資料來源：Library of Congress. (2006, January). *MODS mapping: MARC mapping to MODS version 3.1*. Retrieved June 5, 2006, from http://www.loc.gov/standards/mods/ mods-mapping.html

至於 MODS 標籤的使用方式有二種，其中<namepart>是標籤，“date”則是屬性：

(1) 只使用標籤，表示作者姓名：
<namepart>Joseph I, Holy Roman Emperor </namepart>

(2) 使用標籤+屬性，表示作者的年代：
<namepart type=”date”>1678-1711 </namepart>

3. 將 MARC 的資料元素重組：

在 MARC 中，部分資料元素會重覆出現在不同的欄位，但這些資料元素在 MODS 中則以不同的方法被聚集在一起，例如表 2-3-2

所示：

表 2-3-2　MODS 重組 MARC21 資料欄位範例表

MARC21欄位	MODS資料元素
440：集叢敘述--題名490：集叢敘述 534：原始版本註 700 $t：附加款目—個人名稱之作品題名 710 $t：附加款目—團體名稱之作品題名 711 $t：附加款目—會議名稱之作品題名 730 X2：附加款目—劃一題名之分析款目(X表0-9不排序字元)	<relatedItem>

資料來源：Library of Congress. (2006, January). *MODS mapping: MARC mapping to MODS version 3.1.* Retrieved June 5, 2006, from http://www.loc.gov/standards/mods/ mods-mapping.html

4. 代碼的使用更具彈性

在 MODS 中代碼的使用具有相當大的彈性，可以使用既有的代碼檔或直接以文字方式來表示，例如：地名代碼“nyu”與文字 “New York State”所代表的是同一個地方。但若以代碼方式表達地名資訊時，就必須搭配相對應的代碼檔：

(1)以代碼方式表達地名：

<placeTermtype=“code”

authority=“marccountry”>nyu</placeTerm>

代碼為“nyu”，但必須參照代碼檔“marccountry”。

(2)直接用文字表示：

<placeTerm type="text">"New York State"</placeTerm>

5. 小幅修正 MARC 以便納入電子資源

為了容納電子資源，MODS 增加了一些雖小但卻很重要的資料元素，這些資料元素在 MARC 中並沒有相對應的標籤。如<physicalDescription >中的<reformattingQuality>及<digitalOrigin>。<reformattingQuality>有三個值可供選擇，分別是 access、preservation 和 replacement。access 表示供大眾瀏覽；preservaion 表示這項電子資源是「典藏級」，品質較 access 為高；最後一項 replacement，代表取代原來的物件。<digitalOrigin>則有二個值可供選擇，分別是 born digital 及 reformatted digital，前者表示這項物件在產生時即為數位格式，而後者則代表經過數位化之後所產生的物件。

6. 可應用於多種資源的描述

MODS 由 MARC 所衍生，遵循目前的著錄規則，除了電子資源之外，當然也適用於其他物件資源的描述。

（二）MODS 的優點

從以上論述可以看出， MODS 具有下列優點：

1. 資料元素集比 DC 豐富

例如：日期，DC 只用了 date 一個欄位，但 MODS 可以

<dateIssued>(出版日期)、<dateCreated>(產生日期)、<dateCaptured>(擷取日期)及<dateOther>(其它相關日期)等四個資料元素來著錄(Library of Congress, 2005)。

2. 著錄的方式較 DC 更具系統性與規則性

MODS 自 MARC 衍生出來，其著錄方式仍依循傳統的編目規則，DC 的著錄方式則較具彈性。相對而言，MODS 比 DC 更具系統性與規則性。

3. 較 ONIX 更能與圖書館原有的系統相容

線上資訊交換標準 (ONline Information eXchange，簡稱 ONIX) 是希望在電子商務的環境下，解決圖書批發商及零售商間各種書目資訊交換的需求（參見本書第四章第五節），ONIX 雖然可以讓圖書館更容易取得書目資訊，但它的書目資訊畢竟不是 MARC 格式，若要與圖書館原有的 MARC 系統整合，仍存在一些問題。相較之下，與 MARC 相容的 MODS，應更能與原有的系統整合。

4. 比 MARCXML 更具可讀性

MODS 使用語言詞彙作為標籤，MARCXML 雖已「XML 化」，但仍延續 MARC 格式，使用 3 個數字為其標籤，它的意義必須透過專家或對照表才能解讀，MODS 因使用語言詞彙作為標籤，較具可讀性。

5. 資料元素較 MARC 單純

MODS 將 MARC 中許多功能與類型相似的欄位整合在一起，因此資料元素較 MARC 單純許多。

（三）MODS 的缺點

MODS 雖然與 MARC 有很高的相容性，可以和 MARC21 來回轉換，但仍存在著一些問題，因為 MODS 是 MARC 的一個子集，在 MARC 中的欄位可以找到相對應的資料元素，但一些 MODS 新增的資料元素，如<reformattingQuality>及<digitalOrigin>，在 MARC 中並無法找到相對應的欄位，其解決的方式就是在 MARC 中使用一些自訂的欄位，用來容納這些沒有辦法轉換欄位的資料，但若要將這些欄位再轉回 MODS，就要把將這些資料放入<extension>資料元素中，而此種方式將會造成資料遺失。不過這個部分應該可以透過 MARCXML 的中介轉換來改善，因為 MARCXML 和 MARC21 可以做完全的對照(mapping) (Library of Congress, 2006d)。

（四）MODS 範例

茲將 MODS 的描述方式舉例說明如下：

MODS 描述方式	說明
<mods ID="954094">	//自定識別號
<titleInfo> <title>天地有大美</title> <subtitle>蔣勳和你談生活美學</subtitle> </titleInfo>	//題名
<name type="personal"> <namePart>蔣勳</namePart>	//作者

<role> <roleTerm type="text">作者</roleTerm> </role> </name>	
<name type="personal"> <namePart >楊雅棠</namePart> <role> <roleTerm type="text">攝影者</roleTerm> </role> </name>	//攝影者
<originInfo> <dateIssued>2005</dateIssued> <publisher>遠流</publisher> <place> <placeTerm type="text">臺北市</placeTerm> </place> </originInfo>	//出版者
<subject authority="中文圖書標題表"> <topic>美學</topic> </subject>	主題
<classification authority="中國圖書分類法"> 180 </classification>	分類號
<identifier type="isbn" invalid="yes"> 9573256886 </identifier>	//ISBN
</mods>	//結束

三、MODS 在圖書館社群的發展

根據陳亞寧、沈漢聰整理出 16 項後設資料國際標準，並分析它們在國內數位典藏國家型科技計畫（National Digital Archives

Program，簡稱 NDAP）的應用情形，結果發現國內 NDAP 所使用的後設資料標準，以 MARC21 及 DC 為主(陳亞寧 & 沈漢聰, 2005a, 2005b)，並且沒有任何一個計畫是使用 MODS 作為其後設資料標準。

至於國外部分，陳亞寧與陳淑君以 2005 年 3 月 21 日為基準，用“metadata”為檢索主題，利用 CSA 提供的「圖書館與資訊科學摘要」(LISA）資料庫進行檢索，加以統計分析，歸納出後設資料議題的核心本質是格式標準的發展與訂定。此方面的相關探討，包括「資料結構標準」、「資料內容標準」、「概念模型與架構標準」、「標示語言標準」及「互通協訂標準」等五種類型。其中「資料結構標準」依應用的性質可以分為一般性、特定社群與整合性三種。DC 可謂為一般性的資料結構標準，圖書館社群常用的 MARC 是特定社群的資料結構標準，而 METS 則是整合性的資料結構標準。該研究並指出，後設資料格式的發展仍以資料結構標準為主軸，而圖書資訊學領域也開始突破過去關注特定資料的情形，轉而開始發展改良式或整合式的資料結構標準，如：MODS 與 METS(陳亞寧 & 陳淑君, 2005, pp. 113-126)。在美國國會圖書館網站中所整理與 MODS 相關的專案計畫已有 40 個，從中可以看出圖書館社群已逐漸關注 MODS 的相關議題(Library of Congress, 2010d)。

若由 MODS 相關的專案計畫則可以觀察到以下幾個現象：

（一）數位圖書館業已關注MODS的發展，嘗試採用OAI-PMH與MODS組合，作為資源分享的架構。

後設資料擷取協定（Open Archives Initiative Protocol for Metadata Harvesting，簡稱 OAI-PMH）是架構在 HTTP 及 XML 技術上之標準，主要是由 OAI 的服務系統（service provider）向資料提供者（data provider）抓取後設資料。OAI 是架構在 HTTP 上的應用協定，因此其指令集可以透過 HTTP 協定來傳輸，但其後設資料格式必須遵照 XML Schema 所規範的 XML 格式。OAI 的基本架構如圖 2-3-1 所示，使用者透過服務系統送出檢索指令之後，資料提供者會至資料儲存設備(即資料倉儲)中擷取後設資料，並將後設資料回傳，在表 2-3-3 中許多實驗計畫皆以 MODS 作為其後設資料標準。

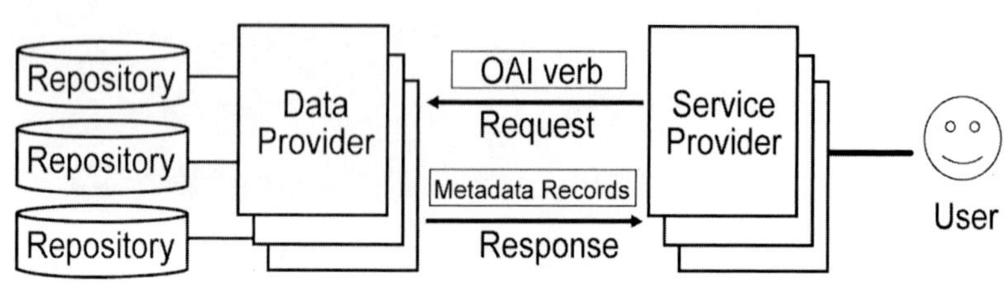

圖 2-3-1　OAI-PMH 架構圖

資料來源：陳昭珍. (2002, November 1). 數位典藏異質系統互通機制：以 OAI 建立聯合目錄之理論與實作. *國家數位典藏通訊電子報, 9*. Retrieved June 10 , 2006, from http://www2.ndap.org.tw/newsletter/index.php?lid=30

以往圖書館社群多利用聯合目錄作為館際間整合檢索的工具，並且利用 Z39.50 協定來建立虛擬的聯合目錄，但由於 Web 環境的快速發展，部分圖書館便嘗試以 OAI-PMH 架構來扮演如 Z39.50 的角色。目前美國國會圖書館為 OAI-PMH 架構所建議的格式有三種，分別是 MODS、MARCXML 及 DC，由於 MARCXML 太過複雜，DC 又非針對 MARC 標準發展，所以 MODS 是 OAI-PMH 架構中較適合運用於圖書館社群的後設資料格式，也就是說，MODS 是下一代 Z39.50 的指定格式之一(鞠福琴, 2005, p. 193)。

（二）MODS 可以做為 METS 的後設資料格式之一

METS 由數位圖書館聯盟開發，並且交由美國國會圖書館網路發展和 MARC 標準辦公室共同負責維護，目的是為數位資料的永久保存提供一個資料轉換的架構。METS 文件的內容主要包括四個部分，分別是描述性後設資料 (Descriptive Metadata)、管理性後設資料 (Administrative Metadata)、檔案群組(File Groups)以及結構性地圖(Structural Map)(Library of Congress, 2006b)，從表 2-3-3 中可以看出 MODS 在 METS 中扮演描述性後設資料的角色。

（三）MODS 可以扮演不同格式之間的轉換中介

從表 2-3-4 序號第 3、4、12 及 17 的實驗專案中，可以看出 MODS 能夠扮演中介者的角色，讓各種不同格式的後設資料間得以相互轉換與利用。

四、MODS 應用個案

為了解 MODS 實際應用的狀況，茲選定美國國會圖書館 MINERVA 計畫與澳洲國家圖書館 ANBDMP 計畫，加以說明。

（一）MINERVA 計畫

MINERVA 之全稱為 Mapping the Internet Electronic Resources Virtual Archive(Library of Congress, 2008)，是美國國會圖書館基於對現在與未來世代保存知識的使命所進行的一項網站內容保存計畫，主要著眼於目前許多原生數位資源並未以其它資源形式存在，這些以數位格式產生的資料持續在增長，並且以網站的方式傳播，截至 2010 年止，MINERVA 所選定的主題與典藏的網站數量如表 2-3-3 所示。為了讓這些被典藏網站的描述性資訊與原有的線上公用目錄整合，國會圖書館嘗試以 MODS 作為媒介，以原有的線上公用目錄為主體，將網站的後設資料轉入以 MARC 為基礎的線上公用目錄中。

表 2-3-3　MINERVA 計畫典藏的網站數量統計表(截至 2010 年止)

序號	主題	數量
1	2006年蘇丹達佛種族滅絕危機	216
2	2003年伊拉克戰爭	231
3	法律圖書館法律部落格	133
4	美國國會圖書館手稿部門網站寄存	30
5	2005年新任天主教教宗選舉	183
6	2001年911事件	2313

7	個別網站寄存	23
8	107屆美國國會選舉	580
9	108屆美國國會選舉	582
10	2000年美國選舉	800
11	2002年美國選舉	4000
12	2004年美國選舉	2000
13	2006年美國選舉	2119
14	視覺影像網站寄存	17

資料來源：Library of Congress. (2008, March 6). *Web archives: MINERVA.* Retrieved July 30, 2010, from http://lcweb2.loc.gov/diglib/lcwa/html/lcwa-home.html

MINERVA 計畫使用 MODS 作為後設資料的格式，在這個計畫中，雖然以傳統的方法（如：AACR2）著錄這些蒐集到的網站，並且產生「題名層次」(title level)的後設資料，但是這些資料並不是MARC 格式，而是 MODS。MODS 在資料元素的應用方面彈性很大，其最高層次的資料元素共有 20 個，但在 MINERVA 中只用了 11 個，如表 2-3-4 所示。因 MODS 與 MARC 具高度的相容性，所以可以很容易與原有的圖書館自動化整合系統結合在一起，也就是說，利用MODS 作為中介，可以將網站內容的資訊轉入原有的 OPAC 中，讓使用者可以透過 OPAC 查詢到這些網站資料，MINERVA 專案對MODS 作了很好的測試，驗證了 MODS 與圖書館標準的高度相容性。此外，該計畫亦驗證了 MODS 在資料元素選擇上的彈性，而這樣的彈性讓編目人員可以更有效地產生 MODS 紀錄。

表 2-3-4　MODS 與 MINERVA 計畫使用欄位對照表

序號	欄位名稱	MODS	MINERVA
1	Title Info	*	*
2	Name	*	*
3	Type of resource	*	
4	Genre	*	*
5	Origin Info	*	
6	Language	*	*
7	Physical description	*	*
8	Abstract	*	*
9	Table of contents	*	
10	Target audience	*	
11	Note	*	
12	Subject	*	*
13	Classification	*	
14	Related item	*	*
15	Identifier	*	*
16	Location	*	
17	Access conditions	*	*
18	Extension	*	
19	Record Info	*	
20	Date Captured		*

資料來源：Library of Congress. (2005, November 22). *MINERVA about metadata*. Retrieved July 30, 2010, from http://memory.loc.gov/cocoon/minerva/html/107th/about-metadata.html

（二）澳洲國家圖書館 ANBDMP 計畫 (Australian National Bibliographic Database Metadata Project)

澳洲圖書館界在 1999 年以 Web-base 方式建置了新的線上聯合目錄稱為 Kinetica，其核心是澳洲國家書目資料庫(Australian National Bibliographic Database，簡稱 ANBD)。該資料庫當時共收錄約 375 萬種物件、1,400 萬筆書目紀錄。另一方面，澳洲政府的出版品也逐漸以線上出版的方式取代紙本，澳洲國家圖書館為了確保這些政府的電子出版品能被有效地存取，必須發展若干策略，以確保使用者在檢索時能獲得這些電子出版品的描述資訊。自 2003 年開始，Kinetica 進行了一項「擷取者專案」（Harvester project），為了維持後設資料的一致性與品質，再經過多方評估之後，採用了 OAI-PMH 架構，並以 MODS 作為中介的後設資料標準。截至 2010 年六月，ANDB 共有 2,000 萬筆書目紀錄、4,500 萬種物件(Missingham, 2004)。

以政府出版品為例，各政府機構的出版單位扮演資料提供者（Data Provider），而 ANBD 則扮演服務提供者（Service Provider），各出版單位的系統接收到指令後，會將本身的書目資料轉成 MODS 格式之後再傳回到 ANBD 之中，使用者透過 ANBD，除了可以檢索原有 MARC 格式的書目資料外，也可以檢索到相關的政府出版品資訊。

上述的轉換流程中仍存有一些困難需要克服，例如：澳洲環境部只用 2 個資料元素來著錄出版品，但全國職業衛生和安全委員會卻用了 40 幾個資料元素來著錄出版品，皆與 MODS 最高層的 19 個資料元素不符。若要解決這樣問題，就必須針對個別出版單位，撰寫專用的轉換程式，將原來各單位的格式轉換為 MODS 格式。由於每個出版單位都有其專屬的轉換程式，一旦轉成 MODS 後，就以 MODS 作為傳輸過程中的標準後設資料，待 ANBD 接收 MODS 資料之後，利用美國國會圖書館開發的工具，將 MODS 轉成 MARC 格式，再轉入 ANBD 之中。

澳洲國家圖書館運用新技術企圖改造全國的資訊資源檢索服務，提昇檢索圖書館館藏和電子資源的效能，同時這個計畫也對 MODS 做了創新的實驗，即以 MODS 作為轉換 metadata 的中介格式，並且利用美國國會圖書館所開發的工具有效地進行轉換，接著將轉換後的紀錄自動轉入 ANBD 中。由此可知，澳洲國家圖書館實驗專案的價值在於證明能將傳統的 MARC 紀錄與電子資源的後設資料有效地予以整合。

五、MODS 品質評估

由於後設資料的品質對資源的發掘影響重大，但直到目前為止仍未有針對影響品質關鍵因素的評估研究出現，也很少去定義何謂「後設資料品質」(Barton, Currier, & Hey, 2003; Moen, Stewart, & McClure, 1997)。Guenther(2003)認為圖書館的數位館藏持續增加，所需要的後設資料綱要必須能夠與現有的館藏資料相容、能與其他綱要互通，並且提供對資源的豐富描述，而 MODS 被認為具備符合以上需求的潛力。後設資料的建立過程是維持紀錄品質的關鍵要素，在建立過程中可能會產生諸多問題，如：款目資料的不正確，包括拼音、縮寫、日期格式、主題詞彙不一致等。但研究指出目前缺乏對著錄流程的正規調查，且大部分探討數位典藏後設資料品質的研究都是針對使用 DC 的案例(Park, 2006a)。然而究竟應如何檢測後設資料的品質？T. R. Bruce 和 D. I. Hillmann(2004)提出適宜圖書館環境之品質評估要素，包括：完整性（Completeness）、精確性（Accuracy）、出處（Provenance）、是否符合預期（Conformance to expectation）、邏輯一致性（Logical consistency）條理性（Coherence）即時性（Timelines）可及性（Accessibility）。Marcia Lei Zeng 和 Lois Mai Chan(2006) 則選用完整性、精確性及一致性等三個面向，作為國家科學數位圖書館後設資料的評估標準。

Jung-ran Park 及 Susan Maszaros(2009)針對 MODS 應用於數位典藏計畫進行其使用情形與品質研究。目的在瞭解 MODS 在三個數位館藏中描述數位資源、原生數位資源的應用狀況；辨識 MODS 中最常出現不精確、不一致、不完整的應用元素；檢視利用控制語彙進行主題元素的描述狀況；評估 MODS 與後設資料語意有關的應用現況。其資料收集時程為 2007 年 3 至 4 月，資料來源為三個使用 MODS 的數位館藏，包括：1. 英國大學學術圖書館聯盟聯合目錄（Copac Academic and National Library Catalogue）內容有 3,200 萬筆紀錄，其中多數為專書，學術期刊佔 6%，會議論文佔 3%。2. 美國國圖書館 MINERVA 計畫中的選舉網站典藏計畫（Election 2002 Web

Archive），有近 4,000 筆網頁資源。3. 美國國會圖書館藏中的數位典藏系統（AABMR），內容為非裔美國人所組成的樂團、樂隊或流行歌曲的數位聲音檔、圖片和與館藏音樂相關的文章、傳記等。資料收集方式以 Research Randomizer tool 產生的亂數隨機抽樣，觀察各數位館藏的著錄指南(local guideline)與 MODS 元素的使用指南(user guideline)，以確定各個館藏是如何使用 MODS 的後設資料元素。

該研究亦採用完整性、精確性及一致性作為品質評估的面向，在完整性方面，檢測：1.影響個別物件被使用、與母館之館藏連結的能力；2. 資源被找到和管理的功能是否齊全；3. 紀錄中各元素的使用規模和分布狀況。在精確性方面，檢測資料輸入和資料內容的正確性，包括：排序問題，表達人名、地名與縮寫的一致性等。在一致性方面，則檢測語意及格式結構之語法部分。

研究結果發現 MODS 被使用較頻繁的元素有：titleInfo、originInfo、recordInfo、physicalDescription、subject、name、identifier 和 language。而屬性(attributes)的使用不正確會造成描述錯誤，例如使用不正確的編碼類型(encoding type)導致錯誤結果。另因 Copac 的資料量大，且直接由 MARC 自動轉換為 MODS，故編目人員無法介入，造成多類型的紀錄不正確。在資料語意、語法格式之一致性方面，title 和 name 是最一致的，由於屬性的不一致將造成轉換問題，AABMR 中部分樂器項目著錄於 relatedItem 元素中，但也有著錄於 note 元素。

綜合而言，該研究確認 MODS 十分適合描述多元的資料類型，在其調查樣本紀錄中使用最頻繁的前五項元素即佔全部使用元素的 86%，每一樣本館藏大概使用 12 至 15 項 MODS 元素，半數以上樣本至少使用 10 個元素。可見 MODS 的元素、子元素、屬性都還未被充分利用。各館著錄指南的易用性有助於提昇紀錄的一致和精確性(例如：Election 2002 Web Archive)，但仍需以更大規模樣本再加以檢視，同時語意相當影響描述的一致性，因為 MODS 部分元素的概念並不明確，且有語意重疊的現象。

六、結語

隨著 Web 2.0 時代的來臨，詮釋權的擁有形式由權威轉為開放，並以協同合作的方式運作，面對電子資源的快速增長，如何利用協同合作的機制加快編目速度，是一個可以思考的方向，而 OAI-PMH 正提供了這樣的機制，讓書目資料可以有效率地流通。此外，圖書館界長期以來，建立了一個以 MARC 為基礎的龐大體系，我們必須思考如何讓這個龐大的體系得以延續，同時亦能解決網路時代資料互通性的問題。無疑地，MODS 正可以扮演這樣的角色，因為它可以支援 OAI-PMH 架構，並且與 MARC 具有高度的相容性。

在美國國會圖書館整理與 MODS 相關的諸多實驗計畫中，其應用模式除了前述於 OAI-PMH 架構，以 MODS 作為其後設資料標準，扮演 MARC 與非 MARC 系統之間的溝通橋樑外，尚有三種應用模式：首先是利用 MODS 描述電子資源，再與原有的 MARC 系統整合；其次是以 MODS 作為 METS 中的描述性後設資料；第三則是用 MODS 作為中介的後設資料，讓各領域不同的後設資料得以相互轉換。反觀國內，雖已有中文編目文件格式定義（CMARC Document Type Definitions，簡稱 CMARC DTD）之研訂(國家圖書館, 2005)，作為國內圖書館書目資源與外界交換的規範，但對於 MODS 似乎未有進一步的研究與實驗計畫的進行。此外，國內數位典藏國家型科技計畫成果係以 DC 為其後設資料標準，另 NBINet 則是以 MARC 為其後設資料，這二大資源或許可以參考澳洲國家圖書館的 ANBDMP 計畫，以 MODS 作為中介格式，整合成國家級的書目資料庫，讓使用者既可以找到紙本資源也可以找到數位物件。

透過前文的分析，我們可以了解 MODS 在資源描述上具簡易、彈性與互通性強的特性，相當適用於網際網路環境，它不僅可以直接描述電子資源，更能讓原有採用 MARC 描述的資訊紀錄得以繼續存在，同時改善了 MARC 與 DC 的相關問題。但在 MODS 品質的相關研究中也可看出其元素之間存有語意重疊的問題，有待進一步地釐清，但無論如何，相信未來在 Library 2.0 中，MODS 將可能扮演更為重要的角色。

第四節　都柏林核心集(Dublin Core)

自 1990 年代中期資訊科學家及電腦專家開始重視後設資料的概念，因為網路的興起突顯出發現與查詢資源的需求，為了滿足檢索的需要，使得電子資源必需被組織，同時許多 metadata 也應運而生。由於機讀編目格式在成本效益與實務上都被認為不是適合組織電子資源的資料格式，即使 OCLC 的 NetFirst 資料庫及 InterCat 計畫都試圖套用現有的資料模式來處理網路資源，甚且 USMARC 於 1993 年增加了 856 欄位，中國機讀編目格式也隨著增加 856 欄位以利網路資源的編目及記錄網路位址與使用相關資訊，但在實際在使用上仍然無法引起廣泛的注意。

同時間以發展不同資料格式組織網路資源的討論，逐漸引起大眾的興趣，Dublin Core 就是其中之一(羅思嘉, 1999)。Dublin Core 希望建議的是一個簡單具彈性，可以由網頁作者加註的網路資源著錄格式，因為這樣的格式一方面可以較低的成本加速完成資料的整理，另一方面又可以較結構化的方式呈現網路資源的書目特質，而有利於資訊檢索。簡而言之，Dublin Core 的主要目的有以下幾點：1.發展一個簡單有彈性，可輕易了解和使用的資料描述格式；2.試圖提供簡易的資料描述格式，以滿足大多數非圖書館專業人員的需求；3.希望建立一套描述網路上電子文件特色的方法，以協助資訊檢索；4.希望能符合由「著者著錄」的趨勢。

Dublin Core 的發展可追溯至 1995 年由 OCLC 與 NCSA 所共同舉辦的第一次研討會。由於網路資源的快速發展與資源整理的需求，第一次會議的目的是希望能夠了解不同團體對網路資源整理與檢索的需求，同時在紀錄建立的成本考量下，擬定一套可描述網路資源的紀錄欄位核心集。有鑑於當時既有的資料紀錄格式在處理網路資源上有其限制，因此便以既有的格式欄位為基礎，就欄位的必要性與著錄語法等不同面向討論建立另一個 metadata 格式的可行性，而 Dublin Core 就是該次會議的成果。之後關於 DC 又陸續開了九次會議，最近一次的會議於 2010 年 10 月 20 至 22 日在美國的匹茲堡(Pittsburgh, PA)舉辦(Dublin Core Metadata Initiative, 2010a)。

目前 DC 已被翻譯為 20 多種語言，成為相關國際與國家標準，例如 NISO Standard Z39.85-2001 (2001 年 9 月)及 ISO Standard 15836-2003(2003 年 2 月)。而都柏林核心集 metadata 計畫(Dublin Core Metadata Initiative，簡稱 DCMI)負責 DC 的後續發展及相關規格書，其主要活動包括：1.標準的發展與維護，包括舉辦國際會議、工作小組會議等；2.支援前述所需的相關工具、服務與基礎建設，包括 DCMI metadata 註冊中心；3.推動教育活動與相關支援(Dublin Core Metadata Initiative, 2010e)。

DC 的發展是希望能以簡易且具彈性的資料格式來著錄網路資源，主要包含十五個欄位，如表 2-4-1(Dublin Core Metadata Initiative, 2010d)：

表 2-4-1　DC 欄位及著錄內容一覽表

欄位中文名稱	欄位英文名稱	著錄內容
題名	title	資源的正式名稱。
創作者	creator	包括個人、團體機構或服務系統。

主題	subject	可用關鍵詞或分類號來表示資源之內容，建議使用控制詞彙或分類表。
簡述	description	包括摘要、目次、圖示資料之來源說明、或對內容的文字之敘述等。
出版者	publisher	包括個人、團體機構或服務系統。
貢獻者	contributor	包括個人、團體機構或服務系統。
日期	date	表示資源的創作或可供使用的時間，建議遵循ISO 8601之規範著錄，即 YYYY-MM-DD。
資源類型	type	描述資源之性質、功能、類別，以及描述之單位為單件或合集作品等，建議使用控制詞彙。
資料格式	format	媒體類型或資源的度量資料(如高廣尺寸、放映時間)，亦可用以表明呈現或操作資源時需用的軟硬體或其他設備。
識別碼	identifier	建議利用字串或數字組成的識別系統來辨識資源，如：URI(含URL)、DOI(數位物件識別碼)、ISBN等。
來源	source	建議利用字串或數字所組成的識別系統來表示原始資源。
語文	language	建議使用RFC1766及併用ISO639標準，該標準使用兩個與三個字母做為語文代碼。
關連	relation	建議利用字串或數字組成的識別系統來辨識參照資源。
時空涵蓋範圍	coverage	包括地點、時期、政治轄區，建議使用數字表示地理座標或日期時間。

權限管理	rights	資源的權限申明、或說明提供該資源的服務機構，權限資訊通常包括智慧財產權、著作權及其他產權。若此欄位未著錄，使用者亦不得擅自認定資源本身原有的或被賦予的權限。

其中日期、資料型態、格式另有屬性清單供著錄時選取，或作為著錄格式的控制標準。之後為了補足在描述上的不足，除了原本的 15 個核心元素外，截至目前為止已另外增加了 40 個 DC terms，例如增加 audience、isPartOf、Created、Has part...等(Dublin Core Metadata Initiative, 2010b)。DC 訂定了 12 種不同的資料型態，包括：資源合集(collection)、文本(text)、圖像(image)、互動資源(interactive resource)、動態影像（moving image）、實體物件(physical object)、服務(service)、聲音(sound)、結構化資料(dataset)、軟體(software)、靜態圖像(still image)、事件(event)，且針對這 12 種型態另有定義表，以提供更精確的標示(Dublin Core Metadata Initiative, 2010c)。

DC 元素在使用上具有以下特徵(Dublin Core Metadata Initiative, 2005)：

1. 每個元素皆為選擇性(可以採用或不採用)，皆可重複著錄；
2. 每個元素可以任何排序方式呈現；
3. 建議一些元素使用控制的值，但並非必備；
4. 每個元素的內容著錄規則，由個別建置單位訂定；

5. 鼓勵採用所屬特定領域的應用檔案，並且遵守這些應用檔案的資料內容與資料值之規範或標準。

而其編碼方式計有三種(陳雪華, 2003)：

1. HTML (即 Metatag，融入 HTML 文件中)，參見以下範例：

```
<html>
  <head>
    <title> A Dirge </title>
    <link rel = "schema.DC"
         href="http://purl.org/DC/elements/1.0/">
    <meta name = "DC.Title" content = "A Dirge">
    <meta name = "DC.Creator" content = "Shelley, Percy Bysshe">
    <meta name = "DC.Type" content = "poem">
    <meta name = "DC.Date" content = "1820">
    <meta name = "DC.Format" content = "text/html">
    <meta name = "DC.Language"C.Language = "DC
  </head>
  <body>
    <pre>
      Rough wind, that moanest loud
      Grief too sad for song;
      Wild wind, when sullen cloud
      Knells all the night long;
      Sad storm, whose tears are vain,
      Bare woods, whose branches strain,
      Deep caves and dreary main, -
```

```
        Wail, for the world's wrong!
      </pre>
    </body>
</html>
```

2. XML 或其他編碼方式，參見以下範例：

```
<?xmlversion="1.0"encoding="big5"?>
    <dc-record
        xmlns:dc="http://dublincore.org/documents/1999/07/02/dces/>
    <simpleDC>
      <type>石刻</type>
      <title>蘇州石刻天文圖</title>
      <creator>南宋王致遠</creator>
      <description>根據黃裳所繪製之天文圖摹刻
      </description>
      <subject>六經天文編</subject>
      <subject>黃裳</subject>
      <date>2000-07-11</date>
      <identifier>chart01-s.gif</identifier>
      <relation>蘇州南宋天文圖圖背的考釋與批評</relation>
      <coverage>南宋</coverage>
      <rights>蘇州市博物館</rights>
    </simpleDC>
```

3. 以標籤、號碼、字母、單字等方式將代理物件各個可分割的部分加以編碼，如：

■ MARC 的正題名
245 $a A dirge
■ HTML 文件的題名
<title> A Dirge </title>
■ HTML 文件以 Dublin Core 語法表示的題名
<meta name = "DC.Title" content = "A Dirge">

DC 實際上是因應處理電子資源而產生的後設資料，因此在組織網路資源方面有其得天獨厚的優勢，且具備下列幾個特色：1.可直接處理網路資源，既是後設資料的交換格式，更是後設資料內部處理的格式，帶來數位資源組織上極大的便利；2.係為著錄網路資源而制定，自然適用於眾多領域，更可解決資料變長、允許重覆等問題；3.它可應用於世界上通用的軟體，便於系統與時俱進，可推展網路資源編目自動化；4.其著錄格式簡單，可以減輕編目人員的工作負擔(賀梅萍, 2005, p. 72)。同時強調支援數位典藏品的資源探索。

DC 雖簡潔明瞭，但是其字段的定義趨於模糊，容易形成理解及操作上的不一致，加上缺乏得以提供參照結構的方法，沒有規範控制，導致檢索率降低(鞠福琴, 2005, p. 192)。此外，不像 MARC 有許多系統可以相容，DC 沒有現成的系統可供使用；其資料元素薄弱，無法描述複雜的物件；其延伸欄位多為在地化描述，無法讓其他單位瞭解與共用等問題，亦是經常被詬病之處(Beall, 2006)。

DC 在 OAI 架構中，除了扮演「承載交換資訊」的中介角色外，亦有部分系統直接利用 DC 作為其內定的 metadata。DC 的簡易性有其優點及缺點，優點是可以降低描述資料的成本並且增進資訊的互通性，但相對的，它的簡易性亦是其缺點，因為它無法支援複雜且語意豐富的後設資料架構(國立歷史博物館 & 雲林科技大學, 2004)。

由於標準化之後設資料是資源分享與探索的關鍵因素，必須能促進語意的互通，而後設資料品質的好壞也能反映其是否有效發揮探索與使用功能。為維護以都柏林核心集標準著錄的資料品質，許多相關研究對都柏林核心集元素的語意進行研究。例如 Lynne C. Howarth(2001, 2003) 探討不同後設資料標準轉換對照時會遇到的挑戰，他針對 9 種 Metadata，17 種標籤名稱及其相對應之定義進行研究。發現有 3 種標籤名稱能被立即理解，包括語言、資料類型及日期，而其他 14 種標籤名稱因定義與描述過於簡短而無法被清楚辨識。Jung-ran Park(2006b; Park & Childress, 2009)則請具備資訊組織及詞彙控制背景知識的學生為 DC 元素名稱及其相對應之定義做連線，期能找出最容易被混淆的詞彙組。研究結果發現，語意關係較清楚者為 Language、Date、Title、Right 四個元素；語意關係不清楚、概念模糊之組別有四組，分別為：1. Format、Type 和 Description；2. Source 和 Relation； 3. Type 和 Subject； 4. Creator、Publisher 和 Contributor。Jung-ran Park(2006a)再針對都柏林核心集的詞彙語意進行檢視，採用下列兩個方法：1. 對都柏林核心集之後設資料元素名稱與其相對應之定義作語言學的語意分析；2. 從三個數位典藏庫中抽取 659 筆後設資料紀錄加以分析。研究結果發現都柏林核心集之元素間有概念模糊和語意重疊的問題，會因此妨礙語意的互通。而資料著錄不正確的原因則來自於描述者對詞彙語意的困惑，包括 Format 和 Description；Type 和 Format；Source 和 Relation。其餘尚有多位學者指出 Type 和 Format 的使用確實令人困惑，Source 和 Relation 似乎具有可交換的特性，且為最不常被使用的元素(Park & Childress, 2009)。Lloyd Sokvtine(2000)發現有 58%的 Creator、Publisher 和 Contributor 欄位重複著錄，而 Priscilla Caplan(2003)則認為應該以 Agent 元素取代 Creator、Publisher 和 Contributor。

Jung-ran Park 及 Eric Childress(2009)檢視都柏林核心集的相關研究文獻，發現其中缺乏以編目及 metadata 專業人員之觀點為主軸的研究。因此，他們著手調查 2006 至 2009 年都柏林核心集應用在美國圖書館界的情形，同時檢視 Creator、Contributor、Publisher、Type、Format、Source 及 Relation 等元素在使用上的一致性與正確性。研究方法採用網路問卷，問卷內容包含結構性與開放性的問題並敦請專家檢核題目的信度與效度，最後實施前測以確認問卷中的問題是否清楚、明確、易於填答。研究對象包括在編目及 metadata 專業人員相關的討論群上寄送問卷填答邀請訊息，由訊息接收方決定是否參加。此外，還在 2008 年費城的 ALA 仲冬會議上向編目及 metadata 館員發送邀請與傳單，招募受訪者。初期招募 1,371 位受訪者，發放問卷後實際填答者僅 303 位，回覆率 22.1%。研究結果發現，在使用都柏林核心集之各元素實際感到困難的比例，前三者為

Relation(55.3%)、Source(42.4%)及 Contributor(29.6%)。另在應用都柏林核心集遭遇困難的原因，以概念模糊(佔 41%)和語意重疊(佔 45%)兩者最高，同時受訪者無法直接判別 Format 和 Type 二者的差異；Creator、Publisher 和 Contributor 三種元素的定義具有特定的從屬關係，亦令使用者產生困惑與著錄困難；而 Source 和 Relation 之間亦存在特定的從屬關係，也使得受訪者難以區辨。

由前述相關研究可知，即使是專業人員仍會在應用柏林核心集之元素時遭遇困難，可見 metadata 的語意是否清晰可辨對於藏品的描述品質有絕對的影響，語意重疊與概念模糊將導致資料著錄的不一致與不正確，亦會妨礙數位典藏機構間資源的探索與互通。此外，若要提昇後設資料的品質則不只要從標準本身進行檢討，更要強調專業人員的能力及資料著錄過程的正確性。因此，良好的教育訓練過程應是不可或缺的要素。

第五節　其他後設資料概述

圖書館界採用傳統的編目規則編製書目紀錄，並且關注資源描述的詳細程度與整體/部分關係。在網路術語中關於物件描述的元素項目與項目之間的順序及關係稱為「綱要」(schemas)，依據「美國圖書館協會編目委員會之著錄及檢索工作小組」(American Library Association Committee on Cataloging: Description and Access，簡稱 CC:DA) (2000)的定義，「後設資料綱要」(metadata schema)係指：「一種設計用以辨識特定領域的知識架構，藉由一個資訊系統的建置，可將此架構連結到領域中的資訊，而此資訊系統能夠協助於該領域中進行資訊的辨識、探索及使用」。

除了圖書館界所熟知的 MARC、MARCXML、MODS 與 DC 之外，其他領域亦發展出各種類型的後設資料綱要，以描述多樣化的數位典藏品，如「美術館藏與藝術作品描述標準」（Categories for the Description of Works of Art，簡稱 CDWA）、「視覺化物件及影像紀錄描述標準」（Visual Resources Association，簡稱 VRA）、「檔案描述編碼格式」（Encoding Archival Description，簡稱 EAD）、「政府資源索引服務」（Government Information Locator Service，簡稱 GILS）、「文件編碼交換格式」（Text Encoding Initiative，簡稱 TEI），以及線上圖書資訊交換標準(ONIX—for books(EDItEUR), ONIX—for serials(EDItEUR))等。IFLA 也已建置了一個識別不同後設資料綱要的網站(International Federation of Library Associations and Institutions, 2005a)，其研究後設資料綱要的工作小組亦正發展定義與工具來轉換不同的後設資料綱要，以找出在各種後設資料綱要中都會使用到的基本元素。

由於後設資料綱要的種類繁多，若能對整體後設資料有一概括性的認識並對不同典藏品的後設資料描述要項有所瞭解，就能進一步探討其對數位資源的適用性。因此，本節共分以下五個部分加以說明：一、後設資料的定義；二、後設資料的類型與功用；三、後設資料的應用範圍；四、後設資料的構成要素與建置方式；五、圖資領域以外常用之後設資料舉要。

一、後設資料的定義

metadata 一詞最早出現於美國太空總署（National Aeronautics and Space Administration，簡稱 NASA）所發行的《目錄交換格式》（Directory of Interchange Format Manual）(1998)。然其名稱相當多樣化，根據 Panayiota Polydoratou 與 David Nicholas 兩人於 2000 年所做的調查(2001, p. 315)，發現 metadata 常用的名稱有 schema、schemas、schemata、format、formats、element sets、standards、systems 及 catalogues 等九種(Polydoratou & Nicholas, 2001; 陳亞寧 & 陳淑君, 2007)。此外，亦有人使用 vocabulary 或 vocabularies。至於 metadata 的中譯名稱則有詮釋資料、後設資料、資源描述格式、元資料、超資料、元數據等。在臺灣因國家數位典藏計畫之故，目前已逐漸統一使用「後設資料」，此名稱取自資料產生與描述的先後次序，意即數位物件已先行產生，之後才會進行描述。而在中國大陸則是統一使用「元數據」。本書參照國家數位典藏計畫之用語，將 metadata 統一譯為後設資料。

關於 metadata 的定義係依其使用社群或使用情境而有所不同，常見的定義有以下幾種：

1. 由 OCLC 與 NCSA 共同舉辦的研討會中所訂定之都柏林核心集 (DC)將 metadata 簡單定義為「資料的資料」（data about data）(Weibel, Godby, Miller, & Daniel, 1995)。

2. 根據美國圖書館學會的定義(Allen, 2001)，metadata 是有關一個數位典藏品的資料，通常是由典藏品的創作者或提供者建立，並且將數位典藏品串聯或埋置於後設資料中。因此，metadata 可以作為資訊儲存與檢索系統很有用的基礎。
3. 國際圖書館協會(International Federation of Library Associations，簡稱 IFLA)(2005a)定義 metadata 是任何協助辨識、描述與放置網路化電子資源的資料。目前存在許多不同的 metadata 格式，有些在描述上很簡單，有些則相當複雜且豐富。
4. metadata 是記載資料元素或屬性（如：名稱、大小、資料類型等）的資料、有關紀錄或資料結構（如：長度、欄位、行列等）的資料，以及有關資料的資料（如：位置、關聯、擁有者等）(數位典藏國家型科技計畫, 2007)。
5. metadata 是有關資料背景與關聯性、資料內涵，以及資料控制等相關資訊(Chilvers & Feather, 1998)。

二、後設資料的類型與功用

Gilliland-Swetland 及 Anne J. (2000)依功能需求將後設資料分成五種類型，分別為管理型、描述型、保存型、技術型及使用型。各類型的定義及功能如表 2-5-1：

表 2-5-1　後設資料類型一覽表

類型	定義	範例
管理型	資訊資源管	• 徵集資訊

	理與行政方面	• 智財權與複製追蹤 • 記錄合法取用的需求 • 所在位置資訊 • 數位化的選擇要點 →相似資訊物件間的版本控制與區別 →文書保存系統的稽查
描述型	資訊資源描述或識別	• 編目紀錄 • 查詢工具 • 特殊索引 • 資源間的超連結關係 • 使用者的註解 由紀錄創造者製作的紀錄保存系統
保存型	有關資訊資源的保存管理	• 資源實體情況之紀錄 • 保存實體與數位形式資源的活動紀錄，如：資料、儲存媒體的更新與轉置等
技術型	有關系統功能如何運作與metadata的運作	• 電腦軟硬體方面的記錄 • 數位化相關資訊，如：格式、壓縮率與資料排程 • 追蹤系統反應時間 • 資料認證與安全性，如：加密、密碼等
使用型	有關資訊資源的使用層次及類型	• 展覽紀錄 • 使用與用者追蹤 • 內容再利用與多重版本資訊

Dempsey 與 Heery(1998)則依使用環境、功能需求、產生方式、

結構、相關的查詢協定、狀態等六種面向分析後設資料，並且進一步將其分為三種類型，如表 2-5-2 所示：

表 2-5-2　後設資料類型分析表

面向	類型一	類型二	類型三
使用環境	全球網際網路搜尋服務、全球資訊網索引服務	選擇式的網際網路搜尋服務、指引服務	學術資料及重要典藏庫的描述
功能需求	找尋	發掘、找尋和選擇	找尋、選擇、評鑑與分析
產生方式	程式自動抓取	程式自動抓取暨人工輸入	人工方式，通常需具備專業知識，及相關的資訊人員
結構	無結構化	有限的結構	結構化，乃至標誌（Mark Up）
相關的查詢協定	介面協定（如Http與CGI）	介面協定（如Http與CGI）、指引服務協定（如WHOIS++, LDAP）與查詢（如Common Indexing Protocol）	Z39.50、SGML瀏覽器與查詢
狀態	專屬	網際網路標準	特殊領域標準

Lorcan Dempsey(1996) 指出數位典藏品的使用者可藉由

metadata 進行的工作包括：位址標示指引（location）、探索資訊（discovery）、記錄資訊（documentation）、評估資訊（evaluation）、篩選資訊（selection）及其他。另根據 Gail Hodge(2005)的分析，metadata 有三種主要的功能：1.描寫電子資源原件，以幫助特定團體的使用者找尋相關的資訊。2.聚集相似的資源與辨識不相似的資源，例如：藉由管理個人數位物件與其聯結的 metadata 來支援入口網站的發展，像是 MyLibrary 或 MyPortal web site；或被數位圖書館或資料中心利用，以管理數位物件及其 metadata；或用來描述重製數位物件軟、硬體的欄位。3.從 metadata 的組成欄位中可以分離出不同的功能，如：指出物件的所有權人與不同團體使用或重複使用該物件的權利；或確認資料已被正確地傳播且適當地付費給所有權人；或用於記錄物件起源與長期取用的狀況。

三、後設資料的應用範圍

後設資料可以應用的範圍很廣，在不同社群使用的名稱就不相同，在電腦界被稱作資料字典（Data Dictionary）或綱要（Schema）；在圖書館界被稱作圖書館目錄（Library Catalogue）；在博物館界被稱為紀錄（Documentation）、登錄(Register)或資料標準（Data Standard）；而在檔案館界則被稱作檢索工具（Finding Aids）。其應用範疇主要可以分為以下幾類(陳淑君, 2006)：

（一）編目（cataloging）

可以分為個別性資源(item level)，如：文件、圖檔、錄音帶等及合集性資源(collection level)，如：網站，資料庫等。如何呈現二者之關聯性是相當重要的議題，前者可依內容目次－章－圖表的順序呈現；後者則可依網站地圖－網頁的順序呈現。

（二）資源探索(Resource Discovery)

可使搜索引擎更了解資源的內容、達成更精確的查尋結果，以及達到更自動的查尋效果。

（三）電子商務(E-Commerce)

電子商務每一階段所需的資訊，皆可藉由 metadata 機制加以管理並達成任務，同時可管理快速變化且複雜之工商規則。例如：找到賣/買者及產品(檢索工商名錄)、商定銷售條件(含價格，付款條件，合約資訊)、交易(含傳遞機制，日期，期間/限)等。

（四）內容分級(Content Rating)

使用者可以選擇想看到的內容種類，例如兒童保護、PICS (Platform for Internet Content Selection)。目前世界上採用的分級技術大約分為兩大類：一種是內容過濾(content filtering)，另一種是內容選擇(content selection)。前者收集不適合青少年上網觀覽之網址，整理成黑名單資料庫，再由用戶端之過濾軟體攔阻該黑名單網址。例如：中華電信之情色守門員、趨勢科技之 PCCillin 等，但目前並無業界標準。後者須由內容生產者或第三者，針對網頁內容標註後設資料，在用戶端則透過內容篩選過濾軟體，解釋後設資料後，判斷是否予以攔阻。

（五）智財權(Intellectual Property Rights)

描述文件使用與傳佈權的合約期限。

（六）隱私政策(Privacy Preferences & Policies)

例如描述使用者公開個人資訊的意願、描述網站管理者收集訪站者資訊的意願等。

四、後設資料的構成要素與建置方式

後設資料的構成要素可分為語意（Semantics）、語法（Syntax）與結構（Structure）三個層次，所謂語意係指該描述資源的哪些屬性、屬性的名稱如何命名、該屬性的依據為何等議題；語法是指使用何種標準讓資料可以在不同系統之間轉換；結構則是指如何清楚地呈現各屬性之間的關係。

後設資料的建置方式可以分為以下三種，其中第一及第二種已在本章第四節 Dublin Core 的編碼方式做過介紹，以下提供不同的範例做為對照：

1. 埋置在網頁中(Embedded format)：在網頁 HTML 編碼中，使用 META tags 放置後設資料。例如在 Dublin Core Metadata Initiative 組織對於 DC 如何嵌入在 HTML 中，提供了以下的範例做為說明：

```
<head profile="http://dublincore.org/documents/dcq-html/">
  <title>
    Expressing Dublin Core in HTML/XHTML meta and link
    elements
  </title>
  <linkrel="schema.DC" href="http://purl.org/dc/elements/1.1/" />
  <linkrel="schema.DCTERMS" href="http://purl.org/dc/terms/" />
  <meta name="DC.title" lang="en" content="Expressing Dublin
     Core in HTML/XHTML meta and link elements" />
  <meta name="DC.creator" content="Andy Powell, UKOLN,
     University of Bath" />
```

從上例中，我們可以發現在 meta name 標籤之後，描述的內容為 DC 的 title 及 creator，如此一來就可以將 DC 嵌入 HTML 之中 (Dublin Core Metadata Initiative, 2003)。

2. 建立獨立的紀錄(Stand-alone records)：分離 metadata 與資源本身，這也是最常見的建置方式。即將 metadata 以 XML 的方式獨立存在，在 DCMI 中，也對 DC 如何以 XML 結構獨立存在，提供了以下範例：

```
<?xml version="1.0"?>
<metadata
   xmlns="http://example.org/myapp/"
   xmlns:xsi="http://www.w3.org/2001/XMLSchema-instance"
   xsi:schemaLocation="http://example.org/myapp/schema.xsd"
```

```
  xmlns:dc="http://purl.org/dc/elements/1.1/">
   <dc:title>UKOLN</dc:title>
   <dc:description>
     UKOLN is a national focus of expertise in digital information
     management. It provides policy, research and awareness
     services to the UK library, information and cultural heritage
     communities. UKOLN is based at the University of Bath.
   </dc:description>
   <dc:publisher>
     UKOLN, University of Bath
   </dc:publisher>
   <dc:identifier>http://www.ukoln.ac.uk/</dc:identifier>
</metadata>
```

3. 建立獨立的資料庫(Database records)：將 metadata 全數建置於資料庫中，在呈現上可以採用前述兩種方法，即在數位典藏品的展示網頁中，選擇嵌入 metadata；或是在頁面中，提供該 metadata 的 XML 檔案供下載。

五、圖資領域以外常用之後設資料舉要

後設資料可以應用在不同的社群且採用不同的名稱，而各標準中所訂定的元素及其用途亦有差異，除了圖資領域之外，較常被使用的後設資料標準有博物館界常用的「美術館藏與藝術作品描述標準」（CDWA）及「視覺化物件及影像紀錄描述標準」（VRA）；檔案館常用的「檔案描述編碼格式」（EAD）；政府機構常用的「政府資

源索引服務」(GILS),以及語文文學界常用的「文件編碼交換格式」(TEI)等。茲分別簡述如下:

(一)美術館藏與藝術作品描述標準(CDWA)

是一種描述物件(object)與影像(image)的後設資料,自 2005 年 6 月開始發展,現仍持續進行中。由 Getty 研究機構的藝術資訊專案小組(Art Information Task Force,簡稱 AITF) 負責維護(Baca & Harpring, 2009)。整個標準共有 31 個主類目,532 個主/次類目(詳如表 2-5-3),應用單位可以視實際個案加以調整。是項標準原以學術研究的需求與觀點發展而成,進而延伸至提供博物館展覽與保存的需求。它是一提供藝術資料庫詳盡的結構指引,包括保護藝術作品最基本所需的資訊,使用群包括博物館、鑑賞家、海關、執法機購、保險公司等單位。

表 2-5-3　CDWA 描述類目一覽表

1. 物件/作品Object/Work	2. 分類Classification
3. 題名Titles or Names	4. 創作Creation
5. 風格/時期/團體/運動 Styles/Periods/Groups/ Movements	6. 測量 Measurements
7. 材質/技術 Materials /Techniques	8. 題刻/標記 Inscriptions/Marks
9. 階段State	10. 版本Edition
11. 製作手法Facture	12. 方位/配置 Orientation/Arrangement

13. 形式描述 Physical Description	14. 現況/鑑定史 Condition/Examination History
15. 保存/處理史 Conservation/Treatment History	16. 主題Subject Matter
17. 時空背景Context	18. 描述註Descriptive Note
19. 批評性回應 Critical Responses	20. 相關作品Related Works
21. 現藏地點 Current Location	22. 版權/限制 Copyright/Restrictions
23. 所有權/收藏歷史 Ownership/Collecting History	24. 展覽/借出史 Exhibition/Loan History
25. 編目史Cataloging History	26. 相關視覺紀錄 Related Visual Documentation
27. 相關參考文獻 Related Textual References	28. 個人/團體權威 Person/Corporate Body Authority
29. 地點/位置權威 Place/ Location Authority	30. 一般概念權威 Generic Concept Authority
31. 主題權威 Subject Authority	

（二）視覺化物件及影像紀錄描述標準(VRA）

自 2000 年開始由視覺資源協會資料標準委員會負責（Visual

Resources Association Data Standards Committee）研發(Visual Resources Association, 2008)，至 2008 年發表 VRA Core 4.0。是項標準以視覺資源社群為焦點提供指引，以描述藝術品、建築物、器物，及大眾或民族文物等視覺資源。為了便利視覺資源社群間資訊的交流與分享，其元素設計原則著重簡單、彈性、可重覆應用，同時提供元素資料值(data value)之建議標準，以利資料的一致性與正確性。

VRA 的運作原理為：(1)依循 Dublin Core1:1 的語意規則，即利用一組後設資料元素描述一物件(object)或資源(resource)。(2)提供一個描述視覺資源典藏品的範本(template)，區分為作品(work)和影像(image)二種概念，以利識別創作原作和其他如照片、電子影像檔等的替代物。(3)其描述層次介於簡單(minimal)及詳細(full)之間，可作為與其他文化遺產資訊間的互通機制。VRA4.0 版的描述類目共有 19 項，詳如表 2-5-4。其中有些項目其名稱沿用 3.0 版，但結構已做更改；有些則只有名稱作修改。前者如 3.0 版的「ID NUMBER」到了 4.0 版改為「LOCATION.REFID」及「TEXTREF」；後者如「CREATOR」改為「Agent」。

表 2-5-4　VRA 描述類目一覽表

1. 作品、藏品或影像 (Work, Collection or Image)	2.類型(Work Type)
3.題名(Title)	4.測量(Measurements)
5.質材(Material)	6.技術(Technique)

7.代理人(Agent)	8.日期(Date)
9.地名(Location)	10.參考資料(Textref)
11.風格時期 (Style Period)	12.文化脈絡 (Culture Context)
13.主題(Subject)	14.題辭(Inscription)
15.階段版本(State Edition)	16.關係(Relation)
17.描述(Description)	18.來源(Source)
19.智財權(Rights)	

（三）檔案描述編碼格式(EAD）

檔案之所以要記錄 metadata 有以下幾個目的(Library of Congress, 2002a)：1.使檔案具有唯一的識別性（identification）；2.提供檔案鑑定的相關資訊（authentication）；3.維持檔案的內涵、結構及本文間的關聯性（content, structure, context）；4.提供檔案檢索與處置的執行期限及使用條件（access and disposal）；5.提供檔案的相關使用歷史（use history）；6.提供檔案資源的探索、檢索與傳遞功能（discovery, retrieval, delivery）；7.提供安全控管機制（security classifications），使不同的檔案資源間具有互通性（interoperability）。

EAD 是一種採用 SGML 及 XML 於檔案檢索工具 (finding aids) 編碼的國際性標準，起源於 1993 年美國加州柏克萊大學圖書館的「柏克萊檢索工具計畫」(Berkeley Finding Aid Project，簡稱 BFAD)，後於 1998 年經美國檔案學會（Society of American Archivist，簡稱 SAA）EAD 工作小組通過成為標準。目前由美國國會圖書館網路發展與機讀標準辦公室負責維護，1995 年至今的最新版本為 EAD 2002。

EAD 以支援檔案與手稿的蒐集與保存為目的，提供一個標準使檔案描述可以機讀的方式展現並可在線上被找尋及呈現。可以機讀方式處理檔案館、圖書館、博物館與手稿館等所產生的目錄、登錄簿、索引等查檢工具。共有三大結構、146 項基本元素及 102 個屬性。

（四）政府資源索引服務(GILS）

GILS 是美國聯邦政府為整合所有聯邦機構之資源、服務和公開文件的傳播，並且利用電腦及網路之便，推動政府資訊資源指引服務(Open Systems Environment Implementors Workshop/Special Interest Group on Library Applications, 1997)。美國國家標準暨技術局(National Institute of Standards and Technology)規定所有的聯邦機構都必須採用 GILS 指引文件出處。因此，它是一種定義描述政府資訊並協助大眾檢索的結構，其欄位可記錄識別大眾可取得的多樣化政府資訊資源。透過 GILS 詳盡的定義及描述，能讓使用者透過網站進行高品質的檢索並找到資料，而 GILS 可分別代表「系統」、「後設資料」及「服務」等概念。

由於政府單位之文件有別於傳統書目或檔案，為使一般民眾可以透過網路輕易掌握政府部門所提供的各項資源、服務和文件，GILS 採分散式的架構發展系統，讓使用者可以一次檢索到不同單位的資料庫，而應用單位則可依實際情況加以調整。其系統規格為 GILS Profile，第二版在 1997 年 2 月 8 日發表，其中說明 GILS 的應用範圍、目標、採用標準、名詞定義、屬性、紀錄語法、常用檢索、GILS 大綱等。其編碼為 GILS Core，意即 GILS 的核心部分，共有 28 個描述欄位。（參見表 2-5-5）

表 2-5-5　GILS Core 描述類目一覽表

1.資源的擁有者及建置者	1. 創作者(Originator) 2. 作者(Author) 3. 取用限制(Access Constraints) 4. 使用限制(Use Constraints) 5. 接洽點 (Point of Contact)
2.資源的內容	1. 題名(Title) 2. 資源語文(Language of Resource) 3. 摘要 (Abstract) 4. 控制詞彙(Controlled Subject Index) 5. 未控制主題詞彙 (Subject Terms Uncontrolled) 6. 地理資訊(Spatial Domain) 7. 資料來源(Source of Data) 8. 方法論(Methodology) 9. 補充資訊 (Supplemental Information) 10. 目的(Purpose) 11. 機關計畫(Agency Program) 12. 相互參照(Cross Reference)

	13. 紀錄之語文(Language of Record)
3.資源的表示方式	1. 出版日期 (Date of Publication) 2. 出版地(Place of Publication) 3. 時間(Time Period) 4. 可獲性(Availability)
4.管理資訊	1. 目錄號(Schedule Number) 2. 控制號(Control Identifier) 3. 原始控制號 (Original Control Identifier) 4. 紀錄來源(Record Source) 5. 最後修正日期 (Date of Last Modification) 6. 紀錄審核日期(Record Review Date)

（五）文件編碼交換格式(TEI)

TEI 是一個跨學科的全文標誌標準，主要應用在文學與語言文學領域(Text Encoding Initiative, 2007)。1987 年開始發展，是一國際性且跨學科的編碼標準，係由三個學術團體組成：1.電腦與人文協會（the Association for Computers and the Humanities）、2.計算語言學協會（the Association for Computational Linguistics）、3.文學與語言計算協會（the Association for Literary and Linguistic Computing）。其目的在協助圖書館、博物館、出版社和個人表述各種文學和語言學文件，以供線上研究與教學，同時方便其機讀文件內容之保存與交換。在 TEI Guidelines 中規定每一份 TEI 文件之前都要使用 TEI header 描述該文件，類似圖書的書名頁，主要的功用在於讓編目館員與文件編碼者採用標準交換格式來詳細記錄電子文件，並且支援學術研究者檢索 TEI 文件。第一版的 TEI 使用標準通用標誌語言（SGML），但最近的版本已可使用可擴充標誌語言（XML）。

TEI 主要的工作就是進行內容標記，將文件內容的重點表示清楚，讓電腦可以辨識文義。一般的 metadata 只用來描述作品的外在特徵及基本屬性，但 TEI 可以表達知識內涵與處理作品內容。所有符合 TEI 標準的文件，都包含一個 TEI 的標頭部分，以元素<TEI 標頭>（<teiHeader>）標誌；另有一份文本組成，使用元素<文件>（<text>）予以標誌。

基本上 TEI 文件必須具備以下描述：

1. fileDesc (檔案描述)：包含對文件的完整書目敘述。
2. encodingDesc (編碼描述)：記錄電子文件和其一個或多個文件來源間的關係。
3. profileDesc (背景描述)：提供文件非書目性的細節描述，特別是所使用的語言及次要語言、在何種情況下製作、參與人員及其環境背景等訊息。
4. revisionDesc (版本描述)：概述檔案的修訂歷史。

第三章　電子資源的主題分析

圖書館在進行資訊資源的主題分析時，傳統上大都採用分類表、主題詞表與索引典等工具來加以處理。值此數位時代，網路上充斥著無數的資訊資源，不僅帶來較以往更為複雜的組織與管理問題，也引發如何以更快速、更有效的方式取得資源的探討。在網路資源的搜尋上，關鍵字搜尋的技術雖然為使用者開啟了一扇方便的大門，讓使用者能夠快速檢索到想要的資源，但其檢索效能卻已遭遇瓶頸，始終無法提昇。科學家們到目前為止仍試圖在資料探勘、文件自動分類、分群等人工智慧的領域上深入研究，希望能夠找到更快、更精確的方法檢索到正確資料。

由於資訊係以指數倍率快速增長，圖書館原有的處理方式雖然能確保資訊檢索的準確率，但是人工的處理方式卻無法負荷過於龐大的資訊量，即使是具有彈性、以滿足使用者需求為特色的層面分類也面臨到進行資訊整理與組織時，如何在維護品質與精簡處理時間上的困難。一些研究試圖利用基於知識本體產生的語意網，抽取詞彙自動生成層面，並且將層面分類的概念應用於完整的知識本體的架構之中，藉由語意網內的詞彙關係連結相關的網路資源，希望能有效地提昇層面產生的速度並維持概念的準確性。

層面分類應用在網頁資源的組織、管理與檢索之所以能受到使用者青睞，主要還是得力於使用介面視覺化及具有彈性、動態的呈現方式，讓使用者在檢索的過程中感到舒適與滿意。雖然資訊檢索系統本身的效能是使用者評估滿意度時的主要考量，但網頁製作技術的進步對層面分類的發展也產生不小的影響。然而面對龐雜的電子資源，圖書館原有的主題分析工具是否仍然適用？為因應電子資源的特性，圖書館是否需要使用更多元的方式才可能將其妥善地處理並方便使用者利用？這些都是圖書館所密切關心的議題。

為探討電子資源主題分析工具的發展，本章共分六節予以闡述，第一節為主題分析概述；第二節為層面分類的發展；第三節為索引典和語意網；第四節為美國國會圖書館主題標目之發展；第五節為資源描述框架(Resource Description Framework，簡稱 RDF)與網路本體語言(WEB Ontology Language，簡稱 OWL)；第六節為簡單知識組織系統(Simple Knowledge Organization System，簡稱 SKOS) ；第七節為主題詞的發展。

第一節　主題分析概述

主題分析是辨識某作品所包含之知識內容(Intellectual Content)的過程，係依據文獻顯著的特性加以解析，並且以數字、符號、名詞、形容詞與名詞的組合或片語標示出文獻中所述及的主題，以做為資料查詢的檢索點(Chu & O'Brien, 1993, p. 439)。意即根據文獻儲存與檢索系統的需要，依照一定的方式對文獻內容進行分析，從中提煉出其主題概念、確定主題類型並剖析主題結構的過程。主題分析的結果可能會以二種方式呈現在目錄或書目之中，一種是數字符號，如分類系統；另一種是語言詞彙，如標題或索引詞(Chan, 1995, p. 519)。

主題分析的目的是在適當的深度上，分析和掌握文獻的中心內容並從概念上加以提煉與壓縮，以便依據這個中心內容選擇適當的主題詞做為文獻查詢檢索的標誌(羅思嘉, 陳光華, & 林純如, 2001, p. 187)。因此，文獻資訊經由主題分析之後，會由無序的狀態轉化為有序的組織，從而可編製為檢索工具，而正確的主題標引可以使相同主題的文獻集中，構成有組織的整體，俾便檢索。

主題分析除了是圖書館技術服務作業流程中圖書分類編目所從事的主題編目工作，即針對文獻內容賦予分類號與主題標目的程序外，實際上還包括了語彙結構及主題索引兩大範疇。前者係指資訊組織與資訊檢索工具的建構，如分類法、標題表與索引典的建置；後者主要是研究文獻內容的理解、索引詞彙的選用、索引製作方法與文獻內容關係之建立等議題(陳明來, 2002, p. 70)。

本節所探討之主題分析工作，偏重於圖書館技術服務部門對於文獻的著錄和分析，意即根據主題詞表與分類表，賦予代表文獻內容的控制詞彙與類號，其間的過程包括文獻內容的判讀、主題概念的提煉、隱含主題概念的分析、文獻主題的取捨與主題類型的確認等步驟。共分為以下幾個部分加以說明：一、主題分析的目的；二、進行主題分析時應注意的事項；三、主題法的類型；四、系統主題法與字順主題法之異同；五、主題分析與檢索流程。

一、主題分析的目的

主題分析具備以下幾種目的(陳敏珍, 1994, p. 4)：

(一) 以精確、具體的語彙或符號對文獻資料提供主題內容之適當描述。

(二) 揭示出特定主題範圍之研究主題、研究方法、觀念及知識應用上的相關性。

(三) 對於各學科領域都能提供一般性和專門性詳簡不同的分析款目。

(四) 提供任何專家學者或一般人習慣的術語，以便檢索其所需資訊。

(五) 將不同國情、不同學科專家，或因觀念變遷造成的不同標目予以聚集。

(六) 利用參照方式將具有關連性的主題做有效地連結，以利讀者蒐集到更完整的資料。

由上述各點可以了解主題分析的良窳實與資訊查詢結果有極大的關連，同時也是資訊能否被利用的關鍵要素。

二、主題分析應注意事項

在進行主題分析時，應注意下列幾點(農業科學資料服務中心,

1995)：

(一) 客觀性

指按照文獻本來的面目進行內容分析，切忌主觀猜測或加以褒貶。

(二) 專指性

指從文獻中提煉出來的主題概念，必須和文獻所論述的主題概念在外延和內涵上皆為一致。

(三) 詳盡性

指主題內容分析的全面性，即分析、提煉主題概念所達到的全面程度；而主題分析的最佳詳盡性，應該使檢索系統具有一定的檢全率(recall)、較好的精確率(precision)，以及較快的查詢速度。

(四) 一致性

指不同標引人員或同一標引人員在不同時間標引同一篇文獻所達到的一致程度，前者係指外部的不一致性(inter-indexer inconsistency)；後者則指內部的不一致性(intra-indexer inconsistency)。然而要做到這一點相當不容易，因為要保證主題分析的一致性，標引人員必須按照主題分析提綱、主題類型、主題分面圖，和主題分析步驟等進行主題分析，切不可自行其是。

(五) 針對性

指標引人員根據使用者的需求所達到的「切題」的程度。必須要求標引人員在分析文獻的主題時，要設身處地為使用者著想，且要考慮使用者的檢索習慣，使檢索工具或檢索系統具有適用性，以便符合不同學科與不同專業使用者的需求。

三、主題法的類型

主題法依據其展現方式之不同，約可分為兩大類，一為系統主題法，另一為字順主題法。其中前者又可分為階層式分類法及分析綜合式分類法；後者則包括標題法、單元詞法、關鍵詞法及敘述詞法，茲分別說明如下：

（一）系統主題法

此法即一般所稱之分類法，係建立於學科體系之上，依其組配程度的不同，又可分為階層式分類法與分析綜合式分類法(陳佳君, 1995)。

1.階層式分類法（Hierarchical Classification）

是一種直接表現知識分類層級概念的標示系統，係運用概念邏輯的原理，依文獻的內容特徵進行一種系統化的組織，以直線式邏輯方式建立分類表，並標示出每一知識部門於分類表體系之位置。階層式分類法可聚集相同屬性的事物，但對於某一事物具有多種屬性時，便會因分類標準的差異，而歸入不同的類目中，形成同類文獻被分散的現象。若是以組配程度而言，階層式分類法係由編表人員事先組配主題之組合型式，故屬於列舉式分類法。雖然如此，但仍然可以利用複分、仿複分等方式針對主題概念加以分析綜合，所以並不是一個全面列舉式的分類法，例如：杜威分類法(Dewey

Decimal Classification, 簡稱 DDC)。

2.分析綜合式分類法（Analytico-synthetic Classification）

此類分類法的基本理念是「概念」的可分析性與可綜合性，最主要的目的是在解決階層式分類法的列舉方式無法容納知識多元化的發展。採用的方法是將基本術語列舉出來，供主題分析人員自由地組合。若以組配程度而言，分析綜合式分類法是由標引人員決定主題之組合型式，例如：冒點式分類法（Colon Classification）。

(二)字順主題法

字順主題法共有四種，即標題法、單元詞法、關鍵詞法及敘述詞法，茲分別說明如下(盧秀菊, 1997)：

1.標題法

以語詞作為主題概念的呈現，將概念標示進行字順排列，同時使用參照方式，以間接顯示概念間的相互關係。透過詞彙控制使主題與概念建立一對一的關係，而能達到依主題集中文獻的目的。

2.單元詞法

將每一個複合概念分解成若干單元概念，而每個單元概念只需用一個單元詞表示。此法是以最小單元詞來標引文獻，並透過單元詞的組配，以檢索文獻資料，可說是最早的分析綜合式主題法。

3.關鍵詞法

直接採用文獻本身的主題詞彙作為檢索用語，其特點是語詞不必規範，也不需查閱詞表，一般而言僅需編製一個數量不多的「非關鍵詞表」,如:冠詞、助詞、連接詞、介詞及一些通用概念詞即可，係屬後組合式主題法。

4.敘述詞法

利用概念的分解與組配原理，以規範化的敘述詞(Descriptor)做為文獻主題標示的依據，亦屬後組合式主題法。

四、系統主題法與字順主題法之異同

系統主題法與字順主題法雖有不同，但兩者亦有相似之處，茲將其間之異同分析如下：

(一)相同點

1. 兩者都是揭示文獻主題內容的方法；
2. 都是經由主題分析、主題標引的過程而欲達到資訊檢索的目的。

(二)相異點(侯漢清 & 張馬華, 1991, p. 1)

1. 主題概念的表達方式不同，系統主題法多以字母或數字表達，而字順主題法則採語詞作為主題概念的表達方式；

2. 主題概念的組織方式不同，系統主題法多以學科類別為其主題概念的組織方式，而字順主題法則以詞語之字順來組織主題概念。此外，系統主題法採線性組織方式，而字順主題法則為非線性組織方式；
3. 主題之內在關係的顯示方式不同，系統主題法多以類號、類目之層級來顯示，而字順主題法則採詞語間之參照系統；
4. 標引方法不同，系統主題法在分析出主題後還要確定文獻之學科性質，而字順主題法則需辨別文獻主題名稱構成因素間的關係；
5. 文獻的集中與分散不同，系統主題法會依學科集中，但分散主題，而字順主題法則會把從不同角度但研究同一對象的文獻集中於一處。
6. 對於學科發展的適應能力不同，與系統主題法相較，字順主題法中對於主題詞的增刪，並不會影響整個主題法的系統結構，因此對於學科技術發展的適應能力較強。

五、主題分析與檢索流程

從圖 3-1-1 可以很清楚地瞭解整個主題分析與檢索的流程，圖的左半部描述索引的過程，右半部則是檢索的過程。無論是索引者或是檢索者都必須針對文獻的內容進行主題分析，同時萃取出主題概念，再將主題概念逐一轉譯為索引(檢索)語言，並且將所有的索引詞彙儲存在檢索系統中，等待檢索者輸入檢索詞彙到系統中查詢，再將結果導出。

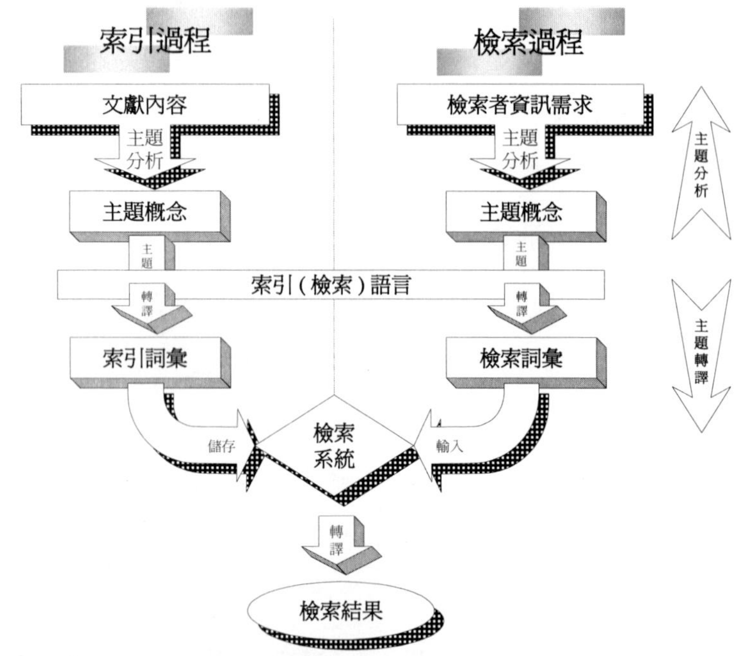

圖 3-1-1　主題分析與檢索流程示意圖

第二節　層面分類的發展

分類法依其編製的方法可分為階層式、列舉式、及層面式三種。階層式分類法如中國圖書分類法與杜威十進分類法，列舉式分類法則以美國國會圖書館分類法最為有名，而層面分類法則以布里斯與冒號分類法為代表。美國圖書館學會主題分析委員會的後設資料與主題分析工作小組(ALCTS/Subject analysis committee/Subcommittee on Metadata and subject analysis)曾於 1999 年該學會的年度報告中列舉分類法若欲應用於數位時代的基本問題(American Library Association, 1999)，包括分類標記、索引或其他關於後設資料的詞彙、專指性、新穎性及一致性等。同時也針對分類法的諸多基本功能予以檢討，茲列舉如下：

(一) 位置(location)

讓檢索者使用分類號去找到資源所在的位置。在數位環境下，分類號無法做到其在傳統圖書館中所發揮的功能。

(二) 瀏覽(browsing)

是否能讓檢索者在同一類別中看到鄰近的資源及與其類似的資源。為了達到這樣的目的，資源的呈現必需依分類號的順序排列。

(三) 層級移動(hierarchical movement)

若網站能提供層級移動，讓檢索者在層級間上、下游走，則檢索者就能從中享受到分類之層級架構的好處。但一般常見的問題在於系統中沒有分類表，以致檢索者不知道層級架構為何。

(四) 檢索(retrieval)

定義使用分類檢索的方式相當於以分類號查尋。

(五) 辨識(identification)

識別功能有助於檢索者在清單中看到一個分類符號時，可以據此確認網站在清單中所歸屬的主題內容。如果標題單獨列出或甚至取代分類號，則檢索者可以不必知道分類號的意義而更容易確認資源的主題。

(六) 限制/切割(limiting/partitioning)

分類是依據資源內容給予主題，而內容可以用來限制或切割檢索集。假如藉由分類符號將檢索集排序則結果群將顯而易見，或是可以藉由一個特殊的類別做布林邏輯檢索，以限定檢索集，則分類的切割功能就能實現。

(七) 資料檔設定(profiling)

將類似的資源，設定一個資料檔(profile)或給予一個館藏類型。假如讓資源和資料檔自動進行比對，則網路的資料檔設定功能才能實現。

由此可見，無論是哪一種分類法，若要應用於數位時代中網路資源的組織與檢索，實際上都會有若干問題產生。晚近無論是圖書館的目錄或是其他各式的資訊檢索系統，無不追隨資訊科技的進步而增加各種檢索功能，以協助使用者快速找到所需資源。上述分類法的問題中已有部分功能可以落實在目前的資訊檢索中，尤其是層面分類的概念已普遍應用於各類資訊系統。本節擬介紹層面分類的發展，共分為三個部分加以探討：一、層面分類的基本概念；二、層面分類應用上的優缺點；三、層面分類應用於資訊檢索的議題，包括層面瀏覽、層面導覽與層面索引典。

一、層面分類的基本概念

廣義來說，無論任何系統其文獻若用文字或標記來描述並組合其要素，所使用的技術就是層面分類(Faceted Classification)(Broughton, 2001, p. 71)。狹義而言，若從文獻主題分析的角度觀之，層面分類是將主題概念分解成數個簡單、個別的概念（或概念因素），再依照它們所屬的面向或範疇，分別編列成表，且於標引時使用兩個或多個簡單概念的分類號（或各種標記）組合來表達一個複雜的主題概念。(白國應, as cited in 林雯瑤, 2006, p. 156) 然而若要建立層面分類架構，首先必須進行層面分析(Faceted Analysis)。

層面分析是由「一種簡單、能達到一致性的分析方法」、「用更多元的觀點看這個世界」以及「為聚集的資料提供一個多維的、結構化的檢索點。」這三個主要的概念所組成，也就是列舉出形成主題基本分類概念的特性後再行聚合的過程，是一種將代表基本概念的單元詞彙由下而上匯集成群的過程(La Barre, 2006)。

層面分類採用「分析-組合」的技術，由下往上將主要的基本術語列舉出來，供給分類員自由地拼湊組合成一組標準詞彙表。分析--組合技術稱這些術語或詞句為焦點（focus），數個焦點可以合成一個焦點群（foci），數個焦點群又能組合成一個焦點面（facet）(何光國, 1990)。在層面分類中，「分析–組合」是非常重要的技術，命名的起始在於它對文獻主題面向的分析，也就是將各個面向具體化成多個層面，然後再歸入特定的基本項目。

二、層面分類應用上的優缺點

層面分類在應用上有其優、缺點，優點約略可以歸納如下(Patel, 2002; 林雯瑤, 2006)：

(一) 提供各學科主題分類的彈性

能夠容納多種理論架構與模式，即使是不同學科也可以運用層面分類的概念分析、組合出層面。因為層面分類是以多個層面組合成一個概念的方式進行分類，所以不同學科因其性質、特色不同就會組成不同的分類。

(二) 對新知識的包容性強

層面分類法可以輕易容納新的概念，只要將概念重新分析、組合後，就可以由不同的層面再組合表現。運用層面的互斥性，使用者即使不知道該新知識，也可以藉由不同的層面綜合出整體概念。

(三) 主題表達性強

層面分類法可藉由多種層面的組合準確地表達主題概念。不同的組合方式也能表達與建立詞彙之間的關係，能更明確地表示主題概念。

(四) 組合方式多元

層面分類用於檢索時，可以自由地排列組合，因此能滿足更多使用者的需求。

(五) 可以加入新的層面

經過拆組分析過程若發現詞彙不屬於任何一個層面，就可以增加新的層面，容納新的概念。

缺點則有以下四點：

(一) 建構困難度高

層面分類法對一般使用者而言比較陌生，且對於初學者而言非常複雜，很難使用。即使是經常使用的熟手，因為層面分類的重點是目標對象的基本概念分析，如果對概念本身不熟悉，不了解使用者需求，對層面分類的基本分類不夠了解，在進行多重概念的分析時將會遭遇困難。再者，若要將一個概念清楚地以多個層面進行分析，需要經過多方測試，難免耗時費力，必須投注一定的成本才能保持層面分析的品質(Kim, 2006)。

(二) 難以整合出可瀏覽的階層式列表

層面分類的類目體系是隱含的，不容易視覺化。因為經過層面分析的概念架構是多維的，即使概念透過層面得以完整而複雜的方式被歸類，卻很難以列舉的方式呈現。目前多採用在電腦螢幕上以動態轉換層面的方式來表達層面分類的多維特性，所以彈性、即時、動態的呈現方式是層面分類應用在網路資源組織的重點(Patel, 2002)。

(三) 標記複雜，檢索過程耗時

因為一個主題通常由多個層面組合而成，所以層面分類法的標記顯得較為複雜，在圖書館排架上也有書標過長的問題。應用在資訊檢索系統上，因為要組配不同的層面進行搜尋，所以系統檢索的時間通常比較慢(Yee, Swearingen, Li, & Hearst, 2003)。

(四) 不易合作，也不適用於綜合學科

層面分類雖然具有彈性，可以自由調整組合順序，滿足使用者需求。但在圖書館編目上卻會因為無法達到一致化而造成合作上的困難。另外，在現實狀況下，由於層面分析的工作需要耗費時間和人力，在執行效率上容易為了要求分析品質而受到限制，因此目前多應用於範圍較小的學科之中(林雯瑤, 2006)。

三、層面分類應用於資訊檢索

圖書館在典藏資源之前都先經過內容分析過程將資源予以分類編目，而分類編目涉及人工處理，可能會產生內、外部不一致的現象，意即同一人前後判斷不同，或不同人因見解不同而使用不同類號或詞彙等。因此，圖書館便運用查檢與權威控制的方式儘量將同類資源的類號與詞彙達到一致。但是，當編目紀錄上傳至系統給讀者使用時，讀者會面臨其使用的檢索詞彙與館員使用的控制詞彙不一致的窘境，而雙方因使用詞彙的不同將導致檢索效果低落，讀者亦得不到滿意的查詢結果，或找不到所需資料。圖書館為因應這個問題試圖尋求解決方案，以改進檢索系統與讀者間的使用落差。其中「詞彙展示」與「自動詞彙對映」都是將索引典、標題表、分類表類目等控制詞彙結合到資訊檢索的過程中，試圖降低讀者與系統使用詞彙的落差。前者是直接將控制詞彙展示於檢索介面上，供使用者選擇利用；後者則是將控制詞彙與使用者檢索詞彙作同義關聯對映，並且把對映結果結合系統程式碼並於幕後轉換成同義詞，讓使用者不必自行轉換詞彙，系統也能自動對映到館員所使用的控制詞彙，找到讀者需要的資料。

根據曾元顯(1997)在《WWW 網站檢索系統》一文所提出的資訊檢索查詢模式，比較重要的有以下十項：

(一) 布林邏輯查詢（Boolean model）
(二) 重要性排序（Ranking）
(三) 模糊檢索（Fuzzy search）
(四) 相關回饋（Relevance feedback）
(五) 個人化服務（Personalized service）
(六) 資訊過濾（Information filtering）
(七) 語音檢索（Query by voice）
(八) 對話式查詢（Query by dialog）
(九) 自然語言檢索（Query by natural language）
(十) 智慧型檢索精靈（Intelligent search agent）

如將相關回饋模式應用於資訊檢索時，系統可以將符合使用者查詢條件的結果列出，再加上相關詞彙的列舉，讓使用者可以自行選擇最符合自己所欲檢索資料的選項回饋給系統，讓系統在指引使用者檢索方向的同時，使用者自身也能提供意見修正系統的檢索方向，而將檢索結果導向正確的方向。相關回饋的展現方式可能是系統提供選項讓使用者指出哪些檢索結果與使用者檢索主題相符，又有哪些是不相符的，同時在檢索結果上列出各文件的相關控制詞彙。這些控制詞彙可以使用索引典、分類表類目或是主題詞表，目的是引導使用者縮小或擴大搜尋範圍，同時在檢索的過程中能修正檢索策略，使檢索結果更符合使用者的需求。

在資訊過濾的部分也能使用分類、索引典、主題標目等控制詞彙供使用者選擇，以縮小檢索範圍，讓使用者只需要被動地接收系統檢索及過濾後的結果即可。在資訊氾濫的網路時代裡，許多讀者可以這樣的方式接受新知的傳送，節省閱讀不必要的資訊所浪費的時間與精神。

自然語言檢索是目前資訊檢索領域最希望精進的部分，希望藉由使用者以自然語言直接與系統進行溝通，檢索需要的資訊，以減輕使用者的負擔，但自然語言檢索需要高度的人工智慧，以目前的技術實未能達到多數人的期望。不過，利用控制詞彙在系統背後自行對映使用者運用的檢索詞彙，精確化系統檢索目標，讓使用者不用煩惱自己使用的檢索詞彙是否與系統預設的控制詞彙相符，應能減輕使用者的困擾，也能增進檢索的準確率。過去的研究結果顯示，將使用者的檢索詞彙轉換為索引詞彙，提供線上索引典或標題表讓使用者瀏覽，這些方式都能強化資訊檢索系統的功能，提昇檢索品質。

然而層面分類究竟對於資訊檢索可以有何種應用？以下分層面

瀏覽與層面導覽，以及層面索引典兩部分加以說明：

（一）層面瀏覽與層面導覽

層面分類應用在資訊檢索上，不只要考量使用者是否能運用層面概念，在系統的引導下制定合宜的檢索策略，可以精確、快速、有系統地找到檢索目標，系統本身的介面展示方式也是評估重點。除了能讓使用者在檢索時以層面詞彙串接檢索詞彙外，檢索結果若能以層面分群的方式展現，讓使用者可以在瀏覽時能更快歸納、統整畫面所呈現的圖片與資訊意涵，將更容易判斷該檢索結果是否符合檢索需求、包含需要的資料，或是藉由這些分類分群的顯示方式找出相關資源可能存在的地方。

層面分類應用在資訊檢索中，因其彈性、多元、能自由組合排列層面順序的特性，提供使用者多元思考的可能性。檢索系統能引導使用者統整對目標物件的概念，即時修正檢索策略並預覽可能的結果，可隨時根據結果數據再行修正檢索策略，進行下一步檢索。在層面分類應用於資訊檢索的相關文獻中，主要討論層面瀏覽（Faceted Browsing）與層面導覽（Faceted Navigation）兩個部分。層面瀏覽是將層面分類的架構展示在網頁主框架，展示相關檢索結果，並以較具組織性的層面分群方式，顯示給使用者瀏覽。層面導覽則是位於網頁上方或左側的訊息導覽列，一樣使用層面的方式呈現在使用者面前。網頁瀏覽的部分通常會結合檢索與視覺化效果，讓使用者在瀏覽的過程中直接進行檢索動作，並且輔以圖片和簡短文字訊息讓使用者判斷結果是否符合其需求。在檢索結果的部分，有些網站會以層面後設資料的方式顯示，提供使用者建立一個較具架構性的訊息概念。

Ka-Ping Yee 等人(2003, p. 407)在研究中指出，比起單純的關鍵字搜尋介面，結合了層面導覽與層面瀏覽功能的檢索介面，因具彈性化的檢索過程與親和性的操作介面更受到使用者的青睞。對於使用者而言，運用層面分類概念的檢索系統在使用者滿意度的評比方面會比單純地使用關鍵字搜尋的檢索系統，如 Google、Alta Vista 等高出許多。

隨著本體論、語意網等概念的提出，資訊檢索為了與整個知識網絡結合，讓使用者在知識本體的基礎下進行語意層面檢索，達到使用者詞彙能精確對映整體知識架構的目的，以進一步提昇資訊檢索品質。層面分類檢索系統朝向以視覺化方式呈現，結合基於知識本體的語意網架構發展。然而，因為語意層面檢索所使用的知識本體索引與使用者所使用的自然語言不同，所以雖然有研究試圖利用知識本體詞網（Wordnet）自動生成層面，降低人工標引的負擔，但是成效不彰，尚有改進空間(Suominen, Viljanen, & Hyvänen, 2007)。事實上自 1999 年開始就有結合層面分析與知識本體論的 Ontosaurus 計畫，2004 至 2006 年芬蘭博物館企圖將層面分類概念整合知識本體和視覺化檢索，進行了 MuseumFinland 計畫(Broughton, 2006, p. 66)。雖然學者專家們都試圖在資訊檢索系統背後將知識體系包含在程式執行的過程中，期能減少使用者瀏覽與檢索的負擔，但目前仍未有較具突破性的發展。在進行複雜的資訊檢索過程時，以多元的角度切入並分析檢索主題、各語詞之語意及其背後的知識體系的專指性，這些技巧都將有助於使用者成功地執行資訊檢索滿足需求(M¨akel¨a, Hyv¨onen, & Sidoroff, 2005)。

（二）層面索引典（Faceted Thesauri）

索引典是最常見的知識組織系統之一，係利用詞彙控制和知識組織來增進檢索效能。詞彙控制可以清楚定義詞彙的範圍，減少自然語言在描述與檢索物體時的模糊性，避免相關文件在檢索過程中被遺漏。而知識組織則透過結構化方式描述物體間不同型態的語意關係，辨識物體間的概念差異，並且引導檢索者從原本使用的詞彙轉換到另一個詞彙，以擴大或縮小檢索的範圍(Tudhope & Binding, 2008, pp. 211-212)。

索引典是特定領域中相互關連詞彙的網路，重點在詞彙之間的關連性，在擇定一個詞彙之後，索引典會提供相同意義、同類型事物的更大類與更小類、以及在其他方面相關的詞彙，更重要的是索引典能將詞彙歸類，不僅說明詞彙之間的關連性，更指出如何或為何相關，使得指引更加容易。目前在索引典標準中通用的關連類型有廣義詞、狹義詞、不用、相關詞等(林信成, 歐陽慧, & 歐陽崇榮, 2003)。

如同所有的索引典功能一般，層面索引典提供控制詞彙在索引和檢索上，應用層面分類的概念，由下而上，先將每個單元詞彙視為焦點，由焦點組合成不同的層面。每個層面在索引典裡都是一個基礎類別，而這些基礎類別又可以自成一個類別階層關係。不同的層面組合到最後會相互排斥，且獨立存在，到此層面索引典的製作才算完成。在標引文件或是使用查詢語句時，一個概念可由多個層面組合而成，這些層面又各自形成了一個階層架構，裡面包含了所有相關概念的可能組合。就是這樣運用複合概念與清楚描述概念關係架構的特性，方使得索引典可被應用於資訊檢索中。一般而言，被認為最早使用層面概念的索引典是 Thesaurofacet(Tudhope & Binding, 2008)，其他著名者尚有 Alcohol and other Drug Thesaurus（AOD）、BSI:ROOT Thesaurus，以及公認涵蓋範圍最廣也最有名的線上索引典《藝術與建築索引典》（Art and Architecture Thesaurus，簡稱 AAT）等(Spiteri, 1999)。

在網路資源充斥的年代，層面索引典不僅可用以展示與檢索目標相關的詞彙，也被運用在資訊檢索技術，利用控制詞彙的特性，定義詞彙範圍，建立資源的分類架構並顯示於系統介面，在使用者選擇檢索詞彙的同時將概念串接起來，最後將查詢語句輸入系統進行檢索。同樣地，檢索結果也可以依層面索引典的分類架構被分群瀏覽，標註彼此間的關係，以協助使用者釐清概念，提高檢索準確率。

層面索引典雖然有助於提昇檢索效能，但在編製階段卻還存有很大的問題，Louise F. Spiteri(1999)在 1998 年的研究中檢視國際間是否有編製層面索引典時可茲遵循的準則，但卻發現各國及國際間的相關規範並未明確提及層面索引典的編製規則，只有英國和一個國際通用的索引典編製準則裡有提到運用層面分類的概念。1999年，為了檢視層面索引典實際編製的情形，Spiteri 再以 14 種層面索引典為研究對象，檢視索引典是否清楚定義「層面」的意涵，在編製過程是否遵循層面分析概念與組合原則。研究結果發現，各索引典對於「層面」的定義並未達到共識，都是各自表述。只有《藝術與建築索引典》(AAT)的編製是完全遵循層面分類的概念進行。另有 8 種索引典按照層面分析的規則辨別不同詞彙的同質性，在達到層面之間互斥的目的下進行詞彙概念的整合。也就是說，假設原本應用層面分類概念於索引典之中是為了擷取其優點，讓詞彙能以多層面的方式呈現，同時因其互斥的特性而能清楚辨別不同詞彙的獨立性，劃清詞彙概念間的範圍與界線。根據以上條件，這些未依循層面分類規則分析組合的層面索引典內容若用在檢索系統上會是值得疑慮的(Spiteri, 1999, p. 45)。即便如此，一個經過審慎規劃過程的層面索引典若能運用到資訊檢索上，其成效仍然是值得肯定的。

第三節　索引典和語意網

傳統的圖書館資訊組織方法是將館藏資料按照某種明確的計畫，如採用某種分類法、標題表及編目規則加以組織整理，編製成館藏目錄並放上網路，即成為線上公共目錄，以提供資料的書目描述、館藏地及索書號等資訊。傳統的圖書館編目工作強調精確、詳細與專業，但部分人士甚至認為編目是沒什麼學問的事，只是有些工作仍然需要相當程度的專業訓練，例如主題分析與權威控制等。

資訊科技的發展，影響了資訊的產生、傳播及利用，曾有學者指出在資訊網路時代，核心知識的增長並不多，但分散在各種出版物中的外圍資訊和虛擬知識卻與日俱增，導致知識的儲存狀態無序化。而在高科技時代，這種無序的狀態是極其危險且無法容忍的，急需採取一些抑制措施加以扭轉，而抑制措施應能使知識儲存有序化並容易獲取(宋瓊玲, 2002)。因此，當前重要的議題即是如何在大量的資訊中，將知識轉化成有形的資產，且利用資訊技術將知識作良好且充分地運用。本節針對二種表達知識內容的主題分析方法加以探究，第一部分為索引典；第二部分為語意網；第三部分為兩者之比較。

一、索引典

索引典是一種控制詞彙的工具，其用途是將文獻、編目人員或使用者所使用的自然語言轉譯成更具規範的「系統語言」(黃惠株, 1996)。因而索引典的內容包括經過控制的特定知識領域的詞彙。索引典列舉詞彙之間的關係，可以作為查詢詞彙，並以擴大或縮小查詢及提示相關概念的不同查詢用語，使檢索從原本的字串比對層次，提昇到語意比對的層次。為建構此種詞彙間的語意關係，往往需要透過人工的分析與整理。人工製作索引典的優點是正確性高，缺點則是成本大、建構速度慢、維護不易，以及事先選用的詞彙可能與後續或其他新進的文件無關。過去資訊檢索的研究實驗指出，一般目的（general-purposed）的索引典運用在特定領域的文件檢索上，會出現無法提昇檢索效能的情形。

索引典雖然捕捉了詞彙之間的語意落差，但其所涵蓋的詞彙主題，卻可能與文件的主題有所差異，以致達不到以索引典提昇檢索成效的目的。一個極端的例子是將人文科學方面的索引典運用在工程科學文獻的檢索上，其檢索效果當然難以彰顯。然而若針對每一種文獻領域製作索引典，卻又相當地耗時費力。

索引典中詞與詞之間的關係包括等同（equivalence）、層級（hierarchical）和聯想（associative）三種關係(黃惠株, 1996)，茲說明如下：

（一）等同關係

又稱用代關係，其參照符號是"USE"及"UF"；中文為「用」與「不用」。凡具有這類關係的詞，彼此在概念與用法上是相同或視為相同，包括同義（指意義完全相同，可互相取代的詞）、準同義（指意義相近）和組代關係（標引時以數詞組合代表另一個概念）三種。為了保證一概念對應一詞的原則，必須選擇其中之一作為描述詞（descriptor），而其餘的則為非描述詞（non-descriptor）。描述詞在索引典中具有「法定」地位，可用於標引和檢索，而非描述詞僅是作為標引和檢索的入口詞（lead-in term）。

（二）層級關係

又稱屬分、上下或等級關係，其參照符號是"BT"及"NT"。凡具有這類關係的詞，彼此是上位與下位概念的關係，相當於分類表中相鄰的上位類與下位類。基本上屬性相同（即屬同一範疇）的詞才能構成層級關係，如：

1. 一些「鳥類」是「鸚鵡」，所有「鸚鵡」全部都是「鳥類」。
2. 「台灣」的一部分是「台北」，「台北」是「台灣」的一部分。
3. 「河流」有「長江、黃河……」，「長江、黃河……」一定是「河流」。

（三）聯想關係

又稱親緣、類緣或相關關係，參照符號是"RT"。是指兩個描述詞之間雖無等同或層級關係，但從標引或檢索角度而言，有相互參照，提醒使用者有另一詞存在的關係。

1. 同一範疇：屬性涵義有部分重疊，但非同義的詞，可互為"RT"。如：ships 和 boats。
2. 不同範疇：分屬不同的概念體系，但彼此間卻有強烈的提示關係。如學科及對象：林學和森林。

在設計任何索引典的結構時都必須明定索引典的目標；主題範圍；包括的術語；術語間的關聯；術語的展示方式；更新、編改、修正、重組、增減術語的作業程序及方法；訂定索引典規則。而其語彙展現方式如下(李惠中, 1985, pp. 119-123)：

(一) 以字母順序展現(Alphabetical display)：將敘述語及參照款目依字母順序排列；

(二) 以階層方式展現(Hierarchical display)：按照敘述語間的從屬關係，將同一屬類的敘述語由上而下條列；

(三) 以分類方式展現(Categorized display)：把所有的術語分成很多類，將其 group 在一起，然後在 thesaurus 中就有部分以此排表，這部分也可以查用參考。

(四) 以交替方式展現(Permuted display/Rotated display)：將各敘述語中的每個字，依字母順序交替出現於某特定的位置；

(五) 以圖形方式展現(Network display/Graphic display)：以圖形來解說 Thesaurus 中的關連方式。

索引典是現代資訊檢索系統詞彙控制之主要工具，其優點在於促成索引用語與檢索用語的一致性、提昇回收率、提供用語間各種關係並建議可能適用的語彙。它不僅是幫助資訊儲存與檢索的工具，更是某一學科的知識概念體系的呈現，也可以說是「知識本體論」的應用模式之一。

二、語意網

網路發展至今，網站已經非常普遍，資訊大量地被送上網路，並且透過網路與其他人分享。但全球資訊網(WWW)究竟和語意網有何不同？全球資訊網至今仍然只是人們交換文件的載體，其中的資訊是機器無法自動運用的。然而這些大量的資訊並不是以有意義的方式加以連結，造成資訊之間存在著意義上的斷層，無法緊密地結合在一起，而造成的效應即是資訊的取用不易。

「語意網」則是為了改善上述的情況，藉由資訊之間定義良好的關聯，讓軟體代理人(通常是電腦程式)，可以有效地自動化處理使用者的需求，以節省使用者寶貴的時間。語意網的發展，代表 Web 的下一波革命才正要開始。事實上，語意網的技術已經有了，問題在於採用的人不多。目前，語意網相關的技術與標準包括了 XML、XML Schema、RDF、RDF Schema、OWL、規則與邏輯(蔡學鏞, 2005)。

語意網的主要概念是使網路上的資訊能夠具有可代表其結構性以及意義的後設資料，使其具備自我描述的功能，讓軟體代理人能夠在這樣的網路環境中，自動地過濾及淬取出有用的資訊，以輔助人類處理及完成各項工作。透過語意網以及相關的技術規範，可以給予網路資源一個全球唯一的識別資料，以進一步規範出資源之間的關係，讓網路上的資訊皆可依有意義的方式來聯繫彼此，而不再只是一串一串獨立的文字(潘紫菁, 2006)。

語意網的最終目標是為了達到以下三點(Miller, 2003)：

1. 資料的網路（Web of data）：提供共同的資料描述框架，以促進網路資源的整合。

2. 藉由連結到資訊本身的定義及背景，以增加資訊使用的頻率。

3. 能更有效地進行資訊的存取與分析。

因此，經由語意網的實現，將可使網路上的資訊以一種有意義的方式來連結，資訊系統可根據資訊之間有意義的關聯，來設計更強而有力的搜尋軟體代理人，提供更自動化的資訊過濾機制，協助使用者更有效地尋找有用的資訊，以便能將更多時間運用在知識的產出。

在語意網時代，任何一個專業知識領域，必須要有一套內容完整的知識庫(或資料庫)，配合定義完善的知識本體(Ontology)及存取介面，才能讓電腦作「知識的交換」，以及讓研究者(或使用者)作更有效的檢索。簡單地說語意網包括三個關鍵：一是 XML（Extensible Markup Language），二是 RDF（Resource Description Framework），三是 Ontology。在哲學上，本體論(ontology)乃在探討「事物的本質是什麼?」，近年來資訊科學界也借用本體論這個語詞來指涉「如何正規化的表達知識」的相關研究。然而，Ontology 的定義、建構與表達方式並沒有一定的準則或標準，一般而言，Ontology 是一種對某一個概念的詳細描述，包括對於概念、關聯、實體的描述並清楚的定義其所欲表達的概念，主要的目的可用於知識的分享與再利用 。

語意網構想的重要關鍵在於知識與知識間的架構從何而來、要如何架構？語意網所以規定每個網路資源要詳細標出自己的知識本體，出發點就是語言詞彙與知識體系的變異與多樣性。同樣的事物，在不同的語言及領域中有不同的名稱；同樣的名詞，也可能有不同的意涵。也就是說，一個概念的表達，必須在知道概念背後的知識架構後，才有辦法準確判讀。

觀察圖書資訊學界為了知識的分類與組織，花費了多少精力就可以明白人類的知識實在是無法盡數，即使是每個網路資源都附上了自己的知識本體，但要如何才能跨越語言與領域的障礙，讓所有的使用者都能看懂這個知識本體，同時還可以有效地把知識內容予以轉換？目前學者提出了一個架構，而這個架構可分為二個部分(黃居仁, 2003b)：

（一）遵循使用較廣的上層知識本體

目前使用較廣的是 IEEE 提出的「上層知識本體」(Suggested Upper Merged Ontology，簡稱 SUMO)，也就是說，知識架構儘管不同，但有了一個共用的基本概念架構，這個架構就變成了知識轉換與融合的基準。

（二）採用人類語言中現成的知識架構

即每個語言中所有詞彙的集合，就是整個語言所能表達概念的總集合，因為詞與詞之間有相當多的語意關係存在。也就是說每個語言都有其共同遵守、隱含的知識架構。這個知識架構雖然缺乏細部分析，卻是多數人用來溝通的基底。無論領域或主題為何，一旦選用某種語言，該語言的內含語意關係，也會被採用。因此，語言的詞彙關係架構可以成為細部知識本體的基礎。更重要的是在語言的知識架構上，而詞網（wordnet）這個詞彙知識庫架構即是目前研究者所共用的(黃居仁, 2003a)。

詞彙網路的特色是在每個同義詞集（即概念）上標記一組經過嚴謹定義的詞義關係，這些詞義關係的連結，便構成了以詞彙為節點的網路。以下列出語意學理論中最典型的幾種詞義關係：

（一）同義／反義關係(Synonymy/Antonymy)

同義詞較容易了解，如「愛滋病」與「後天免疫不全症候群」是同義詞。但反義詞在語意關係上的地位，卻是相當有趣的，一般人通常以為反義詞是意義相差距離最遠的兩個詞，其實從語言學的觀點來講，反義詞其實是語意距離最近的兩個詞。例如「買」跟「賣」是一對反義詞，所牽涉的動作一樣，只是方向不一樣而已。從觀念來講，是否會想到用反義詞去搜尋，可說是成功的關鍵之一。例如要電腦從資料庫中找 A 是否為 B 的叔叔的資訊，若找不到，電腦會認為 AB 二人沒有叔姪關係，但其實資料庫中的資訊是 B 是 A 的姪子，AB 二人是有叔姪關係的，也就是說「叔/姪」是反義詞，利用反義詞可以讓搜尋更有效果。

（二）上位關係／下位關係(Hypernymy/Hyponymy)

具上位關係的詞叫「上位詞」，如說汽車是一種交通工具，交通工具是上位詞。上位關係與下位關係（即 is a kind of 的關係）有對應性，是成雙出現的。這個關係有時候是遞移性的，如吉普車是一種汽車，當然也是一種交通工具。

（三）整體－部分關係(Holonymy)：

房間有門，手有手指頭，字有筆畫，內政部是內閣的一部分，這些都是整體與部分的關係。

（四）轉指關係(Metonymy)：

轉指關係是在現代語言裡常用的。例如「台北主辦國際車展」，台北這個城市會主辦嗎？當然是指由台北市裡的某個成員來舉辦的。用一個組織／法人／地區等的名稱來代替實際執行工作的人，這就是所謂的轉指關係。

（五）方式關係(Troponymy)：

在早期的理論中是把它當做上、下位關係，但是基本上會稱為「方式關係」。如煎、炒、炸、燉是煮食的動作，使用的工具不一樣，火的溫度也不一樣，這是事件經驗的一部分。在語言表達上，就把同類的事件以「方式」來區分。

（六）涉入(Involved)：

例如廚師跟烹調、做飯之間的關係，廚師是煮飯、烹飪的人，所以廚師跟煮飯、烹飪是有「涉入」關係存在的。

三、索引典和語意網的比較

將索引典與語意網詞彙關係做一比較(如表 3-1-1)，可以發現語意網所定義的詞與詞之間的關係較為精細，一般的索引典並沒有定義詞彙間「反義」的關係，語意網則有。此外，索引典中在定義上位/下位及整體與部分的關係時，只用了“BT”及“RT”；不若語意網採用了“Hypernymy”、“Hyponymy”及“Holonymy”；另關聯上的關係亦是如此，索引典只用“RT”，但語意網中卻定義了“Metonymy”、“Troponymy”及“Involved”三種詞彙間的關係。

表 3-3-1　索引典和語意網詞彙關係一覽表

詞彙關係	索引典	語意網
同義	USE、UF	Synonymy
反義	無	Antonymy
上位	BT、NT	Hypernymy
下位		Hyponymy
整體與部分		Holonymy
轉指	RT	Metonymy
方式		Troponymy
涉入		Involved

知識可以分為顯性知識(explicit knowledge)及隱性知識(tacit knowledge)，「顯性知識」是可供他人檢視的知識，可透過言辭的說明，通常以文字方式呈現，如文件資料、工作說明書、技術手冊等。「隱性知識」則是指主觀的經驗或體會，不易分類，不易標準化，不易用文字記載製作成詳細的文件的知識。也就是說，人類在檢索

的過程中，會摻雜著個人經驗或教育等「隱性」因素，來對「顯性知識」做檢索。因此，對同一個概念往往會使用不同的用語(王如哲, 2000)。此外，在不同的領域中，同一個詞彙往往有不一樣的意涵。無論分類表、索引典及語意網，在理念上都企圖改善此種狀況，但在建置過程中，因為「人工」便佔了很大的一部分工作。這期間有部分學者試圖以電腦當工具，利用程式自動產生索引典，但其結果及應用的範圍並不理想，至少以目前的技術而言，仍然是以「人工」的方式建置，其成果較令人滿意(陳光華, 2002, p. 4)。

建構語意網需結合個別領域的專家、語言學家、圖書資訊學家及資訊科學家，且其建立需花費相當多的時間與精力，而目前應用的範圍並不廣，建立的內容也不夠完整，但相信藉由人類分工及知識的累積，語意網的成功依然指日可待。雖然分類表及索引典在形式上及功能上都不若語意網強大，然而在現階段語意網的建構或許還是可以參考已是成熟產品的分類表及索引典(阮明淑 & 溫達茂, 2002)。

第四節　美國國會圖書館主題標目(LCSH)

主題標目的早期發展與索引的編製有著密切的關係，隨著圖書館目錄技術的演變，對其發展也產生了直接的影響。早在 1856 年，英國的 Andrea Crestadoro 於 *The Art of Making Catalogues* 一書中，就大致包含了主題標目的概念，書中介紹從書名直接抽取主要詞彙作為書名標目(Daily, 1980, p. 178)。後來編目員發現書名中的詞彙往往不能完全包括圖書的內容，便從圖書正文中選取能夠表達圖書內容的詞作為附加款目，如此才由書名款目轉至標題款目。1876 年克特（Charles A. Cutter）總結其多年來編製標題目錄和索引的經驗，出版了《字典式目錄規則》(*Rules for a Printed Dictionary Catalogue*)，奠定主題標目的基礎。而他在此書中提到「圖書館應當在最能表達其主題的標題下著錄，而不管此標題詞是否出現在書名中」，強調讀者可以在不知道作者或書名的情況下，透過主題標目查檢到所需的資料，同時也能達到將相同館藏集中呈現在館藏目錄的功能。

1895 年美國圖書館學會（ALA）根據克特的理想，出版了第一部大型標題表《字典式目錄標題表》(*List of Subject Headings for Use in Dictionary Catalogs*)，至 1911 年，ALA 停止標題表的編製，並由美國國會圖書館（LC）所編製的標題表取代。LC 於 1898 年決定採用克特所提出由題名、人名及主題交互排列的字典式目錄整理館藏，之後逐步建立其主題標目系統。1909 年開始至 1914 年 3 月，LC 的編目員根據實際需要加以修正、補充與調整 ALA 的標題表，出版了《國會圖書館字典式目錄標題表》(*Subject Headings Used in the Dictionary Catalogues of the Library of Congress*)，此後便持續修訂，直至 1975 年第 8 版時才更名為《美國國會圖書館標題表》(*Library of Congress Subject Headings*，簡稱 LCSH)。本節針對 LCSH 分為以下幾個部分做說明：一、版本演變；二、結構形式；三、優缺點；四、面臨的問題，以瞭解為適應數位時代其所做的調整與改變。

一、版本演變

在 1988 年以前，LCSH 平均五至九年間會進行一次改版，在此之後則變更為每年改版一次，藉由國會圖書館的網站，將持續修訂的條目公布於 *LC Subject Headings Weekly Lists*，除此之外還發行 *Cataloging Service Bulletin*，提供編目議題的討論平台。以下為 LCSH 的重要發展年表(Chan, 2005, p. 7)：

1. 1914（第 1 版）－包含了 “see also”的參照關係。
2. 1943（第 4 版）－包含了一個有 “refer from”的分立清單。
3. 1948（第 5 版）－將 “refer from”整合至主表，同時加上參照符號的介紹指引。
4. 1966（第 7 版）－開始導入自動化系統，使得補篇的修訂更加便利。
5. 1975（第 8 版）－標題表名稱變更為 Library of Congress Subject Headings，加入有關於「複分」的說明，以及兒童文學的分立清單。次年，首次出現微縮版本。
6. 1986（第 10 版）－電子版本（CD-ROM）通行，成為權威資料庫的一部分，稱為 Library of Congress Authorities。
7. 1988（第 11 版）－自此版本之後每年改版一次。

目前，最新版的 LCSH 為第 31 版（2008-2009），而電子版的 LCSH 以 Classification Web 為名，其前身是以 CD-ROM 版本為主的

Classification Plus，於 2002 年停止更新並改稱 Classification Web(Cook, 2002)，它是 Web-based 的工具，包含了 LCSH 和國會圖書館分類法的查找功能，但是許多編目員仍然覺得紙本的 LCSH 在使用上較為容易，所以即使是有這樣一個具線上查詢功能的工具，但紙本的 LCSH 還是非常受到喜愛。

此外，為了協助編目員利用 LCSH，在 1984 年出版了一部很重要的工具手冊 *Subject Cataloging Manual : Subject Headings*（以下簡稱 SCM），每半年更新一次，直至 2008 年，才由 *Subject Headings Manual* 所取代，內容基本上延續 SCM，以活頁的方式出版以便增補，共有 4 大冊，1,500 頁(Cataloging Distribution Dervice, 2009)。此外，尚有其他的輔助工具如下：

1. Cataloging Service Bulletin：每季出版，內容包含目前有哪些值得探討的標題和政策、標題、複分標題等的修正資訊。
2. Free-Floating Subdivisions：每年出版一次，將所有通用複分以字母次序排列，並標明該複分標目可使用於 Subject Headings Manual 中所列出的何種主題標目。編目員將兩書配合使用，即可了解通用複分在某一主題標目下的使用原則與方法。
3. LC Subject Headings Weekly Lists：在網站上提供每週編輯會議中通過之新標題或是修改過的標題。（網址為：http://www.loc.gov/aba/cataloging/subject/ weeklylists/）

4. Library of Congress Subject Headings : Principles of Structure and Policies for Application：由國會圖書館出版，揭示 LCSH 的應用結構與原則。

二、結構形式

LCSH 使用的語法是所謂的「前組合」，也就是詞彙在索引編製階段便已經做了組合。隨著電腦檢索時代的來臨，主題檢索亦發展出「後組合」式的檢索系統，也就是實際在「檢索」資料時才開始進行組合。既然 LCSH 為前組合系統，其內容結構的編製便具有一定的規則與特性，其主要結構如下：

（一）主標目（subject heading）

正式標題依字母的次序以醒目的粗體字排列，非標題用一般字體。非標題的款目著錄極為簡單，只有指向正式標題的參照。標題形式可分為單詞標題、複詞標題和多詞標題三種。一般標題用正寫形式，凡帶有語種、民族或種族形容詞的標題可採用倒置形式，各種地理特徵名詞通常也採倒置，另帶有介詞 “of”、“on”等或連詞 “and”的短語也可用作標題、正寫，或倒置，如 “Art, American”、“Songs, French”。

（二）類號（class number）

大約百分之四十左右的標題其後附有相應之 LC 分類法類號，以便分類。這些類號置於方括弧內，放在主標題之下。如果一個標題可分入一個以上的類，則有一個以上相對應的分類號，並以簡潔的文字指明其所屬的學科，但若有類號正確與否的疑慮，在進行分類標引工作時，最好還是要核對最新版的分類法。

（三）使用範圍註（scope note）

某些標題之下附有使用範圍註，用以提示標題的涵義、說明該標題和其他標題間之異同。

（四）參照（references）

1. 相等的關係：兩個標題間的關係為相同者，即 UF（used for）、USE。
2. 階層的關係：兩個標題間的關係為上下層級者，即 BT（broader term）、NT（narrower term）。
3. 相關關係：兩個標題間的關係為相關意義者，即 RT（related term）。
4. 一般：即 SA（see also）。

1986 年以後所採用的新款目形式參考索引典的用語，改變了以往的參照符號，除了 SA 之外，其他各項均與敘詞表相同(參見圖 3-4-1)。總之，新格式使詞間關係的顯示變得更加清楚，明確區分了階層關係和相關關係，所使用的符號亦通用、醒目、易於記憶，方便用於電腦檢索。對映下表 3-4-1：

表 3-4-1　LCSH 參照符號一覽表

1988年以後	英文意涵	中文意涵	1988年以前
USE	Use	用（標題）	See
UF	Used for	代（非標題）	X
BT	Broader term	屬（上位標題）	XX
RT	Related term	參（相關標題）	XX　SA
SA	See also	參見	SA
NT	Narrower term	分（下位標題）	SA

（五）複分（subdivision）

複分緊接在標題之下，依複分的字母次序排列。複分標題使用「–」符號表示，大量的標題複分被列舉在主題之下，當有需要的時候可以在標題之下增加標題複分。標題複分的類型有四種：

1. 主題複分（Topical subdivision）：跟隨其後者經常為引用順序，如：Corn–Harvesting。
2. 形式複分（Form subdivision）：用來表示一般的主題或形式，如：Engineering–Periodical。
3. 地理複分（Geographic subdivision）：如果標題可以使用地區複分，標題之後會加上 “May Subd Geog”這個短句用以代替以往表示可進行地理複分的 “Indirect”，與 1986 年加入敘詞表形式之參照符號時修改，使用上更為直覺、易懂易記，如 Construction industry–Italy。

4. 時代複分（Chronological subdivision）：用來表示標題之限定時間，如 Philosophy, French–18th century。

150	Bacteria, Denitrifying　CANCEL
150	Denitrifying bacteria　[May Subd Geog]　[sp 85010826]
450	UF Bacteria, Denitrifying [EARLIER FORM OF HEADING]
450	UF Nitrate-reducing bacteria
550	BT Bacteria
550	RT Denitrification

圖 3-4-1　LCSH 內容結構示意圖

資料來源：Library of Congress. (2010). *Library of Congress Subject Headings weekly list 25.* Retrieved July 17, 2010, from http://www.loc.gov/cgi-bin/gourl?URL=%2Fcatdir%2Fcpso%2Fwls10%2Fawls1025.html

三、優缺點

美國許多大型圖書館都必須仰賴 LC 所提供的卡片目錄印銷服務，因此使得 LC 所建立之標題普遍被利用。LC 的地位及其發行的卡片、機讀目錄和西文圖書的編目資料都有標示 LCSH，大大擴展了它在美國和世界上許多國家的影響。而在美國、加拿大和其他英語系國家的大型圖書館，包括大型公共圖書館和大學院校圖書館等，一般多採用此標題表。

LC 在編製標題表時，依據的是「文獻保證原則」（Literary Warrant），即依據館藏內容特性做標引，而不是在整體知識體系下建立主題詞，必須等到包含此一新概念的作品存在時，標題表的控制詞彙才會加入新類目。所以有相當充足的文獻保證，可以「因書而立類」，如此所設之類目較能符合文獻的特性，文獻與類目能密切配合，較不會產生有書無類可歸的弊病。又因為 LC 所蒐館藏數量大且廣，使得標題表的學科類目廣泛，幾乎涉及了各個學科領域。正如 LCSH 第 6 版主編 Richard S. Angell 曾在導言中指出(Office for Subject Cataloging Policy Collections Services, 1992, p. viii)：「該表隨著圖書館藏書的增加、語意的變化和編目理論的發展而不斷地發展當中，它不是理論完善的展現，而是標題實踐的反映。」

LCSH 相當能實踐克特所提出關於標題法的理論，並且確立了標題法的基本原則與概念，諸如利用經控制過的語詞作為文獻主題的標示、利用參照系統顯示並加強主題間的詞間關係、利用字順排序提供主題檢索等。其標題形式固定，便於手工標引和檢索，也明確規定了標題複分的方法，包括大量標題複分、一般通用複分（Free-floating subdivisions）以及人名、地名的通用複分等附表。後來的檢索語言，不管是前組合還是後組合語言，都在不同程度上接受並以此延續發展下去。因此，LCSH 可以說是主題編目發展史上的一個重要里程碑。

再來是 LCSH 有一個專門的管理機構，即 LC 編目部門（Catalogue Division），負責修訂並定期（按週、季度、年度）出版增補版本，平均每年增加約 8000 個標題(丁大可 & 趙燕群, 2010)，每隔幾年再進行一次全面性的修訂並出版新版本。頻繁的修訂雖然為編目標引工作帶來一些麻煩，卻能保持它歷久彌新，不會被時代的發展所淘汰。此外，LC 編目部門還出版了 LCSH 手冊和名稱權威檔等輔助性工具，除了紙本印刷版之外，也有線上版可供選擇，更為 LCSH 增添了許多方便性。

綜合而言，LCSH 是一種能夠適應標引工作需要，便於應用的工具，所以它才能被不同政治制度、不同意識形態、不同民族的國家所廣泛採用。但是它也同時存在以下問題：

（一） 思想體系偏頗

標題表的編訂在於編者的指導思想，標題的選擇和命名、參照的設立，都是以美國為中心的觀點出發，雖然已經過多次的修訂，但以資本主義制度為中心的思想體系仍然沒有改變，特別是社會科學方面的標題，較可能出現一些具有種族歧視或政治性錯誤的標題等，使用前需要進行審查並加以修改。

（二） 缺乏直接性

誠如前述 LCSH 並非理論完善的展現，若不注意吸收標引工作中新的知識理論和技術，就不能及時對舊標題進行修改，加上該表又是 LC 主題標目工作的反映，所以標目工作中產生的許多不一致的地方也就反映在 LCSH 中了。在標題的字面形式上，同類標題時而用倒置，時而用正寫；時而用名詞型式，時而用形容詞型式；單、複數運用，前後矛盾，用法相當混亂。當然，透過 LCSH 提供的參照，最終仍可以找到所需資料，但輾轉查找，畢竟損失了主題檢索直接的重要特性。

（三） 缺乏專指性和靈活性

由於LCSH屬於前組合檢索語言,除了部分通用複分標題之外，其他的標題形式在標題表中都是固定的，主標題與副標題的搭配也是固定的，關於它們的搭配，LCSH 也做了嚴格的規定，使用起來很複雜。由於 LCSH 的標題不能自由組配，不能貼切地標引較為複雜的主題概念，一個複雜的概念往往要分別採用幾個標題，因此專指性就不如敘述詞。敘述詞是指表達各學科基本概念的名詞術語和指示特定事物的名詞，它是以自然語言為基礎，以概念組配為原理的控制詞彙，是順應現代資訊檢索需要而發展的一種集大成之後組合檢索語言(侯漢清 & 張馬華, 1991, p. 100)。前組合標題語言的另一個根本性弱點是由於 LCSH 的標題形式固定，不能像敘詞語言那樣可以按任何主題特徵自由進行檢索，檢索起來就不如敘詞靈活。另外，前組合標題語言不能擺脫企圖列出一切標題的侷限性，隨著時代的發展和文獻的增加，LCSH 勢必會變得更加臃腫。

針對上述 LCSH 存在的幾個缺點，後續便出現了以下兩方面的進展：

(一)阮岡納贊(Shiyali R. Ranganathan)、柯茨(E. J. Coastes)等學者認為,標題法只有放棄預先擬定標題表的方式,而採用組配的形式，才能表現出複雜內容的專指性。於是標題表中出現了越來越多的通用複分標題(Stone, 2000, p. 3)。柯茨、維克利(Brian C. Vickery)等學者對標題的引用次序進行了一系列的研究，最為突出的是英國分類法研究小組成員奧斯汀（D. Austin）研製了一套索引系統，用於編製《英國國家書目》(British National Bibliography）等的主題索引，可謂一大革新。1970 年代末，LC 曾經討論是否採用技術上較先進，可用電腦輔助編製的普利斯索引（Preserved Context Indexing System，簡稱 PRECIS）來取代 LCSH，但最後因為改用 PRECIS 所需的花費龐大而未予採用。

（二）摩爾斯（C. N. Mooers）等人打破了前組合的桎梏，吸收了標題法、單元詞法、關鍵詞法等多種檢索語言的優點，創造了一種後組合檢索語言，大大改善了標引和檢索的性能，為電腦檢索開闢了一條道路，LCSH 為順應這種情勢，便於 1988 年，採用了敘述詞表的款目格式(毛慶禎, 2002)，朝敘述詞語言的方向邁出了重要的一步。

四、面臨的問題

LCSH 發展迄今，雖然相當成功，但仍面臨許多得克服的問題，以下分別由讀者查詢角度、主題詞間的語意關係、主題詞的發展、數位環境，及資源共享等面向加以分析。

(一) 從讀者查詢的角度分析

讀者透過館藏目錄查詢資料時，一般使用的是非控制詞彙的自然語言，然而編目員對文獻進行的文獻標引，則普遍採用主題詞。

所謂主題詞是指以概念為基礎，經過規範化的處理，具有組配功能並能顯示詞間的語意關係。但是讀者在查檢資料時，所使用的檢索詞彙往往與規範化的主題詞不盡相同，其間存在的差異使得讀者無法輕易準確且全面地獲得某一主題的相關文獻。

(二) 從主題詞間的語意關係分析

主題詞之間在語言涵義上存在著各種語意關係，表示同一種涵義的語言文字，可能在形式上會有所不同，如同義詞與類同義、學名與俗名；在人名方面，也會有不同的譯名、筆名、拼寫方式等情況。表示不同主題的語言文字之間存在著屬分關係、相關關係等。主題詞之間複雜的語意關係使得主題標目工作存在一定程度的困難，若不能控制得當容易使標目混亂。

(三) 從主題詞發展變化的角度分析

語言文字會隨著社會的發展與變遷而發生變化，相對地，編目工作所依賴的主題詞表也必須根據學科發展進行適當地更新。因此，同一個主題可能會出現多個主題詞是合理的情況。圖書館一方面需要指引讀者使用合適的檢索詞彙，一方面也要解決館藏目錄中不同時期主題詞產生不一致的問題。

(四) 從數位環境的角度分析

自 1898 年以來主題標目默默地服務圖書館社群，現在也能提供許多不同媒體和環境的廣大使用者從事主題檢索。然而 LCSH 並非理想的系統，其內部仍呈現不一致的情況，亦保留部分特徵適合人工甚於線上系統。再者，因為系統的複雜語法與圖書館的複雜應用規則，LCSH 需要由受過良好訓練的人員去建置並給與文件適當的標題；要維護在書目及後設資料紀錄中的標題相當昂貴，以其現有的形式和應用方法，LCSH 的語法無法與其他大部分的控制詞彙相容；LCSH 不被 OPAC 環境之外的搜尋引擎所採納，尤其是當今的網頁搜尋引擎(Chan, 2005, pp. 407-412)。凡此種種都是 LCSH 在數位環境中所面臨的問題。

(五) 從資源共享的角度分析

隨著圖書館事業的發展，對應實體空間之外，以電子化或數位化處理的資源數量與活動激增，人們能夠在網路上與世界各地進行交流，這必然會促使人們有更多資訊利用的需求，電子資源的管理便成為圖書館的重要議題之一。然而圖書館卻普遍面臨了經費短缺、期刊訂費高漲、技術與管理等問題，當知識載體趨於多樣化、學術傳播更為多元化時，圖書館無法靠一己之力，盡蒐資料，以提供讀者最佳的服務，此時，數位資源的共建共享就變得十分重要。

綜合前述主題詞之間複雜的語意關係、主題詞的發展變化，以及不同主題詞體系之間的差異，為資源共享帶來諸多限制與障礙。不同單位或組織可能採用不同的主題詞表，不同國家對同一主題的表達方式也不盡相同，其中可能牽涉到各國語言、文化的差異性，影響甚廣，使得各圖書館間的合作交流有限。例如，在檢索外國文獻時，我們主要是利用各種學術資源網路，其中的資料庫資源使我們受益無窮。但往往對於該資料庫中文獻的標引系統不熟悉，利用起來就顯得不便。有時即使在同一個檢索系統，不同資料庫的廠商不同，所採用的檢索語言不同，其標識方法也就不同，這也為資料庫的整合檢索帶來不便，最終影響到檢索效率的提昇。

對於不同語言造成的藩籬，其實早已存在，只是以往較不明顯，加上圖書館的外文資料多為高級知識份子在使用，而他們在使用上應較無困難，但是隨著電腦網路的普遍化，資訊的使用與整合就變得非常迫切需要。因此，討論不同檢索語言間互相對映的問題，對國際文化的交流具有十分重要的意義。對此，後續將有相關發展的介紹。

第五節　資源描述框架(RDF)與網路本體語言(OWL)

隨著網路資源的成長，每日所增加的資訊量早已超過一般人可以掌握與利用的程度，目前在網際網路上的檢索引擎或圖書館所提供的電子資料庫，所使用的資訊檢索架構，不外乎三種傳統資訊檢索的模式(Baeza-Yates & Ribeiro, 1999, pp. 24-34)：布林函數模式、向量空間模式及機率模式。目前應用最多的是布林函數模式，但是使用者能否滿足這樣的檢索模式呢？在使用者有明確的檢索需求時，應用布林模式且了解該需求對應的關鍵詞時，會有較高的檢索效率，且回現率通常也不低，但如果使用者對於需求不明確或對於語意表達上有困難時，則此種的檢索結果通常回現率不高，且精確率低。究其原因，不外乎使用的字詞不相關，或無法精確地使用資訊內容所採用的詞彙。

基於上述，要如何讓使用者可以輕易地在大量的資訊中分析有無他所需要的部分，就變成是一件相當重要的事，若檢索的結果與檢索詞有相關性，且檢索結果間呈現一定的結構關係，或許就可以滿足使用者的資訊需求，因而檢索詞彙間的語意關係就成為目前倍受重視的議題。其中語意網(semantic web)的概念是希望網際網路上的資料，可以被轉換成電腦可以理解的資料型式，讓電腦可以分析這些資料，進而了解這些資料所欲表達的意涵(Berners-Lee, Hendler, & Lassila, 2001, pp. 34-44)。而語意網的實現必需要本體論(ontology)支持，而本體論所欲探討的是透過一個詞來表達一個已存在的概念，且可以加以延伸至相關詞，同時建立詞間的關係，期望透過這些關係的建立，進而架構出一個特定領域的知識。(Swartout, Patil, Knight, & Russ, 1997, p. 147)

目前有一些本體論的規範可以作為實作參考，主要有 RDFs (Resource Description Framework Schema)、OWL (WEB Ontology Language)、SKOS (Simple Knowledge Organization System)及 Topic Map(ISO13250) 等。其中 RDFs 是 Resource Description Framework(RDF) 中對於詞彙描述的語言 (World Wide Web Consortium, 2004c)，而 OWL 及 SKOS 則是基於 W3C 所主導的 RDF

架構而來，目的都在處理詞彙間的語意關係(World Wide Web Consortium, 2004a, 2009)，而 Topic Map 則由 ISO 組織所制定的 ISO13250 來規範(The International Organization for Standardization & The International Electrotechnical Commission, 2002)。這些規範實際上各有各的優點，例如 Myongho Yi 的研究指出 Topic Map 的優點在於可以處理一個詞有多個意涵，而此點在 RDFs 及 OWL 是不容易達成的(Yi, 2008, p. 1902)，但 Barbara B. Tillett 和 Corey A. Harper 卻認為若要強化資料被發現的能力，較好的方式就是透過 OWL 及 SKOS 等設計來實現語意網(Harper & Tillett, 2007)。

本節擬介紹 RDF、RDFs 及 OWL，敘述其定義、架構與功用，其間亦輔以實例詳加說明。

一、資源描述框架 (RDF)的定義與架構

由於網路資訊的大量增加，如果不對資訊本身進行描述，我們將很容易在如此大量的資訊中迷失，因此 W3C 對於這樣的情況制定了 RDF，並於 RDF 的介紹文件中給予如下的定義：「RDF 是一種用於呈現網路資訊的通用語法(World Wide Web Consortium, 2004d)，可以視為是一種 metadata 可用於描述網路資源的標題、作者、修改時間、版權及版本等屬性(World Wide Web Consortium, 2004b)。」

RDF 的呈現主要是按照一定的陳述模式，即「主詞」+「敘述詞」+「受詞」，因此該模式主要有以下三個元素(World Wide Web Consortium, 2004b; 林信成, 1999, p. 199; 陳嵩榮, 1999, pp. 92-94)：

(一) 主題或資源 (Subject)

在 RDF 的規範中，並沒有明確定義哪些才算是主詞，而是認為用來描述事與物的都算是一種主詞。因此，主詞可以是一個網站，也可以是一個文件。

(二) 動作描述 (Predicate)或屬性 (Property)

主要是用來描述資源的屬性或定義關係；例如誰是創造者 (創造就是一種關係)、是哪一種語言 (語言算是一種屬性)。

(三) 物件或受詞 (Object)

用以表示接受動作描述的對象或是屬性的值；接續上例，創造者是 A，語言屬性是英文。

對於這樣一個三元素所組成的描述式，林信成稱之為「三元式」並有這樣的描述(林信成, 1999, p. 199)：「此三元式等同於一個起始於端點 s 經由弧線 p 指向端點 o 的有向圖。其含意為『資源 s 有一個屬性 p，其值是 o』」。而在 W3C 的文件中，可以整理出 RDF 的資料模型有以下二種表示方式(World Wide Web Consortium, 2004b)：

(一) 圖示法 (Graph)：從上述對於一個資源的 Statement 模式，我們可以將以下的陳述：「研究生 A 是 http://www.gilis. nchu.edu.tw/ 的維護者」及「http://www.gilis.nchu.edu.tw/的修改日期是 2009/12/07」透過分析，推導如圖 3-5-1 的 RDF 模型實例示意圖。

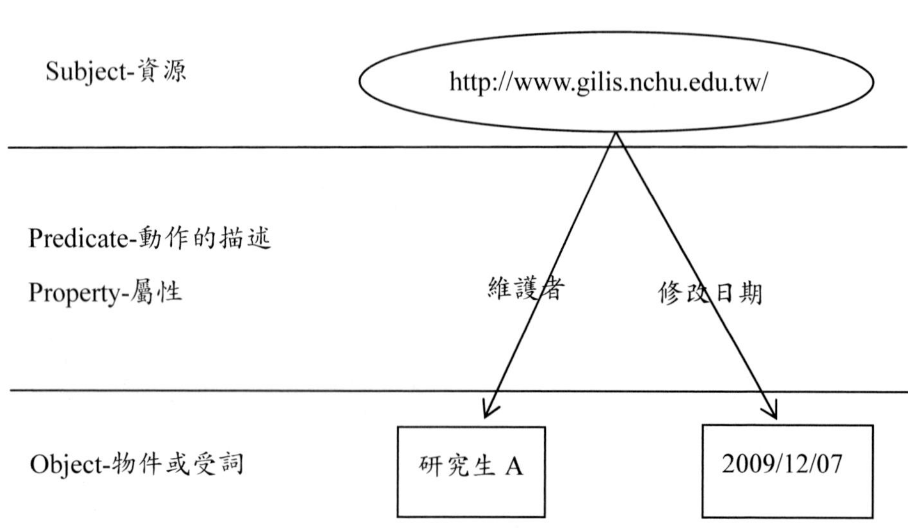

圖 3-5-1　RDF 模型實例示意圖

(二) XML Syntax(XML 表示法)：目前實作 RDF Model 大都是透過 XML，以下將利用 XML 來呈現圖 3-5-1 實例的概念。

```
<?xml version="1.0"?>
<rdf:RDF
        xmlns:rdf="http://www.w3.org/1999/02/22-rdf-syntax-ns#"
        xmlns:exterms="http://www.example.org/terms/">
    <rdf:Description rdf:about="http://www.gilis.nchu.edu.tw/">
        <exterms:maintenance>
            研究生 A
        </exterms:maintenance>
```

```
        <exterms:modify-date>
            2009/12/07
        </exterms:modify-date>
    </rdf:Description>
</rdf:RDF>
```

二、RDF 綱要(RDF Schema)的架構

RDF 的資料模式是一種抽象的概念，要讓 RDF 可以具體流通，需要一個標準規範，來定義一個 RDF 文件中的結構，而 RDF Schema 的目的就是要提供這樣一個規範讓大家遵循。

RDF Schema(RDFs)是一種用來定義 RDF 文件中資源種類以及有哪些屬性的文件，RDF 建立者利用 RDFs 來建立一個規範，後續的 RDF 文件內的各項子元素，都要根據 RDFs 內所定義的資源類型及屬性來產生。(World Wide Web Consortium, 2004b)

RDFs 是使用 XML namespace 的方式來定義，在 RDF 的文件內先做如下的宣告：<rdf:RDF xmlns:rdfs = "http://www.w3.org/2000/01/rdf-schema# ">，之後對於類別及屬性的定義，其開頭就可以直接用 rdfs 帶出。以前面的例子來說明，如果要利用一個「維護者類別」來描述維護者是誰、維護者屬於學生、維護者的年齡等，就要先定義「維護者類別」有哪些元素？及其對應的「維護者類別屬性」有哪些元素？實際的呈現如下所示(World Wide Web Consortium, 2004b, 2004c)：

```
<?xml version=”1.0”?>
<rdf:RDF
        xmlns:rdf="http://www.w3.org/1999/02/22-rdf-syntax-ns#
        "xmlns:rdfs=”http://www.w3.org/2000/01/rdf-schema#”>
    <rdfs:Class rdf:ID="maintenance">
      < rdfs:comment>維護者類別</ rdfs:comment >
      <rdfs:subClassOf
          rdf:resource=”http://localhost/RDFs/classes#Student”/>
    </rdf:Class>
    <rdf:Property ID="age">
      <rdfs:range
          rdf:resource="http://localhost/RDFs/classes#Integer"/>
      <rdfs:domain rdf:resource="#Student"/>
    </rdf:Property>
</rdf:RDF>
```

透過上述對於維護者的類別及屬性定義後，RDF 資料建立者即可引用該定義來產生新的實體。相對來說，也可以應用此方式來詳加定義詞彙間的關係有哪些，那麼各資源間就可以引用該定義來產生關係，這樣一來，也就可以讓電腦了解這些 metadata 間的關係為何，進而達到語意網的境界。但是這個方式的問題在於每個人所定義的語意關係可能會不一致，為了要避免發生這樣的情況，W3C 又發展了 WEB Ontology Language(OWL)來協助 metadata 建立者在語法上有一致的規範。

三、網路本體語言(OWL)的架構

網路本體語言 (Web Ontology Language，簡稱 OWL)是經過全球資訊網聯盟認可，在語意網路中用於描述編纂本體的一系列語言家族(網路本體語言, n.d.)。在 W3C 的文件中，對於 OWL 是這樣說明的：為了讓應用程式可以處理資訊，所以透過 OWL 來建立詞彙表中的語意，並因此而建立 ontology。OWL 在 WEB 內容的機器中理解性方面要強於 XML、RDF 和 RDF Schema(RDFs)等所能達到的程度(World Wide Web Consortium, 2004a)。

OWL 在表達能力上，W3C 規定有三種層次，分別是從較簡單到完整 OWL Lite、OWL DL、OWL Full(網路本體語言, n.d.)；不管哪一種層次，在 OWL 規範中，針對物件之間的關係有以下幾種：equivalentClass(兩個類別擁有一樣的實體)、equivalentProperty(屬性的內容是一樣的)、sameAs(兩個實體是一樣的)、differentFrom(指定的實體間是不一樣的)、AllDifferent(所涵蓋的實體彼此都不一樣)。(網路本體語言, n.d.)透過關係的定義，讓類或實體間的關係變成機器可以理解並進行推理是 OWL 最重要的工作。

OWL 在 ontology 的建立及提供推理的能力雖然很充足，但是建立的過程卻相當複雜，必須透過對某一領域知識進行一定程度的分析之後，才能加以導出，因此有研究指出在未全面導入 OWL 前，應該有一個利用現存的知識組織系統(Knowledge Organization System，簡稱 KOS)工具來快速建立 ontology，再利用這些已建立的 ontology 轉換成 OWL 的架構(熊太純, 2009, pp. 63-64; 劉春艷, 陳淑萍, & 伍玉成, 2007, p. 33)。

第六節　簡單知識組織系統(SKOS)

簡單知識組織系統（Simple Knowledge Organization System，簡稱 SKOS），是目前正在發展的簡單知識組織描述語言，其以 RDF Schema 設計方式來展現與分享控制詞彙。它可以提供一些社群以一種機器可以理解的方式表達他們所使用詞彙的結構與概念，以供交換和再利用(簡單知識組織系統, n.d.)。因此，SKOS 設計的目的，不是透過它來建立一個新的知識組織系統，而是為了便於將現行的知識組織內容轉換成具有 RDF 結構的 XML 檔案，以利互通及應用。

傳統上知識的結構經過組織後會以分類號、標題表及索引典等方式來呈現，這些都是所謂的知識組織系統(Knowledge Organization System，簡稱 KOS)，也就是知識組織工具，而這些工具基本上都具備相同的功能，例如上下位詞(號)、同義或相關詞(號)，因此使用者可以透過它們進行一連串的知識導航。在應用這些知識組織工具時，需先針對資源本身加以分析，之後給予一個(或多個)特定詞彙或標識符號來代表資源的主題，如此一來，檢索者只要使用一致的詞彙或標識符號時，就可以找到相對應的資源。如此看來似乎很完美，但這些工具如果要應用在數位時代，究竟還還缺乏些什麼呢？由於各個知識組織工具各具特色，且有不同的表達方式，假使各個工具都自行發展其對應到數位資源的格式，那麼這些工具間的互通就會出現問題。因此，如果能有一個統一的標準，讓各個工具的內容可以對應到相同的欄位，則任何資訊系統若想要同時利用不同的知識組織工具就會比較容易(Hodge & Digital Library Federation, 2000, p. 34)。

SKOS 就是針對上述需求所產生的統一標準，可讓各種不同的傳統知識組織工具有一致的呈現方式。在 SKOS 的相關文件中對這項標準的功能有如下的描述：SKOS 的資料模型提供了一種低成本的標準，可以將已有的知識組織系統(如分類表、標題表及索引典等)導入語意網，它同時也是一種輕量化且易於分享的設計，可以與其他的知識表徵系統相互混用，例如 Web Ontology Language (OWL)(World Wide Web Consortium, 2009)。

W3C 的 Semantic Web Activity 於 2001 的 Semantic Web Advanced Development for Europe Project 中提出了 SKOS-Core 1.0 的版本(Miles, Rogers, & Beckett, 2004)，就是嘗試利用現存的知識組織工具來建立知識本體(ontology)，下文將先介紹 SKOS 的架構，輔以例子說明，再針對 SKOS 的相關研究予以探討。

SKOS 在設計當時已考慮到許多應用上的情況，經整理後可以發現有以下特點(World Wide Web Consortium, 2009)：

(一) 為機器可讀資料

其資料模型主要以 OWL Full Ontology 為基礎架構，並可以使用

RDF 的 XML、Turtle 這兩種方式呈現，讓機器在讀取上可以有一定的規範可以遵循。在應用上 SKOS 主要都是以 RDF 的方式來呈現並可混合其他的語意表示語言，以滿足 SKOS 不足之處。(Turtle 是一種精簡的 RDF 表現方式，架構採一序列的方式產生：subject(主題)、predicate(描述詞)、object(內容)，例如以下的 RDF 文件：

```
<?xml version="1.0"?>
<rdf:RDF xmlns:rdf="http://www.w3.org/1999/02/22-rdf-syntax-ns#"
             xmlns:dc="http://purl.org/dc/elements/1.1/"
             xmlns:ex="http://example.org/stuff/1.0/">
  <rdf:Description
            rdf:about="http://www.w3.org/TR/rdf-syntax-grammar"
            dc:title="RDF/XML Syntax Specification (Revised)">
    <ex:editor>
      <rdf:Description ex:fullName="Dave Beckett">
        <ex:homePage rdf:resource="http://purl.org/net/dajobe/" />
      </rdf:Description>
    </ex:editor>
  </rdf:Description>
</rdf:RDF>

轉換成 Turtle 的方式則為：
@prefix rdf: <http://www.w3.org/1999/02/22-rdf-syntax-ns#> .
@prefix dc: <http://purl.org/dc/elements/1.1/> .
@prefix ex: <http://example.org/stuff/1.0/> .
```

```
<http://www.w3.org/TR/rdf-syntax-grammar>
dc:title "RDF/XML Syntax Specification (Revised)" ;
ex:editor [
   ex:fullname "Dave Beckett";
   ex:homePage <http://purl.org/net/dajobe/>
].
```

資料來源：World Wide Web Consortium. (2008, January 14). Turtle - terse RDF triple language. Retrieved April 20, 2010, from http://www.w3.org/TeamSubmission/turtle/

(二) 將概念集合成概念體系

SKOS 在呈現知識時，以概念及概念體系兩種為主要的基礎。

(三) 可以指定使用的語言

在 SKOS 中允許同一個概念使用不同的語言來表達，例如「romantic love」或「れんあい」或「愛情」。

(四) 標籤的表示有三種

即主要、其它及隱藏，三者各有其功能，有助於檢索系統的應用。

(五) 一個或多個的標記

在概念的連結應用上以 URIs 做為標記，這種方式較適合電腦應用，而此種的標記也可以與其它的標記系統，如圖書館目錄的分類號做連結。

(六) 文件說明屬性

SKOS 提供一組可以用於說明文件的屬性，包括範圍註、定義說明及編輯註等，但同時也允許不需要使用所有的註解方式。此外，SKOS 也允許引用第三方的註釋。

(七) 語意關係

SKOS 透過語意關係屬性的建立，讓不同概念之間產生關聯，但它一樣可以透過第三方的模型(如 OWL)，以加強更精確的語意描述。

(八) 透過共同屬性聚合

當各個概念之間有共同屬性時，就可以將這些概念歸在同一類。

(九) 不同的概念體系間具有對應的能力

共有四種對應的能力，分別是階層式、相關式、相似式及完全相同式。

根據 SKOS 標準文獻的說明，SKOS 中共採用八種詞彙類型，詳如表 3-6-1(World Wide Web Consortium, 2009)：

表 3-6-1　SKOS 標準使用詞彙一覽表

詞彙類型	**SKOS詞彙**
概念類別(Concept Class)	Concept

詞彙類型	SKOS詞彙
概念體系(Concept Schemes)	ConceptScheme、inScheme、hasTopConcept、topConceptOf
詞彙標籤(Lexical Labels)	altLabel、hiddenLabel、prefLabel
標記 (Notations)	notation
文件屬性(Documentation Properties)	changeNote、definition、editorialNote、example、historyNote、note、scopeNote
語意關係 (Semantic Relationship)	broader、broaderTransitive、narrower、narrowerTransitive、related、semanticRelation
概念聚合 (Concept Collections)	Collection、OrderedCollection、member、memberList
相對應屬性 (Mapping Properties)	broadMatch、closeMatch、exactMatch、mappingRelation、narrowMatch、relatedMatch

上表所列的 SKOS 詞彙，有一些是較為必要的項目，以下針對較重要的項目進行說明(World Wide Web Consortium, 2004b, 2005, 2009)：

一、概念 (Concept)

是整個 SKOS 的基礎，它的出現代表一個觀念或是想法，也可能是一個描述實體摘要的詞彙，其表示方式就如同 XML 的根元素一樣，但實際應用在 RDF 中，並不會呈現在 RDF 檔案裡。雖然有些文獻在舉例時都會以下面的方式表示(范煒, 2006, p. 1075)：「<skos:Concept rdf:about=http://localhost/#term> ... </skos:Concept>」，但在多數 SKOS 的實作中，其實大部分都沒有這樣做。

二、標籤 (Lexical Labels)

標籤的功能在提供資源一個標示的名稱，前文提到 SKOS 的標記是採用 URI 的表示方式來連結不同的概念，例如：<rdf:Description rdf:about="http://LCSHtest/1">…</rdf:Description>代表著一個概念，但實際上我們很難透過“http://LCSHtest/1”這樣一串文字了解其所代表的概念為何(因為並不是一個詞彙)，因此標籤就是要給與它一個名稱，標籤的形式計有三種，即主要標籤 (prefLabel)、非主要標籤 (altLabel)與隱藏標籤 (hiddenLabel)。

此外，標籤在應用上也有以下幾點須要注意的事項：

1. 任何一種標籤可以以不同種類的語言呈現，只要在標籤後面加註語系即可，例如<skos:prefLabel xml:lang="en"> Hypertext systems </skos:prefLabel>、<skos:prefLabel xml: lang="tw">超文字系統</skos:prefLabel>。
2. 同一個詞彙不能同時給予兩種不一樣的標籤形式，例如<skos:prefLabel xml:lang="en"> Hypertext systems </skos: prefLabel>和<skos:altLabel xml:lang="en">Hypertext systems </skos:altLabel >這樣就會產生衝突。

3. 一個概念可以只有次要標籤而沒有主要標籤，但大多數為了在呈現上有一主要的標籤，因此還是建議要有主要標籤較好。
4. 隱藏式標籤應用於檢索系統時相當有用，例如使用者如果下錯詞彙(如同音字等)，但是卻在隱藏標籤中發現該詞彙，則有助於使用者找到可能的資源。

三、語意關係 (Semantic Relationship)

SKOS 各概念間的連結就是透過語意關係來建立的，主要的關係有上位詞 (Broader)、下位詞 (Narrower)及相關詞 (Related)三種，舉例來說：

```
<rdf:Description rdf:about="http://LCSHtest/4">
    <skos:prefLabel xml:lang="en">
        World Wide Web
    </skos:prefLabel>
    <skos:broader rdf:resource="http://LCSHtest/1"/>
    <skos:narrower rdf:resource="http://LCSHtest/12"/>
    <skos:related rdf:resource="http://LCSHtest/6"/>
</rdf:Description>
```

"http://LCSHtest/4"這個資源的主要標籤是 World Wide Web，而它的上位詞是"http://LCSHtest/1"，下位詞是"http://LCSHtest/12"，相關詞則為"http://LCSHtest/6"，透過這樣的語意關係定義，可以讓系統了解特定詞彙所對應的上下位詞，這樣一來就可以達到自動推理的效果。

語意關係在應用上有幾點需要注意的地方：

(一) Broader 和 Narrower 僅可以用於表示兩個緊鄰概念間的關係，系統在規劃時不可以過於擴充解釋，例如：A 是 B 的上位詞，B 是 C 的上位詞，但並不代表 A 是 C 的上位詞。實際上 SKOS 也提供傳遞屬性的功能，但只限於 broaderTransitive、narrowerTransitive。

(二) Related 是一種對稱性的關係，當 A 與 B 相關時，則在敘述上 B 也與 A 相關。不過在 SKOS 規範中並無相關性的說明，也就是說「相關」可能是兩個概念間為對稱、不對稱或相反的概念。

(三) Related 亦僅可用於兩個緊鄰的概念，例如：A 與 B 有關，B 與 C 有關，但並不代表 A 與 C 之間是有關的。

四、文件屬性說明 (Documentation Properties)

此項功能是用於對概念的註解，其型式可以是文字的描述，也可是一個超本文或圖片等。在內容上則可以是描述概念的範圍、編輯過程的相關資料，及其它任何的相關訊息，以補足單純的概念詞彙所不足以傳達的意義。此外，在註解方面亦允許採用不同語言。以下分別臚列並舉例說明：

(一) 範圍註 (scopeNote)：當概念本身具有「範圍」的特性時，可用 scopeNote 來提供一些有關範圍的訊息，特別是在引用該概念時會需要用到的協助判斷的訊息。下例是一個用於說明「microwave Frequencies (微波頻率) 」的範圍註：

<skos:scopeNote xml:lang=”en”>Used for frequencies between 1GHz to 300Ghz </skos:scopeNote>

(二) 定義 (definition)：提供對一個概念更複雜的解釋，減少只依靠一個概念詞彙可能產生的詞意不明確問題。

(三) 範例 (example)：提供概念的相關範例。例如“Organizations of Science and Culture”這個概念，即可使用以下的方式提供範例：

<skos:example xml:lang=”en”>academies of science, general museums, world fairs</skos:scopeNote>

(四) 歷史註 (historyNote)：描述一個概念詞彙在過去歷史上的改變；例如「child abuse (虐待兒童)」一詞在過去的表達形式為何：

<skos:historyNote xml:lang=”en”> estab. 1975; heading was: Cruelty to children [1952-1975] </skos:historyNote >

(五) 編輯註 (editoriaNote)：與概念有關的相關提示，例如概念編修中，或是提供給下次編輯該概念的人員注意的事項。以「folksonomy」這個概念來說，可以有以下的編輯註解：「提醒編輯人員要跟該詞彙發明人再次做確認」，實例如下：

<skos:editorial xml:lang=”en”>Check spelling with Thomas Vander Wal </skos:editorial>

(六) 修改註 (changeNote)：有關概念的修改說明，以提供管理或維護之用。以「tomato」這例子來說，如果從水果下位詞移到蔬

菜下位詞時，可以有以下的表示方式：

```
<skos:changeNote xml:lang=”en”>Moved from under 'fruits'
to under 'vegetables' by Horace Gray </skos:changeNote>
```

五、概念體系 (Concept Schemes)

概念可以單獨存在，但是應用在索引系統時，大都是需要與不同的概念做結合，就如同一個索引典或分類表，其所蘊含的是許多的概念，因此 SKOS 利用 inScheme 來標示該概念是屬於哪一個概念體系。這樣的設計還有一個好處，可以整合不同的概念體系於同一份 RDF 檔案中，例如「Economic geography」可以同時出現在 GEMET thesaurus 及 LCSH，因此可以用以下的方式呈現：

```
<rdf:Description rdf:about=" http://id.loc.gov/authorities/sh85054016 ">
   <skos:prefLabel xml:lang="en">
        Economic geography
   </skos:prefLabel>
  <skos:inScheme rdf:resource="http://id.loc.gov/authorities"/>
   <skos:inScheme rdf:resource="http://www.eionet.europa.eu/gemet"/>
</rdf:Description>
```

另外對於根概念的部分，在 SKOS 中是透過 hasTopConcept 這個詞彙來控制，哪一個概念是整個階層關係中的源頭？類似索引典中的詞族頭語(Topterm)其應用方式如下：<skos:hasTopConcept rdf:resource="http://LCSHtest/1"/>。

接著介紹與SKOS的相關研究，內容主要圍繞在SKOS的介紹、應用及與其他概念的結合，以下分別就各種不同的研究類型簡要說明：

（一）介紹 SKOS 的概念並提出看法及見解

Alistair Miles 和 Jose Perez-Aguera 兩人介紹了 SKOS 如何做為一個語意網的工具，他們認為 SKOS 提供了一個架構，可以在網路上建立索引典、分類表、主題索引等，讓這些資源可以成為語意網的一部分。同時建議 SKOS 在語意網的應用上，可以透過聚合各種已轉換成 SKOS 的不同資料，並將這些資料變成加強檢索系統效能的基礎(Miles & Perez-Aguera, 2007)。

王茜等人認為本體(ontology)的建立是一種複雜的工作，需要花費大量的人力與時間，但是如果透過 SKOS 則可以很快地建立。在研究中也提到 SKOS 因為是基於 RDF 的基礎，因此可以同時將多種不同的語意描述語言整合在一起，例如可以將 SKOS、FOAF 及 Dublin Core 等融合在一個 RDF 檔案中，以下為該研究所舉的例子(王茜, 陶蘭, & 王弼佐, 2007, p. 1441)：

```
<rdf:RDF xmlns:dct="http://purl.org/dc/elements/1.1/"
         xmlns:foaf="http://xmlns.com/foaf/0.1/">
  <skos:Concept rdf:about="1799">
    <dc:creator>
      <foaf:Person>
        <foaf:name>Summer</foaf:name>
```

```
        <foaf:mbox rdf:resource="mailto:cauwq@163.com"/>
      </foaf:Person>
    </dc:creator>
    <dct:issued>12/3/2005</dct:issued>
    <dct:modified>12/3/2005</dct:modified>
  </skos:Concept>
</rdf:RDF>
```

張繼東及尹群(2008)認為 SKOS 為主題詞表在語意網的應用上要比 OWL 更為容易，主要的原因是 SKOS 較為簡單靈活，而 OWL 的缺點在於需要重新建構知識組織工具。同時兩位作者也認為語意網在實現上，仍需要一個語意推理能力較強的工具，這一點 SKOS 較不適合，但 OWL 在推理能力的設計上較為合適。因此，建議在初步的語意建構上，先透過將現存知識組織工具轉為SKOS的結構，因為可以快速的完成，之後再利用這樣的成果加上 OWL 的推理描述，以利語意網可以更容易地實現。

（二）將傳統的知識組織工具轉換成 SKOS 的架構

前文提到許多文獻都建議透過 SKOS 對傳統知識組織工具進行轉換，在文獻上的確已見到有些學者實際進行了轉換工程的研究，如 Library of Congress Subject Headings (LCSH)、Engineering Index (EI) Thesaurus 及 Thesaurus of Information Science and Librarianship 等。

劉春艷等人嘗試以 EI 中的一個詞及其相關詞，將這些詞之間的關係轉換為 SKOS 的結構，他們所舉的例子如下(劉春艷, 曾錦丹, & 李佳軍, 2006, p. 25)：

```
Well pumps
    SN:Scope formerly limited to water well pumps
    DT:Predates 1975
    UF:Deep well pumps
    BT:Pumps
    NT:Oil well pumps
        Water well pumps
    RT:Submersible pumps
```

轉換成 SKOS 的格式後，成為：

```
<SKOS:Concept
        RDF:about=”http://www.EI.cust.edu.cn/thesaurus/concept/8
        219”>”
  <SKOS:prefLable>Well pumps</SKOS:prefLabel>
  <SKOS:altLabel>Deep well pumps</SKOS:altLabel>
  <SKOS:scopeNote>
    Scope formerly limited to water well pumps
  </SKOS:scopeNote>
  <SKOS:broader
            RDF:resource=”http://www.EI.cust.edu.cn/thesaurus” />
</SKOS:Concept>
```

范煒的研究也如同劉春艷等人的方式，將 ASIS 出版的 Thesaurus of Information Science and Librarianship 抽出部分內容，將

其嘗試轉換為 SKOS 的結構(范煒, 2006, p. 1075)。

除了上述有發表之研究外，目前在轉換工作上，已有一些已經完成的轉換，如 General Multilingual Environmental Thesaurus (GEMET)[2]、UK Archival Thesaurus (UKAT)[3]、Multilingual Agricultural Thesaurus (AGROVOC)[4]、LCSH[5]等。此外，在 ThManager 程式[6]的開放原始碼專案中，也將 UNESCO thesaurus 及 Thesaurus of territorial unit of Spain and France 這兩個索引典轉換為 SKOS 的格式。

(三)實作 SKOS 的工具開發與介紹

在 SKOS 發展之初，需要一些提供輸入或提供檢索的應用程式或 API，以利轉換工作或查詢動作更易於執行。因此，Douglas Tudhope 和 Ceri Binding 就利用 SWAD 所開發的 SKOS API 進行實作，建立一個系統可以瀏覽 SKOS 結構的知識表徵(Tudhope & Binding, 2006)。之後一個開放軟體(open source)ThManager 的開發，則提供了輸入每一筆 SKOS 概念的功能，以及提供階層式瀏覽的能力 (Lacasta, Nogueras-Iso, Lopez-Pellicer, Muro-Medrano, & Zarazaga-Soria, 2007)。有了以上工具，讓任何使用者只要具備了基礎的 SKOS 概念，就可以利用它來產出具 SKOS 結構的 RDF 檔案。

---

[2] 網址為 http://www.eionet.europa.eu/gemet/webservices?langcode=en
[3] 網址為 http://www.ukat.org.uk/downloads/data.php
[4] 網址為 http://aims.fao.org/en/website/Download/sub
[5] 網址為 http://id.loc.gov/authorities/search/
[6] 網址為 http://thmanager.sourceforge.net/index.html

不過這一類的工具只限於一筆筆的建置，如果像前述將 LCSH 轉成 SKOS，則可能需要另行開發程式進行批次轉換，才會較有效率。

(四)SKOS 困境的因應與新概念的加入

在資訊檢索技術上，最多應用詞彙對應的方式，另一種則是主題瀏覽，但無論是哪一種，目前的趨勢都是在檢索結果或主題瀏覽的畫面中加入層面的概念，以加強導航的能力(Uddin & Janecek, 2007; 林雯瑤, 2006, p. 167)。但在 SKOS 標準中，並沒有提供層面設計，相對於前文提到的另一種建立 ontology 標準 Topic Map 2.0，則在標準中有 Facet Link 的定義，提供標示不同主題的層面資料(The International Organization for Standardization & The International Electrotechnical Commission, 2002)。

在這方面分別有兩個研究提出解決方案，一為 A. R.D Prasad 和 Nabonita Guha 提出，可以在 SKOS 中加入 Postulate Based Permuted Subject Indexing (POPSI)的層面標示功能，以加強 SKOS 所沒有的層面導航能力(Prasad & Nabonita, 2008)，以下是他們的研究中一個有關「radiation therapy」(放射療法)的例子(Prasad & Nabonita, 2008, p. 507)：

```
<skos:Concept rdfLresource=”#radiation_therapy”>
   <popsi:has_entity>X_Ray</popsi:has_entity>
   <popsi:has_entity>β_Ray</popsi:has_entity>
   <popsi:has_method>rotation_technique</popsi:has_method>
```

```
  <popsi:has_method>Translate_rotate_scanning</popsi:has_method>
</skos:Concept>
```

上述例子中，我們可以發現對於 radiation therapy 可以有不同的層面，例如 has_entity(使用的射線實體)可以有 X_Ray 或 β_Ray 兩種；並且 has_method(放射的方式)可以有 rotation_technique 或是 Translate_rotate_scanning 等不同的方式。

另一個可以補足 SKOS 沒有層面的缺點的方法，是在 SKOS 的標準中加入層面的標籤。施國良在他的研究中建議可以在 SKOS 的標準中加入 SKOS:Facet 及 SKOS:Focus 類別，其中 SKOS:Facet 具有 hasFacet 屬性以表示層面分類中的「面」，而 SKOS:Focus 則是用在面底下的各個「焦點」。他舉了一個數位相機的例子，數位相機在網站中列表時，可以從品牌、像素等不同的面來做分類，在品牌中，又可以透過國產品牌及進口品牌這兩個不同的焦點來進行瀏覽，以下為他所舉的實例(施國良, 2009)：

```
<skos:ConceptScheme rdf:about="#scheme">
    <dc:title >数码相机< /dc:title>
    <dc:description>数码相机分面分表</dc:description>
    <dc:creator>南京大學信息管理系</dc:creator>
    <skos:hasFacet rdf:resource="brand"/>
    <skos:hasFacet rdf:resource="pixel"/>
    <skos:hasFacet rdf:resource="price"/>
</skos:ConceptScheme>
<skos:Facet rdf:about="brand">
```

```
    <skos:prefLabel>按品牌分</skos:prefLabel>
    <skos:inScheme rdf:resource="#scheme"/>
</skos:Facet>
<skos:Focus rdf:about="national">
    <skos:prefLabel>国产品牌</skos:prefLabel>
    <skos:broader rdf:resource="brand"/>
    <skos:inScheme rdf:resource="#scheme"/>
</skos:Focus>
<skos:Focus rdf:about="import">
    <skos:prefLabel>进口品牌</skos:prefLabel>
    <skos:broader rdf:resource="brand"/>
    <skos:inScheme rdf:resource="#scheme"/>
</skos:Focus>
```

SKOS 可以應用於建立新的知識組織系統，也可以應用於轉換傳統的知識組織工具，因此可以預見的是，會有許多透過 SKOS 產生的知識組織系統，但是不同的知識組織系統內的知識概念如何產生相關？倘若一個詞在不同領域有不同的定義時又要如何處理？若不同領域使用不同的詞描述同一個概念時，又應該如何處理？因此 SKOS 有 inScheme 這樣一個屬性，用來標示同一個詞用在不同領域所代表的不同意思(Sanchez-Alonso & Garcia-Barriocanal, 2006)。針對此 Salvador Sanchez-Alonso 和 Elena Garcia-Barriocanal(2006, pp. 269-272)建議應該在上述的不同領域之外，還需建立一個更上層的知識本體(ontologies)，其運作的原理則透過「Cyc Knowledge Base(一種聚集大量人類基本知識的資料庫)(CYCorp)」來對應及連結不同的

SKOS 概念。但即使這樣仍然還是會有對應的問題，因為各種不同的 SKOS 雖然可以映射到同一個 Cyc 的概念，但這個過程仍需要人工進行比對，這點將會花費大量的成本，仍舊無法跳脫 Emma McCulloch、Ali Shiri 與 Dennis Nicholson(2005)所提出詞彙對映時會遭遇的問題。

第七節　主題詞的發展

主題分析的相關研究在 1970 年代和 1990 年代各是一個高峰期，1970 年代關注於詞彙應用於後組合檢索系統，特別強調索引典與電腦系統的應用，開啟了許多資訊檢索的相關議題，使得研究者重新檢視主題分析的模式、結構和技術(Chu & O'Brien, 1993)。其中部分原因是由於當時電腦利用率逐漸提昇，圖書館較能負擔得起，也因此得以應用於書目資料的產生與處理(Schwartz, 2008, p. 830)。1990 年代之後，由於網路資訊搜尋與檢索的問題，掀起了另一波話題，也引發了許多爭論。雖然有人認為像 LCSH 這樣的前組合主題標目相當缺乏彈性且維護費用高，但還是有許多人持正面態度，認為使用控制詞彙才是「正途」，例如 Elaine Svenonius(1986)與 David Batty(1998)二位學者就認為使用控制詞彙能夠提供較為精確的搜尋結果。而近幾年來更有研究者提出使用控制詞彙帶來的好處，Thomas Mann(2007)堅定地捍衛使用前組合主題標目在支援館藏跨學科領域研究的優點，而 Karen Markey(2007)則認為主題標目可以說是新世代 OPAC 的關鍵性元素。

面對網路資源的處理或數位圖書館系統的紀錄交換議題，若要採用主題標目，那麼圖書館習用的 LCSH 勢必要做些改變，以適應網路環境。主題術語之分面式應用計畫（FAST）就是為了處理網路資源而將 LCSH 進行簡化的最佳例證。然而，僅是針對網路資源的處理是不夠的，新時代數位圖書館更期待 LCSH 能夠以 DC 和 XML 為基礎，運用於網路環境與檢索系統之中。在此需求下，SKOS（Simple Knowledge Organization System）計畫於焉展開。除了可用於網路資源的處理外，為因應資源共享的理念，不同語言、文化之互通與交流，LCSH 的相關應用亦實現在不同主題詞表之間的對映。基本上主題詞之語言對映可以分為以下三種：1. 同種語言間之主題詞表對映；2. 多語言間之主題詞表對映；3. 主題詞語言與自然語言間的對映。而主題詞語言間的對映又可分為兩個部分，一是針對詞表中的款目進行連結和對應，即建立各主題詞表款目之間的對等關係，同時利用規範化的紀錄或資料庫等形式儲存這些關係；二是開發或修改電腦應用程式，把對應好的資料應用於編目或其他資訊檢索系統中。

本節以 LCSH 的發展為主軸，探討主題詞的發展，共分為五個部分加以說明：一、主題術語之分面式應用(FAST)；二、LCSH 與 SKOS；三、LCSH 與 MeSH 比對計畫；四、術語服務(Terminologies Service)；五、主題詞多語言檢索(MACS)計畫。

一、主題術語之分面式應用計畫（FAST）

造成主題檢索高失敗率的主要原因之一是 LCSH 的複雜性，因此 OCLC 於 1998 年開始發展「主題術語之分面式應用」（Faceted Application of Subject Terminology ，簡稱 FAST）計畫(O'Neill & Chan, 2003)，其目的在保留 LCSH 詞彙的豐富性並簡化 LCSH 複雜的語法，以便將主題標目應用於網路檢索。由於電子文獻資源數量劇增，為了描述這些電子資源而出現了許多後設資料的相關標準，但若能以傳統的標題表來處理大量電子資源而又不需要花費過多的人力、物力便是最理想的狀況。因此，OCLC 開始針對主題詞開發新的發展方向，研究小組確定用於網路環境的主題詞彙必須要滿足以下條件：

1. 結構上簡單明瞭、容易維護；
2. 能提供最佳的檢索點或途徑；
3. 能在不同的環境中（包括 OPAC）跨越學科，同時提供互操作性。

在多方考量下，OCLC 決定保留 LCSH，雖然與關鍵詞相較，LCSH 有豐富的詞彙和語意關係，較能滿足主題檢索的需求，但是它複雜的語法卻總是令人望而生畏，OCLC 於是決定要為 LCSH 配上一套簡易的語法，使其在應用中能更趨向於後組合。

FAST 計畫利用簡單層面分析的方式，更加細分與切割主題詞，使標題可以透過各相關面向分析主題用語的組合，形成較為彈性且多面向的後組合式標題表。FAST 係由八個不同的層面所組成，包括：

論題（topical）、地區（geographic）、個人名稱（personal name）、團體名稱（corporate name）、形式（form）、年代（chronological）、題名（title）、會議名稱（meeting name）。切割後的主題詞依所屬層面以冒號「：」區隔，除了年代之外，大多數的 FAST 標目都會建立 FAST 權威檔。實例如圖 3-7-1：

LCSH

Architecture, Modern
$y 20th century
$z United States
$vBibliography.

==

FAST

Topical: Architecture, Modern
Geographic: United States
Period: 1900-1999
Form: Bibliography

圖 3-7-1　FAST 實例示意圖

關於 FAST 之特點與挑戰如下(Jin, 2008)：

(一) FAST 之標目為後組合式，由主要標目及其複分組成，其組成結構簡單，淺顯易懂，就連沒有受過專業訓練的人也可以看得懂，進而能使用它來標引網路資源。

(二) LCSH 字串按規定順序排列，但 FAST 卻將大多數的字串拆開。

(三) 涵蓋所有層面的前組合標目可以為單件作品提供一種脈絡，但後組合式的標目便失去了這樣的脈絡。從以下的例子可以看得出來，“To 1957”若能安排在“Ghana”和“History”之後將更有意義：

LCSH： 6510$a Ghana $x History $y To 1957.
FAST：Chronological: $a To 1957
Geographic: $a Ghana
Form: $a History

再如以下的例子，LCSH 經拆解成 FAST 後便失去了論題與地點間的關係，也就是說無法解釋究竟是哪個國家的殖民地？敘述哪個國家的歷史？

LCSH：651 1$a Bengal (India) $x History $y 18th century.
FAST：Chronological: $a 1700-1799
Topical: Colonies $x Administration
Geographic: India $z Bengal
Geographic: Asia
Geographic: Great Britain
Form: History

(四) 後組合在檢索上很有幫助，但也會有搜尋後得到結果不相符的困境。例如，「Colorado 挖金」得到的檢索結果是「在 California 挖金和在 Colorado 挖銀」，因為「挖金」、「挖銀」、「California」、「Colorado」這四個被拆開的標目是可以自由組合在一起的。

(五) 將 LCSH 解構後的 FAST 除可能沿襲原來不一致的地方，還會有意義混淆的危險。例如可能某標目只是部分包含某概念，但是因為複分被拉上來與主要標目屬於同一層面了，使得該標目變成可以概括全部範圍。

由上述的分析可以瞭解，FAST 能否涵蓋作品的所有內容是相當重要的議題，相關研究顯示無論在論題標目、地區標目或是年代標目都還有一些尚待解決的困難。因此，FAST 能否讓使用者更快速地找到所需資料，同時讓編目員更便捷地建立紀錄，仍然是需要持續探究的議題。

二、SKOS 與 LCSH 對映

過去人類已累積了無數的知識，並且透過各種不同的組織方式加以呈現，而這些不同的知識組織工具之間是無法互通的，但是 SKOS 的出現讓不同的知識組織系統間的互通及融合成為可能。因此，如果可以將圖書館現有的主題詞表轉換為 SKOS 的結構，便可以使原有的知識組織工具更擴展其功能與應用範圍。目前除了積極將各類型的傳統知識組織工具轉換成 SKOS 的架構外，若能將已轉換完成的 SKOS 格式資料納入資訊檢索系統，將有助於解決使用者在檢索上語意表達的困難。Ed Summers 等人(2008)針對 LCSH 轉換成 SKOS 的可行性進行研究，目的之一是為了可以將 LCSH 與其他知識組織工具做進一步的結合，目的二是可以使 LCSH 在應用上更為方便。因為 LCSH 的 MARC 檔雖然允許公眾取用，但在內容上是以MARC的格式呈現，此種呈現方式較為複雜，且多用於圖資領域，在其他領域則很少使用。為了增加這些資源的利用率，勢必要提供一個較為通用且簡易的呈現格式。Corey A. Harper 和 Barbara B. Tillett (2007)就曾提出利用語意網技術，將 LCSH 之類的控制詞彙上網是相當具有潛在價值的。

2008 年 DC 的年會上，Ed Summer 等人(2008)探討圖書資訊學界在語意網的角色，介紹 LC 將 LCSH/MARC 轉換到 SKOS 的研究（該計畫網址為 http://lcsh.info/，計畫成果已於 2009 年 5 月移轉至 http://id.loc.gov/）。目前 LCSH.INFO 採用國會圖書館控制碼 LCCN（Library of Congress Control Number）#concept 作為概念的唯一標識，每個 LC 的 MARC 紀錄都會在 001 欄位著錄 LCCN。採用 LCCN 的好處是其具有永久性和唯一性，由於 SKOS 需要 URI 來標識資源，對於 SKOS 來說，每個概念都是一個以 URI 標識的資源，可使整個 LCSH 成為「關聯的資料」（Linked Data）(詳見本書第七章第五節)。該研究的運作方式是將 LCSH 的 MARC 檔與 SKOS 的標籤進行對映，找出兩者相對應的欄號，之後再透過程式來自動產生 LCSH 的 SKOS 格式，表 3-7-1 列出該研究整理出兩者的對映表(Summers, et al., 2008, pp. 27-28)，如此可為網路資源利用 LCSH 建立資源間的連結，將有助於檢索系統的應用。

表 3-7-1　SKOS 詞彙標籤與 MARC 紀錄欄位對映表

MARC Fleld	Feature/Function	RDF Property	Value of the Property/Comments
010	Control Number	rdf:about	the URI for the skos:Concept instance
150	Topical Term	skos:prefLabel	subfields: a, b, v, x, y, z
151	Geographic Tenn	skos:prcfLabeI	subfields: a, b, v, x, y, z
450	See From Tracing (Topical Term)	skos:altLabel	subfields: a, b, v, x, y, z

451	See From Tracing (Geographic Name)	skos:aItLabel	subfields: a, b, v, x, y, z
550	See Also From Tracing (Topical Term)	skos:broader	only use this property when subfield w is 'g'; use value to lookup Concept URI
550	See Also From Tracing (Topical Term)	skos:related	only use this property when subfield w is not present with 'g' or 'h' in position 0 ; use value to lookup Concept URI
551	See Also From Tracing (Geographic Name)	skos:broader	Only use this property when subfield w is 'g'; use value to lookup Concept URI
551	See Also From Tracing (Geographic Name	skos:related	Only use this property when subfield w is not present with 'g' or 'h' in position 0 ; use value to lookup Concept URI
667	non public general note	skos:note	subfield: a
670	Source data found	dcterms:source	subfield: a, b, u
675	Source data not found	skos:editorialNote	subfield: a

678	Biographic or historical data	skos:definition	subfileds:a, b, u
680	Public general note	skos:scopeNote	subfield: a, i
681	Subject example tracing note	skos:example	subfield: a, i
682	Deleted heading information	skos:changeNote	subfield: a, i
688	Application history note	skos:historyNote	subfield: a
008	Fixed Length Data Elements	dcterms:created	positions: 0-5
005	Date and time of last transaction	dcterms:modified	
053	LC Classification Number	dcterms:lcc	subfield: a

資料來源：Summers, E., Isaac, A., Redding, C., & Krech, D. (2008). *LCSH, SKOS and linked data*. Paper presented at the Proceedings of the 2008 International Conference on Dublin Core and Metadata Applications, Berlin, Germany. Retrieved December 27, 2010, from http://dc2008.de/wp-content/uploads/2008/09/summers-isaac-redding-krech.pdf

上述研究模式是否也可以應用在中文環境呢？由於中文主題詞表 (CSH)並沒有 MARC 的格式，因此可能無法利用程式進行自動轉換，但該研究所產生的對應的欄位相當值得參考。若透過 CSH 的特性分析，應該可以列出 CSH 與 SKOS 的對映表，之後再依據對映表轉換成 SKOS 的架構，如此一來應有助於中文環境中的檢索系統應用 CSH 的資源。

由於 LCSH 可以被視為一種「學科主題本體」，所以能夠為使用 LCSH 標引的任何資訊資源建立「主題地圖」，例如至 http://id.loc.gov/authorities 進行詞彙搜尋，結果除了細節的描述外，還採用了視覺化的方式來表達主題概念之間的關係。以"subject headings"這個控制詞彙為例，該詞彙在 MARC 中的語意關係是非常容易轉換為 SKOS 的，因為 MARC 是採用標目建立參考連結，而 SKOS 則使用概念資源的 URI 建立相互關係，轉換程式只須為被轉換的特定標題尋找 URI，便可以建立連結關係。除此之外，由於 MARC 中沒有標示詞彙間的上下位關係，因此在建立"skos:broader"連結時，需要同時建立明確的"skos:narrower"屬性聯繫。一旦完成以 URI 標識概念資源，就會形成類似圖 3-7-2 的結構。同時在 http://id.loc.gov/authorities 網站中還提供了所有 LCSH 的 RDF 三元組資料供下載，以利進一步的研究。

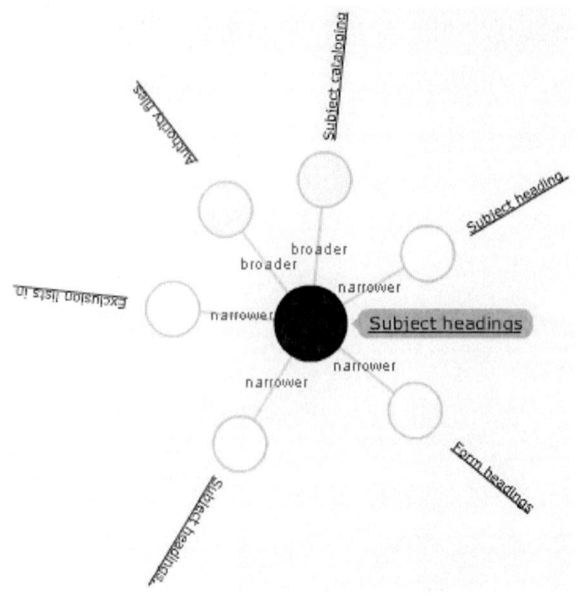

圖 3-7-2　視覺化主題概念圖

資料來源：Library of Congress.(2010, January). *Authorities & vocabularies (Library of Congress): Subject headings.* Retrieved June 22, 2010, from http://id.loc.gov/authorities/sh85129426

將LCSH的MARC格式轉為SKOS的特點與挑戰如下(Harper & Tillett, 2007)：

(一) 提供了多種註釋方式，如範圍註、編輯註、定義說明等。

(二) 它是為了多語言環境所設計的，可以使用語言標籤來標誌語種，但是 MARC 紀錄中沒有標引某標題使用何種語言的指示符號，這將會是轉換過程中的一項挑戰。

(三) 由於 RDF 的靈活性，使 SKOS 可以使用其他詞彙的標籤（例如：DC），加強 SKOS 的描述，以補足 SKOS 對應到 MARC 時，本身所缺乏的特性。

(四) MARC 在與 SKOS 標籤進行對映時，仍有大量資訊遺漏，原因是 MARC 還有許多的標目來自於其他標目的合併，包括時間（Chronological）、主題（Topical）、地理（Geographic）、種類/型式（Genre/form）。舉例來說，一個主題標目"Drama"可以與"17th century"進行組配，形成標目"Drama—17th century"，如此應用「層面」以完整表達一個概念，但是在 SKOS 中，標目之間僅只是一種平面的文字關係，所以層面應用將是未來 SKOS/LCSH 發展的一個重要方向。

三、LCSH 與 MeSH 對映

由於每個主題詞表都各具特徵，使得主題詞表之間的對映更加困難。例如： 標題詞在一個詞表中是交叉參照關係，但在另一詞表中可能是獨立的標題。兩個不同詞表中，概念相同的辭彙之間並沒有參照和連結。標題款目在語法結構上也存在著差異，例如在 LCSH 中「乳癌」用"Breast Cancer"，但在 MeSH 中卻用"Breast Neoplasms"。而不同詞表中款目間語意關係的差異，亦導致對應關係的不對等，例如在 LCSH 中的"Dental surveys"，其在 MeSH 中就有 5 個相對應的款目，同時不同語種主題詞表之間的對映還需要考慮各自之自然語言的特徵。

由西北大學（Northwestern University）所進行的 LCSH 和 MeSH 的對映計畫是綜合性主題詞表與專業主題詞表之間的對映，最初的目的是希望透過整合這兩個主題詞表，解決圖書館線上編目中，因採用不同詞表而產生的不一致性。該計畫採用電腦輔助人工編輯的方式執行，具體的操作方法是：如果 LCSH 的標題在 MeSH 中能有概念相對應的標題，則在 MARC21 的紀錄中增加一個 7××的欄位，反之亦然。以下實例可以說明規範紀錄的格式和標題對應的關係：

實例一：LCSH 和 MeSH 標題是一對一的對應關係，在各自的紀錄中增加 750 欄位，以包含對方詞表中相對應的標題詞。

008 11 $a [code indicating LCSH] 150 ## $a Drug allergy **750 #2 $a Drug Hypersensitivity**	008 11 $c [code indicating MeSH] 150 ## $a Drug Hypersensitivity **750 #0 $a Drug allergy**

實例二：表中 LCSH 和 MeSH 標題是二對一的對應關係，在 MeSH 的紀錄增加一個 750 欄位，而在 LCSH 兩筆紀錄分別增加 750 欄位。

008 11 $a [code indicating LCSH] 150 ## $a Breast $x Cancer **750 #2 $a Breast Neoplasms** 750 #0 $a Breast $x Tumors	008 11 $c [code indicating MeSH] 150 ## $a Breast Neoplasms **750 #0 $a Breast $x Cancer**
008 11 $a [code indicating LCSH] 150 ## $a Breast $x Tumors **750 #2 $a Breast Neoplasms**	

實例三：需要兩個 MeSH 詞彙經過後組合組配之後，才能與前組合的 LCSH 標題對應，這種組配關係用 780 欄位標示，因為 MeSH 紀錄中沒有單獨的標題能與 LCSH 標題對應，此時在 MeSH 的紀錄中就不必再增加包含 LCSH 標題的 750 欄位。

008 11 $a [code indicating LCSH]
150 ## $a Art therapy for children
750 #2 $8 1 $w b $a Art Therapy
750 #2 $8 1 $w b $a Child
780 #2 $i Search also under the following headings used together in the same record : $a Art Therapy $i and $a Child

目前在 LCSH 的紀錄中以 750 和 780 欄位標示 MeSH 標題詞已超過了一萬一千多筆。同樣地，在 MeSH 的紀錄中則有超過九千七百多條包含了 LCSH 標題的 750 和 780 欄位，隨著 LCSH 和 MeSH 標題的增加、修改和刪除，兩者相互對映的資料也在不斷地更新。

四、術語服務

術語服務（Terminologies Service）是 OCLC 於 2006 年開始實行的一項實驗性服務，主要是以網頁為基礎，透過單一介面使用多個索引典的控制詞彙服務。術語服務提供多個主題詞表的控制詞彙存取來為圖書館、博物館之館藏建立一致的後設資料。只要找到需用的字詞，就能夠輕易地複製並貼到工作單上，以改善（或存取）數位資料和紙本資料的標引詞。希望藉由主題詞的建立增進資源的取用，對使用者而言，可以節省學習各種索引典的時間，也可以不需要手冊型式的索引典。此項服務還可以與 Connexion（協助編目軟體）[7]整合，亦可成為獨立的工具，將字詞複製到各種後設資料的編輯器，包括 OCLC 的 CONTENTdm[8]（數位館藏管理軟體）提供的後設資料編輯器。

隨著是項服務的成長，可使用的詞表也將逐漸增加。目前收錄的範圍如下表所示(Online Computer Library Center, 2009e)：

表 3-7-2　Terminologies Service 收錄之主題詞表

詞表名稱	發行單位	MARC21原始代碼
建築與藝術索引典（AAT） 描術藝術品以及製作藝術品的程序與材料的詞表。	J. Paul Getty Trust	aat
加拿大的標題表（CSH） 在LCSH中未涵蓋的有關加拿大的主題標目清單。[new, April 2009]	Library and Archives Canada/ Bibliothèque et Archives Canada	cash
都柏林詮釋資料組織（DCMI）類型詞表	都柏林詮釋資料組織	dct

7 為 OCLC 所開發的一套編目軟體，可以透過它建立及編輯書目紀錄與權威紀錄，同時可以將成果與整個 OCLC 的其它機構分享。
http://www.oclc.org/us/en/connexion/

8 CONTENTdm 是 OCLC 所開發的軟體，可以儲存與管理任何形式的館藏，並將館藏提供給網路上的使用者。
http://www.oclc.org/us/en/contentdm/default.htm

一般的跨領域詞表，詞表中核准的字彙可作為識別資源類型的值。		
Getty地理名詞索引典（TGN） 著重在研究藝術與建築上的重要地點。	J. Paul Getty Trust	tgn
小說與戲劇作品等主題標目指引（GSAFD）第2版，形式與類型 由國家標準推薦的各種格式的小說、戲劇、詩集和民俗作品等其類型與主題標目所構成。GSAFD第1章的形式/類型標目的機讀權威記錄是由西北大學所建立。	美國圖書館協會（ALA）	gsafd
毛利主題標目（MSH）/ Ngā Ūpoko Tukutuku 描述毛利資料的詞表。	紐西蘭 Te Puna Mātauranga o Aotearoa 國家圖書館	reo
醫學標題表（MeSH）2008 由美國國家醫學圖書館製作的詞表，用於生物醫學和健康相關的資訊，建立索引、提供搜尋。	美國國立醫學圖書館	mesh
報紙類型詞表 用以標明報紙的類型。詞表的內容範圍反映了「美國報紙計畫（United States Newspaper Program，簡稱USNP）」會員所編目的報紙類型。	華盛頓大學	ngl

圖形資料索引典：TGM I－主題詞彙， 主題標目的控制字彙，可用於建立索引、編目和搜尋圖形資料。由國會圖書館的Prints and Photographs Division所編製。	國會圖書館編目服務部	lctgm
圖形資料索引典：TGM II－類型與外形特徵詞彙， 圖形資料的類型標目與外形特徵的控制詞彙。由國會圖書館的Prints and Photographs Division所製編。	國會圖書館編目服務部	gmgpc
藝術家名稱聯合名錄（ULAN）， 包括藝術家和建築師的名稱、傳記與書目的相關資訊。	J. Paul Getty Trust	ulan

資料來源：Online Computer Library Center. (2009). *Terminologies service [OCLC]*. Retrieved June 22, 2010, from http://www.oclc.org/us/en/terminologies/

術語服務主要透過 Microsoft Office 2003 的"Research"工具視窗和 Internet Explorer 瀏覽器連上網路使用。若以關鍵字搜尋，可使用布林邏輯"and"、"or"、"not"，或是在不確定關鍵字時所用的切截符號（truncation）" * "和通配字元（wildcards）" ? "、" # "等，其差異如表 3-7-3。搜尋結果的條目在其後會以方括弧標示該詞彙是出自哪一個主題詞表，如圖 3-7-3。

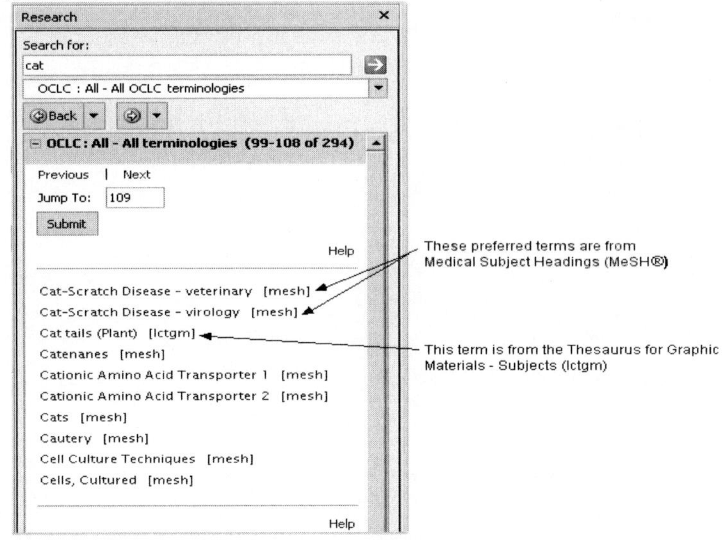

圖 3-7-3　Terminologies Service 搜尋介面圖示之一

資料來源：Online Computer Library Center. (2009). *OCLC terminologies service - Help center - Basic search*. Retrieved June 22, 2010, from http://webservices.oclc.org/authorities/terminologies/help/en/term_Search.htm

表 3-7-3　Terminologies Service 關鍵字搜尋技巧一覽表

Terms	**Results**
paint*	paint, painted, painter, painters, painting, paintings, paints
wom#n	woman, women
col?r	color, colour, colonizer, colorimeter

該系統也有詞間關係的交叉參照功能，例如，搜尋“pets”這個字，出現的搜尋結果並不只有“pets”，還有“Birdcages”，因為“Birdcages”的相關詞中也包含了“pets”(參見圖 3-7-4)。在建立權威紀錄檔時，與 MARC 欄位的對映可參見表 3-7-4：

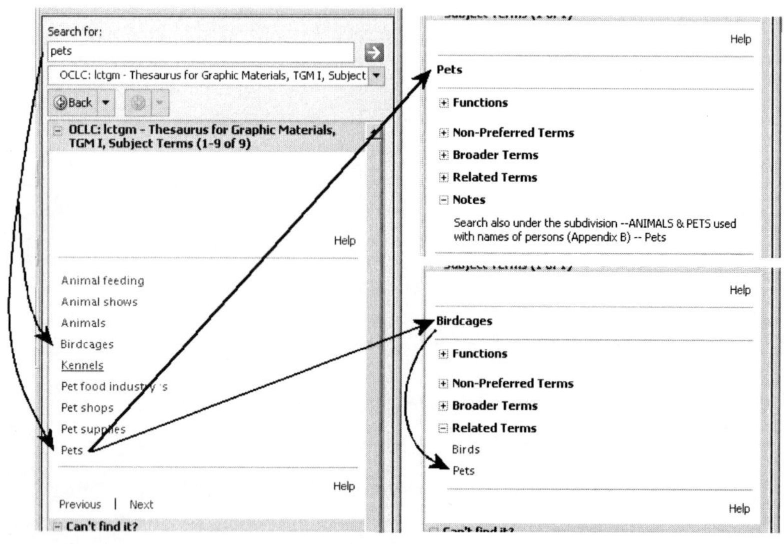

圖 3-7-4　Terminologies Service 搜尋介面圖示之二

資料來源：Online Computer Library Center. (2009). *OCLC terminologies service - Help center - Basic search*. Retrieved June 22, 2010, from http://webservices.oclc.org/authorities/terminologies/help/en/term_Search.htm

表 3-7-4　Terminologies Service 與 MARC 欄位對映表

MARC Fields	Displays as
All 1xx — Heading fields	Preferred Term
18x, 48x, 58x, 78x, 98x	Preferred Term subdivision （MeSH and lctgm only）
All 4xx — See From Tracing fields	Non-Preferred Term
All 5xx — See Also From Tracing fields	Broader, Narrower or Related Term
260 — Complex see reference - subject	Note
360 — Complex see also reference - subject	Note
667 — Nonpublic general note	Note
670 — Source data found	Note
678 — Biographical or historical data	Note
680 — Public general note	Note
681 — Subject example tracing note	Note
682 — Deleted heading information	Note
688 — Application history note	Note

資料來源：Online Computer Library Center. (2009). *OCLC terminologies service: Basic search*. Retrieved June 22, 2010, from http://webservices.oclc.org/authorities/terminologies/help/en/term_Search.htm

若將術語服務應用於內容管理系統 Drupal 中[9]，可以在針對內容下關鍵字時，提供建議詞彙，未來在協助使用者方面應有更多的發展空間。(OCLC, 2008)

圖 3-7-5　關鍵字建議示意圖

資料來源：Drupal. (2009). *Tagging | drupal.org*. Retrieved July 2, 2010, from http://drupal.org/project/tagging

關於術語服務的特點與挑戰如下：

(一) 可協助編目員或機構成員建立一致的後設資料紀錄，且可一次選擇並進行搜尋所有標題詞表或索引典的詞彙。

(二) 對於使用者來說，可藉由減少學習使用多個索引典的需求來提昇生產力。不必以手動方式參考紙本索引典，還能以搜尋、複製和貼上功能來建立後設資料，增加工作效率。

[9] Drupal 是一套開放源碼的內容管理平台，擁有多種實用的功能，可以用來建置從個人網誌到大型網路社群等各種類型的網站。網址為 http://drupal.org/。

(三) 在計畫先導執行期間，OCLC 曾做過線上問卷和電話訪查，其中一位來自 Rush University Medical Center 的編目和檔案組主任 Judith Dzierba 就曾表示，此項服務造福了許多醫學編目館員，因為他甚至不需要開啟圖書館館藏目錄或是 MeSH 的瀏覽器，所有編目所需的資源就都呈現在他眼前，大大地改善了編目效率(Benseler, 2006)。

五、主題詞多語言檢索（MACS）

主題詞多語言檢索（Multilingual ACcess to Subjects，簡稱 MACS）是不同語言主題詞表之間的對映計畫，該計畫由法國、德國、英國、瑞士的國家圖書館共同執行，目的是要把德語（SWD）、法語（RAMEAU）、英語（LCSH）這三個不同語言的標題表中概念相等的標題詞之間建立對等的連結關係（equivalence links）並儲存到資料庫，使檢索者可以採用自己喜愛的語言檢索並利用四個國家的標題表所產生的書目資料，以克服檢索詞的語言障礙，實現圖書資源共享的目標。

MACS 早在 1998 年就被提出，由於歐洲圖書館館長會議（Conference of European National Librarians，簡稱 CENL）為能跨語言檢索歐洲的資料庫，便成立了 MACS 工作小組，提出了一個各館獨立管理的執行辦法，原則上要能保持標題詞的正確性與一致性。在 MACS 系統中，強調各參與計畫的機構需獨立自主地管理各自的標題表，而不是把所有標題詞集中儲存管理。雖然採用集中管理的方式比較容易執行，也可以由編輯的機構統一控制各種語詞間的關係，在使用上更容易達到一致，但是由於各國之國家圖書館所使用的標題表，各具特殊性，若要求參與計畫的機構（即各國之國家圖書館）放棄管理維護他們各自的標題表，顯然困難重重，因而才有這樣的共識。完整的 MACS 管理系統係由幾個不同又相互連結的資料庫所組成，參見圖 3-7-6。

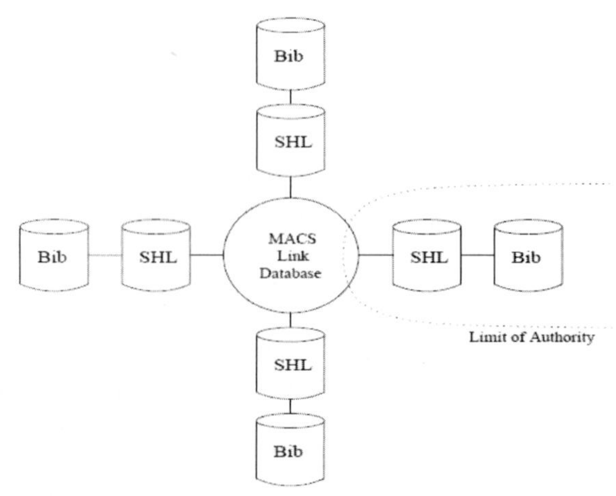

圖 3-7-6　MACS 系統結構圖

資料來源：Hoppenbrouwers, J. (2001). *MACS multilingual access to subjects.* Retrieved July 2, 2010, from http://infolab.uvt.nl/pub/hoppenbrouwersj-2001-23.pdf

系統的核心是 MACS 的連結資料庫，周邊則是各個機構獨立管理的標題表資料庫與採用該標題表標引的書目資料庫。參與計畫的機構可單獨、全權地維護與管理各自的標題表，而資料庫中的連結關係是由各機構自主編輯提供，資料透過網頁存取來集中並採用一種類似「同儕評審」的過程，為資料提供品質保證。

MACS 的系統管理係基於聯盟的管理方式，而非集中管理。資料庫包括了很多的連結資料，這些連結稱為「表達群組」(cluster of expressions)或是「概念群組」(conceptual clustering)。大多數的詞彙是各標題表中的單個標題詞，也有部分詞彙是由多個標題詞和連詞（如“AND”、“OR”）所構成。因為標題詞之間存在很多複雜的語意關係，所以詞彙之間的對映採用的是一種「近似相等」（approximate equality）的模式，正因為這些來自不同標題表由單個標題詞或多個標題詞所構成的詞彙間存在著近似相等的關係，才可能構成資料連結。若從使用者的角度看，這些詞彙可以相互對映，但是每個詞彙卻只能用於特定的標題表和採用該標題表所標引的資料庫。

多數情況下，某標題表中的單個標題詞能在其他標題表中找到與之近似相等關係且由單個標題詞構成的詞彙群，即群組中的詞彙全部是由單個標題片語組成，如下例：

LCSH	RAMEAU	SWD
Decathletes	Décathloniens	Zehnkampfer
Decathlon	Décathlon	Zehnkampf
Discus throwing	Lancer du disque	Diskuswurf
Divers	Plongeurs	Kunstspringer
Diving	Plongeon	Wasserspringen
Hammer throwing	Lancer du marteau	Hammerwurf
Hurdle racing	Course de haies	Hürdenlauf

資料來源： Hoppenbrouwers, J. (2001). MACS Multilingual access to subjects, p.6. Retrieved July 2, 2010, from http://infolab.uvt.nl/pub/hoppenbrouwersj-2001-23.pdf

但是某一標題表中的標題詞在其他標題表中未必都能找到與之近似相等的標題詞，在這種情況下可對其他表的標題詞用“OR”或“AND”組配得到近似相等的詞。例如在 LCSH 中的標題詞 Jumping 的概念較為廣泛，在 RAMEAU 則需要由 Saut en hauteur 和 Sauts (athletisme）用 OR 組合，在 SWD 中由 Hochsprung 與 Sprung 用 OR 組合。如果組合之後還無法得到近似相等的標題詞，則用空白替代。

目前 MACS 計畫除了改進自動化系統，建立連結資料的工作也同時在進行，至 2002 年，已在 RAMEAU 權威紀錄檔中建立約有七萬筆的連結，2003 年德國和瑞士也開始建立 SWD 的標題至資料庫中，目前還在持續進行。主要有以下兩個應用系統：

1. Link Management Interface（簡稱 LMI）為圖書館專業人員維護不同權威檔紀錄和標題款目連結之用。自 2001 年開始開放測試，並收集參與測試者的意見，作為設計新版 MACS 系統的依據。

2. LVAT Interface 可以檢索一些歐洲圖書館的館藏目錄，並將檢索時送出的標題翻譯為不同的語言。

主題詞多語言檢索計畫的特點與挑戰如下：

(一) 標題表隨著科學技術的發展而精進，標題詞在其他標題表中並不一定都能夠找到對應關係的標題詞。

(二) 該計畫並未成立一個專門的編輯機構來檢查和編輯這些由各機構標題詞的連結關係，而是由標題表的管理機構獨立管理各自建立的資料。

(三) 資料庫中的標題詞之間並沒有建立實質的對映關係，各參與機構都可以及時維護連結關係，以求較好的時效性，所以連結關係並不是永恆不變的最終結果。

茲將前述主題詞發展之相關計畫，整理如表3-7-5，以便於參照。由這些相關計畫可以看出，主題詞的發展朝向資源共享的趨勢，目的都在透過主題詞的對映提供跨語言與跨學科的資源查詢，使現有的主題詞表發揮更大的效用，也能讓使用者在檢索時能更具效率。

表 3-7-5　主題詞發展之相關計畫一覽表

計畫名稱	執行機構	類型	領域	網站網址	計畫目標
FAST	OCLC	網路資源主題標目	綜合性		資源共享
SKOS與LCSH	W3C&LC	語意網工具	綜合性	http://id.loc.gov/	資源共享
LCSH與MeSH	西北大學	同語言標題表對映	綜合性vs.醫學		主題詞間語意關係、主題詞發展變化
Terminologies Service	OCLC	同語言多詞表對映	綜合性	http://www.oclc.org/us/en/terminologies	主題詞間的語意關係

計畫名稱	執行機構	類型	領域	網站網址	計畫目標
MACS	歐洲四個國家圖書館	多語言標題表對映	綜合性	https://macs.hoppie.nl	資源共享

資料來源：著者整理。

第四章　電子資源的連結與互通

長期以來圖書館的使用者須透過索引與摘要的紙本或資料庫查到所需資源的出處，再依據此線索取得圖書或期刊論文便已滿足，但到了網路時代，此種分段式的資料查詢方式已不能滿足使用者的需求，因此，能否在查到出處的同時便能夠連結全文資料成為資料庫系統提供服務的新方向，也是使用者期望「一站購足」服務的指標。索引與摘要系統所提供的替代資訊(surrogate)，即所謂後設資料已不再能完全滿足與符合使用者的資訊需求，於是應該由誰負責建立後設資料？如何從後設資料連結全文？其間應透過何種機制與步驟？便成為資訊服務提供者相當重視的議題。因為對於使用者來說，只要電子資源能夠連結順利、步驟簡易，且無需進出多個平台就是他們所期待的使用方式，至於管理者究竟採用何種標準？技術上如何連結全文？則不是他們所關心的重點。然而無論對於管理者或使用者來說，電子資源的連結與互通都具有相當的重要性，因為若不能將電子資源妥善地連結與互通將無法提供良好的資訊服務。相對而言，使用者也不可能享有優質的資訊服務。為闡述電子資源間如何連結與互通的相關問題，本章共分六節加以探討，第一節為後設資料的建置；第二節為後設資料互通的重要性；第三節為後設資料互通方式；第四節為跨領域後設資料之互通；第五節為供應鏈中後設資料之應用；第六節為電子資源連結與互通標準。

第一節　後設資料的建置

在詳細討論後設資料的互通之前，我們須先瞭解在資源日趨成長的數位環境中，建置後設資料所需歷經的階段。建置後設資料的工作流程共包含了五個階段，分別為產生(generation)、擷取(harvesting)、儲存(storage)、管理(management)及使用(usage)。前兩個階段在整個工作流程之中具有相當的重要性，因為這兩個階段將構成後續三個階段的基礎，以下先就後設資料的產生與擷取兩個階段分別加以說明(Liu, 2007, p. 112)。

一、後設資料的產生

Parscilla Caplan(2003, p. 52)曾針對後設資料建置的重要性作了以下陳述：「達到語意網所面臨的最大挑戰並不是知識本體(ontologies)、推理引擎(inference engines)或是智慧代理者(intelligent agents)的發展，而是要鼓勵作者除了其創造的資源之外更要提供具有意義的後設資料。」一般來說，資訊的後設資料會由資訊來源創作者即作者(resource creator)、網路漫遊器(Web crawler)，以及專業後設資料建置者(professional metadata creator)負責產生。以下分別說明之：

(一) 資訊來源創作者

對於資訊來源創作者所產生的後設資料，有兩派學者持對立的意見，其中一派認為只要是作者所產生的後設資料，品質均較為低落，甚至成為資源被獲取的阻礙，原因是大部分的作者對於建置後設資料的知識不足，於是若在其所創造的資訊上要加索引時就可能面臨困難。舉例來說，對於入門的後設資料建置者而言，應能瞭解都柏林核心集中的題名(title)欄位，但對於描述時空範圍(coverage)之欄位就可能不是那麼清楚，所以有些由作者所自行建置的後設資料可能會因此而誤導使用者，導致他們找不到所需資訊。

另一派學者則持正面態度，認為網頁資源的創造者對於後設資料的建立來說是很適當的人選，因為 Jane Greenberg 等人(2002)針對美國國家環境衛生科學院(National Institute of Environmental Health Sciences，簡稱 NIEHS)中的員工及科學家所產出的後設資料進行內容分析，結果發現，在這個機構中所產生的後設資料多數品質良好，僅需要微幅修改。因此，認定這些作者們具有建置專業性後設資料之能力。由於作者對於自己的作品最為瞭解，這也就成為鼓勵作者自行建置後設資料的重要原因，但另一方面也須要讓作者認知建置後設資料確實能夠提高其作品的能見度。Jia Liu(2007, pp. 115-116)認為作者建立後設資料須考量以下兩個因素：第一，網際網路是一個可自由發揮的世界，無法強迫作者針對所屬作品建置後設資料，作者若願意建置後設資料的原因之一是能夠使其作品有更高的點閱率(hits)，但前提是需備妥有用的工具，才能夠幫助這些對於後設資料可能是門外漢的作者們；第二，要考量作者所產生的後設資料是否能被接受或是可用的。為了排除這樣的疑慮，就必須要為作者提供指引，如此一來，才能夠確保作者所建置的後設資料具有可用性。

(二) 網路漫遊器

在網際網路環境中有無數的資訊來源，故絕不可能以手動的方式為每項資源建置後設資料。因此，搜尋引擎遂成為能讓網頁資訊自動被檢索到的工具。網頁搜索引擎能夠搜集並將網路環境中大部分的資訊加上索引，使其能夠被檢索到(Duval, Hodgins, Sutton, & Weibel, 2002, p. 8)，所以在搜尋引擎中，網路漫遊器是指能夠搜尋網頁且自動擷取其中的資料，同時能蒐集後設資料的軟體。雖然網路漫遊器能提供高回收率，但其精確率相對較低，同時它所蒐集到的後設資料是沒有經過組織且不精確的。因此，由網路漫遊器所建置的後設資料具有低成本高效率的優點，但仍有些許功能上的限制，諸如：1.網路漫遊器只能針對網頁資源才有效；2.由此軟體所擷取到的後設資料因為內容通常都不完整，所以品質有待商榷；3.並不是所有的後設資料都能夠被自動擷取，特別是需要仔細辨識的後設資料，例如主題、時空範圍等。然而當面對大量的資訊來源時，此種蒐集後設資料的方法就相當可行。

(三) 專業後設資料建置者

早在網路上產生後設資料之前，多數的後設資料是由勞力密集的圖書館編目館員所編製，雖然編目所花費的成本昂貴，且無法全面描述網路上的資源，但編目規則在描述書籍與期刊上仍是較為適當的標準。Jane Greenberg(2002)就認為後設資料的專家如編目員或是索引製作者都受過正式的專業訓練，並且能夠使用敘述性及具有內容價值的標準來建置後設資料，所以才能產生高品質的後設資料。

亦有學者認為編目員對於使用不同的編目規則及指引相當有經驗，舉凡 AACR2、CONSER 及 MARC 等都是，編目員相當清楚若沒有持續使用標準進行編目會有什麼後果，並且他們具有選擇合適的後設資料標準的專業能力(Boydston & Leysen, 2006)。此外，編目員也相當瞭解權威控制的一致性與款目參照的重要性，而對使用者的掌握也能夠幫助編目員決定資源所涵蓋的主題範圍，如特定或廣泛的主題詞，同時也能夠協助其選擇適當的檢索點，提供與資源具有關係的款目。但是除了編目員在建置後設資料的成本昂貴之外，編目人力其實已日漸短少，從 1983 年 2000 年間就減少了約 46%的編目館員，雖然部分原因是緣於科技的進步而不需要數量如此多的編目員，然而隨著各式各樣需求的產生及創新的後設資料種類越來越多，但專業人員的數量仍是維持不變或者更少。因此，對於後設資料的建置流程與人事處理上的研究仍然是相當受到關切的議題(Boydston & Leysen, 2006, pp. 8-11)。

二、後設資料的擷取

OAI-PMH 具有自動擷取網頁中後設資料的功能，因此在探討後設資料的擷取時，後設資料擷取協定(Open Archives Initiative Protocol for Metadata Harvesting，簡稱 OAI-PMH)就佔有相當重要的角色(Liu, 2007, p. 122)。它在技術層面上，可使後設資料互通性的障礙降低，在結構方面基本上分成了資料提供者(Data Provider)和服務提供者(Service Provider)，資料提供者主要的任務是使藏品內容以及描述藏品的後設資料能夠被使用，而服務提供者則負責擷取和聚集後設資料來提供高層次的服務(Hillmann & Westbrooks, 2004, p. 176)。為了簡化應用的程序並保有高度的互通性，OAI-PMH 採用 DC 作為最低層次的後設資料標準，資料提供者則將其後設資料以 XML 呈現並以 UTF-8 編碼，資料提供者能自行選擇呈現全部或部分的後設資料以供擷取；而服務提供者則能將所擷取到的後設資料進行加值，以便使用者能夠找到相關的資訊內容(Baca, 2008, pp. 47-48)。

由後設資料建置的前兩階段可以瞭解，後設資料建置者對於相關知識的瞭解與否將會影響整個工作流程的品質，即使資料提供者端真正存有讀者所需要的資訊，倘若作者所建置的後設資料有錯誤，就會導致服務提供者無法正確擷取到使用端讀者所需要的資訊。因此，我們必須重視後設資料最初建置的品質，才可能確保整個工作流程能順利運作。

在建置後設資料時，除了要考量創造者本身的能力之外，也要思考如何建立能夠分享的後設資料，可供分享的後設資料不同於為了當地機構所使用的後設資料，也就是需要再進一步檢視供當地機構檢索和瀏覽的後設資料是否具備共享的功能。具分享性的後設資料應包括以下要點：1.具有高度的品質，舉凡完整性、一致性等；2.能檢索不同的後設資料紀錄，並且獲得具意義的檢索結果；3.能夠讓其他單位或機構的人們容易瞭解；4.讓後設資料能夠在其他單位或機構中具有效用，所謂具有效用是指能夠讓其他單位的使用者在線上檢索時辨識出有興趣且有用的資訊，同時呈現出其他單位中符合使用者資訊需求的相關資源；5.最好能夠由機器處理，要能確保資料元素可以被瀏覽及限制條件檢索，例如資料的類型、日期、及語言等，透過機器的處理可以幫助匯集商(aggregator)提供機械式的探索服務(robust discovery services)，並且讓機構中的紀錄能在使用者進行瀏覽和限制條件檢索時呈現出來(Foulonneau & Riley, 2008, pp. 176-177)。

Norm Medeiros(2006, p. 90)認為可分享的後設資料除須與上述要點相互吻合外，更指出可分享的後設資料必須達到以下五項標準：1.確保每個後設資料紀錄的元素能代表各自的意義; 2.內容上要具有連貫性，意即確保不適當的後設資料能夠被排除，例如僅提供當地機構使用的後設資料; 3.要使用標準化的詞彙; 4.各專家學者在內容上要有一致的共識; 5.在技術層面上須具有合宜性，例如要能夠確保XML 能被適當地編碼。

從以上的標準及要點中可以瞭解，後設資料的完整性、一致性和標準化的內容是在互通上最被要求的規範，是用以檢測後設資料品質的重要指標，同時也是建立可分享的後設資料之基本原則。至於後設資料的互通性及其在互通上所應注意的事項和準則，將在以下節次中逐一討論。

第二節　後設資料互通的重要性

何謂互通？根據國際資訊標準組織(National Information

Standards Organization，簡稱 NISO)(2004, p. 2)的定義：「互通是指整合不同軟硬體之平台、資料結構，以及介面之能力，且能達到維持內容及其功能的完整性。」另美國圖書館學會編目委員會(American Library Association Committee on Cataloging: Description & Access, 2000)認為：「互通是指兩個或兩個以上之系統或元件可以彼此交換資訊，且在彼此的系統間能毫不費力地利用這些交換的資訊。」可見當人們使用不同的後設資料與相異的描述方式，並且利用後設資料紀錄建置數位圖書館或是數位倉儲時，便面臨了須要同時處理不同類型後設資料的問題。

依上節之闡述，由於創造者最瞭解自身作品的內容，因此為了節省時間並提昇描述的精確性，由作品的創造者為其作品建立後設資料理當最為恰當。然而實務上許多基礎性的後設資料卻多數直接由技術人員提供，並且將物件以數位化方式呈現。由於許多作者或創作者未具備建立後設資料的技巧與時間，因此有研究者認為若能由資訊專家或是索引建立者建置描述性的後設資料，將會更有效率。另亦有計畫研究者和資訊專家共同研發後設資料的模式，其中計畫研究者負責發展後設資料的骨架、備妥能夠運用的元素，再由資訊專家檢視並加上語法和指引(National Information Standards Organization, 2004, p. 12)。由此可瞭解後設資料的產生涉及許多不同背景人員的參與，其複雜程度顯而易見。

對使用者而言，在數位環境中最理想的資訊處理方式就是可以透過單一檢索在不同的資訊來源中取得特定的數位物件，而不需逐一檢索每種資訊來源(Tennant, 2001, p. 118)，也就是使用者能夠透過單一介面擷取不同來源的資訊，達到一站購足的檢索結果。在過程中使用者並不需要瞭解資訊系統如何運作，採用什麼方式或技巧呈現數位館藏的內容，但若身為館員則不能不知道在相異的標準及不同的環境之下，若要描述不同類型的資源所帶來潛藏的問題及挑戰，也必須瞭解後設資料要經過互通才能達到上述理想的資訊服務。

一般來說，獨立的機構都會發展其專屬的線上服務，藉此強調所擁有文件內容的價值並允許使用者能夠與藏品互動，也就是能夠進行檢索，而這樣的服務通常都僅限於當地機構內可以使用。然而在服務當地機構之餘，理當要能透過與其他單位的合作來達到更多面向的服務。因此，在單一機構中要能透過不同機構間各類的應用程式，以獲取數位物件內容，而機構與機構之間的合作則須要仰賴彼此間後設資料的互通才能達成(Foulonneau & Riley, 2008, p. 117)。

系統之間究竟要如何互通？簡單來說就是在系統間能夠建立互相對談的能力，為了讓不同系統間能夠進行互動，就必須要建立一組通用的程式語言，如此一來，系統之間才能夠互相交換及闡釋資訊(Foulonneau & Riley, 2008, p. 119)。另一種說法是互通能夠確保一特定系統中之資料無論對內或對外皆能重複使用與交換(Bountouri, Papatheodorou, Soulikias, & Stratis, 2009, p. 206)。也就是美國國家資訊標準組織(NISO)所指的互通，要讓各種具有不同軟硬體平台、資料架構及介面的系統，能夠在遺漏最少資料內容及功能的狀況下，進行資訊的交換。

Richard Rubin(2004a, pp. 172-173)特別將後設資料互通的重要性提昇至國家政策的層級，也就是在網路環境下的資訊政策議題中特別提到電腦系統之間的互通是資訊政策必須注重的一環，而達到互通的關鍵要素就是能夠接受國際標準，其中最為重要的標準之一就是NISO的Z39.50，它是透過館員與資訊專家通力合作所建立的，能夠在電腦網路間檢索、尋找各種類型資訊之標準，主要強調書目資料的傳輸及資訊的擷取，對於資訊檢索功能可說是具有關鍵性的影響。由此可見，後設資料互通實具有不可抹滅的重要性。

基本上後設資料的互通可以分為以下三種(Foulonneau & Riley, 2008, pp. 119-122)：1.技術層面(technical)的互通；2.內容方面(content-related)的互通；3.組織上(organizational)的互通。技術層面的互通意指系統與系統之間能夠透過資料編碼並將資料傳遞出去，舉例來說，若將資料編碼成 XML 格式，就能夠將許多資料容納在同一個包裹中並傳送出去，問題是若接受資料的系統並不具有 XML 格式，就無法閱讀所接收到的資料。而即使能夠閱讀，也要能將資料加以解釋，例如一方要將包含有日期資訊的內容(如 04/01/06)與其他系統分享，接受的一方就要能正確地判讀，之後隨即出現內容方面互通的需求。而內容互通又可以細分為三種，即語意(semantic)、語法(syntactic)，及語言上(linguistic)的互通。

接續上述的例子，語意上的互通意指接收到資訊的一方能夠正確地辨識出含有日期資訊的內容，然而自身所使用的後設資料對於時間欄位的定義可能與嵌在 XML 語言中的日期定義不同，甚至可能會有意義不明的狀況發生，但至少已經進行了第一層次的互通。假設已經可以判讀出日期的定義，也就是達到語意上的共識之後，就要再進一步地辨識其中的句法含義，例如 04/01/06 可以解讀為 2004 年 1 月 6 日抑或是 2006 年 4 月 1 日，甚至連 1904 年和 1906 年也會被考慮進去，所以若不清楚句法結構的界定方式，就不能夠正確地辨識出日期。因此，在句法上就要能清楚定義，究竟是 MM-DD-YYYY 或是 YYYY-MM-DD。

假設已經成功地辨識出正確日期，在系統上可能的呈現方式會是 01-April-2006，或是 01- Abril-2006，意即可能會採用英文或西班牙文來標誌日期，所以若原有的資訊為西班牙文，而接受資訊的系統所設定的語言為英文時，系統就要能夠辨識出是西班牙文，也就是要將其翻譯成自身系統原有的語言，這就是所謂語言上的互通 (Foulonneau & Riley, 2008, pp. 119-122)。

兩個系統間資訊的交流會因為處理資訊的方式不同而無法正常運作，若兩個不同系統中的資料能夠同步更新則是因為系統內部的處理過程是順暢的。而在不同組織架構間，資訊的交流會產生諸多困難，例如各個單位負責資訊處理的人員其專業技能或許會有所不同，一個單位中的人員可能在技術能力上特別專精，而另一個單位的人員可能在資訊內容上具有相當的能力，因此若當系統之間的互通程序需要修改時，各個組織在面臨改變的反應時間就會因負責人員的能力不同而有不同，此即組織在互通上所可能面臨的問題(Foulonneau & Riley, 2008, p. 122)。

也許有人會質疑:「我們真的需要如此多的後設資料標準嗎？要如何在這些標準之間進行互通呢？」針對此點，就必須先理解每一種後設資料都是針對特定資源及使用族群而設，也都有其特定的重要性存在，但是每種後設資料綱要之間若能進行互補，並且針對不同目的能夠描述相同的物件，那麼就能藉此服務更廣大的使用者(National Information Standards Organization, 2004, p. 13)。

美國國家資訊標準組織(NISO)在 2007 年提出了《優良數位典藏品建構指南》(A Framework of Guidance for Building Good Digital Collections)，其中闡明了完善的後設資料要能符合六項原則，其中第二項原則就是要能支援後設資料互通性的運作(Good metadata supports interoperability)。該指南再次提及現今的網路社會中會因為各種不同目的，例如教學、研究而發展出各種後設資料，因此若要在各種資訊來源之中，如全球的圖書館、檔案室、博物館等處尋找可用的資訊將會是一項挑戰，為解決此問題，上述的文化遺產保存機構就要設計可支援並與其他系統間進行互通的後設資料(National Information Standards Organization, 2007, p. 76)。

Grace Agnew(2003, p. 33)在探討後設資料庫(metadata repository)之建置時，針對上述問題提出了以下觀點：1.良好的後設資料應該是可以擴展的，也就是後設資料庫必須彈性的設計，以便能夠支援使用者隨時改變的資訊需求並因應創新的科技；2.整個系統是經過標準化的，可讓全世界的使用者及後設資料註冊管理中心(metadata registries)能夠分享與運用；3.可提供一致性的資訊，讓使用者端的讀者能夠理解；4.能具備有效性，讓使用者可以隨時檢索；5. 後設資料要能與圖書館中的館藏目錄整合，以便呈現與館藏資源一致性的描述及管理。

良好的後設資料必須要超越當地機構並讓全世界的人們使用，且須具有連貫性及實際效益，也就是說一機構所擁有的資訊不僅能運用於自身機構，且可於全世界的網路環境中使用。創造可供檢索、共享資源的任務必須由資料提供者及服務提供者共同負擔，意即資料提供者應該致力於提供具有一致性與基於標準的後設資料，除使用適當的控制詞彙和索引典外，尚需依據適切的內容標準，即編目標準，著錄資料；而服務提供者則必須運用經過標準化、修正及加值處理過的後設資料，以此提供加值服務；例如在檢索詞彙方面應具有輔助功能(vocabulary-assisted searching)、主題聚集(subject clustering)及專業名詞之對映(terminology mapping)等。資料提供者與服務提供者必須能夠遵循共有的標準進行合作，才可能有效地聚集數位資源。後設資料具有互通性的目的是要幫助使用者尋找及檢索分布在各個領域及組織中的資訊，使用標準化的後設資料能夠促使資訊高度的互通，並讓系統間的後設資料紀錄能夠進行交換與分享(National Information Standards Organization, 2007, pp. 76-77)。

在《優良數位典藏品建構指南》中強調，為了讓後設資料進行互通，資訊的生產者須能做到後設資料的標準化，以便在與其他系統間進行互通時達到一致性，讓使用者正確地檢索到所需資訊。而 Lois Mai Chan 及 Marcia Lei Zeng(2006, p. 3)亦指出，一致性的標準能夠確保在各種資源之間達到最高的互通程度，舉例來說，若一個聯盟中的所有會員都被要求使用相同的後設資料，例如 MARC 或是 Dublin Core，就能維持高度的一致性，而這樣的方式在圖書館界已經行之有年，這也是處理互通問題的最終解決方式，但是使用一致性的標準只有在數位圖書館或是機構典藏參與者尚未採用不同的標準之前方才可行。否則一旦各機構採用了不同的標準，就很難為了一致性而再行修改。

第三節　後設資料互通方式

倘若各機構已經採用了不同的後設資料進行描述時，要如何避免百家爭鳴的混亂情形？如何確保各系統所屬的後設資料能夠互通？也就是說要如何保證一個組織所蒐集的資料能夠讓另一個組織檢索、交換、使用和瞭解(Hodge, 2005, p. 39)？特別是各個系統之間在語法、綱要、語意程度上皆具有異質性時，究竟應如何進行互通(Bountouri, et al., 2009, p. 205)？這些都是後設資料在實際進行互通時所需要考量的問題。

後設資料的互通性在實作上可以分為三個層次，即綱要層次(Schema level)、紀錄層次(Record level)及保存層次(Repository level)，如圖 4-3-1，茲分別說明如下(Chan & Zeng, 2006, p. 2; Zeng & Chan, 2006)：

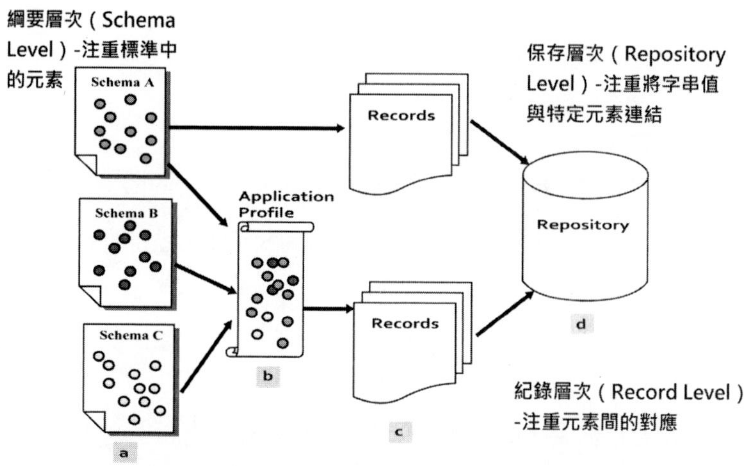

圖 4-3-1　後設資料三種互通層次示意圖

資料來源： Chan, L. M., & Zeng, M. L. (2006). Metadata interoperability and standardization - A study of methodology part I. *D-Lib Magazine, 12*(6). Retrieved December 12, 2010, from http://www.dlib.org/dlib/june06/chan/06chan.html

一、綱要層次

在此層次中能夠運用多種方式達成互通，主要可分為下列幾種：

1. 衍生：從現有的後設資料元素，衍生出一個新的後設資料綱要，即新的後設資料綱要是根據原有的綱要而形成。衍生的方式包括了改寫(adaptation)、修改(modification)、擴展(expansion)、部分改寫(partial adaptation)、翻譯(translation)等。此種方法的目的在於產生具有相異程度不同的成分，但仍保有相似的架構和元素。例如由 MARC 衍生成 MARCXML 及 MODS，雖然修改了原本的編碼形式，但基本上內容不變。

2. 應用個人檔：從一個或多個後設資料標準中選取所需元素，產生新的個人檔來滿足同一團體間不同的需求，意即在既有的框架之下重新定義元素，可維持一定的互通性。例如 CORES Registry(http://cores.dsd.sztaki.hu/)。

3. 後設資料框架（metadata framework）：是一種能夠讓其他的後設資料綱要架構於一個具有高層次與概念性結構的參照模組(reference model)之中(Hodge, 2005, p. 39)，此框架被視為是一種整合各式物件的骨幹，將各個標準之元素分類，可有效聚集類似的元素，並有助於數位物件的保存。例如：由數位圖書館聯盟（Digital Library Federation）所開發並委由 LC 管理與維護的後設資料數據編碼與傳輸標準(Metadata Encoding and Transmission Standard，簡稱 METS)可將描述、管理與結構之後設資料置於同一個 XML 文件中，如圖 4-3-2。

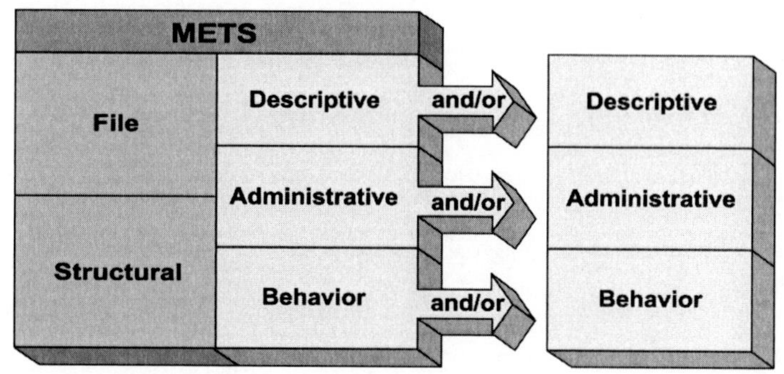

圖 4-3-2　後設資料編碼和傳輸標準(METS)結構示意圖

資料來源：McCallum, S.H. (2003). Library of Congress metadata landscape. *Zeitschrift für Bibliothekswesen und Bibliographie, 50*(4):182-187. As cited in Zeng, M. L., & Chan, L. M. (2006). Metadata interoperability and standardization - A study of methodology part II. *D-Lib Magazine, 12*(6). Retrieved May 4, 2010, from http://www.dlib.org/dlib/june06/zeng/06zeng.htm

4. 直接對映（crosswalks）：在不同後設資料標準間採一對一的對映，但各表相對獨立並無依賴關係。後設資料對映表是透過表格或圖型來呈現兩種或兩種以上後設資料格式間的關係，即其相同與相異處，並且從不同層次來評估後設資料可以互通的程度(Baca, 2008, pp. 40-41)。另一種說法是，後設資料對映表是一組供轉換的對映表，應用於一組原始的後設資料標準對應到另一組具有類似元素的目標後設資料，而產生經過修改的內容。因此，為了使用對照表來轉換後設資料，特定的政策及工具於焉產生(Bountouri, et al., 2009, p. 206)。

後設資料對映表主要是作為從一個後設資料綱要轉換到另一個後設資料綱要的基本規範，搜尋引擎也能利用它來查詢不同資料庫間相同或相似的欄位。而後設資料對映表還有另外一項功能就是能夠幫助人們瞭解新的後設資料綱要，因為在遇到一個不熟悉的綱要時，能夠透過此對映表核對熟悉的綱要並加以推斷各欄段可能的意義。正因為沒有標準的格式來呈現後設資料綱要，因此各種不同綱要之間會詳列不同元素的屬性或是列出具有不同名稱但實為相同屬性的元素。舉例來說，若將 DC 對映 MARC，並且將 DC 中沒有使用修飾語的貢獻者(contributor)欄位對映到 MARC 的 720 欄位，如此便能瞭解 DC 中的貢獻者欄位等於 MARC 中的 720 欄位，其階層對應關係顯而易見(Caplan, 2003, pp. 38-39)。

5. 轉換對映：設定轉換機制，讓不同後設資料標準都可對映到該機制，也就是設定一個中介的標準，讓其他的綱要都能與其對映。在美國國會圖書館網路標準與 MARC 發展辦公室(LC Network Development & MARC Standards Office)的網頁中就提供許多的轉換對映表，可將 MARC 對映至 MODS、DC、GILS 等標準。（參見 http://www.loc.gov/marc/marcdocz.html）

6. 後設資料註冊管理中心：透過註冊網站確認並登記既有之標準，有助於增加現有標準之互通性，是另外一種轉換後設資料的工具，其提供關於後設資料的定義、來源、綱要的位址、使用文件、元素集或權威檔等資訊。透過此工具能夠將一特定後設資料對映到另一個，如此一來，使用者及電腦都能夠瞭解後設資料之間要如何進行整合。後設資料註冊管理中心也能夠將一系統中的元素如何轉換到另一個系統的類似元素之規則記錄下來，該中心在特定的領域或業界會特別有用，像是健康照護、航空學與環境科學。透過此工具，能夠將資料來源的內容更容易地整合在一起(Hodge, 2005, pp. 40-41)。因此，後設資料註冊管理中心可說是一種記錄各種不同來源中後設資料元素的權威性資訊，如名稱、定義、元素的屬性等，此工具能夠促使後設資料元素的辨識、重複使用與互通。

二、紀錄層次

當各個計畫要加以整合或對映時，會因為每個計畫已有各自不同的後設資料而產生困難，若想從綱要層次進行互通則為時已晚。因此，轉換後設資料紀錄遂成為解決困難的方法。在紀錄層次達到互通較為常用的方式為轉換與整合，在進行轉換時所遭遇到最大的挑戰是如何降低資料遺失或失真的狀況，因而有許多工具能夠幫助轉換的運作，例如前述美國國會圖書館提供工具幫助 MARC 與 MODS 以及 DC 與 MODS 的轉換；另在後設資料整合上需考量模組化(modularity)因素，此模組化是一種應用在具有多種內容來源、內容管理類型，以及描述資源方式之組織原則，此原則能夠讓後設資料設計者根據已建立的後設資料綱要創造新的集合，而無需重新發明新的元素。

三、保存層次

後設資料庫是儲存在一個實際地點或是包含來自不同資訊來源的後設資料紀錄的虛擬資料庫，此儲存處所對於來自不同來源的紀錄無法具有一致性、系統性或可信賴格式的問題提供了一個解決方案，而後設資料庫主要係透過 OAI-PMH 協定將不同來源的格式轉換成相同的格式，因而能夠從不同館藏、資料庫及儲存處所檢索資源，以達到保存層次中後設資料間的互通。例如數位典藏國家型科技計畫聯合目錄[10]便是透過 DC 做為各計畫後設資料標準之轉換中介，同時採用 OAI-PMH 協定，讓使用者可透過聯合目錄進行檢索。再如近期國內完成的檔案資源整合檢索平台 ACROSS[11]，其建置目標是為方便使用者搜尋典藏於檔案館、圖書館及博物館等之檔案資源。將政府機關、民間團體處理業務所產生之紀錄，以及由家庭或個人產生之私人紀錄進行整合。初期先以政府機關典藏之文書、圖像及照片資料為主，目前共有 11 個機關 29 個資料庫的檔案資源，後續將逐步擴大至影音、樂譜及電子文獻等其他類型的檔案，此亦為保存層次互通模式之例證。

為詳細說明在 OAI-PMH 架構中，不同的後設資料之間的互通方式，茲以澳洲國家圖書館實際執行的國家書目資料庫後設資料計畫(Australian National Bibliographic Database Metadata Project，簡稱 ANBDMP)為例，說明如下 (Missingham, 2004)：

---

[10]網址為 http://catalog.ndap.org.tw/dacs5/System/Main.js
[11]網址為 http://across.archives.gov.tw

澳洲圖書館界在 1999 年以 Web-base 的方式，建置了新的線上聯合目錄稱為 Kinetica，其核心是澳洲國家書目資料庫（Australian National Bibliographic Database，簡稱 ANBD）。該資料庫當時共收錄約 375 萬種物件、1,400 萬筆書目紀錄。同時澳洲政府的出版品也逐漸採用線上出版方式以取代紙本，澳洲國家圖書館為了確保這些政府的電子出版品能被有效地存取，必須發展若干策略，讓使用者在檢索時能獲得這些電子出版品的描述資訊。自 2003 年開始，Kinetica 進行了一項「擷取者專案」（Harvester project），為了維持後設資料的一致性與品質，再經過多方評估之後便採用了 OAI-PMH 架構，並且以 MODS 作為中介的後設資料標準。

以政府出版品為例，各政府機構的出版單位扮演著資料供給者（Data Provider）的角色，而 ANBD 則扮演服務供給者（Service Provider）的角色，各出版單位的系統接收到指令後，會將本身的書目資料轉成 MODS 格式再傳回到 ANBD 之中，使用者透過 ANBD，除了可以檢索原有 MARC 格式的書目資料外，也可以檢索到相關的政府出版品資訊。參見圖 4-3-3。

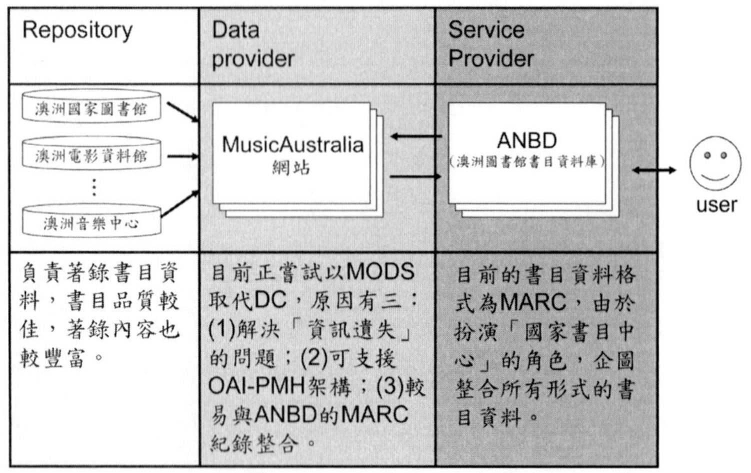

Repository
Data provider
Service Provider
澳洲國家圖書館
澳洲電影資料館
⋮
澳洲音樂中心
MusicAustralia
網站
ANBD
(澳洲國書館書目資料庫)
user
負責著錄書目資料，書目品質較佳，著錄內容也較豐富。
目前正嘗試以MODS取代DC，原因有三：(1)解決「資訊遺失」的問題；(2)可支援OAI-PMH架構；(3)較易與ANBD的MARC紀錄整合。
目前的書目資料格式為MARC，由於扮演「國家書目中心」的角色，企圖整合所有形式的書目資料。

圖 4-3-3　澳洲國家書目資料庫後設資料互通示意圖

除了上述方法外，近年來基於知識本體論的整合(Ontology-based integration)亦被視為是互通的方法。所謂知識本體論是用於描述及表達特定領域知識的一組概念(concept)或術語，它可以用來研究特定領域知識的類別(class)、類別的屬性，以及類別與類別之間的關係，以進一步達成概念語意的資訊檢索(劉文卿 & 馮國卿, 2003, p. 48)。因此，此方式被用來作為人們、機構以及軟體之間的一種互通機制，透過語意間的關係，知識本體論就能夠被視為是一種中介的模式，用以表達後設資料之間的概念與關係(Bountouri, et al., 2009, p. 206)。

第四節　跨領域之後設資料互通

隨著資訊技術與網路的快速發展，作為人類知識與文化典藏機構的圖書館、博物館與檔案館等文化資產機構，也因為資訊傳播技術的改進而面臨服務角色的變遷。由於網路數位化環境的發展使得各文化資產機構之間的界限模糊，使用者期許有更多的線上整合服務，能提供更多的資訊資源，因此各文化資產機構間的相互合作與資源分享便成為重要議題。然而圖書館與博物館、檔案館等單位都各有其用予描述典藏品的後設資料標準，若要整合就必需進行後設資料的對映。由於各館之館藏後設資料標準皆是針對其藏品的特性而量身訂做，例如圖書館界採用 MARC 來描述書目資料、博物館用 CDWA 來描述其藏品，而檔案館則多以 EAD 描述其檔案文件。因此，在整合各館之資源時，後設資料的互通可說是十分重要的議題。此外，不同的機構典藏系統與圖書館之線上公用目錄之間亦有整合的需求，如何利用後設資料的互通達到整合的目的，讓使用者在同一平台查詢，無需進出不同的系統，不僅可以查到所需書目資訊，也同時可以找到數位典藏品，以提昇使用者的滿意度，增加資訊資源被使用的機會，這應該是未來資訊組織相當重要的發展趨勢。

本章第三節中曾說明後設資料互通的三種層次，包括綱要層次、紀錄層次及保存層次，其中保存層次即能達到資源整合提供查詢的目標。本節進一步以三個實例說明跨領域後設資料互通的相關問題，期能提供他山之石可以攻錯的效用。

案例一 Morgan Library & Museum 的經驗(Baca & O'Keefe, 2009)

J.P Morgan Jr.於 1924 年創設了私人的專門圖書館和博物館，名為 Morgan Library & Museum，主要收藏西洋古典美術有關的各種藝術品、善本、手稿與相關研究文獻，是一所兼具圖書館和博物館特性的機構。為了讓使用者能同時檢索到圖書與文物兩種不同型態的資訊，館方不斷思考是否可能以單一的系統同時對兩種不同的藏品進行編目，並且決定進行試驗。而其採用單一圖書館系統運作的理由，除了財務的精簡考量外，也因為圖書館的館藏資訊都已經完整地建置在圖書館系統內，並且圖書館的標準較為結構化，與其他圖書館的共通性也較高，故最後決定要以圖書館的系統為博物館藏品進行編目。經過實驗之後，發現若以圖書館的系統為博物館之藏品編目，會遭遇到下列困難：

1. 圖書館的編目員與博物館的研究員並不瞭解彼此的編目工作型態，圖書館員的專長是資訊組織，而博物館研究員的專長多為藝術史，雙方對於如何以圖書館的系統為藝術品編目需要深入的溝通，尤其圖書館系統並不是為了博物館的需求而設計，雙方的觀念與思考方式亦不相同，因此有必要相互討論，以便找出合適的解決方案。

2. 圖書館系統使用 MARC 格式，但 MARC 的結構形態並不十分適用於藝術品編目，若要使用 MARC 格式，勢必要在欄位的使用上作變通，以因應藝術品的需要。例如，藝術品的外觀有相當多的特徵或款識需要著錄，但這些特徵或款識在 MARC 之中並沒有合適的位置，只能著錄在 562 欄位；另藝術家的別名、家族名，與名稱的簡短描述等則需著錄在 545 欄位。

3. 圖書館的語意標準主要為 AACR2，但 AACR2 也不能完全適用於藝術品編目，因此研究員必需自行在語意上作出適合藝術品編目的判斷，並且儘可能在填寫 MARC 欄位時作調整。

4. 藝術品的著錄來源模糊、相關資料元素如作者、藝術品的修改、擁有者等在著錄時不容易判斷，而且 MARC 的欄位格式無法有效著錄藝術品的材質和類型，例如 GDM 實不敷藝術品使用，而有些對藝術史相當重要的資訊在 MARC 中亦無適當位置可供著錄。

案例二 Linking Florida's Natural Heritage 計畫的經驗(Caplan & Haas, 2004)

相較於前一案例之 Morgan Library & Museum 是以藝術史為主軸的圖書館和博物館整合編目，Linking Florida's Natural Heritage 則是一項受美國 IMLS 補助的數位化計畫，其目的在使佛羅里達自然史博物館的標本資料(Specimen)能與圖書館的圖書文獻資料作整合檢索，讓使用者以可在找尋某一自然史標本資料的同時，也能找到與該標本相關的圖書文獻。由於自然史相關的標本資料庫並無固定、通用的語法和結構標準，因此，該計畫決定以圖書館的 MARC 格式為主要的資料結構。又因為標本資料庫使用 SQL 語法，故需要將標本資料庫中的 SQL Server 資料表與 MARC 欄位作對映，才可能同時檢索標本與圖書兩種不同類型的資料。然而在對映時，因為 MARC 格式中有些欄位並不適合用來著錄自然史標本，而自然史標本也有些資料在 MARC 裡無法找到合適的位置，於是該計畫在對映兩種不同藏品的資料元素時，便參考了「達爾文核心集」(Darwin Core)，以決定使用哪些資料元素來描述自然史標本。

圖書館的圖書資料和博物館的標本資料，即使是指同一個標本，二者也會有不同的語意。例如，圖書可能採用俗名作為書名，而博物館的標本則可能使用學名。為解決此一問題，該計畫開發兩個標本名稱的對映系統，並且將同一個標本的各種不同名稱都先加以對映，並且在 MARC 中予以著錄，製作成索引典，供使用者在檢索前先行參考。該計畫事後的評估認為，此種以對映表的方式來解決語意差異的作法，可說是相當耗時與費力。

就如同藝術品編目不適用 MARC 一樣，自然史標本若要使用 MARC 編目，也需要作一些變通，例如，標本的分類多使用林奈氏的分類法(Linnaeus)，但圖書館分類則多使用杜威、國會、或醫學圖書館分類法，因此生物學專用的分類代碼必需在 754 欄位中以特定的分欄著錄，而各種學名、俗名，也要在 754 欄位中用其它分欄著錄。此外，標本資料的發掘地點需要用 GIS 格式著錄，但 MARC 的 651 欄位並不適合著錄詳細的發掘地點，這也是需要修改之處。

由前述兩個案例可以得知，圖書館之書目資料在與各典藏機構整合時，若以 MARC 作為描述非圖書資源之後設資料，將需要對 MARC 進行修改。反之，若以博物館的 CDWA 或檔案館的 EAD 作為後設資料，在納入書目資料時也將難以避免地產生資料格式互通上的阻礙，因此各圖書館之館藏、國家數位典藏資源，以及數位原生資料若能有一中介的後設資料標準，方能使資訊整合工作更具效率，也才能滿足使用者線上整合服務的資訊需求。

案例三 OCRIS 計畫的經驗(Birrell, Dunsire, & Menzies, 2009)

OCRIS 為 Online Catalogue and Repository Interoperability Study 的簡稱，是一項由英國史崔克萊大學（University of Strathclyde）的數位圖書館研究中心所執行的計畫，目的在探討機構典藏與圖書館線上公用目錄之間的互通問題，同時針對兩者之功能是否有衝突與重疊進行研究。由於圖書館與機構典藏系統受到數位化及網路環境的衝擊，必須考量技術、使用者行為、研究與服務的需求，然而英國各高等教育機構間之不僅系統連結不佳甚至尚未連結，也未彼此分享工作流程、重覆利用資料或其他對提昇系統效率有關的作為。

系統間的互通是增進效率的主要機制，必須植基於正確的後設資料、資料的重覆利用，以及公開的標準，例如系統特定的資訊應由單一主紀錄提供，以避免分散。再者互通必須建立在相關機構的工作流程之中，包括決定採用哪一個後設資料標準，所有參與資訊管理系統的機構都要能共同討論，才可能達成互通的目標。

OCRIS 計畫的目標與目的主要有以下幾項：

1. 調查現有的機構典藏內容有多少筆紀錄已包含在其機構的 OPAC 中；
2. 檢視 OPAC 與機構典藏軟體在後設資料與其他資訊交換的能力；
3. 分列 OPAC 與機構典藏系統對機構管理者、研究者、教師與學習者能提供的服務項目；
4. 確認增進連結的潛力，像是由機構典藏系統連結 OPAC 和機構的其他服務，如財務和研究事務；
5. 針對未來 OPAC 與機構典藏系統如何更進一步連結提出建議，確認對各參與者的利益。

實際上 OCRIS 計畫是集結先前好幾種計畫與報告而成，包括了先驗性機構典藏加值，以及後續正在著手進行的研究卓越架構（Research Excellence Framwork，簡稱 REF）[12]。OCRIS 計畫蒐集了大量的數據、事證、以及推論的資訊，其中圖書館管理系統(LMSs)、線上公用目錄(OPACs)和機構典藏(IRS)為其研究範圍，且取樣都在英國境內。研究方法採質性與量化研究兼具的方式，並以劍橋大學及格拉斯哥大學為其研究個案。此外，亦採用問卷調查法，係以三個各自獨立的線上問卷，調查英國境內 85 所高等教育機構系統間的互通性。研究成果主要有幾大發現，包括互通及服務、重覆與範圍、權威控制及描述，及彈性與實作等。

---

[12] 網址為 http://www.hefce.ac.uk/research/ref/

第五節　供應鏈中後設資料之應用

為瞭解整個供應鏈中後設資料的運作情行，圖書館如何自供應鏈取得高品質的後設資料以強化書目紀錄。以下分別就供應鏈的組成及書目紀錄扮演的角色兩部分加以說明。

一、供應鏈的組成

英國期刊出版商業團體(United Kingdom Serials Group，簡稱UKSG)認為所謂的供應鏈(supply chain)即以知識為基礎的資料供應連鎖，其中涉及出版商、內容供應商(如聚集商) 、連結解譯器供應商(link resolver suppliers)、訂閱代理商(subscription agents)、圖書館及其他單位(James, 2007)。在供應鏈中最上游者為出版商，出版商將所擁有的商品資訊內容傳遞到連結解譯器供應商，下游的訂閱代理商會與所屬的上游連結解譯器供應商做溝通。從這樣的運作模式可知當圖書館的使用者在利用圖書館之電子資料庫進行檢索時，使用者端會向訂閱代理商提出要求，而代理商則會透過連結解譯器供應商取得出版商的相關資訊，此一工作流程如圖 4-5-1 。

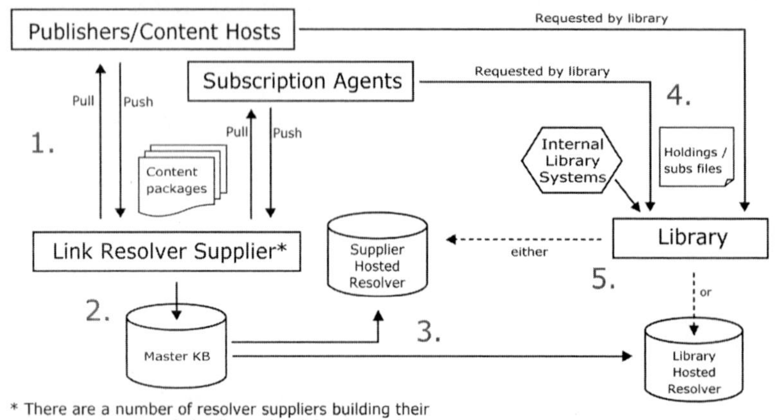

圖 4-5-1　以知識為基礎的資料供應鏈工作流程圖

資料來源：United Kingdom Serials Group. (2007). *Link resolvers and the serials supply chain final report for UKSG.* Retrieved December 12, 2010, from http://www.uksg.org/sites/uksg.org/files/uksg_link_resolvers_final_report.pdf

連結解譯器供應商所扮演的角色就是在出版商與代理商之間作為中介者，並且運用 OpenURL 與兩者進行溝通。OpenURL 能夠將一個物件的後設資料從一特定來源進行轉換並傳遞到連結解譯器，透過這樣的方式讓使用者端知道在另一個系統中存有何種資訊，而不只是告知資訊在網際網路中的位址。運用 OpenURL 能夠讓連結解譯器負責指引圖書館中的使用者找到適合的機構或組織所擁有的資源，其運作流程如圖 4-5-2(James, 2007)。

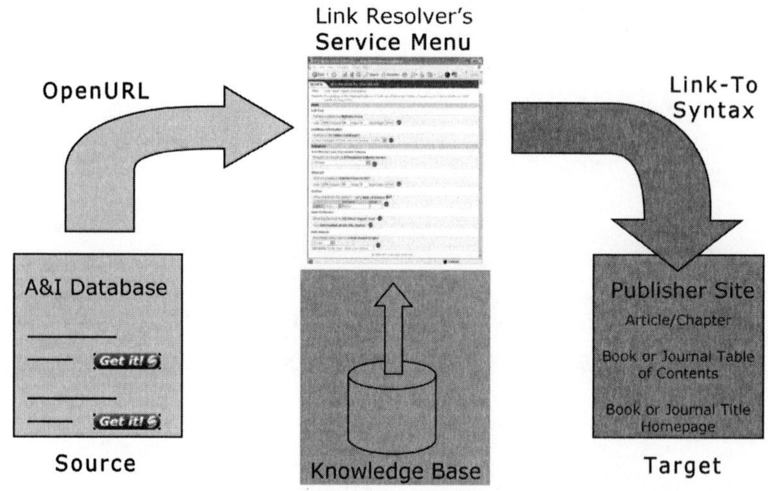

圖 4-5-2　OpenURL 連結架構圖

資料來源：United Kingdom Serials Group. (2007). *Link resolvers and the serials supply chain final report for UKSG.* Retrieved December 12, 2010, from http://www.uksg.org/sites/uksg.org/files/uksg_link_resolvers_final_report.pdf

上述的供應鏈強調從出版商到下游的圖書館之間，後設資料透過連結解譯器傳輸，而 NISO 及 OCLC 在 2009 年更提出讓書籍的後設資料在供應鏈中的工作流程能更有效率之白皮書。此白皮書針對整個出版業界作了全面性的探究，目的在瞭解供應鏈中的利益關係者(stakeholder)所扮演的角色，以及如何管理其所屬的後設資料。此供應鏈始於出版商，而終於買家或讀者，中間包括了後設資料廠商

(metadata vendors)、批發商(wholesalers)、書商(booksellers)、國家圖書館(national libraries)、地區性圖書館(local libraries)以及搜尋引擎之龍頭 Google。以下即針對圖 4-5-3 中各個利益關係者所扮演的角色逐一說明(Luther, 2009)：

（一）出版商

美國約有 20 家大型的出版商，每年大約會出版上千本新書，而上百家的中型出版商約會出版幾十本新書，另數以千計的小型出版商則每年只會有幾本新書問世。在這樣的長尾效應中，只有大型出版商會利用「線上資訊交換標準」(Online Information eXchange，簡稱 ONIX)來架構描述性的資料，並且以 XML 格式傳輸到供應鏈中的其他廠商，ONIX 標準能夠增進資料的可得性並讓資料的傳播更為有效。ONIX 雖是具有彈性的格式，但其複雜程度對於出版商來說卻是一項挑戰。因此，出版商及系統廠商皆一致認為運用 ONIX 標準並不能保證後設資料的正確性。有鑑於此，各國的相關組織如美國的圖書商業研究集團(The Book Industry Study Group，簡稱 BISG)、英國的圖書工業通訊組織(Book Industry Communication，簡稱 BIC)，以及加拿大的圖書網(Booknet Canada)皆設立了出版商的認證計畫，擬藉由該計畫評估出版商 ONIX 檔案中的資料品質是否達到標準，但許多出版商對於參與該等計畫的意願並不高，原因可能是出版商必須花費大筆經費更新舊有的傳統商業系統或內容管理系統，也因此相當影響出版商應用新標準的能力。

（二）後設資料商

有各式樣的組織會對後設資料進行蒐集、加值以及重新分配，這些機構包括了後設資料註冊中心，如 Bowker、Nielsen Book；編目服務代理商，如英國的書目資料服務(Bibliographic Data Service，簡稱 BDS)；以及會員組織，如 OCLC。商業性後設資料廠商是串連整個供應鏈的重要角色，其從不同來源聚集各種形式的資料並加入於自身的系統中，同時根據特定的標準進行加值，再以 MARC 或 ONIX 格式傳輸。後設資料廠商會對出版商蒐集紀錄並加以傳播，且會將紀錄進行加值，再以 MARC 格式傳給圖書館。從以上的說明可以瞭解，後設資料商能夠充分體認到資料互通的必要性，在標準的發展以及應用上可說是扮演著領導者的角色。舉例來說，Bowker 及 Nielsen Book 會將作品的題名及貢獻者的著錄內容標準化，且執行權威控制，再將紀錄與出版商作連結，他們也會提供圖書的加值內容，如第一章節預覽、封面圖示、目次、作者簡介等。

（三）批發商

美國最大的批發商 Baker & Taylor 每年會有二十萬筆的新書紀錄，每本新書大約會有二到三筆不同格式及版本的紀錄，新書大部分在出版前會有三到七次的更新。因為圖書館在編目上所花費的成本昂貴，再加上為了讓採訪流程更有效率，所以希望廠商能夠隨書提供 MARC 格式的書目紀錄。有鑑於此，國際性的廠商如 Casalini、Pupil 將產品銷往美國市場時，會與美國國會圖書館的合作編目計畫(Program for Cooperative Cataloging，簡稱 PCC)協同訓練其員工，以建立高品質的書目紀錄，特別是針對非英語的書籍。

（四）書商

以美國的 Barnes & Noble 為例，該書商瞭解描述性後設資料能夠增加銷售量，且品質不好的後設資料也會影響銷售成績。因為每年有上千筆的商品紀錄因為後設資料中的商品狀況沒有正確呈現，而導致顧客取消訂單，所以為了鼓勵使用描述性後設資料並即時提供產品狀況，Barnes & Noble 要求出版商提供 44 項資料元素，而是否遵守此項要求將會被列在 A 或 B 級清單中。此清單代表著出版商後設資料的品質，甚至會將此資訊與整個出版業界分享，藉此激勵出版商提供較具品質的後設資料，以增加產品銷售率。

（五）國家圖書館

國家圖書館在發展與資料交換相關的標準方面扮演著重要的角色，美國國會圖書館在國際上位居領導地位，並且發展指引及提供訓練來支持生產高品質的 MARC 紀錄。此外，國家圖書館負責管理出版品預行編目，將出版前的資料以 MARC 格式提供給圖書館以利後續訂購及處理，同時會在 3 至 6 個月之前將 CIP 資料提供給廠商。

（六）地區性圖書館

在地區性的圖書館中，通常會以套裝方式購得電子資料庫及電子書，也逐漸地依賴出版商或廠商提供 MARC 紀錄，但是需要的時間點通常是在資源採訪的過程當中。地區性圖書館在編目流程上已經從單本作品的編目轉變成管理從其他來源所獲得的紀錄，並且會依據當地圖書館的編目政策調整紀錄的內容。

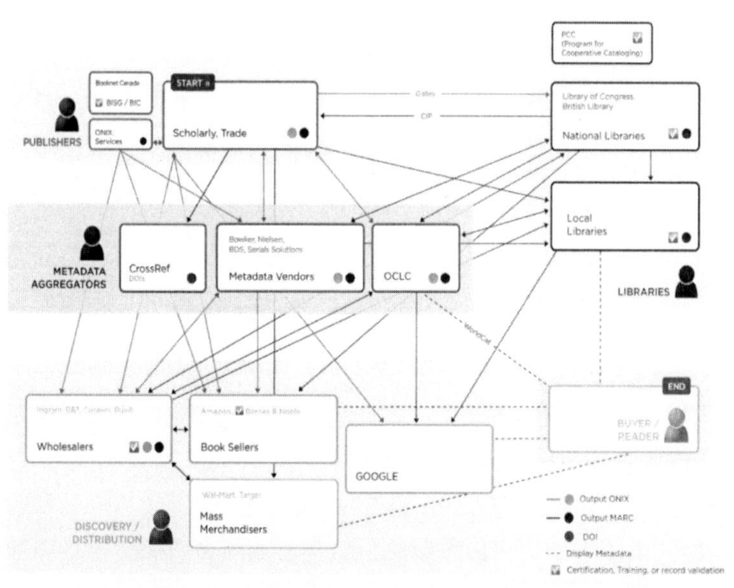

圖 4-5-3　書籍之後設資料交換圖

資料來源：Luther, J. (2009). *Streamlining book metadata workflow*. Retrieved April 12, 2010, from http://www.niso.org/publications/white_papers/StreamlineBookMetadataWorkflowWhitePaper.pdf

（七）Google

對已數位化上百萬冊書籍的 Google Book Search 而言，係採用 ONIX 以及 MARC 來蒐集最好的後設資料，也就是高品質的 MARC

紀錄與完整的 ONIX 資料元素。同時有多位館員在 Google 公司中負責後設資料的建立工作，Google 已與 OCLC 合作並支持標準的建立，也願意接受新發展的標準。

在供應鏈中的各個利益關係者應該要體認到每一個成員都要能夠提供正確且具描述性的後設資料，也必須提供完整的書目資料內容，如此才能讓出版界中的任何作品皆能夠被檢索到且被正確地辨識。假若最下游的買家會因為錯誤的產品訊息，如「無限期缺貨中」而沒有購買的動作，然實際上卻因為供應鏈中所提供的資料錯誤，就可能讓尚有庫存的書商無法與買家達成交易。此外，圖書館之間應該要相互結盟，共同向上游的廠商提出要求，須將已購買的產品同時附上正確的 MARC 紀錄，如此的集體作為才能夠將編目作業實際推到上游的廠商及出版商。

從此供應鏈中更可以瞭解到每個利益關係者對於建置互通性後設資料的態度，對於後設資料最為重視的首推下游的圖書館，居於中游的後設資料廠商也因為要對書目紀錄進行加值才能提供服務，因此對於後設資料的重要性也並未輕忽，唯獨最上游的出版商對於後設資料不甚重視的態度會讓整個供應鏈的運作存有危機。因此，居於中游以及下游的利益相關者應該要集結起來，在後設資料的分享及互通上對出版商施加壓力，以便讓出版商瞭解後設資料之正確性與互通性的重要。因為唯有最上游的出版商建置正確且具互通性的後設資料，才能便於下游的各個利益相關者使用。如此一來，中游的後設資料廠商與書商都能因為正確的後設資料而受益，下游的圖書館也能夠專心進行主題分析並對書目紀錄提供加值，而最終目的就是要讓使用者能夠方便利用各式資訊資源。

二、書目紀錄扮演的角色

供應鏈中流通的後設資料是構成書目紀錄最重要的元素，因此若要探討後設資料在未來的發展及應用就必須要瞭解書目紀錄在21世紀各式資源充斥的環境中所扮演的角色。LC 工作小組在 2006 年 11 月檢視書目控制的未來發展並在 2008 年發表計畫報告。該工作小組認為未來的書目控制必須以協同(collaborative) 及分散管理(decentralized)的方式運作，應將範圍擴展到全球，且運作環境係以網頁為主。未來的合作模式將會結合私營機構和圖書館使用者，而資料也會自多重來源進行蒐集。在資訊變動快速的社會中，書目控制將不再是靜態的而是動態。因此，LC 工作小組提供了五點建議：1.透過合作及分享書目紀錄的方式增進生產效率，並且高度使用供應鏈中所產生之資料作為資訊來源；2.將精力投注於高價值的工作中，特別是提供圖書館館藏中較為隱而不顯且具獨特性的資料給使用者；3.認定全球資訊網為技術及傳輸標準的平台，並且須能體認到使用資訊的不只是人，尚包括與後設資料互動並提供服務給使用者的系統和軟體；4.為未來的圖書資訊領域找到定位，瞭解在書目紀錄功能需求(FRBR)架構中，各種資訊來源的相關性；5.要能夠加強圖書館的專業教育與發展(Bibliographic Control Working Group, 2008)。

從以上的建議可以瞭解圖書館必須與其他單位合作，並且在供應鏈中彼此互通有無，才可能提高書目紀錄產生的效率及品質，在以分享為前提之下，書目紀錄中的後設資料在互通上就更能彰顯其重要性。以下針對 LC 所建議的第一點進一步說明。

LC 認為若要增進書目紀錄產生的效率並加以維護，當務之急就是要能避免產生重複的紀錄。由於圖書館經費的成長遠趕不上資訊資源快速增長的速度。因此，必須重新檢視書目紀錄控制的效率，工作小組認為造成書目紀錄重複建立的原因有以下三點：

（一）在供應鏈中，出版商及代理商在建立紀錄之後，圖書館的編目館員仍然會重複建立相同的紀錄；

（二）圖書館中對於所修改的紀錄內容並沒有與其他單位分享，即便這些修改的內容對他館而言是有用的；

（三）因為紀錄無法分享，造成圖書館必須額外花費金錢來購買紀錄。

現今出版商及代理商都是在數位環境中作業，出版商能夠提供數位形式的描述性後設資料，但圖書館卻甚少利用這些有用的資訊。因此，圖書館必須想辦法利用供應鏈中其他單位所建置的後設資料，以節省人力與成本。同時額外的紀錄修改只會讓圖書館增加不必要的成本花費，且圖書館對於紀錄的修改並不會分享給其他單位，這主要是因為編目工作流程的關係。由於多數圖書館皆要求有效率的工作流程，因此館員比較不願意多花精神在額外的任務上，例如圖書館接收了代理商的書目紀錄並花時間更正其中的錯誤，但實際上這並不包括在主要的編目工作流程中。如果整個供應鏈中的單位都花時間在修改相同的紀錄，而不是在建立尚未編目的新紀錄，那麼就會延遲所擁有的資源被檢索到的時間，使用者也就無法在圖書館實際擁有館藏的狀況下檢索到所想要的資訊。而重複的工作亦可能導致系統中存有重複的紀錄，而這些不具一致性的重複紀錄將會讓使用者無法正確地辨識，也會浪費館員的時間在檢查重複的紀錄內容(Bibliographic Control Working Group, 2008)。

針對前述問題，LC 提出了以下幾點建議(Bibliographic Control Working Group, 2008)：

（一）能夠在上游就使用到書目紀錄

在接受其他資源提供者的書目紀錄上要具彈性，且要分析編目規則並將規則修改成能夠與出版商和代理商支援資料的分享，還要能夠發展後設資料對映表，以便將廠商的資料轉換到圖書館的系統，同時需要發展針對建立及分享書目紀錄的管理流程，且要能從商業的角度讓出版商瞭解提供完整及正確的後設資料所具有的實質益處。

（二）為提高效率要重新調整現有的後設資料

要發展一套工作流程或機制以便能夠使用網路資源及後設資料，強化使用者在尋找和使用資訊上的經驗。運用具有聲音、影視效果之後設資料，以及使用書商或非美國境內的圖書館所提供的敘述性編目資料。

（三） 讓出版品預行編目(CIP)的流程完全自動化

能夠發展針對提交 ONIX 資料到 CIP 時在內容及格式上的準則，要求出版商能夠參加此計畫以遵循相關指導方針，同時發展能夠自動接收資料的機制，讓書目紀錄中有關敘述性的部分能夠在進行編目之前就已經產生。

（四） 重新檢視在網路環境中資料共享的經濟效益

召集一個具代表性的團體，包括圖書館、廠商、及 OCLC 來處理有關成本、改變上的困難、分享資料所具有的潛在價值，並且針對作業上的改變提出建議；對於分享資料上的困難應進行廣泛地討論；發展一個能夠達到較高的成本回收率的經濟模式來重新評估 LC 產品線的計價模式。

（五） 發展有關探索工具上的相關實證來影響決策者

使用現成的或蒐集有關使用者的行為，以建立使用者行為和書目紀錄內容間的相互關係。

從以上的建議可以瞭解圖書館必須要改變原有的思維，甚至可以思考編目規則的修訂，以符合出版商或是代理商的需求，若能制定讓其他資源提供者較容易瞭解的編目規則，這些提供者就更能遵循規則，如此才會產生正確的後設資料。尤其在數位資源急遽增生的情況下，就更需要採用新的編目方式。美國加州大學圖書館針對此趨勢提出了四項解決方案：第一要重新建構編目流程(Rearchitect cataloging workflow)，目的是要達到減低重複編目所付出的人力；第二重新選擇適當的後設資料綱要(Select the appropriate metadata scheme)，意即在系統中應採用多種適切的後設資料來描述各種類型的資源；第三要以人工方式強化重要領域的後設資料(Manually enrich metadata in important areas)，因為以人工方式建置後設資料所花費的成本相當昂貴且耗時，因此更要把建置後設資料的重心擺在重要領域，如利用FRBR的概念將各領域多產作者的作品加以聚合；第四要能自動建立後設資料(Automate metadata creation)，隨著數位資料的快速發展，編目館員應利用自動化工具來幫助後設資料的建立，或是能讓後設資料更快速地加入館藏目錄之中(University of California Libraries, 2005)。

以上方案皆要透過改變現有的工作內容才可能達成，然而館員不能因為害怕改變而依循舊習，如此對整體的資訊服務業只有壞處而沒有益處。因此，要改變現有的工作流程，以便提高效率，甚至能夠讓供應鏈中的上游多參與下游的工作內容，最重要的是要讓供應鏈中的所有資源提供者，不論是從上游到下游的出版商、廠商、圖書館都要能意識到後設資料共建共享與資料正確的重要性。

三、圖書館界的合作

從美國的觀點來看，除了讓供應鏈中的參與者瞭解後設資料的重要性之外，更要讓相關單位體認到不能只依賴國家圖書館完成所有的事情。美國境內的各類型圖書館皆依賴 LC 的原始編目紀錄，使用其出版品預行編目資訊，並且蒐集 LC 線上公用目錄的書目紀錄，或是購買廠商從 OCLC 或直接從 LC 獲取的書目紀錄，甚至在權威控制上也極度地依賴 LC。長久以來 LC 擔任如此沉重的重大責任卻與歷年來所獲得的資金來源數量無法成正比。因此，LC 體認到要喚起圖書館界共同負責書目紀錄的相關業務，合作編目計畫(PCC)於焉產生，其下相關的名稱權威合作計畫(Name Authority Cooperative，簡稱 NACO)、書目紀錄計畫(Bibliographic Record Program，簡稱 BIBCO)、主題權威合作計畫(Subject Authority Cooperative Program，簡稱 SACO)以及線上期刊合作計畫(Cooperative Online Serials，簡稱 CONSER)等皆是為了能夠分散全國性的原始編目與權威控制等工作的負荷量，而參與上述計畫的會員館員皆經由 LC 的訓練，如此才能產生具有一定水準的書目紀錄(Bibliographic Control Working Group, 2008)。

除了 PCC 之外，美國其實仍有圖書館致力於後設資料的協同合作。舉例來說，美國中西部大學合作委員會(Committee on Institutional Cooperation, CIC)中的十二所著名大學圖書館在 2003 至 2006 年間參與了後設資料分享及創造加值服務給使用者的計畫。此計畫運用 OAI-PMH 協定，強調後設資料的轉換、分享及加值。直到 2006 年底已聚集的合作性後設資料就超過了 50 萬筆紀錄，而透過如此特別的合作機會，能讓各館間瞭解在分享及互通的機制上所面臨的技術性問題，同時改善後設資料的品質，也能更加突顯後設資料品質的重要性(Foulonneau et al., 2006, pp. 113-114)。

事實上倚賴 LC 書目紀錄的並不只有圖書館，在行銷市場上的相關企業也經常使用圖書館的書目紀錄，雖然他們是 LC 資料的重度使用者，但是通常都沒有參與有關書目紀錄的相關決策或編目規則的建立與修改會議。對此，LC 提出了下列建議(Bibliographic Control Working Group, 2008)：

（一）在建立書目紀錄上要分擔責任：不論是 LC、圖書館，及出版界都要在建立原始編目紀錄上分擔責任，考量資料的類型而分配給適合的參與者。

（二）檢視 LC 現有的原始編目計畫及子計畫：辨識出 LC 所有的編目計畫及運作內容，決定每個圖書館所擔負的重要性權重，另外與相關機構如 PCC、美國研究圖書館學會(Association of Research Libraries，簡稱 ARL)、專業組織、出版商等合作，將相關權責進行轉變。

（三）擴展參與 PCC 的會員數：積極募集新的參與者，並且為 PCC 發展行銷計畫，宣傳參與 PCC 後可能的益處。

（四）刺激分享書目紀錄的動機並探索在網路層面中分享書目紀錄的工具和技術，例如 OAI-PMH。

未來美國國會圖書館將不再是所有圖書館唯一依賴的對象，該館會與其他圖書館和組織合作進行書目紀錄的建立與控制，所有類型的圖書館都應致力於以最適當的人力和資源來為大眾提供服務，期望有更多的圖書館能參加 PCC 的相關計畫。尤其 OAI-PMH 具有分享書目紀錄的能力與能夠有效率地流通，圖書館界必須根基於龐大的 MARC 紀錄來考慮與解決資料互通的問題，透過後設資料在紀錄層次上進行轉換，如 MARC 與 MODS 間的轉換，以達到資料的互通(張慧銖, et al., 2006, pp. 20-21)。

國內的學者也認為在面對電子資源快速增長的時代，如何利用協同合作的機制加快編目速度是十分需要思考的方向。國家圖書館(2010a, pp. 83-87)在美國國會圖書館書目控制的未來工作小組發表報告之後，草擬「臺灣書目控制未來」的相關論題，透過問卷徵詢國內重要的出版單位及專家學者的意見後，彙整成國內書目控制未來發展的參考文件，其中亦已認識到善加利用供應鏈中書目資訊的重要性。

四、後設資料互通面臨的困難

系統與系統之間如果要有效地溝通端賴系統有能力解釋所接收到的資訊，世上並沒有一個完美的系統能夠在不遺漏資料的狀況下與其他系統互通，任何一個系統只能與另一系統中的子集達到真正的互通，而這也成為改進系統互通性的主要挑戰之一。系統間的溝通已然成為必要的趨勢，然而一個系統在發展之初就要同時考慮與其他系統進行互通，這其實是一項難題(Foulonneau & Riley, 2008, p. 117)。

系統間的後設資料愈不相同，在檢索上所產生的問題就愈多，例如(Caplan, 2003, pp. 41-42)：

1. 語意不同：使用 DC 的系統中，只要是與來源相關的名稱都能放在 Title 欄位，但使用 MARC 的系統則明確定義正題名欄位的規則。
2. 領域不同：例如就算都擁有基本元素，但會因為不同機構如圖書館、檔案館、博物館等機構屬性上的不同，所建置的後設資料就不相同。
3. 呈現方式不同：即使元素的定義相同，但紀錄會以不同的格式呈現，例如作者名稱能夠以"Public, John Q."形式表達，但在另一個系統可能會變成"Public J. Q."。
4. 主題詞彙不同：會造成使用者在檢索上的困擾，有些系統可能會用高度專業的詞彙，但某些就僅使用一般常見的主題詞彙。

為了要解決系統間異質性的問題，就更要思考如何在不遺失大量資料的前提之下，達到系統與系統之間的互通。

若從供應鏈的角度來看，各個利益相關者要改變建置後設資料的方式也具有相當的難度，一來要重新改變工作流程和調配新的人力相當耗費時間與金錢；二來若要求小規模的單位在有限的技術條件下，採用技術性的標準相當具有難度，例如使用 XML 標準，因為與後設資料互通相關的 ONIX 和 MODS 在傳遞資料上都是透過 XML 承載。甚至有些機構並不把後設資料的分享擺在第一優先，原因是這些機構不瞭解為什麼要把後設資料提供給上、下游的其他相關單位，也有可能是不知道要如何提供(Shreeves, Riley, & Milewicz, 2006)。

五、結論

後設資料已經不只是圖書館在使用，文化遺產組織或者是出版業以及資訊業也是重度的使用者。因此，後設資料的彈性日趨重要，倘若後設資料不具有彈性，在互通上就會產生困難。在供應鏈中，從上游的組織如出版商、到中游的代理商、資料庫廠商再到下游的圖書館都要積極參與後設資料的建立，並且要改變原有的工作流程以順應現代潮流，且依據不同的資料類型指派不同類型的資料提供者進行後設資料的建置工作。也應該要讓供應鏈中的每一分子瞭解提供正確後設資料的重要性，並要求廠商須能隨著產品附上 MARC 紀錄與完整的 ONIX 資料元素，以此將編目作業推至上游，也要能夠將書目紀錄的相關專業知識延伸到上游的出版商及相關組織當中。此外，還要在不同層次的後設資料之間，找出互通的方法。

在供應鏈中的各個相關單位都要有接受改變的態度，為了因應電子資源的快速演變，處理後設資料的工作流程勢必要有所改變，不論是出版商、代理商、聚集商甚至是圖書館的編目館員都要能坦然面對改變，才能為使用者提供最佳的資訊服務。圖書館對於非 MARC 紀錄以及非圖書資訊學的專業詞彙要抱持更開放的態度，甚至修改編目標準，以便讓非圖書資訊學領域的單位能夠清楚運用。相對地，上游的出版商等組織也要積極地瞭解編目規則及相關知識，找出能夠影響圖書館的分類法、專業知識及用語的方法或者是更加積極地參與中、下游的活動，因為唯有彼此互相瞭解才可能在後設資料的建置及互通上達到更完善的境界(Register et al., 2009, pp. 8-10)。綜合上述，將供應鏈的觀念廣為傳遞與溝通，讓其中各個單位均瞭解上、下游的其他相關單位在建置後設資料上的角色，方能相互合作，減低後設資料建置的費用與成本，同時兼顧品質與正確性，而這些都是未來應該要努力的方向。

第六節　電子資源連結與互通標準

本章於前幾節分別闡述了後設資的建置、連結與互通的相關問題，但若要方便電子資源的檢索與利用，除了前述觀念的建立之外，相關標準的運用與連結機制的設定更是關鍵要素。本節將前文曾經提到過的標準與連結機制加以綜合說明，共分為兩個部分：一、電子資源的連結標準與機制，包括 DOI、CrossRef、ISSN-L、OpenURL；二、電子資源的互通標準，包括 ONIX—for books、ONIX—for serials、Z39. 50、Zing、SRU、SRW、SOAP、OAI-PMH 等。

一、電子資源的連結標準

為方便使用者在查得電子資源之後設資料就可以同時連結到全文，讓檢索與取用可以一次完成，連結標準與機制扮演著十分重要的角色，以下分別介紹 DOI、CrossRef、ISSN-L、OpenURL 等四種連結標準與機制。

（一）DOI

數位物件識別號（Digital Object Identifier，簡稱 DOI）是一種識別數位物件的機制，是由美國出版商協會(AAP)下的「技術授權委員會」於 1994 年提出，該委員會的任務即是設計一種在數位環境下能保護知識財產和版權所有者商業利益的機制，目前由國際數位物件識別號基金會（International DOI Foundation，簡稱 IDF）負責 DOI 的政策的制定、技術支援、註冊及規費繳納、維護線上使用指南等工作(潘松華, 2005)。DOI 能提供使用者數位物件的相關資訊，特別是提供數位物件的位址。由於數位物件的相關資訊與位址經常隨著時間改變，例如 URL 經常會有連結失效或者位置更動，但經過註冊數位物件識別號的數位物件資訊（如版權、儲存位址等）將由註冊中心動態執行整個流程並更新連結。

DOI 的編碼方式是由前綴和後綴兩部分組成，之間用「/」分開，前綴再以「.」分為兩部分，其結構為：<DOI> = <DIR> . <REG> / <DSS>。其中，<DIR>為 DOI 目前唯一的特定代碼，其值為「10」，用以將 DOI 與其他採用同樣技術的系統區分開；<REG>是註冊代理機構的代碼，或出版社代碼，用於區分不同的註冊機構。後綴<DSS>部分由資源發行者自行指定，規則不限，用於區分一個單獨的數字資料，但需具有唯一性(潘松華, 2005)。

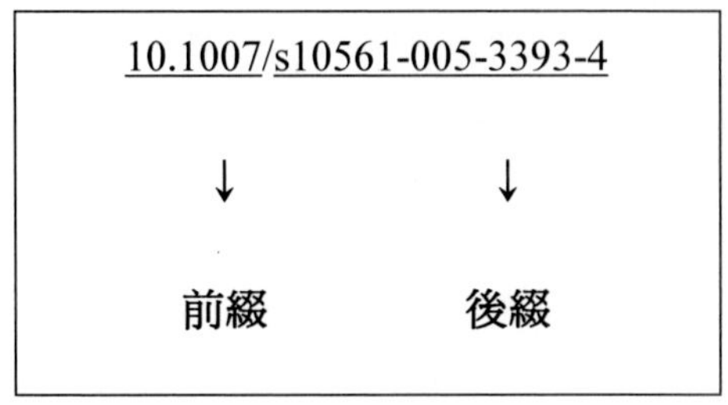

圖 4-6-1　DOI 編碼示例

（二）CrossRef

CrossRef 是一項由許多出版機構合作建立的開放式參考文獻連結機制，由出版社國際連結協會（Publishers International Linking Association，簡稱 PILA）負責其運作，並且以 DOI 技術為核心，將每一篇文章的 DOI 作為連結基準，並且加入一些描述性的後設資料，如文章的摘要及如何取得該篇文章全文的方式等，以確保每一連結的永久性。特別的是 CrossRef 可以同時提供使用者跨越不同出版社瀏覽期刊文獻的功能，使用者透過電子期刊的引文，即能夠以 DOI 連接到該引文的摘要或電子全文(潘松華, 2005)。CrossRef 經由 IDF 授權成為學術期刊與圖書資源方面唯一的 DOI 註冊中心，它所提供的 DOI 檢索服務使其成為目前網路上最大的開放式參考文獻連結服務系統(谷琦, 2009)。

CrossRef的工作流程為每個加入 CrossRef的出版商可從 IDF 獲得一個 DOI 前綴，出版商為其出版的每一篇期刊文獻編製一個包含出版商本身的 DOI，將其附加到文獻之後設資料與 URL。所有紀錄會以XML為基礎的DTD集結成一個批次檔提供給CrossRef後設資料庫（Metadata Database，簡稱 MDDB），CrossRef再將每一篇文獻的DOI和URL註冊在一個統一的DOI目錄中。另一方面，出版商也將每篇文獻的參考文獻數據提供給參考書目解析器，此一解析器是用來檢索DOI群的，它是MDDB的主要部分。使用者只要點擊CrossRef鏈接就可以連結到顯示該論文全部引文目錄的出版商網頁。

CrossRef 的建立並不是為了與 OpenURL 競爭，因為兩者雖然都是為了方便使用者取得資料，但其中的原理並不相同。OpenURL是一種語法，透過 URL 以取得資料，而 CrossRef 則是透過 DOI 的註冊機制來建立資料的來源，兩者可說是相輔相成的。由於 DOI 不過是一串符號，所以 CrossRef 最後仍需要透過 OpenURL 的方式來取得 metadata。不過也因為 DOI 只是一串符號，使用者並不需要瞭解資料來源到底是在何本期刊、哪一卷、哪一期？因為 CrossRef 會在背後默默地透過 OpenURL 處理相關細節，讓使用者在彈指之間就能取得所需資料(Publishers International Linking Association, 2002)。其運作方式可參閱圖 4-6-2：

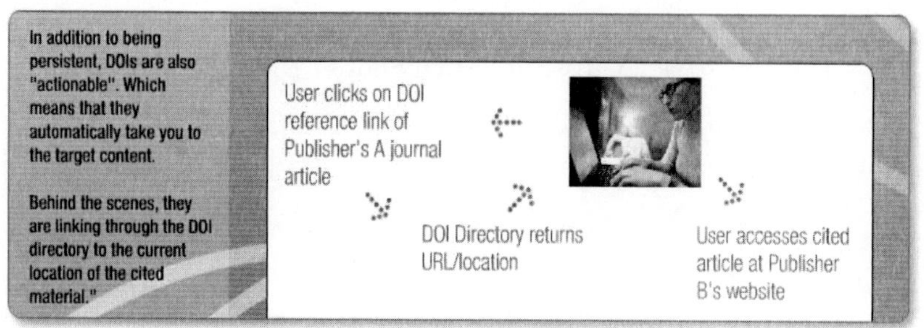

圖 4-6-2　CrossRef 透過 DOI 連結運作示意圖

資料來源：Publishers International Linking Association. (2002). *Crossref system demo.* Retrieved December 13, 2010, from http://www.crossref.org/09demo/index.html

關於 CrossRef 的功能可以歸納如下(潘松華, 2005)：

1. 提供電子文獻在網路環境中的唯一識別，以確保資料連結的穩定性。
2. 將參考引文及其全文所在的電子資源網址進行連接，讓讀者直接瀏覽或存取該文獻的摘要或電子全文。
3. CrossRef 服務對象包括一些電子資料庫供應商、二次文獻資料庫商、摘要與索引供應商，以及學會或圖書館等機構，提供廣泛的資訊擷取功能。
4. CrossRef 僅儲存描述電子文獻的 metadata 不儲存其內容，如此可以避免任意下載，對著作者之版權具有保護作用。

5. CrossRef 提供了以下兩項付費加值服務可供選擇：

(1) 轉送連結(Forward Linking)：從一篇給定的文章到所有引用它的其他文章都提供連結。

(2) 檢索導航（CrossRef Search Pilot）：使用者可以使用 Google 搜尋引擎來搜尋電子全文和其他有關出版商的內容。

（三）ISSN-L

ISSN-L 是一種由 ISSN Network 所設計的 ISSN 機制，提供相同連續性資源不同媒體版本的聚合方式或連結，可以讓 ISSN 在搜尋或連結連續出版品的時候不需考慮想要找的是哪一種媒體版本(Roucolle, 2008)。單一的連續出版品不管有多少種媒體版本都只會擁有一個 ISSN-L 代碼，它提供支援 OpenURL 服務及與其他辨識碼 DOI、URN 等的互通。

ISSN-L 的設計目的一開始是為了管理單一連續出版品不同媒體版本的需求，為了滿足此需求，就必須分別賦予同一出版品不同媒體版本個別的 ISSN。但為了增進內容的管理，需要能夠將不同媒體版本聚合在一起的群組化機制，而 ISSN-L 即是達成此一需求的方案。

ISSN-L 可以透過 Open URL、圖書館之書目檢索系統、搜尋引擎或者電子資料庫增進各種不同媒體版本資源的搜尋、擷取與遞送，可連同 DOI、OpenURL、URN、EAN 條碼及 ISSN 和 ISSN-L 使用，以加強資源之間的互通。

ISSN-L 的指定方式有以下幾種：

1. 透過遞交 ISSN-L 與對應的 ISSN 號碼的表格清單至 ISSN International Centre 網站指派 ISSN-L。
2. 經由 ISSN Register：每筆在 ISSN 的 metadata 紀錄都包含特定媒體的 ISSN，指定 ISSN-L 為個別的 metadata 元素。
3. 透過 ISSN International 和 National Centers 與出版者溝通，指派 ISSN-L 給新分配的 ISSN。

為了讓 ISSN-L 更有效率，出版者必須清楚地指出何組號碼為 ISSN-L 的編號，ISO 的標準為：「ISSN-L 必須使用前綴清楚區分並指出，因此 ISSN-L 的前綴應以大寫及一個空格的格式寫在 ISSN-L 的八個號碼之前。如：ISSN-L 0251-1479」

ISSN-L 是一個單獨的、個別的資料元素，可透過在 MARC 格式中原本用來紀錄 ISSN 資料段的一個特定分欄進行識別。在 MARC 21 中，ISSN-L 被著錄在 022 的資料欄段中的分欄「1」；在 UNIMARC 中，ISSN-L 則被著錄在 011 的資料欄段中的分欄「f」。如以下範例：

連續性資源兩種不同媒體形式- MARC 21：
紙　　本：022 $a0264-2875 $10264-2875
線上版本：022 $a1750-0095 $10264-2875
連續性資源兩種不同媒體形式- UNIMARC：
紙　　本：011 $a0264-2875 $f0264-2875
線上版本：011 $a1750-0095 $f0264-2875

（四）OpenURL

OpenURL 為一種在 Web 傳遞訊息的機制，透過超連結的標準語法，藉由一組定義好的標籤（Tag），以增進超連結的能力(國家圖書館, 2001)。在探討 OpenURL 之前需先說明 URL 的內涵，以超連結為核心的全球資訊網(World Wide Web，簡稱 WWW 或 Web) 在 1990 年剛發明時並沒有受到多少重視，直到 1993 年圖形介面的 WWW 流覽器 MOSAIC(Netscape 和 Internet Explorer 的前身)出現後，WWW 瀏覽器讓超文字連結以直觀、方便和自然的優點充分發揮，把五彩繽紛的色彩和圖像帶進了網際網路。從此全球資訊網開始迅速發展，如今全球資訊網幾乎就等同於網際網路(王善平, 2003)。URL (Uniform Resources Locator，全球資源定址器或稱為網址) 是用來定位網路上文件資源的位址，為全球資訊網超連結的基本方式，URL 的形式人們已相當熟悉，即 http://WEB 伺服器的域名（或 IP 位址）/路徑/文件名稱。茲將 URL 的缺點、OpenURL 的特點、OpenURL 的規範、組成原件及其協定內容分別說明如下：

1. URL 的缺點

隨著全球資訊網上的資訊資源及資料庫日益增多，人們發現 URL 在使用中有著種種缺陷(王善平, 2003)，如:

(1) 只能定位一個網址上的單一文件，不能同時定位多個網址及多個檔案，無法一次對多個網址上的資料庫同時進行檢索。

(2) 一旦網址或檔案名稱改變，原來的 URL 就會失效，這是全球資訊網上總是存在著大量的無效連結的主要原因。

(3) 難以在相關資料庫之間直接建立連結，因為在開發一個資料庫時，開發者無法預料與該資料庫可能相關的那些資料庫的 URL 參數，如網址、文獻紀錄的路徑和名稱等。

(4) 無法根據不同使用者的背景或不同需求提供適當連結。

2. OpenURL 的特點

為了克服以上的種種缺陷，美國康乃爾大學的 Herbert Van de Sompel 教授與以色列圖書館自動化系統 ALEPH 500 的開發供應商 Ex Libris 公司合作，於 1999 年起提出了 OpenURL 的方案(王善平, 2003)。其要點為：

(1) 設立解析伺服器(Resolver)，專門接受並處理用戶的請求。

(2) 制定基於 GET 方法的一套句法標準，以表達使用者資訊需求和網路環境。

(3) 採開放性結構，即任何網上資訊資源只要支援 OpenURL 規範，就可以毫無困難地加入其中。

3. OpenURL 的規範

定義一個標準 Internet 資料連結的陳述語法，讓各個網路上的服務提供者只要遵照此機制，就可以輕易解析資料提供者（Source）

所傳送的要求。而資料提供者也可經由此規範輕易地對服務提供者送出深度的連結服務要求(國家圖書館, 2001)。

4. OpenURL 的組成原件

包括了資料提供者與服務提供者，相關說明與運作圖示如下(國家圖書館, 2001)：

(1) 資料提供者（Source）

將由 Internet 搜尋後的結果，根據 OpenURL 語法重組後，提供深度及智慧型超連結（Smart Deep Linking）服務需求。

(2) 服務提供者（Target）

接收到資料提供者所傳送過來的 OpenURL，解析其內容，進而提供資料提供者所要求服務之網頁資訊內容。

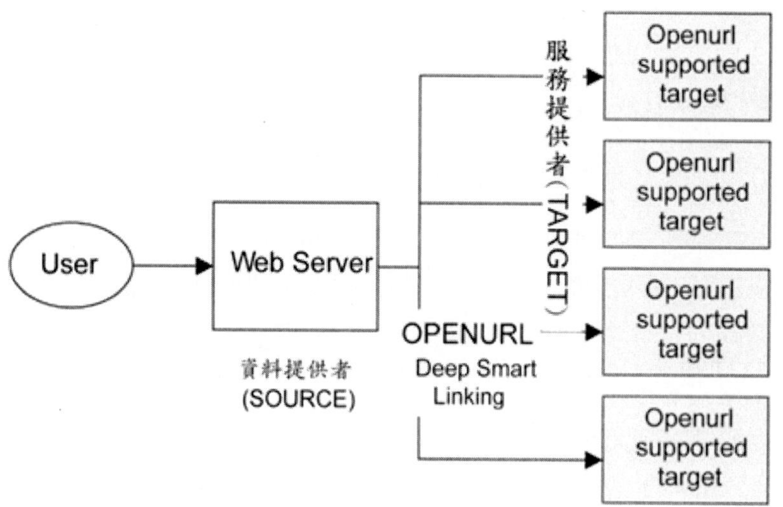

圖 4-6-3　OpenURL 服務運作示意圖

資料來源：國家圖書館. (2001). *圖書館法專案-數位圖書館分散式檢索協定*. Retrieved July 20, 2010, from http://www.ncl.edu.tw/public/Attachment/7112811474371.pdf

5. OpenURL 協定內容(國家圖書館, 2001)

OpenURL 的基本語法是與一般 Internet 上 CGI 程式所用的 Http Get 與 Http Post 類似，一個完整的 OpenURL 語法包括兩個部分：

(1) Base-URL

就是用來接收 OpenURL 資料的啟始位置，如：http://www.sfx.co.il/sfxmenu。

(2) Description

這部分就是要送給服務提供者的 metadata 物件細節，可以是多個，且每個 metadata 物件間需以&&符號區隔。

舉例來說，如果想要從 OXFORD JOURNALS 所出版的「International Journal for Quality in Health Care」期刊中，找出第 15 卷 2 期有哪些文章，若依照前述語法，會產生以下兩個部分：

(1) Base-URL：http://www.oxfordjournals.org/content?

(2) Description：

a. genre(資料類型)：journal

b. ISSN：1353-4505

c. volume(卷)：15

d. issue(期)：2

兩者結合後就會產生以下的連結：

「 http://www.oxfordjournals.org/content?genre=journal&issn=1353-4505&volume=15&issue=2」，這時透過此一連結就會得知該期刊之 15 卷 2 期究竟收錄了哪些文章，參見圖 4-6-4。

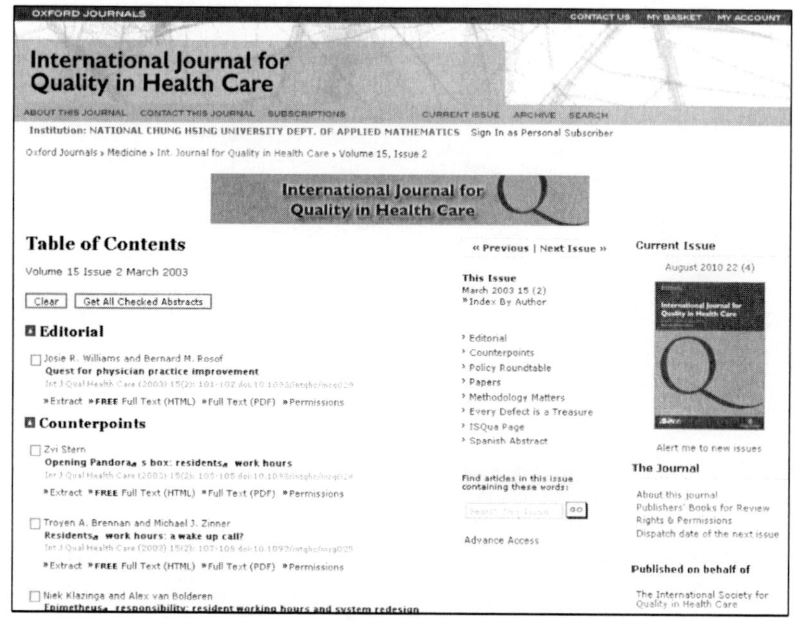

圖 4-6-4　透過 OpenURL 顯示 International Journal for Quality in Health Care 第 15 卷 2 期之文章列表

二、電子資源互通標準

為方便使用者透過不同的系統同時查詢多個資料庫中的電子資源，異質系統間後設資料的互通標準相當重要，以下分別介紹 ONIX—for books、ONIX—for serials、Z39. 50、Zing、SRU、SRW、SOAP、OAI-PMH 等標準。

（一）ONIX—for books

線上資訊交換標準(ONline Information eXchange，簡稱 ONIX)

係針對圖書所發展的著錄及行政管理之後設資料，目的在於增進電子商務的便利性，提供網際網路書商豐富而標準化的產品資訊，並因應圖書批發商及零售商之各種書目資訊格式的交換需求(陳和琴 & 歐陽慧, 2003, p. 220)。此外，為連續性出版品的訂購與產品資訊之交換，另設計了 ONIX—for serials 之標準。

在 ONIX 標準中，一筆 ONIX 紀錄代表一個產品的資訊訊息，採用 XML 作為交換語法，利用 XML DTD 來定義欄位的必備與非必備、可重複與順序關係，並且有指引手冊詳述每一個欄位的標準定義，以確保傳送者與接收者所指的是同一件事物。

ONIX 的 XML 產品資訊由四個部分組成：(1)起始，XML 標準在此宣告格式、內容以及 ONIX 產品資訊的根元素；(2)標頭資料段，主要著錄訊息規格；(3)主體，包含產品、主系列與子系列紀錄；(4)結尾等四部分。典型 ONIX 訊息之原始檔如下圖所示。

起始	<?xml version="1.0"?> <!DOCTYPE ONIXmessage SYSTEM "http://www.editeur.org/onix/2.0/short/onix-international.dtd"> <ONIXmessage>
標頭資料段	<header> Message header data elements </header>
主體	<product> Product information data elements for product 1 </product> <product> Product information data elements for product 2

	</product> <product> .... </product>
結尾	</ONIXmessage>

圖 4-6-5　以 XML 語法撰寫之 ONIX 訊息原始檔

資料來源：陳和琴, & 歐陽慧. (2003). 圖書線上資訊交換標準(ONIX for Books)之探究. *教育資料與圖書館學, 41*(2), 224.

ONIX 是以商業用途為導向，為提高網路書店顧客的購買意願，ONIX 提供相當豐富的圖書資訊，並且成為整個圖書交易鏈共同使用的格式，ONIX 所提供的書目資訊能為圖書館帶來之效益如下(陳和琴 & 歐陽慧, 2003, pp. 231-232)：

1. ONIX 讓出版社與書商之間得以快速傳遞資料，也允許圖書館寄發書目資訊給書商，對採購人員而言，可提高不少工作效率。
2. ONIX 提供更甚於以往的內容資訊，可以提昇 OPAC 之使用價值，就如同美國國會圖書館之書目加值建議小組(Bibliographic Enrichment Advisory Team，簡稱 BEAT)所提出的 ONIX TOC 計畫，就是一種書目加值的成果。ONIX 可以增加圖書館對書目資訊的可獲得性，如果圖書館從出版社、書商，以及書目供用中心如 OCLC、RLG 等接收 ONIX 紀錄，讓使用者可從 WebPAC 取得這些紀錄，應可吸引使用者到圖書館利用資料，找回流失的讀者群。

3. ONIX 可降低編目員的工作負荷，只要館藏政策修改、新增所需欄位，將可減少原始編目。OCLC、LC、大英圖書館皆已做出 ONIX 與 MARC 間的對應，OCLC 也完成轉換程序。若能將 ONIX 紀錄直接轉成 MARC，由書目中心、書商或系統廠商進行此方面的工作，應能降低圖書館修改紀錄的工作量。

4. ONIX 目前並未支援權威控制，對於圖書館而言，可能是另一項考驗。ALA 提出兩個解決方案，一是出版社直接採用國家權威檔，二是將 ONIX 與權威檔進行比對，OCLC 則採用後者，但目前兩者都有若干問題存在。

5. 英國圖書工業通訊組織(BIC)對英國 42 所圖書館的調查顯示，圖書館並不排斥 ONIX 紀錄，甚至將其視為未來的另一種編目標準，他們認為將 ONIX 轉換成 MARC 會比原始編目來得好。

實際上 ONIX 並無意取代 MARC，而是提供另一個取得書目紀錄並降低編目成本的管道，同時讓圖書館思考書目紀錄還能有哪些加值應用，以滿足使用者的需求。

（二）ONIX—for serials

由於電子期刊呈指數成長，所以在圖書館員、出版社、匯集商、圖書館系統廠商及其他第三方服務供應者之間對於期刊訂購資訊的交換需求增加。因為缺乏相關的標準，使得期刊資料的交換一直採用多種形式在進行，卻沒有一致的資料元件或訊息結構。2002 年初，美國國家資訊標準組織（NISO）委託 Ed Jones of National University

從事期刊訂閱資訊交換方面的研究，研究結果呈現在同年 9 月所出版的白皮書中。Jones(2002)建議 EDItEUR's Online Information Exchange（ONIX）進行評估有關於期刊使用此類標準的可行性並鼓勵所有對此有興趣者參與該標準的發展。白皮書出版之後，NISO 與 EDItEUR 便設立聯合工作小組研究 ONIX for Serials 做為標準的可能性。該國際團體共擁有三十五位正式成員，代表來自美國與英國各圖書館、圖書館系統廠商、出版社、出版品取用管理服務商(publications access and management services，簡稱 PAMS)、訂購商與線上目錄供應者(Caplan, 2004, pp. 88-89)。

ONIX of Serials 是專為期刊資源而發展的結構化、全面性及可擴展性的期刊線上後設資訊交換標準，設計用於支援期刊界特定的商業需要。ONIX for Serials 可說是 ONIX－for Books 的姐妹產品，除了使用同樣的設計原則之外，許多資料要素也來自 ONIX for Books。聯合工作小組專為期刊資料發展出三種 ONIX 訊息格式，包括期刊線上館藏格式 SOH （Online Holdings）、期刊產品與訂購格式 SPS（Products and Subscriptions），以及期刊發行通知格式 SRN（Release Notification），可在多樣的運作環境下使用，同時能分享相同資料元件及允許給每個元件規範數值(EDItEUR, 2010)。

SOH 格式是設計給全文供應者與服務供應者使用，以傳送線上期刊持有資訊給圖書館訂購。此資訊需要由圖書館員移植知識資料庫以支援 A-Z 清單與連結服務。SPS 格式是設計給廠商/出版社傳送產品目錄與價格資訊，也可方便一個或多個圖書館訂購特定的期刊。

圖書館員可以自特定的廠商/出版社訂購期刊時依此格式列出產品與題名清單(EDItEUR, 2008a)。SRN 格式支援有關於期刊的資源資訊交換，該格式可使用於內容通知目錄、自動化圖書館紀錄、形式改變通知、及 Digital Object Identifiers（DOI）登記(EDItEUR, 2008b)。

聯合工作小組雖然致力於發展 ONIX for Serials，使之成為有用的標準，但面臨的最大障礙就是缺乏一種足夠明確的識別碼（identifier），包括刊名層次（title level）識別碼及套裝層次（package level）識別碼。雖然國際標準期刊號碼（ISSN）一向被用來辨識期刊，但是由於同一刊物不同資源類型往往設定不同的 ISSN，加上出版商及圖書館在執行上的差異，導致 ISSN 的不確定性，亦無法成為 ONIX for Serials 的識別碼。聯合工作小組也曾研究 ISTC 及 DOI 的使用，期望可以替代 ISSN，但卻發現能夠將期刊的所有版本聚集在一起的識別碼並不存在，無論是出版商使用的標準住址號碼（Standard Address Number，簡稱 SAN），或是圖書館界所使用的 MARC 組織代碼（Organization Code）都曾被一一討論，但結論是除了 ISSN 或許有可能性之外，其他的識別碼都無法迎合需求(Priscilla, 2004)。

（三）Z39. 50

Z39.50 係為促進電腦系統間彼此連接而制定的一種標準，目前有許多圖書館自動化系統支援 Z39.50 協定，讓使用者可依自己使用端慣用之自動化系統介面透過 Z39.50 協定進而檢索其他不同類型系統的資料庫。Z39.50 是一種穩定且成熟的通訊協定，並且已被廣泛地應用在圖書館領域。除了圖書館應用之外，在博物館、檔案館、政府資訊系統、地理資訊系統以及眾多應用服務中都可以見到 Z39.50 的蹤跡，由此可見 Z39.50 的成功(Needleman, 2002)。

Z39.50 的基礎是在 1980 年代所奠定，在 1990 年代，圖書館使用 Z39.50 系統為單機版(Stand-alone)，然而隨著網際網路的蓬勃發展，在圖書館自動化以及圖書資訊服務與網際網路整合後，卻不常見 Z39.50 在網際網路環境下的應用。究其原因主要為：1. Z39.50 的通訊協定是基於過時且不夠友善的技術，因而普遍被網路服務開發社群認為太過複雜且難以應用。2. Z39.50 是以 OSI 的網路結構為基礎，並不相容於網際網路 TCP/IP 的架構。因此，Z39.50 在網路服務應用上的接受度不高(Needleman, 2002, p. 248)。

（四）ZING

ZING(Z39.50 International: Next Generation) 一詞是用來代表數個改善 Z39.50 的先導型計畫。目前，ZING 只是一組以不同方案改善 Z39.50 的實驗性計畫，並無取代 Z39.50 的意圖，整體計畫的目標為從各個 ZING 下不同方案的計畫吸取經驗並描繪出未來 Z39.50 的樣貌及功能。

基於 Z39.50 在網路服務應用上的障礙，ZING 之主要目標即為透過實驗性計畫嘗試發展出未來使 Z39.50 更加完善地融入網際網路環境的基礎方案。ZING 下的各個計畫皆是以此為職志，致力於探索出既能保留 Z39.50 優異的概念與功能又能跟上網路資訊科技發展的方式(Needleman, 2002, p. 248)。

ZING 下的數個計畫中，以 SRW(Search and Retrieve Web Service)及 SRU(Search and Retrieve via URL)為主流，試圖將 Z39.50 改良並發展成為開放式的檢索協定(余顯強, 2003)。SRW 與 SRU 經常合為一詞 SRW/U，大部分能應用 SRW 的網路服務也能相容地應用於 SRU，兩者可相互合作搭配應用。SRW 與 SRU 的區別在於其資訊傳遞的機制不同，SRW 傳遞資訊檢索需求的方式是傳遞一份 XML 文件；SRU 則是透過 HTTP 的 GET 方式進行，其檢索請求是利用 URL 的格式編碼。

（五）SRW

可說是目前在 ZING 之下最激進的實驗性計畫，在保留大部分 Z39.50 優點的同時，SRW 重新轉換通訊協定為網路技術標準。跟 Z39.50 不同，SRW 摒除了連線區間(Session)並且是無定態(Stateless)的通訊架構，透過 HTTP 和 SOAP 以 XML 通訊協定運作，且以 WSDL[13]定義 Z39.50 的服務資訊。SRW 也排除了 Z39.50 支援檢索的多重紀錄語法，所有的紀錄都以 XML 回傳。然而不同於 Z39.50 的

---

[13] WSDL（Web Services Description Language）為使用 XML 來描述網路服務(Web Services)資訊細節的標準，例如描述一項網路服務的功能、如何取用(access)以及位址等資訊，讓網路服務應用程式能以一種標準來描述此服務本身具備哪些功能，以便讓互動更容易進行。

通訊協定將各種不同的資訊服務檢索結果界定成單一通訊協定，SRW採用了模組化的方式，而模組化是SRW背後的主要設計哲學，也就是將資訊擷取視為一組搜尋/擷取合而為一的服務機制(Needleman, 2002)。

（六）SOAP

簡易物件存取協定 (Simple Object Access Protocol，簡稱 SOAP)是利用現存的網際網路架構讓網路服務應用程式之間的訊息可以彼此溝通，而不會因為平台系統環境、資料格式、連線方式不同而受到限制。SOAP 是一個基於 XML 且在分散式的環境中交換訊息的簡單協定，它包括了以下四個部分(段智華, 2001)：

1. SOAP 封包（Envelop），Envelop 定義了一個描述訊息中的內容是什麼，是誰傳送的，誰應當接受並處理它，以及如何處理它們的框架。
2. SOAP 編碼規則(Encoding Rules)，用於表示應用程式需要使用資料類型的實體。
3. SOAP RPC 代理（RPC Representation），代理遠端呼叫和回應的協定。RPC (Remote Procedure Call) 為呼叫遠端的程式物件，即由使用者端傳出一些參數並由伺服端回傳結果。
4. SOAP 綁定（Binding），為使用底層協定交換訊息。

上述四個部分雖然都是 SOAP 的一部分，但作為一個整體定義他們在功能上是彼此獨立的。特別的是，封包和編碼規則是被定義在不同的 XML 命名空間(Namespace)中，這樣可使得定義更加簡單。

SOAP 可以簡單理解為 SOAP=RPC+HTTP+XML，即採用 HTTP 作為底層通訊協定、RPC 作為一致性的呼叫途徑、XML 作為資料傳送的格式，容許服務提供者和服務客戶經過防火牆在網際網路進行訊息交換。RPC 的描述可能不太準確，因為 SOAP 一開始的構想就是要使實作平台與環境間具無關性和獨立性，每一個透過網路的遠端呼叫都可以透過 SOAP Envelop 封包起來(段智華, 2001)。

SOAP 使用 HTTP 傳送 XML，儘管 HTTP 不是有效率的通訊協定，而且 XML 還需要額外的文件解析（Parse），兩者使得訊息交換的速度大大低於其它方案。但是 XML 是一個開放、健全、有語意的訊息機制，而 HTTP 則是現今最廣泛被接受的通訊協定，它是瀏覽器與 Web 伺服器之間溝通時使用，對於文字、圖形以及其他資訊的傳輸具效率與彈性，它簡單易懂又能避免許多關於防火牆的問題，從而使 SOAP 能被廣泛地應用。

（七）OAI-PMH

開放式檔案存取協定(Open Archives Initiative Protocol for Metadata Harvesting，簡稱 OAI-PMH)是由 Open Archives Initiative 所制訂，為國際上數位化資源的交換標準之一，最初發展的目的是為了增進數位化的學術研究論文之流通與檢索，這些儲存於網路出版服務的學術性電子文件等同於紙本期刊的預刊本，然而由於這些電子文件的儲存檢索平台多由各單位自行發展，各資料庫難以整合，OAI-PMH 初期的設計便是為了發展讓學術性電子文件能更有效互通的標準架構(Timothy & Muriel, 2007)。

OAI-PMH 自 1999 年開始發展，由促進學術性電子文件的流通發展成為後設資料分散整合機制，在資訊傳播過程中提供互通的標準架構，建立數位圖書館與博物館等異質資料庫間資料檢索互通的協定。OAI-PMH 的協定內涵主要包含 metadata 的發佈（expose）與擷取(harvest)兩個類型。因此，在協定上分別定義兩個部分，即資料提供者(Data Provider)與服務提供者(Service Provider)。OAI-PMH 的運作如圖 4-6-6，核心主要是在 HTTP 協定上傳輸使用 XML 文件的協定，而前後端整個運作環境，包括下列五個主要的組成元件(余顯強, 陳雪華, & 張懷文, 2003)：

1. 資料提供者(Data Provider)：提供資料內容，透過 OAI-PMH 協定發佈 metadata。
2. 服務提供者(Service Provider)：透過 OAI-PMH 協定向資料提供者取得資料，將獲得的 metadata 建立加值服務。
3. 資料儲存器（Repository）：透過 HTTP 為基礎協定，接受 OAI-PMH 所提出存取資料需求的伺服器。
4. 資料集（Set）：非必備功能，主要是方便取得部分範圍所需資料的目的。儲存器內可將不同類別的資料區分成不同的群組，並以階層式架構表示，以節點(Node)作為各分類的區分，因此每一節點便稱為資料集。

5. 資料紀錄（Record）：後端伺服器依據 OAI-PMH 協定，從儲存器內將資料以 XML 編碼傳回前端的 metadata。其 metadata 結構共包含以下三個部分：
    (1) Header －標記有關此筆資料的資訊，包含 Unique Identifier 及 Datastamp。
    (2) Metadata －資料錄實際的 metadata 內容，OAI-PMH 規定資料提供者必須支援 Dublin Core 。
    (3) About －非必備的部分。提供有關資料的相關說明，如版權宣告，使用權限等。

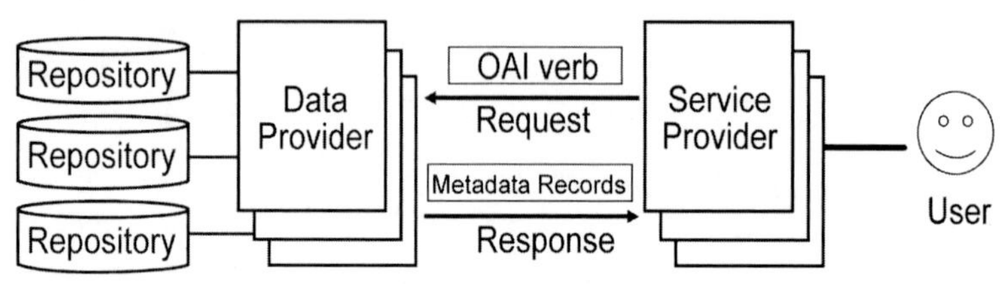

圖 4-6-6　OAI-PMH 基本架構圖

資料來源：陳昭珍. (2002, November 1). 數位典藏異質系統互通機制：以 OAI 建立聯合目錄之理論與實作. *國家數位典藏通訊電子報, 9*. Retrieved June 10 , 2006, from http://www2.ndap.org.tw/newsletter/index.php?lid=30

加入 OAI 的組織依據任務的不同，主要區分為資料提供者或服務提供者兩個角色。他們向 OAI 登記註冊，OAI 在接受登記註冊之後，會執行相對的驗證，以確保登記之系統能夠完全符合 OAI 協定的規範(余顯強, et al., 2003)。

OAI-PMH 的互通性架構規範有許多優點，包括具開放性、採用 HTTP 及 XML 之開放標準、採用 metadata 獲取的方式可涵蓋多種媒體格式、資料型態與內容，並且 OAI-PMH 在實作上相當容易。OAI-PMH 在設計時即以簡單為原則，其協定包含要求（Request）與回應(Response)兩端共六個命令(Open Archives Initiative, 2008)：

1. GetRecrord：從後端資料儲存器（Repository）擷取單筆的 metadata 紀錄。
2. Identify：取得關於資料儲存器的描述資訊。
3. ListIdentifiers：從資料儲存器取得 metadata 紀錄的識別資訊（Header）。
4. ListMetadataFormats：詢問資料儲存器所提供的 metadata 格式。
5. ListRecords：擷取資料儲存器中指定範圍的 metadata 紀錄。
6. ListSets：詢問資料儲存器的資料集結構。

第五章　電子書與電子期刊的組織

人類藉由科技將原來紙本形式的資料進一步數位化，成為可透過各種電腦設備與網際網路連結，進行資料的傳遞和下載閱讀，打破傳統資料受限於實體形式的傳播和閱讀模式。電子資源在資訊科技時代產生巨大影響，促使其發生的關鍵性技術和概念，包括超文件(hypertext)、超媒體(hypermedia)、連結(link)，以及節點(node)等 (唐真成, 2003, pp. 56-57)。而個人電腦的出現、資訊儲存媒體的改進、網路軟硬體的發展，以及電腦圖形化使用者介面的產生也與電子資源被廣為利用息息相關(詹麗萍, 2005, pp. 12-13)。

資訊技術持續發展，不僅改變人們使用資訊的行為與習慣，也迫使出版界以不同的形式出版資訊，進而使圖書館資料徵集的模式產生變化。傳統圖書館以徵集紙本形式的資料為主，發展出許多以紙本為主的管理模式、技術與規則，然而隨著科技革命，新的資訊形式倍出，出版模式和使用者行為的改變，使得圖書館無法只將目光放在傳統紙本形式的資料，而需要將眾多不同形式的電子資源納入館藏範圍，以達到圖書館保存文化資產和人類知識紀錄的目的，滿足各種不同的資訊需求。

目前在圖書館電子資源的館藏之中，以電子書與電子期刊的數量最為龐大，由於許多電子書與電子期刊都被包裝成資料庫的型式販售，因此造成館藏之中同時有單一的紙本圖書、同一部書的電子版，或包含在不同資料庫的電子版本。同樣地，也有單一的紙本期刊、相對應的電子版期刊，以及包含在不同電子期刊資料庫中的版本。針對這些不同版本、不同型式的書刊，圖書館應該如何加以組織，才能讓使用者不致造成混淆並方便利用？本章就圖書館館藏之電子書、電子期刊與資料庫的組織整理議題分為五節加以探討，第一節描述電子書與電子期刊的定義與特性；第二節探討電子書的編目議題；第三節探討電子期刊的編目議題；第四節描述電子資源的查詢與利用；第五節說明書目關係與 FRBR 模式；第六節討論連續性出版品是否適用 FRBR 模式。

第一節　電子書與電子期刊的定義與特性

電子書是拜電腦科技進步而產生，其定義隨著時間進展而有不同的詮釋。電子書的閱讀概念，最早出現於 40 年代的科幻小說中，係指在虛擬狀態下閱讀非實體型態載體所記錄的內容，簡單來說就是透過螢幕或電子畫面呈現，取代以實體載體呈現的模式。到了 80 年代，由於網路的普及，透過電腦設備線上閱讀或將內容下載到終端閱讀數位圖書的構想已經逐漸實現。網路出版、發行和銷售也成為事實，電子書可以藉由網路、PDA、筆記型電腦、電子字典和手機閱讀。由於電子書與眾不同的出版過程和閱讀載具，將昔日沒有太大關聯的電腦業、網路業和出版業都串聯起來，成為新一代的「電子書出版業」。

連續性出版品在圖書館的館藏之中佔有相當重要的地位，它不同於一般的單行本圖書一次即出版完成，而是採用連續出版的方式提供內容，在它所包含的各種資料型式中，又以紙本與電子期刊最為特殊，因為期刊的新穎性、學術價值及連續性等特質是許多研究者在進行研究時所不可或缺的參考資源。同時隨著資訊技術的發展，期刊也從紙本型式轉為電子式，使得期刊文獻的取得變得快速而便捷。

本節針對電子書與電子期刊分別說明其定義與特性，共分為兩個部分，第一部分為電子書，第二部分為電子期刊。

壹、電子書的定義與特性

一、電子書的定義

電子書(eBook 或 e-Book)的定義相當廣泛，無論在中文或西文的文獻裡，電子書可以指軟體、硬體或數位內容。電子書不只是單純地將圖書內容數位化後，藉由電子訊號來呈現其「內容」的書，而是把各式各樣的資料數位化之後再加以系統化與結構化的處理，可透過內容進行超連結，發掘更詳細的資料，並且試圖提供一種與傳統閱讀經驗一樣或相似的環境，以電腦、PDA、手機、電子書閱讀機等不同的設備供人們閱讀與再利用(童敏惠, 2002, pp. 3-4)。

陳亞寧認為電子書是一種電子形式的書，或是數位物件的圖書，使用上必需依賴特定設備，例如電腦軟體或硬體，且必需經由網站出版或透過網路來傳播，其內容有別於一般紙本圖書，尤其在內容的展現與傳播方面，與實體物件並不相等(陳亞寧, 2001, p. 5)。

李志成與姜齊定義電子書為利用電腦科技並結合多種媒體，將文字、圖案、影像、聲音、動畫、音樂、電傳視訊和一些特殊效果等多種媒體整合在一起的產品，能夠透過超連結在網路上尋找相關主題，以豐富其內容(李志成 & 姜齊, 2006)。

若從電子書的字義解釋，即是電子化、數位化，主要是強調以數位化的方式呈現、典藏出借、及傳播的資訊資源，其資料型態上迥異於傳統之館藏出版品，然而資料的實質內容並不因數位化與否而產生根本差異，且於出借與利用程序上，仍儘可能模擬目前圖書館的管理模式。

綜合國內圖書館界許多學者對電子書的看法，發現一般咸認電子書與紙本圖書的不同在於「檢索與典藏的便利」，意即所謂的電子書是內容以電子形式編輯、儲存及傳播，提供比紙本圖書更簡易、更具彈性的檢索功能，並且具備多媒體特性，包括影像、聲音、動畫等效果，使用者可以在遠端透過各種閱讀設備，如桌上型電腦、掌上型閱讀機、電子書閱讀器，下載圖書內容並從事閱讀。除此之外，電子書還具備大量儲存空間的特性，可以解決圖書館空間不足的問題(邱炯友 & 鍾勝仲, 2001, p. 76)。

依據 Cynthia Gregory(2008, p. 266)的看法，電子書可以包含以下三個面向：一、可透過網路使用的學術性聚合資源，像是參考工具書、商業或科技類圖書；二、可以隨處播放的通俗性有聲書，如《哈利波特》；三、指專用的閱讀器，如亞馬遜書店的 Kindle。

Magda Vassiliou 與 Jneeifer Rowley(2008, p. 363) 兩位學者在整理與分析了三十七種電子書的定義之後，用「數位物件」的概念涵蓋所有的可能性。他們認為電子書是文字或其他內容的數位物件，以整合的概念將內容組織整理成一書，除了擁有實體書本的特質之外，還能在電子環境被使用。而其使用的特色即是可搜尋、具參考功能、超文件連結、書籤和註解等，重點是電子書為多媒體物件且能互動的工具。

Robert Bothmann(2004, p. 12)從編目的角度探討何謂電子書，他認為編目前應先判定此資料是否為電子資源；電子指的是儲存於磁性或光學媒體，如磁片、硬碟、CD-ROM，或儲存於遠端伺服器透過網路遠端取用。其次要判斷資源是不是「書」，如果電子資源符合 AACR2 對「書」的定義：「是一個非連續性的書目資源，試圖完整或有限地呈現內容」，若符合上述兩個條件，即可判定該電子資源為電子書。

綜合上述電子書之定義，所謂電子書應該是指數位化的內容，以系統化或結構化的方式加以組織整理，試圖以完整或有限的方式呈現內容，同時結合多種媒體，如影片、動畫、音樂等，呈現多種風格的加值內容，且需透過網路或科技產品進行傳播，也要有相關的電腦設備方能閱讀使用。

二、電子書的特性

若與紙本書相較，電子書需要電力且需藉助機器方能閱讀，雖然攜帶方便但卻無法隨意瀏覽，且螢幕的容量較小，看久了眼睛容易疲勞，而其軟硬體的標準也尚未統一(黃羨文, 1997, pp. 119-120)。然而電子書具有的便利性(包括良好的整合力、快速搜尋、高儲存性)，互動性(包括超連結功能、刺激感官互動、能雙向學習)與內容豐富性(包括多媒體運用、豐富及活潑)可說是最引人入勝之處(李志成 & 姜齊, 2006)。

究竟電子書擁有什麼樣的迷人特性讓人們喜愛使用它，程蘊嘉(程蘊嘉, 2002, pp. 8-9)認為電子書具備以下幾個特點，可以讓生活更增添色彩：

1. 少紙化：以往消費者若想保存圖書的某一部分內容時，必需整體購買或部分影印，但電子書的使用方式是允許選擇並將查詢到有興趣的部分再列印出來，不必讀完整本書或整本列印，可節省不必要的紙張浪費。
2. 連結性：當閱讀到有興趣或可進一步研究的資訊時，能利用網路進行內容超連結，以獲取進一步的資料，亦可透過網路進行參考服務。

3. 多媒體：隨著網路頻寬與電子書閱讀設備的提升，透過多媒體影音資料呈現，以後看書就如同看電影一般精彩。
4. 多元化：可供閱讀的平台越來越多樣化，除現有的電腦、PDA、手機、電子書閱讀器外，電視、冰箱也都有可能成為平台之一。
5. 新生活：新型態的電子書將改變我們對書本的認知與閱讀方式，讓我們可以採取更彈性、更方便的方式利用資訊，而不是一連串時間與挫折的累積。

若以閱讀的角度來看，電子書又具備了哪些特性呢(廖婉如, 2004) ？

1. 全文檢索：電子書多半具有全文檢索或索引的功能，可把握幾個重要的關鍵詞，輕鬆找到書中的重點。
2. 個人化設定：電子書可以像紙本圖書一般將書頁折起做記號，也有書籤(bookmark)和註記(note)的功能，另外還可依閱讀平台的不同，而允許各種個人化的設定，例如：My Favorite、My Library 等。
3. 即時更新：因電子書的內容皆為數位化資訊，更新及修改相當迅速，可隨時提供最新版本的資訊與相關訊息。
4. 多媒體呈現：可結合音訊、視訊，以多媒體的方式呈現，使圖書不再只是平面紙張的閱讀，而有更多的感官體驗，甚至有娛樂的效果。
5. 方便攜帶：電子書如以 PDA 或專用閱讀器閱讀，可以將原本厚重的紙本書內容儲存在小小的記憶體中，即便是動輒數十冊的百科全書都可以隨身攜帶與隨時閱讀，可謂十分方便。

除了上述特性之外，一般民眾期待的電子書特質還包括：即時閱讀、書名作者版本資料、全文檢索、我的最愛、目次、顯示全書相關位置、個人書房和線上更新等功能(俞芹芳, 2002)。

貳、電子期刊的定義與特性

圖書館學與資訊科學大辭典中，將連續性出版品定義為「有編號或年月編次標示，意欲無限期發行者」，舉凡期刊、報紙、年刊、學會會報、會議論文集，以及有編號的叢書等均屬之(林呈潢, 1995, pp. 1633-1634)。由於期刊（亦包括電子期刊）是連續性出版品各種資料類型中運用最為普及者，也是各研究領域中最常被引用的一種資料類型，一般人常會將「連續性出版品」視為廣義的「期刊」。因此，本章針對電子期刊的組織與利用相關議題加以探討，過程中交互採用「電子期刊」與「連續性出版品」兩個名詞。

一、電子期刊的定義

學術文獻中常見的電子期刊之英文名稱有 Electronic Journal、Electronic Serials、Electronic Periodicals、Online Journal、E-journal 等，之所以會出現這麼多個名稱，主要是緣於電子期刊有不同的發展階段，以及研究者對電子期刊的探討重點與層面不同，才會衍生出如許不同的觀點(陳淑君, 1999, pp. 107-108)。針對電子期刊的定義，目前仍未有統一的共識，大多依據研究者的研究目的而有不同的界定範圍。而隨著網路與科技的進步，有關電子期刊的定義也愈來愈廣泛。

依陳亞寧(2000)的分類，電子期刊有以下幾類：1.如果期刊文獻內容資料是自電腦主機下載而來，而非來自如光碟等次要或間接媒體者(intermediate medium)，皆稱之為「線上期刊」(online journal)；所謂電子期刊(electronic journal)，乃是文獻內容的閱讀方式或是列印來源，是取自終端使用者的電腦，而非紙本者皆稱為「電子期刊」，或是期刊採電子形式存在者，亦稱以為「電子期刊」。2.「網路期刊」(network-based serials)則是源於網際網路的興起，促成許多期刊以網路方式出版發行而來。3.「虛擬期刊」(virtual journal)乃是指藉著電腦網路傳遞，基本上仍有主編、編輯群，並有其出版宗旨；強調的重點是因網路的傳播能力，使得期刊有如虛擬一般。4.「無紙期刊」(paperless journal)是 J. MacColl 認為模擬紙本式的電子期刊可以取代紙本期刊，因而形成一種全然電子式的期刊稱之。5.「新典範期刊」(deconstructed journal)是 J. W. T. Smith 認為在媒體電子化與資訊傳播網路化後，期刊的編輯、品質控制、行銷、傳遞與認證等各方面皆有截然不同的運作模式。

美國科羅拉多州研究圖書館聯盟(Colorado Alliance of Research Libraries)對電子期刊的定義為(陳巧倫, 2007, p. 11)：「廣義的電子期刊係指可透過網路取用的各種期刊、雜誌、新訊、E-zine、Webzine或任何電子形式的連續出版品。」另根據《圖書館學與資訊科學線上詞典》(Online Dictionary for Library and Information Science，簡稱

ODLIS)將電子期刊定義為(Reitz, 2010)：「紙本期刊的數位版本，或期刊之電子出版品，且無紙本複本，可透過網路、Email 或其他網際網路方式取用者。」

若從廣義與狹義兩方面界定電子期刊，廣義而言，電子期刊是指不論採用何種載體與方式傳輸資料，以電子形式且連續出版並透過電子媒體發行的期刊出版品，包括各種以電子形式獲得的期刊，如光碟、網路通訊、線上資料庫、網路資源等皆屬之；狹義而言，係指學術性的電子期刊，以電子形式連續出版有關智能、科技與科學的研究結果，並且藉由電腦網路傳遞，如 Internet、BITNET，部分電子期刊同時發行紙本與電子形式供使用者選擇或訂購，唯電子形式仍為其主要的出版形式(陳巧倫, 2007, p. 11)。

由於電子期刊有許多不同的定義及解釋，陳亞寧(2000, pp. 72-73)將電子期刊依其內容歸納為三種：第一種是從資訊載體的形式切入，如電子期刊、無紙期刊等；第二種是以電子期刊的出版與發行方式為基礎進行闡述，特別是經由網際網路的傳播方式，如線上期刊；第三種則是從期刊的產生、品質控制、出版、發行、學術認證與典藏等整個生命週期切入，同時亦針對電子期刊的未來發展加以探討。

從上述國內外學者與單位對電子期刊的研究結果得知，凡是跳脫傳統的紙本期刊，改以利用各種電子媒體儲存、呈現、傳輸、發行的連續性出版品，皆可列入廣義的電子期刊範疇。一般而言，電子期刊的基本類型可略分為二，一是傳統紙本印刷期刊的電子版，與紙本印刷期刊同時發行；二是指在網路上所發行的電子期刊，亦可稱之為純電子期刊。

二、電子期刊的特性

由於電子期刊之取用不同於一般印刷型式的期刊，因此 Paula D. Watson(2003, p. 6)依電子期刊的不同來源，將其分為以下幾種：(1)傳統匯集式全文資料庫(traditional aggregated full-text database)、(2)期刊閘道與期刊匯集廠商(journal gateways and journal aggregators)、(3)出版商套裝產品(publisher packages)、(4)附隨紙本期刊贈送之電子期刊(free-with-print combinations)、(5)免費電子期刊(free journals)、(6)商業期刊之另類低成本選擇(low-cost alternatives to commercial journals)。

電子期刊無論來源為何，若依不同的區分標準，就可以從不同的面向闡述其特色。郭麗芳(1996, p. 22)認為網路電子期刊有以下幾個特性：(1)透過電腦網路系統提升傳送速度與擴大傳播範圍；(2)加入商業性出版者提供各種整合性服務；(3)主題從電腦、科學領域擴及人文及社會科學範疇；(4)出版型式與紙本期刊大同小異；(5)同樣以同儕審查方式（peer-review）確保文章品質；(6)可訂閱單篇文章。

Donnelyn Curtis、Verginia M. Scheschy 與 Adolfo R. Tarango (2000, pp. 9-14)從使用與管理的角度，提出電子期刊具有下列特點：

(1)以網頁形式呈現；(2)需要重新省思與界定著作權保護的相關規定；(3)其穩定性有賴軟硬體設備的建置與網路頻寬的維持，若要增加檢索效率則需與其他圖書館系統（如：館藏目錄）整合；(4)可藉由網路與超連結文件的開發，讓電子期刊文獻間更容易相互查詢與連結使用；(5)可搭配書目管理軟體，提供使用者個人化的服務。

王梅玲(王梅玲, 2003, pp. 64-65) 依據不同載體和資訊技術發展的影響因素，對電子期刊進行分析並將其特性歸納如下：

(一) 印製成本

電子期刊的設計及維護成本與紙本期刊大不相同，電子期刊的成本較紙本期刊約略便宜 70%~90%，但需視電子檔案格式而定，如 HTML 與 ASCII 格式較為便宜。另電子期刊尚有多媒體的考量，由於使用者需購買多媒體軟體，且連結到其他網站也會增加成本，所以電子期刊的印製成本便有不同的計算方式，要視情形予以評估。此外，電子期刊不受篇幅限制，因而並無印製與郵寄成本之限制。

(二) 出版速度

電子期刊可減少從創作到印製的時間，出版社編輯接受了電子檔案之後，可以立即上網發布，讀者便能即時取用。但一般紙本期刊出版的進度較為緩慢，像是物理學與生物學的紙本期刊至少會延遲 6 個月，化學領域會延遲 9 個月，而數學領域更會延遲長達 19 個月，而同儕評閱過程所耗費的時間更是延長出刊的主要因素。

(三) 期刊價格

電子期刊訂戶所付的費用是取閱費，一旦停止訂購就無法再取用期刊全文，而且各種電子期刊之訂購簽約情形與價格制度皆不相同，有的是依取閱方式計費；或是依電腦數計費；或是限制同時取閱網站的使用人數而定。此點是目前紙本期刊優於電子期刊之處，因為紙本期刊有永久典藏與使用權，且其儲存與借閱皆不受時間限制。

(四) 取閱與查詢功能

電子期刊易於取閱與查詢，但 Internet 的連線速度與網路授權則經常妨礙使用者取用電子期刊。同時各種電子期刊目錄查詢工具之效果參差不同，易造成資訊不一致；網址經常改變與不一致，亦使得取用困難;使用者的檢索查詢能力不同,也導致檢索結果不同，這些原因都容易讓使用者產生挫折。因此，面對電子期刊檢索取閱複雜混亂的情況，研究者自己也必須要備有相關策略。相較之下，紙本期刊取閱單純，但不若電子期刊之查詢功能具彈性且豐富。

(五) 引用文獻

電子期刊比紙本期刊容易引用，透過其連結至引用文獻即可提高書目被引用率。但受到網路環境不穩定與檔案位置經常變動的影響，常使得電子期刊連結失誤，而電子期刊的內部連結也常會發生錯誤。此外，電子期刊與紙本期刊並存引用，亦常引發讀者究竟應該要引用哪一種版本的疑慮。

(六) 互動性

電子期刊提供作者與讀者更佳的互動機會，可以迅速將讀者意見張貼在網路期刊內文，加速學術傳播並提高文獻能見度。相較於紙本期刊常用「讀者來函」作為出版社與讀者之間的溝通管道，是屬於較為靜態的模式。

第二節　電子書的編目議題

面對各種新型媒體、新目錄型態及讀者對資訊提供者的新期待，編目館員必須能以最省時、省錢、省力的方式，提供有效的資訊存取服務，權威控制及標準化的編目格式，方可確保資訊檢索的精準度及書目資料交換的便利性(俞芹芳, 2002, p. 6)。關於電子書的編目議題必須考量的問題包括：是否需要編目？哪些要編目？編目政策為何？編目規則的適用性如何？是否要整合到 OPAC 之中？納入 OPAC 有何優、缺點？方法為何，是要一本一本編目，還是採取整批書目匯入的方式？相關的工作流程為何？Jacqueline Belanger(2007, pp. 203-216)進一步指出館員進行電子書編目前必需思考，值得花費時間和精力來編目這些資源嗎？它們應該要編目的程度為何？例如哪些元素是要被描述的？註記的細項是哪些？檢索點的數量為何？目錄或圖書館網站是取得這些資源最好的管道嗎？

當只有紙本作品存在時，應該要採用單一紀錄還是分立紀錄？本節擬針對上述問題分別加以說明如下。

圖書館員堅信將所有的圖書資料納入館藏目錄，透過 OPAC 提供查詢是讀者找到資源的最佳方式。然而受到人力、物力和技術的限制，通常未能將所有的電子資源納入館藏目錄，一般而言，圖書館對於直接存取的電子資源、全文電子期刊，及政府出版品會考慮予以編目，但對於遠端存取的電子資源則多半會根據館藏發展政策加以選擇，凡是具有教學研究價值、有長久性的全文電子書才會考慮納入編目範圍。圖書館對於電子書的編目也抱持著相同的態度，通常多數圖書館是透過電子書出版社或匯集商大量採購，每次採購常是數千甚至數萬本電子書，若要館員一一進行編目，實在是力有未逮。因此，基於現實考量，圖書館會選擇性的將電子書之紀錄整合到館藏目錄，常見的考量因素有三：1.教學需要；2.可增加館藏的能見度；3.為保存既有的古老特藏資料，將特藏電子資源編目後納入館藏，期能因此降低原有紙本的使用率。

若要將電子書整合在線上公用目錄中，使讀者可以一次查得所有資料而不會掛一漏萬，就要考慮編目規則的適用性。由於編目人員進行記述編目時是以編目規則為依據，而編目規則長久以來又是以圖書資料的載體(carrier)為著錄基礎，在電子資源發展以前，以圖書資料的載體為著錄基礎一直都能夠發揮功效，但是有了電子資源之後，礙於部分資源是虛擬而沒有載體，使得原有的概念基礎立即面臨挑戰。若根據 IFLA 的 FRBR 模式，電子書可以說是作品(work)

的載體版本(manifestation)，係以電子複製或傳真的形式呈現作品。因此，電子資源編目的暫時因應方式便是將其視為印刷資料的複製品，遵循微縮資料及複製作品的相關編目規則著錄(陳和琴 & 陳君屏, 2007, p. 94)。

圖書館在為電子書編目時應有清楚的政策作為編目的參考，例如 Rutgers University 即針對電子書制定了編目程序書，內容包含政策性的原則，如各種電子書是否編目、不同類型的電子書分屬於哪一部門進行編目，電子書的編目細則規範等；Yale University 則分別制定了電子版本及複製品的編目原則；其它如 Cornell University 所制定網路電子資源程序書，內容著重在編目的細則規範；Virginia University 的程序書則包含所有類型的資料，而電子書僅為其中的部分章節(黃彩媚, 2007, pp. 22-25)。

Rutgers University 的電子書編目手冊裡清楚地列出了七種需要編目的電子書：包含付費的電子資料庫之電子書、需要機構認證的電子書、經由 Digital Resources Coordinator 認證的電子書、透過申請表單提出需求之電子書、紙本版有提供 URL 的電子書、可以公開取得的政府出版品，和紐澤西典藏計畫所收到的政府出版品。另外有三種電子書是不予編目的，包括：1.免費但需要認證且有使用期限的電子書；2.試用的電子書；3.一般網頁和線上資源。除了第三種資源圖書館既不收藏也不列入圖書館的網站外，前二者皆可在圖書館的網站上取得資訊。另在該館的編目手冊裡也清楚提到應該如何將電子書編目，茲分述如下(Rutgers University Libraries, 2003)：

1. 電子書已有紙本館藏時，就直接將電子書的資料加到紙本的書目紀錄中。如果圖書館未採購紙本，則轉入電子版的書目紀錄，或修改紙本書目紀錄為電子版，或建立紙本書的電子版紀錄。
2. 編目原生電子書時，要建立 MARC 856，如果為紙本圖書的重製品，則直接在紙本紀錄的 856 欄位加入 URL，並且確認 URL 是有效的。
3. 不論併入紙本紀錄或是新建紀錄，編目員都要建立 MARC 856 欄位，並且將取用資源的限制在分欄 z 中說明。
4. 紙本書目有 URL 時，紀錄由 LC 取得，要保留書目紀錄中的 URL 並以 856 著錄，並且測試 URL 是否有效。

圖書館是否應將電子書的書目紀錄整合到線上公用目錄中，讓使用者可查詢電子書的書目，而不是直接到電子書的資料庫搜尋，關於這個議題，可由紐約 Rochester 大學將電子書的 MARC 整合至公用目錄之後，電子書的利用率便大幅成長的實例中得到解釋。根據 Rochester 大學圖書館在 2001 年 1 月至 5 月所進行的調查，結果顯示透過 OPAC 可直接查得電子書之功能，讓電子書的使用率大幅成長了七十五倍之多(俞芹芳, 2002, p. 5)。此外，相同的例子還有美國德州大學(University of Texas) 將電子書之書目紀錄轉入 OPAC 後，三個月內使用量便成長了百分之五十(Dillon, 2001, p. 116)。英國貝福遜大學(University of Bedfordshire)在 2006 年的調查亦發現將電子書整合到 OPAC 是圖書館普遍的共識(Belanger, 2007, p. 204)。

Jacqueline Belanger(2007, pp. 203-216)調查三十所英國高等教育

學校圖書館的 OPAC 是否提供電子書的書目，其中有二十八所圖書館在其 OPAC 中可查得電子書。而由廠商提供的電子書後設資料，有五所圖書館將電子書紀錄整合到 OPAC 裡，四所圖書館的 OPAC 包含有免費的電子書編目資料。從上述案例可以看出，如果圖書館不將電子書紀錄整合到 OPAC 裡，使用者在利用電子書時就必須到電子書的資料庫搜尋，但是不同電子書匯集商所提供的書目、檢索功能與檢索界面不盡相同，使用者除了要熟悉不同的檢索畫面，也要學習不同的檢索方法，實在是相當為難使用者。

Jane Hutton(2008)以十所大學圖書館的線上公用目錄和網頁來搜尋十本線上公開的電子書，調查這十所大學圖書館是否有足夠的數位化學習資源能提供遠距的學習者使用。結果發現只有三本電子書可以在十所圖書館的線上目錄找到，但卻沒有一本書被列在圖書館的主題或電子書網頁上。另有七本書可找到紙本和微縮形式，但這並無法滿足遠距學習的學生，另外也有二本書在十所圖書館的目錄中都無法找到。有些圖書館在圖書館電子書網頁提供指引，但似乎都很隨便地排列。因此，Hutton 認為當圖書館和資訊專家越來越注重數位館藏及其所帶來的服務，電腦科學家和工程師也強調數位圖書館中數位內容的檢索與取得，圖書館應該要能提供單一檢索入口，讓使用者透過一個介面便可找到所有的館藏資源，同時也應注重電子資源後設資料的發展，參與合作計畫，支援資源發現工具，並且將適合的電子資源搜尋工具與圖書館的目錄整合，以便為遠距的學習者提供完整的數位資源。

黃彩媚(2007, p. 25)針對 Yale University、Cornell University 和 Rutgers University 三所大學圖書館對於電子書的編目規範加以分類整理，茲列舉如下：

1. 合併書目紀錄或分立書目紀錄

   (1) 不論是複製品或重製電子版，皆採分立書目紀錄：Yale University 和 Cornell University。

   (2) 複製品採合併書目紀錄，重製電子版採分立書目紀錄：Rutgers University。

2. 類號的規範

   Yale University 對於複製品及重製電子版的規定不一，重製電子版的類號為必備，複製品為非必備，二者皆不需作者號，但抄錄編目若有此欄位亦可留下。

3. 紙本與電子版的連結

   (1) Yale University 不著錄 MARC530。

   (2) Cornell University 在電子版書目建 MARC776，而在紙本紀錄建 MARC530。

4. 標題的規範

   Yale University 強調不著錄形式標題，且抄錄編目時需將 MARC 655 用做電子形式的標題刪除，亦不做形式複分。

究竟要不要為相同題名的圖書建立不同格式的書目紀錄？例如，同一種圖書有紙本與電子格式，是否直接在紙本的書目紀錄中加上電子版之 URL？OCLC 與 LC 的建議都是要另外新增一筆書目，但各個圖書館其實是依照本身的需求選擇適合的方式。以加拿大University of Windsor's Leddy Library 為例，該館對於究竟要合併書目紀錄或分立書目紀錄的考慮如下表(Zhao & Zhao, 2010, pp. 99-100)：

表 5-2-1 電子書以單一紀錄或分立紀錄編目之優缺點分析表

紀錄型式＼優缺點	**優點**	**缺點**
單一紀錄 (Single record)	●減少自動化系統的數量，讀者可同時看到不同格式的圖書 ●成本效益的考量	●無法整批更新 ●無法做載體的檢索篩選
分立紀錄 (Separate record)	●可做載體的檢索篩選 ●可整批下載書目紀錄 ●可更即時地檢索不同類型的館藏 ●容易更新 ●無需費時做複本查核	●複本問題

資料來源：Zhao, S., & Zhao, W. (2010). Addressing the challenge: Cataloguing electronic books in academic libraries. *Evidence Based Library and Information Practice, 5*(1), 93-103.

Ingrid Hsieh-Yee(2006, pp. 172-176)在其著作《Organizing Audiovisual and Electronic Resources for Access: A Cataloging Guide》一書中，亦提出電子書於編目時無論採單一或分立紀錄編目時所應

注意的事項及進行方法，可供各圖書館參考。

圖書館為了節省電子書的編目成本，提高電子書的能見度，在簽約購買電子書時，會要求電子書代理商要同時提供電子書的書目紀錄，讓圖書館能將電子書整合到館藏目錄供使用者查詢。美國國會圖書館合作編目計畫(Program for Cooperative Cataloging，簡稱PCC)於 2006 年宣布已為電子書匯集商準備了一份電子書 MARC 指南，希望匯集商能依循指南提供書目紀錄給圖書館，後於 2009 年公布了該指南第二版，而目前的版本尚包括 2010 年 9 月以前的修訂資料。此指南的目的是希望匯集商提供符合 MARC 格式之書目紀錄，讓圖書館整理後能將書目紀錄匯入目錄系統中，以提供使用者一次購足服務。該指南將電子書分成三類，即 1.原生數位(born digital) 電子書，為出版前非以印刷或其他形式存在者；2.紙本出版品的新版本(new edition)，係指以紙本內容為基礎，內容經過新增、修改或刪除後，再以電子形式出版者；3.重製(reproduction)，是指將紙本出版品利用機械化過程將內容重製並轉換成另一種形式的新版本，但仍保留原始的畫面，例如重製成 PDF 檔或掃描成圖檔(Library of Congress, 2010c)。

電子書匯集商提供書目紀錄給圖書館，圖書館為確保書目品質的一致性，於上傳書目紀錄到 OPAC 之前，會先對書目紀錄做整理。館員希望電子書的書目能讓使用者利用關鍵詞查詢，並且將資料類型限定為電子書，檢索結果能將電子書書目清楚地呈現在 OPAC 介面上，再以簡單直接的方式連結到電子書本身(Sanchez, Fatout,

Howser, & Vance, 2006, p. 54)。根據加拿大 University of Windsor's Leddy Library 及 Ontario Council of University Libraries 的經驗，針對電子書編目，圖書館應該要制定相關的政策與流程，分別在編目事前、事中，與事後都要做若干處理。編目事前工作包括使用軟體整批編輯 MARC、記錄 MARC 的助記符號格式與 MARC 本身、確認欄位與符號皆符合編目標準、若檔案太大要記得切割、增加或刪除欄位是必要的；事中包括檢查 MARC 欄位（尤其是 100 段、650、700 段、符號與指標）、若有需要可建立權威紀錄、應時時檢查 URL、建立館藏紀錄；事後要確認書目紀錄的可得性，若連結發生問題，要記得通知廠商或出版社加以處理(Zhao & Zhao, 2010, pp. 101-102)。此外，該研究也建議圖書館可以向讀者推廣電子書，使其成為讀者教學或研究的工具之一。此外，建立電子書編目標準對於大學圖書館來說有其必要，而建立電子書的編目政策與流程可維持書目紀錄的一致性，對於讀者與館員來說應該是雙贏的策略。

第三節　電子期刊的編目議題

由於期刊資源的媒體形式相當多樣化(包括紙本、光碟、網路等)，而電子期刊資源則會因出版商、匯集商(aggregator)及資料庫廠商的不同，而對於同一種(title)電子期刊的組織、整理與呈現產生差異，電子期刊又常見延遲收錄(embargo)、收錄刊名異動、刊別重複收錄、全文缺漏等情況。因此，在面臨上述複雜又多變的狀況下，圖書館如何兼顧紙本與電子期刊，將其妥善地組織與整理，同時採用最佳的呈現方式，讓使用者得以方便及正確地取得資源，實為目前學術圖書館最為關注的議題，亦是圖書館實務工作上的一大挑戰。

連續性出版品因其連續出版的型態與容易變動的特性，使得編目上經常面臨一些問題。2002 年 AACR2 發表了修訂版（以下簡稱 AACR2R 2002），將第十二章的 Serials（連續性出版品）作了大幅度的修訂，以期適用於更廣義的連續性資源。在此次的修訂中，AACR2R 2002 將 Integrating Resources（整合型資源）納入第十二章，將章名改為 Continuing Resources（連續性資源），視連續性資源為一大類，其中包括連續性出版品（Serials）與整合性資源（Integrating Resources）。茲將兩者分別定義如下(American Library Association, 2002, pp. Appendix D-2)：

一、　連續性出版品（Serials）

以分離個別（discrete）的部分連續刊行，通常帶有編次，且沒有事先決定結束出版的刊期與年代，例如：期刊、雜誌、電子期刊、經常更新的名錄、年度報告、報紙與圖書集叢等皆屬之。

二、　整合性資源（Integrating Resources）

以增加或更新內容的方式和出版品整合為一，沒有個別分離的部分。例如：活頁出版品（loose-leafs）、資料庫及網站等。

連續性出版品最大的特性來自於它的「變動性」，雖然計畫要連續出版，卻也常因為各種因素導致停刊、延後出刊等變更。此外，也會有刊名、刊行機構、編次形式、出版頻率、刊物大小，及實體版式等的改變。因此，造成書目紀錄上的資訊經常變動。連續性出版品也常會與其他的連續性出版品或單行本圖書相關，例如：新舊刊名、補篇、翻譯等(陳和琴, 2004, p. 58)。隨著資訊技術的發展，出版型態逐漸多元化，電子期刊的出現促使連續性出版品以另一種不同的面貌，存在於數位化的環境之中，同時也挑戰著《英美編目規則》及《機讀編目格式》的適用性。

由於連續性出版品多變的特性，館員經常在處理新到出版品時才發現有所改變。因此，對館員來說是一大挑戰，連續性出版品的編目無論是其內容改變，或載體形式改變，都可能造成資料項目的變動，甚至必須另建一筆新紀錄。《中國編目規則》在規則 12.1.1.2 中提到，連續性出版品之正題名若有更易，應以題名另行編目。而在 AACR2 中亦規定，連續性出版品的改變若屬於次要改變，則不需另建新紀錄，使用附註項註記即可。但是如果有重大改變，就必須另建新紀錄，而所謂重大改變係指：

1. 主要款目改變；
2. 期刊翻譯本的正題名改變；
3. 用於劃一題名辨識用語的團體名稱改變；
4. 正題名有重大改變：開頭前五個字有任何增、刪、或次序上的變更；或因增、刪及改變而使得正題名的意義不同；
5. 形體格式（physical format）改變；

6.　版本敘述（edition statement）改變。

與圖書相同，當期刊同時擁有不同格式時（如：電子期刊），必須決定其書目紀錄應該合併為一筆，或分立為兩筆，即建立單一紀錄或分立紀錄的抉擇。線上連續性出版品合作編目計畫（Cooperative Online Serials Cataloging Program，簡稱 CONSER）的建議是「應該由各館自行決定」，同時在其編目手冊中載明，若紙本期刊的書目紀錄就能提供電子版的檢索點，則傾向採用單一書目紀錄，除非電子版本的內容與紙本期刊不同，才考慮分立書目紀錄(Cooperative Online Serials, 2007, pp. 11-14)。實際上兩種作法都各有支持者也都各有不同的主張，贊成單一紀錄者認為，此種方式較為簡單省時，且有助於特定期刊的並列；而贊成分立紀錄者則主張，電子形式應該另建新紀錄，因為紙本的 ISSN 與電子版不同，而且他們認為編目紀錄應該是描述承載智慧內容的媒介而非內容的抽取(Lamoureux, 2004)。

單一紀錄係基於編目聚集的原則，圖書館不對電子版本另行編目，使用者透過紙本期刊書目紀錄的說明，即可被指引到電子版本的內容，此模式是目前多數圖書館採行的方式。分立紀錄則指為不同的版本建立新的書目紀錄，即紙本與電子版期刊之題名雖相同，但在題名索引下會有兩個款目，檢索者可透過書目紀錄的呈現，了解書目之間的關係，但因分立紀錄強調版本間的不同，而較忽略書目聚集的功能，無法明顯呈現內容相同，但載體不同之版本間的關係(Lamoureux, 2004; Rosenberg, 2004, p. 5)。故 CONSER 於 2003 年便利用「聚集者中立」(Aggregator-neutral)的標準處理電子期刊(Shadle, 2004)，以降低電子期刊編目時產生的問題與令讀者混淆的呈現方式。

洪昭蘭在「網路電子期刊編目議題研探」一文中認為，單一紀錄的優點是編目省時、讀者可從一處掌握各類型資料的狀況；但缺點是書目紀錄充斥太多資訊，容易造成閱讀辨識之困擾且書目內容之資料量可能變得很大。而分立紀錄的優點是不同媒體有不同的著錄要項，可針對每一種媒體的資料作詳細編目；缺點則是編目費時、書目紀錄數量增加、相同題名出現時容易造成讀者混淆(洪昭蘭, 2005)。由此可見，無論選用單一紀錄或是分立紀錄都各有其優缺點，圖書館必需考量實務的狀況做政策性的決定。

陳和琴指出電子期刊編目的相關議題包括以下幾項：1.刊名主要改變與次要改變的判斷；2.單一紀錄與分建紀錄的考量；3.網路資源線上取用位置的改變；4.由紙本改為電子版的格式改變(陳和琴 & 陳君屏, 2007, pp. 78-91)。這些議題都是因為電子期刊的出版涉及許多參與者，例如出版社、代理商、資料庫製作商等，使得它在組織與整理時趨向多元與複雜。而電子期刊的連續性對期刊編目與文章內容組織也帶來了以下的挑戰：1.書目的新模式挑戰舊的編目規則；2.現有的國際標準期刊號(ISSN)不足以辨識電子期刊的卷、期與單篇論文，需要建立新的辨識系統(王梅玲, 2005, p. 167)。針對第一點前文已略做討論，後者則有國際標準期刊號國際中心(ISSN International Centre，簡稱 IC)嘗試在期刊主要題名變更時，無論新題名是否為舊題名的延續，均給予一個新的標準號碼，並取消新舊題名之間的連結。同時，IC 也考慮實施「國際標準期刊題名」(International Standard Serial Title，簡稱 ISST)，等同於期刊的劃一題名，若與 ISSN 併用將可能解決期刊兩個相關版本間的資訊問題。

除了刊名的改變之外，線上取用位址的變動也是電子期刊編目的重要挑戰，面對 URL 的變動性，館員需適時的修改資源連結點，這也是部分圖書館反對為電子期刊編目的原因之一。圖書館通常在 MARC 紀錄中提供 856 欄位，作為連結電子期刊全文的途徑，而當 URL 改變時，圖書館通常以三種方式因應：一、以自動或人工的方式查核 URL 的連結；二、來自目錄使用者的回報；三、出版社的訊息通報。一旦得知 URL 改變，圖書館員就必須編輯書目紀錄，以提供最新的取用途徑。倘若無法得知電子期刊的 URL 已改變時，唯一的解決方式便是使用 PURL(陳和琴 & 陳君屏, 2007, p. 88)。PURL 是永久性統一資源定位器，可解決 URL 變動性的問題，它具有再指引(redirector)的功能。換言之，當 URL 變動時，透過 PURL 仍可追蹤連結至最新的網址，雖然 PURL 可以替圖書館解決 URL 易變動的問題，但仍有其缺點存在，因為只有權責單位才能更新對照表(Resolution Table)，所以 URL 的維護問題仍然需要持續地予以關注。

對圖書館而言究竟哪些電子期刊應該優先編目？基本上可以考量以下幾種類型：

一、採購的電子期刊

經由採購而來的電子期刊應優先編目，包括部分因購買紙本期刊而贈送的電子期刊，簡單地說就是非經採購而入館的電子期刊不納入編目的範圍。因為完全免費的電子期刊，不像採購而來的電子期刊有代理商提供電子期刊書目變化之相關訊息，可以協助編目，再者完全免費的電子期刊需要花費人力進行篩選，才能網羅符合館藏政策的電子期刊供讀者使用。因此，除非圖書館人力充裕，否則執行不易。

二、全文型電子期刊

全文型電子期刊應優先編目。目前有許多網路電子期刊僅提供期刊目次(Table of Content，簡稱 TOC)及摘要，由於使用者查詢電子期刊習慣取得全文檔案，所以有些圖書館認為將提供目次或摘要的電子期刊加入書目紀錄，恐造成怕使用者在檢索 WebPAC 後，發現還要進一步利用其他管道才能取得全文，會對館藏目錄留下不好的評價，因此才會僅選擇全文型的電子期刊予以編目。其實最好的方式就是在無人力、經費等問題的情況下，將所有符合館藏政策且為全文之電子期刊皆納入編目範圍，以滿足使用者的需求。

三、具永久使用權

出版商或代理商提供的電子期刊在使用權上有兩種情形：1.訂購時才有使用權，若停止訂購，讀者便完全看不到任何一期的電子期刊；2.電子期刊在停訂後，對於之前曾經訂購的刊期，仍享有使用權。因此享有永久使用權的電子期刊應該要優先編目。若無永久使用權，電子期刊的書目紀錄將可能因停止訂購而無法使用，此時就要進行 856 欄位的網址刪除工作。

四、開放取用期刊(Open Access Journal，簡稱 OAJ)

對仍保有期刊特徵之開放取用期刊，圖書館可依各館政策應用現有編目工作的知識與原則，為其進行資訊組織工作，並且在圖書館的 OPAC 或 WebPAC 上提供讀者查詢。由於學術圖書館的期刊危機，圖書館界與學術團體開始思索和發展其他形式的學術出版管道，以期替代傳統商業出版社發行或代理的學術期刊，讓圖書館和讀者不因為期刊價格太高而無法訂閱與取得期刊全文，因而促使 Open Access 免費與開放的概念逐漸擴散。目前國外學術圖書館對 OAJ 的發行和建置已蔚為風氣，且有不少大學圖書館開始重視 OAJ 的編目問題，而國內學術圖書館多半也注意到 OAJ 的發展，並且致力於採用各種方式讓使用者可以順利取得全文(吳紹群, 2008)。

綜合上述可以瞭解，為順利組織電子期刊並妥善提供連結與利用，對於國際間連續性出版品相關標準的修訂，如 AACR2、ISSN-L、PURL 等的發展應該要持續予以關注。在實務工作上，圖書館在描述電子期刊時，須確定紙本與電子期刊究竟要採單一紀錄或分立紀錄，同時期刊的不同語言、不同版本、前後刊的連結等資訊的描述都是組織期刊時所必需考量的重點。另電子期刊的編目應有優先選擇的政策考量，才能真正提供讀者適當的資訊與方便的管道。

第四節　電子資源的查詢與利用

本節探討電子資源的查詢與利用，包括電子書與電子期刊，分別敘述圖書館如何加以組織，以提供使用者查詢與利用，兼亦提及相關的研究發現。此外，電子資源管理系統可用於不同類型之電子資源管理，為晚近圖書館相當倚賴的資訊管理系統，亦在本節一併說明。

一、電子書

目前圖書館提供電子書的檢索方式主要有兩種，一種是將電子書整合到線上公用目錄提供檢索；另一種是提供網頁式瀏覽清單。前者多仰賴電子書資料庫廠商提供 MARC 紀錄；若以網頁清單提供電子書資訊則有二種方式，其一以字順方式提供電子書資料庫廠商名稱和資料庫所包含之電子書清單；其二以主題表列方式將電子書的資訊呈現給使用者瀏覽與查詢。

Andrea Dinkelman 及 Kristine Stacy-Bates(2007)調查美國研究圖書館學會(ARL)的 111 所大學圖書館網頁，欲瞭解大學圖書館如何在網頁上提供電子書的取用，調查結果發現共有四種提供電子書取用的方法：

(一) 電子書網頁

62 所圖書館有電子書的網頁，有 49 所的電子書網頁包含在電子資源的大類之下。其中有獨立電子書網頁的圖書館，35 所在點選網頁 2 次之內就能進入。無獨立電子書網頁的圖書館，49 所在點選網頁 2 次之內能進入。提供獨立電子書網頁的圖書館，還同時提供了下列幾項功能：電子書資料庫的連結(89%)、連結到個別的電子書(42%)、同時和個別資料庫連結(39%)，提供電子書的查詢功能(26%)。

(二) 網頁電子書的描述語

有獨立電子書網頁的圖書館，其使用詞彙大多為 E-Books、Electronic Book、Electronic Text、E-Texts；若無獨立電子書網頁的圖書館，則將其包含在 Databases、Reference、Resource、Electronic、E-Full Text 等網頁之中。

(三) 圖書館目錄

僅有 33 所圖書館能提供使用者將查詢資料之形式限制為電子書，再進行查詢。

(四) 館藏目錄以外的途徑

有下列幾種方式：主題列表、電子資源題名、題名關鍵字或任意字、資料類型、出版社或代理商、提供多種查詢方式，其中具主題列表者有 104 所佔最多數。

前述調查與 Lucy A. Tedd 在 2005 年所做的調查結果相似，Tedd

之調查結果顯示圖書館利用網頁組織整理電子書的方式有三種(Tedd, 2005, pp. 68-69)：

(一) 網頁清單

於館藏編目後產生網頁電子書清單，直接放置在主要的入口或圖書館首頁，列出電子書書名，可依主題瀏覽。

(二) 電子書查詢系統

於自動化系統之外，另行建立一套可供全文檢索的電子書查詢系統，用以管理來自不同代理商的電子書資料庫，可用關鍵字查詢所有的電子書館藏。

(三) 整合查詢

提供單一工具，可同時查詢多種類型的資源。

陳和琴與陳君屏(2007, pp. 127-152)針對國內 15 所不同類型的圖書館，包括國家圖書館、13 所學術圖書館和 1 所公共圖書館所做的調查顯示，多數圖書館以 WebPAC 為主要取得電子資源的途徑，且多數圖書館因電子資源的類型不同，亦併行採用網頁清單的方式。部分大專院校圖書館目錄，有提供電子資料庫與電子期刊的查詢功能，且所調查的對象中皆未使用整合查詢系統。在中文電子書的部分，只有 6 所圖書館將其納入館藏目錄，其中 3 所直接由委外廠商提供機讀編目格式，圖書館只將 MARC 稍作修改，其中有 4 所提供電子書清單。

Jacqueline Belanger(2007)從 120 所英國大學圖書館中選擇 30 所可由網路檢索線上目錄系統的圖書館做為研究對象。查詢方式由各圖書館網頁上所列的電子書清單查詢 OPAC，或用供應商名稱(如：NetLibrary)，或限定資源類型，並且用關鍵字作查詢。上述檢索方法皆不可行時，便用已知之電子書題名或主題任意查詢，同時進一步訪談其中 8 所圖書館。30 所圖書館中，有 28 所將部分電子書之書目紀錄整合至圖書館館藏目錄，只有 5 所同時在網頁上提供清單或利用主題/題名查詢單一的電子書。另外 2 所圖書館未將電子書納入館藏目錄，分別是未採購電子書，及將紙本館藏與電子館藏分開，另提供整合查詢工具 MetaLib，以便同時查詢所有館藏。

OCLC(2005)曾調查大學生使用電子資源的方式，有 85%的學生會從搜尋引擎開始找查找資料，只有 2%的學生會利用圖書館網站，再進一步詢問學生是否熟悉圖書館的電子書資源，在 51%的回應學生中，有 28%的人回答「有點熟悉」更勝於「熟悉」的選項，顯示學術圖書館的主要使用者很少利用圖書館資源協助解決問題，學生不了解圖書館有哪些資源可以利用，自然也不會注意到圖書館網站上放置電子書的位置。

Andrea Dinkelman 及 Andrea Stacy-Bates(2007)的研究發現，在其調查的對象中，56%的學術圖書館有提供電子書取用服務，方式是在圖書館網站提供「電子書網頁」的連結，內容為電子書資料庫名稱清單，但卻不是電子書查詢系統或是全部的電子書清單，此種方式如何能讓使用者知道圖書館蒐藏了哪些電子書？因此，研究者認為應該要改善電子書的搜尋功能，提供無縫式的電子資源取得方式，以增加資源的被利用率，同時滿足使用者需求。為了達到無縫式之資源取得，學術圖書館更應提供單一檢索點，將所有形式的圖書集合一處，才能讓使用者有效且快速地查得所需之圖書資料(Hutton, 2008, p. 505)。

出版界採用的 EPub 和線上資訊交換標準(ONIX)，皆以 XML 來承載、傳遞和交換圖書資訊，圖書館可透過制定標準對照表(crosswalk)進行 MARC 與這二種標準的轉換。假設不同系統的格式能夠互通，那麼圖書館就能將書目資訊做更多的加值與應用，也能將不同形式的圖書，包括紙本與電子版予以連結，緊密地將資料聚集。圖書館應透過互通所得到的書目紀錄，或電子書資料庫廠商所提供的 MARC 來豐富館藏目錄，主動積極地提供使用者能一次查得所有資料，同時圖書館應該要針對使用者利用電子書之行為模式進行更多的相關研究，才能夠提供最佳的電子書服務。

二、電子期刊

隨著網路和電子出版技術的發展，電子期刊的傳播模式也有所改變，使用者以往取用紙本期刊的行為模式可說是線性與單向傳播，然而電子期刊的取用模式卻轉為雙向與互動，使得使用者的取用需求和行為深受影響。多數圖書館提供電子期刊的取用途徑約略可以分為四種，即館藏目錄、網頁清單、電子期刊查詢系統、及整合檢索，茲分別敘述如下：

(一) 館藏目錄

無論是採單一書目紀錄或分立書目紀錄，可在圖書館自動化系統中為電子期刊建立書目紀錄，讓使用者從圖書館的線上公用目錄即可查詢電子期刊的館藏情況並連結全文。採用此方法的優點是讓使用者以單一入口查尋各種館藏資料類型，且為其熟悉的檢索介面。缺點是電子期刊的異動度高，會加重維護書目紀錄的負擔。

(二) 網頁清單

網頁清單是電子期刊最常採用的組織方式，以簡單的網頁編輯器或 HTML 產生，在圖書館網頁建立電子期刊清單，提供使用者瀏覽連結使用，有時也提供簡單的查詢功能。清單通常以電子期刊的刊名、出版者、學科類別等途徑進行排列，網頁清單服務包括：字順清單、主題清單、搜尋功能與網路連結到圖書館目錄。此種快速查詢電子期刊的方式在管理上要隨時保持更新，是一件需要花費人力和時間的工作，且當電子期刊的刊名不只出現在一種網頁上時，其管理會更為複雜。(趙慶芬, 2005, p. ii)

相關研究指出，使用者喜歡使用網頁清單的方式，因為相較於使用線上目錄能更迅速且方便找到所需的電子期刊，若使用線上目錄則使用者依賴以關鍵字來檢索。採用網頁清單的優點有：有效列出可選擇的資源、能使用更廣的主題標目，比在館藏目錄中找尋方式佳、網頁呈現方式有彈性、更新資料庫比更新線上目錄容易(Cuddy & Bahr, 2006, p. 41)。缺點為需雙重維護網頁清單與 OPAC，使用者亦需雙重入口查找資源，且強調全文資源較忽略索引與摘要資源。

為解決網頁清單與 OPAC 未能同步更新之困擾，美國 Los Alamos National Laboratory（LANL）研究圖書　在其書目紀錄中加入 MARC 956 欄位，以描述電子期刊相關訊息，且透過程式抓取 OPAC 紀錄並自動產生字順式的刊名及主題清單[14]。只需花費館員少許的時間就可以為電子期刊提供多個檢索點，還可以讓讀者一致與及時查詢，可說是相當好的參考範例(Knudson et al., 1997)。

(三) 電子期刊查詢系統

電子期刊查詢系統是獨立於 OPAC 之外僅限於查找期刊的專屬查尋系統。係將多種電子期刊資料庫匯集成單一個資料庫系統，整合從不同來源出版的電子期刊資源，而且這些資源大多是全文。圖書館透過入口閘道建立使用者的取用帳戶，期刊入口閘道和匯集資料庫廠商提供客製化的服務幫助圖書館建立搜尋入口網站，使電子期刊之取用功能和文件傳遞變得容易。建置實例國內如淡江大學於 91 年 7 月自建紙本/電子版期刊查尋系統，國外如耶魯大學 Cushing/Whitney 醫學院圖書館於 1999 年初所建置之 JAKE(Jointly Administrated Knowledge Environment)系統　。採用此種獨立系統的優點是將電子期刊集中於一處管理，維護較為容易，缺點則是因未能整合於圖書館的 OPAC，不易由單一入口查尋到各種館藏資料(Chudnov, Crooker, & Parker, 2000)。

---

[14]網址為 http://library.lanl.gov/ejournals/

(四) 整合檢索

整合檢索是一種透過使用單一介面，從不同資訊來源加以蒐集和組織，以獲得結果的檢索過程。以技術觀點而論，整合檢索係透過不同資料庫，使用分散式搜尋原理及多種搜尋協定，利用單一介面來搜尋多種異質電子資源，包括網站、索引摘要資料庫、全文資料庫、電子期刊出版者等。早期的整合檢索系統只允許搜尋公用網站，並且使用簡單的技術檢索資訊，而新一代整合檢索技術則可以專為圖書館而設計(趙慶芬, 2005, pp. 25-31)。

三、電子資源管理系統(ERMS)

電子資源管理系統(Electronic Resource Management Systems，簡稱 ERMS)涵蓋電子資源生命週期的各種功能，包括：選擇、評估、取用、維護及續訂或刪訂等流程之管理。近年來由於電子資源蓬勃發展，大量的電子資源在圖書館的館藏之中已扮演相當重要的角色，而用於電子資源的經費比例也大幅提高，現今在學術圖書館的電子資源館藏超過 50%已不足為奇，而在圖書館採購業務中，購買電子全文期刊資料庫或出版商套裝電子資源產品更是司空見慣，傳統的管理方式已無法負擔如此龐大的資料量，圖書館必需要調整工作流程，才能有效管理館藏電子資源。

根據美國研究圖書館學會(ARL)在 2004 年的調查，電子資源館藏的管理實面臨三項挑戰：1.管理數量大增的電子資源館藏需要足夠人力；2. 需要電子資源的管理模組；3.電子資源的取用與編目問題(Association of Research Libraries, 2004, pp. 13-14)。在實作上，館員管理電子資源所遭遇的困難也不勝枚舉，例如：1.電子資源種類繁多，有個別獨立的電子期刊、電子書、索引摘要資料庫、套裝電子期刊，以及電子全文資料庫，這些電子資源可說是雜亂地被連結在一起，但版權卻是各自分開的。2.電子資源的版權、使用權與介面的歸屬相當不易釐清，易造成使用授權合約及法律上的問題，更使得採購過程複雜化。

電子資源的處理程序本質上是非線性的、耗時且多重階層，即使是最專業的人員，如果沒有工具的輔助也難以記住在處理複雜的電子資源生命週期中所有必要的資訊及流程。一般而言，館員維護電子資源館藏的方法多仰賴個人記憶、Excel 表單、e-mail 等，或使用個別獨立的系統工具，無法使各系統內的資訊具備一致性，再加上傳統的圖書館資訊整合管理系統(ILS)並不適用於電子館藏的管理。因此，電子資源管理系統對於圖書館而言可謂迫切需要。

傳統的圖書館資訊整合管理系統原本即設計為管理紙本資源之用，因此缺乏電子資源館藏管理上的工具與服務，無法描述電子資源的多重階層（參閱圖 5-4-1）、版權和使用權等屬性，而且不同平台對電子資源的管理方式也不盡相同。因此，圖書館有必要系統化整合管理電子資源所需的各種工具及工作流程(Emery, Ginn, Tonkery, & Petsche, 2004)。電子資源的管理程序稱做「電子資源生命週期」(E-Resources Life Cycle) (參閱圖 5-4-2)，針對電子資源館藏，圖書館必須以分散的任務來管理，然而電子資源的管理又是循環性的，非線性的動態特質反應出持續關注與更新的需要，而版權協商、版權管理、電子資源登錄、取用的支援、維持連線和疑難排除等都是電子資源上線供讀者取用後隨之而來的任務，同時電子資源管理的各個分散任務也因為分別由多個不同的廠商負責管控而顯得複雜。

理想上，一個 ERM 系統可以提供單一整合的連線維護與運作，或作為單一資訊儲存庫並具備協助執行電子資源生命週期管理的各項功能，包括採購、取用、版權管理、館藏評估、使用報告、統計分析等，以達到有效的選擇、評估、獲取、維護和取用電子資源。

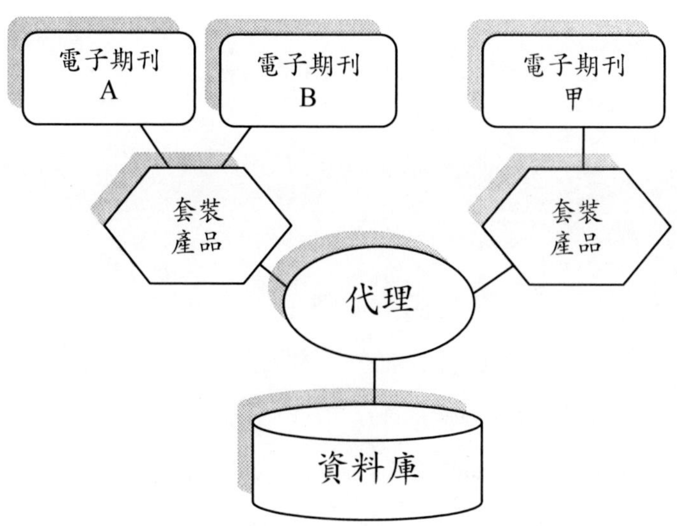

圖 5-4-1　電子資源之多重階層特性示意圖

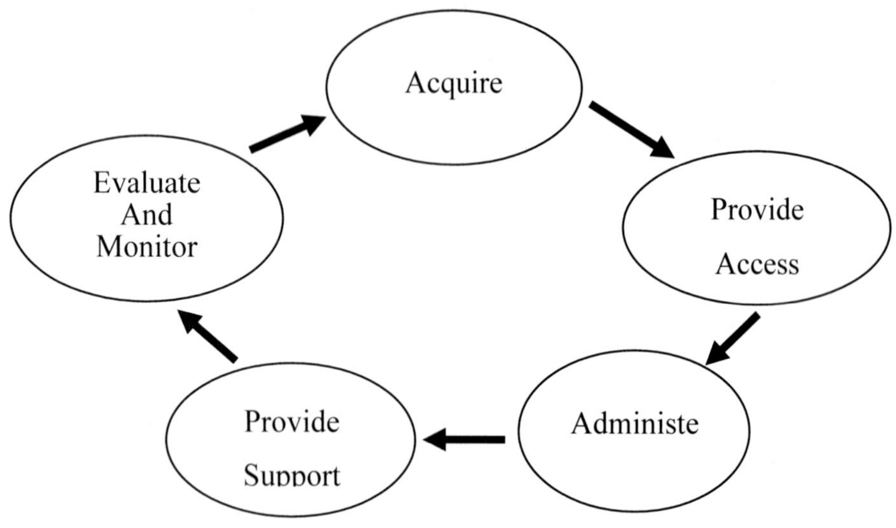

圖 5-4-2　電子資源生命週期示意圖

資料來源：Emery, J., Ginn, C., Tonkery, D. & Petsche, K. (2004). Expose yourself to electronic journals. *The Serials Librarian, 46*(1&2), 102.

為了改善電子資源的管理問題，在 1990 年至 2000 年之間，部分圖書館開始自行發展電子資源的管理計畫，例如：MIT 的 Virtual Electronic Resource Access (Vera)、Penn. State University 的 Electronic Resources Licensing and Information Center (ERLIC)、UCLA 的 Electronic Resource Database (ERD)，這些系統是為了在地圖書館現有工具及服務所缺乏的功能而設計，針對個別的圖書館提供各種獨特的功能以利管理電子資源館藏。很快地這些圖書館便發現他們在管理電子資源上面臨了相同的問題，進而開啟共同合作與投入的契機。

2001 年 Cornell University 的 Adam Chandler 以及 Washington University 的 Tim Jewell 建立了一個網站提供一個交流平台給各地圖書館用於交換在地系統的資訊，同時建立那些對系統有興趣的館員之間的聯繫管道(Library of Cornell, 2006)。在過程中逐漸發現這些在地系統在未來的發展上需要有一個標準供遵循。不久之後，在 2001 年 ALA 的年會上便成立了一個非正式指導小組，接著在 2002 年由數位圖書館聯盟（DLF）和國家資訊標準組織（NISO）贊助成立了數位圖書館聯盟電子資源管理方案（Electronic Resources Management Initiative，簡稱 ERMI），分為兩個工作小組，一個由館員組成，另一個則由圖書館系統業者與期刊出版商等組成(Digital Library Federation, 2004)。

DLF ERMI 的主要目標在發展電子資源管理的共同規範及工具、描述電子資源管理所需的基礎架構、促進電子資源管理系統發展、倡導最佳實務及標準。在 2004 年出版的 DLF DRMI 報告提供了電子資源管理的優先功能及系統設計的藍圖，這些標準旋即為大部分的電子資源管理系統業者所採用。第二階段的 DLF DRMI 計畫於 2006 年展開，其工作重點為：1.修訂 ERMI 元素集，以利於電腦系統之間的互通；2.與 NISO、EDItEUR 及一大群利益相關者共同發展認證表示標準(license expression standard)；3.與 ARL 合作舉辦研討會，進行訓練及推廣；4.與 NISO 合作發展網路服務協議書，把電子資源使用統計報告從代理商網站自動轉到 ERM 或其他系統，命名為標準化使用統計擷取方案(Standardized Usage Statistics Harvesting Initiative，簡稱 SUSHI)[15]，以輔助館員分析電子資源使用統計資料。

ERM 系統的建立只是有效管理電子資源的一部分，其他如人力資源、建立工作流程，實行電子資源相關任務等也都包含在電子資源管理的範圍。一旦圖書館導入 ERMS，其成功與否有賴於館員合力將系統融入日常的業務並與現存的系統整合，若只是將 ERMS 的功能視為現有系統及工作流程附加的工具，則其所能提供的價值將非常有限。ERMS 不僅可以處理每日電子資源的相關工作，亦同時能輔助館藏管理、支援館員做決策，包括館藏和經費、獲取全球市場資訊等。除此之外，ERMS 不僅是館員的基礎工具，也可作為使用者與電子資源互動的入口，對於使用者來說也具有實際的影響力。因此，圖書館若能仔細選擇及規劃 ERMS 的導入，將會增進電子資源工作流程及其管理的順暢。

第五節　書目關係與 FRBR 模式

書目關係(bibliographic relationship)是界定兩個或兩個以上的實體在書目世界中的階層性關連，目錄之目的與功能就是藉由書目之間的關係與連結而達成的。藉由書目關係的建立可架構出書目紀錄

---

15 網址為 http://www.niso.org/workrooms/sushi/

中各實體之間的關連性，無疑地是一種能讓讀者更有效率地使用圖書館目錄的途徑。而電子資源的產生使得原有資源間的書目關係變得更為複雜，若能藉由 FRBR 模式架構出書目間的階層關係，應該能為使用者提供更好的服務。本節共分二部分加以說明，一、書目關係；二、FRBR 模式在線上公用目錄的應用。

一、書目關係

1987 年，Barbara B. Tillett 分析英美編目規則，找出規則當中所涵蓋的書目關係，將其分為以下七種(Tillett, 1991b)：

1. 對等關係(equivalence relationships)：係指同一作品、同一版本的不同複本間的關係，或是原始作品與其複製品間的關係。此兩種狀況皆保留了其知識與藝術內容及其著者。例如：複本(copies)、各期(issues)、重印(reprints)、影印(facsimiles, photocopies)、縮影(microforms)及其他類似的重製。
2. 衍生關係(derivative relationships)：即機讀編目格式中所稱的平行關係，係指書目項目與其修改版之間的關係，包括下列幾種：
   (1) 校訂版，如：版本(editions)、修訂版(revisions)、翻譯(translations)摘要(summaries、abstracts、digests)；
   (2) 根據以前的作品加以修改而成一部新的著作；
   (3) 改變文體的類別，例如改編為戲劇或小說；
   (4) 雖屬新作品，但內容係根基於某一種文體(style)或主題(thematic)，如：自由翻譯(free translations)、改寫(paraphrases)、

模擬(imitation)、模仿詩文(parodies)。

3. 描述關係(descriptive relationships)：存在於某作品及其描述與批評者間的關係，如：書評及其原作、含解題之著作及其原作、評論及及其原作。
4. 整體部分及部分整體關係(whole-part or part-whole relationships)：係指部分之書目項目與其整體間的關係，也就是從文選、集叢或總集之中所選出來的個別項目與其整部作品之間的關係。
5. 附屬關係(accompanying relationships)：係指書目項目與其附隨資料間的關係，兩者間可能等同，如：索引；也可能是其中有一個為主要的部分，如：多媒體組件。
6. 接續關係(sequential relationships)：係指書目項目為繼續某項目的作品，如：連續性出版品或多冊書中的編次。
7. 共享特性關係(shared characteristic relationships)：兩者雖不相同，但卻共享某些特性，如：著者、題名、主題或目錄中可當成檢索點的特性，如：語言、出版年或出版地。

Tillett(1991a)在檢視過 24 種編目規則後發現，上述七種書目關係已透過編目規則並採用不同的機制予以提供，包括：內容註、館藏註、參照、附加款目、劃一題名、排序機制、分析款目、主要款目、版本敘述、集叢敘述、稽核項的附件、主題標目，以及多層次著錄等。她認為了解書目之間的關係有助於編目規則與線上目錄的設計，更可利用電腦的功能建立完善的書目關係網，以提升目錄聚集相關作品的能力。

除了圖書之外，對於連續性出版品各種版本之間的書目關係，如前刊、後刊、相關等資訊，主要是在 MARC 欄位 765-787 的連接欄位中加以描述(陳淑君, 1994, p. 176)。依據編目規則之規定，連續性出版品發生改變或刊名重大改變時便須另立新紀錄，此一規定容易造成使用者在查詢目錄時，查到過多的類似資料而產生混淆。

以空中英語教室為例，其最初出版之正式名稱為《空中英語文摘》，後改名為《空中英語教室》並行之有年。之後再度改回原名《空中英語文摘》，經過分衍之後而成為《空中英語教室 Basic》及《彭蒙惠英語 Advance》兩種刊物。為了因應這樣複雜的改變，書目紀錄一直在新舊刊之間更易，而由於該刊物又有不同的載體，必須分立紀錄。因此，館藏查詢的結果，會呈現一大串的書目紀錄，且各紀錄之間的關係，又無法從檢索結果中看出端倪，在這種情況下，很容易造成使用者迷失在目錄之中而不知如何做選擇。

從前文連續性出版品的特性與複雜性可以看出，連續性出版品的書目關係是呈現「多面向」的，若對照到 Barbara B. Tillett 所提出的七種書目關係，可分析出連續性出版品的書目關係會特別表現在下列兩項之中(Rosenberg & Hillman, 2004)：

1. 衍生關係：屬於平行的橫向關係，連續性出版品容易產生多重版本或譯本，例如：紙本再印、微縮複製版、翻譯版等，隨著電子期刊的擴散，將使得連續性出版品的關係更為複雜，在編目規則的規定下，各種紀錄會相繼保留並與其他紀錄並存。

2. 接續關係：屬於垂直的縱向關係，是指連續性出版品常有「繼續」、「合併」、「分衍」等改變而有新舊刊名、版本或格式不同的情況。依據編目規則，當連續性出版品經歷重大改變時，舊紀錄會因此結束而重新開啟新的紀錄。

書目家族最早是用於建立存在於作品之間的關係，Kristin Antelman(2004)認為書目家族的概念非常適用於連續性出版品。書目家族是從 Patrick Wilson(1978, p. 10)對作品的定義而來，他將作品定義為「一群或一個家族的文本」，Richard Smiraglia(1994, p. 172)根據 Barbara Tillett 的衍生關係來定義書目家族為「相關作品的網絡……構成一個書目家族，這些累積的作品彼此間分享著觀念和語意內容，並且來自一個先祖的作品」。書目家族也可以視為是以一個「超作品」(super-work)，透過書目家族，便可追蹤連續性出版品的接續關係。

以 New York Times 為例，這份連續性出版品包含了 New York Times Magazine 及 New York Times Book Review，且它們三者同時都被 New York Times Index 所收錄，而 New York Times 與 New York Times 20th Century in Review 又互為相關作品，這些相互關聯的書目紀錄實體即可組成一個書目家族(參見圖 5-5-1)。因此，若將此概念套用在連續性出版品上，理當能夠表現出連續性出版品及其衍生作品與接續作品之間的關係(Antelman, 2004, p. 244)。

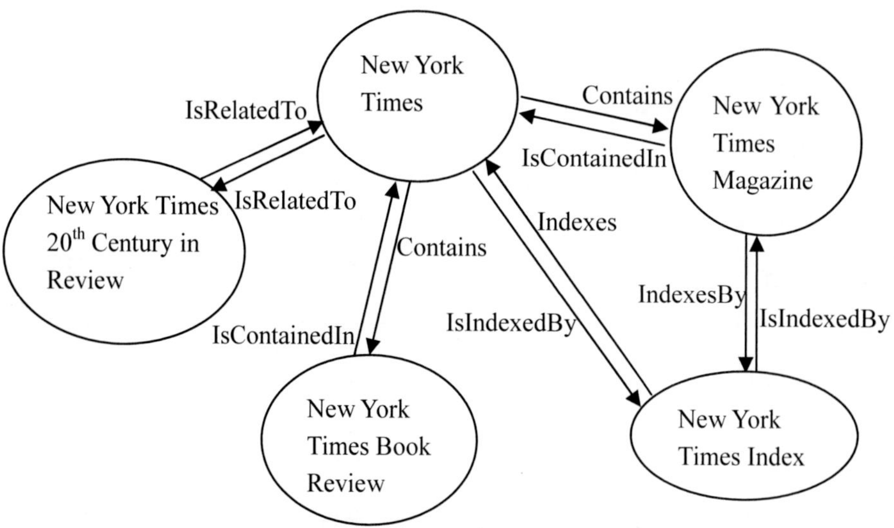

圖 5-5-1　Kristin Antelman 提出之連續性出版品書目家族關係圖

資料來源：Antelman, K. (2004). Identifying the serial work as a bibliographic entity. *Library Resources & Technical Services, 48*(4), 244.

基於期刊出版的複雜與多變性，在編目上也較一般圖書複雜，若要建立期刊的書目關係，就必須先辨識期刊之間的版本關係。從過去到現在已有多位學者與研究機構曾提出各種方式來建立期刊的書目關係，包括超作品（Super work）、超紀錄（Super record）、連結識別碼與 FRBR 等方法，本節先就前三者加以敘述，至於 FRBR 如何應用於連續性出版品則於本章第六節再予詳述。

(一) 超紀錄（Super record）

超紀錄是 Rahmatollah Fattahi 於 1996 年的 JSC 會議中所提出，目的在聚合特定著者的不同作品、特定作品的各種版本與載體版本，並且將作品的關係呈現出來。超紀錄係以著者標目及劃一題名所組成，是一種連結到相關題名的簡化書目紀錄架構，其 1XX 段著錄主要款目及最原始的題名，並且給予一個修飾語"Supertitle"，7XX 段則是用來連結其他版本或是經歷主要改變的版本。若能確實辨識書目關係並記錄各種題名與版本，便可以產生較佳的連結架構 (Fattahi, 1996)。

2002 至 2004 年間 CONSER Task Force 進行了一個書目紀錄 FRBR 化的計畫，嘗試在 CONSER 館藏資料庫中應用超紀錄的概念，將書目紀錄的著錄內容轉換成包含出版形式與館藏紀錄，結果顯示超紀錄相當適合用來將書目紀錄 FRBR 化，並且呈現期刊資料之間的關係。此外，該計畫之中還加入出版歷史紀錄（publication history record），除了可藉由檢索期刊題名找到期刊館藏之外，還可以透過某一個別紀錄連結到期刊館藏，並且以 780/785 欄位搜尋連續題名以及 776 欄位搜尋其他格式，參見圖 5-5-2(Rosenberg & Hillman, 2004)。

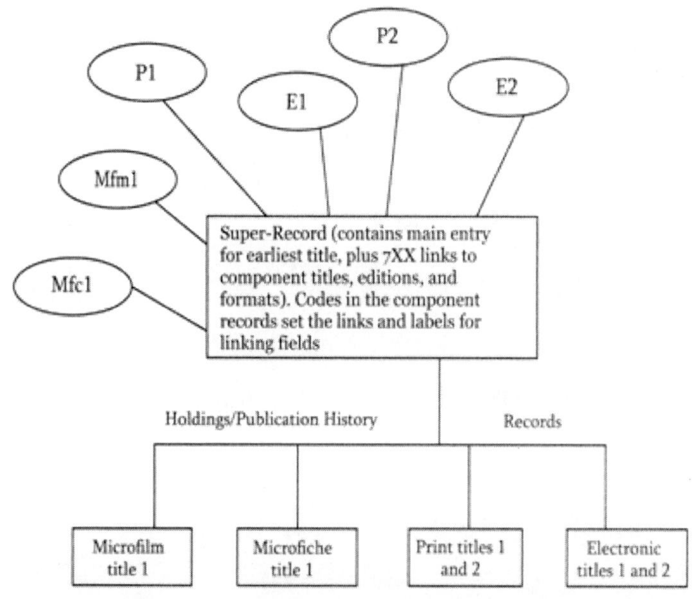

圖 5-5-2　超紀錄以視覺化呈現示意圖

資料來源：Rosenberg, F. and Hillman, D. (2004). *An approach to serials with FRBR in mind*. Retrieved April 6, 2010, from http://www.lib.unc.edu/cat/mfh/serials_approach_frbr.pdf

超紀錄雖然被證實可以呈現出期刊的整體書目關係，但實際運用上仍有些問題存在。CONSER Task Force 的計畫所呈現出的超紀錄樣式，顯示出超紀錄往前可連結到文章層次的描述資料，往後可連結到館藏的文章，此種方式雖然可以完整顯現出期刊的館藏與出版狀況，卻因為分為往前與往後容易讓使用者找不到或迷失在書目紀錄中。因此，如果書目關係的呈現也能以分開和個別的方式呈現，應該可以避免使用者誤解。

(二) 超作品（Super work）

超作品是 Elaine Svenonius 在 1994 年提出的概念，他定義超作品是一群數量不等的作品所形成的數個子集合，子集合中的成員彼此之間並沒有共同的資訊內容，而是所有成員皆源自同一個母作品（ur-work）。意即超作品是凌駕在作品層級之上的整體概念，且由許多衍生自相同知識來源的作品所構成。因此，衍生可說是超作品的主要特性。Svenonius 認為採用作品的辨識碼可以建構子集合之間的衍生關係並將子集合予以聚集，如圖 5-5-3(Smiraglia, 2007, pp. 73-86)。

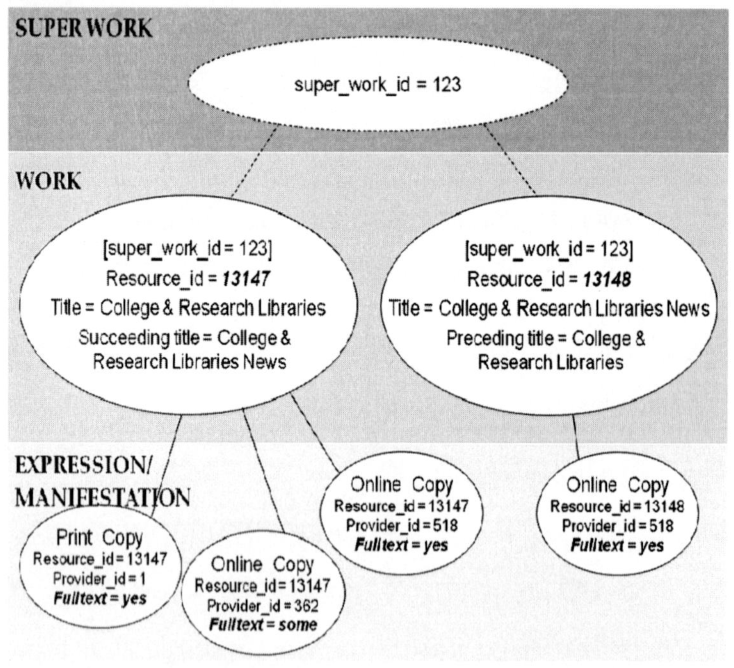

圖 5-5-3　超作品(Super work)概念示意圖

資料來源：Antelman, K. (2005). *The dis-integrated library system of the future*. Retrieved January 14, 2011, from: http://www.lib.ncsu.edu/endeca/presentations/200510-endeca-antelman.ppt

Julian Everett Allgood(2007)也提到了「超作品」（super-work 或稱 super-record）的建立，她認為超作品有助於管理連續性出版品各個成分間的關係（包括修訂、版本、被定義為重大改變的每個接續部分）。在 FRBR 化的目錄裡，連續性出版品需要有一「超作品」，以表現連續性出版品與各個接續作品與衍生作品間的關係。2008 年 Rebecca Kemp(2008, pp. 93-94)建議連續性出版品應有「超作品」的存在，以作為書目紀錄的辨識標準並將相關的資源聚集在一起，她並且針對目錄如何呈現連續性出版品的家族關係提出建議。首先透過聚集相關期刊的 780 及 785 欄位資料，建立超作品名稱的歷史，並且將它填入 1XX（期刊最早的刊名或劃一題名）和 7XX（相關的期刊題名）做為超作品的紀錄。

由於期刊超作品的概念與建立有助於了解整個期刊的歷史，透過這樣的方式可以建立起「家族樹」(family tree)，並且可以將這樣的家族樹利用圖形化表示，例如在 Washington State Library 的目錄查詢 Seattle post-intelligencer，可以在檢索結果頁面上看到該刊的家族樹（如圖 5-5-4），若再點選圖示就可以看到整個期刊刊名改變的歷史（如圖 5-5-5），其中每一個方框都允許再進一步點選查看。

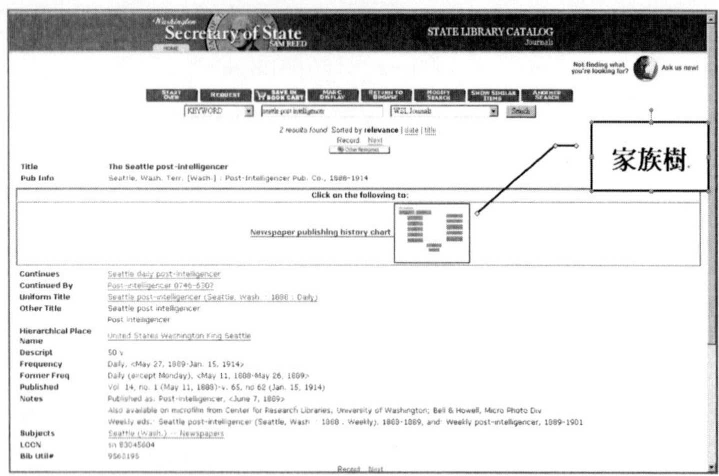

圖 5-5-4　以 *Seattle post-intelligencer* 檢索

Washington State Library 目錄的結果

資料來源：Washington State Library. (2010). *Search the library catalog.* Retrieved December 23, 2010, from http://www.sos.wa.gov/library/catalog.aspx

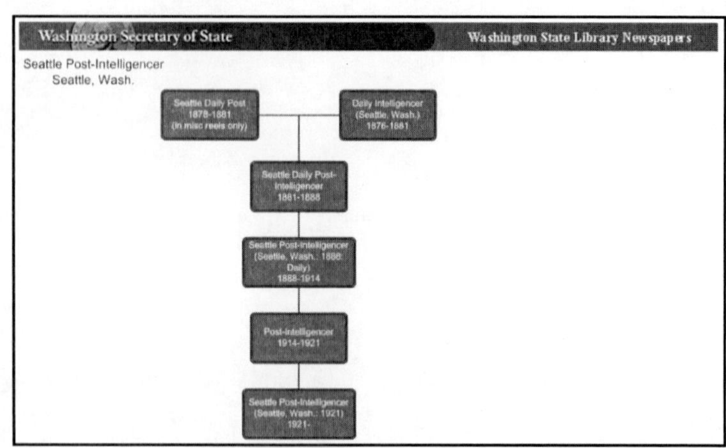

圖 5-5-5　*Seattle post-intelligencer* 家族樹

有人贊同「超作品」但也有人提出不同的觀點，認為沒有提供期刊整體出版歷史的必要，因為使用者通常會利用從期刊索引找到線索，且希望能簡單地連結到他們所要尋找的卷期（包括所能獲得的各種版本）。但是不可否認「超作品」在某種程度上也是作為目錄的視覺呈現，可用來與使用者互動，且擁有接續與衍生關係的相關作品，採用分立紀錄，還是可能造成使用者的誤解(陳和琴, 2004, p. 58)。因此，站在服務讀者的立場，圖書館如果能夠協助讀者利用更清楚、更好用的目錄，又何樂而不為？超作品的概念實與書目家族雷同，但書目家族更能展現出書目之間的整體關係，若從字面來看實不易了解超作品的意涵，因此自從 1994 年書目家族一詞被提出之後，超作品便逐漸少人使用。

建立連續性出版品的書目家族關係，可從現存的書目資料中進行轉換，但這並不是一件簡單的事，連結機制在當中扮演著重要的角色。連結的方式很多，可透過 MARC 的連接段（linking entry）作連結，也可以利用 ISSN、ISST、LCCN、DOI、劃一題名甚至是自行給號的方式來做為連結點。在這些討論中較具普遍性的共識是，大部分的學者都一致認為劃一題名對於連續性出版品的辨識並不是一個很好的方式，畢竟在電腦閱讀的世界中，採用標準號碼應該還是最好的辨識方法。

(三) 連結識別碼(Linking ID)

2009 至 2010 年中國科學技術資訊研究所（Institute of Science

and Technology Information，簡稱 ISTIC）的實驗性研究計畫中採用關聯的資料(Linked data)概念[16]，以辨識期刊的書目關係。該研究計畫的主要目的有以下幾點：1.以 FRBR 及期刊的語意關係為基礎，建置統一的資源識別碼（Uniform Resource Identifier，URI）；2.增進聯合目錄描述與組織資源的能力；3.在資源不同層級的關係中加入新思維，以強化書目管理效能；4.簡化工作流程，以協助聯合資料處理系統能辨識書目關係並對應到相關的 metadata；5.支援儲存中心及聯合服務系統，促使期刊有較佳的搜尋結果並呈現其聯連性。

為了達到上述目的，特定義了兩種識別碼來連結書目，一是階層關係識別碼，一是語意關係識別碼。階層關係識別碼包括 Super-Work-ID、 Work-ID 、 Expression-ID 與 Manifestation-ID，藉以呈現期刊紀錄之超作品、作品、內容版本與載體版本各層級間的關係；語意關係識別碼則包含期刊之：繼續(continue to)、併入(merge to)、分裂(split to)、整合(embodied in)、經由識別(realized through)、等同(equivalent to)等，由期刊編目館員用以描述與連結期刊紀錄之間的語意關係（如圖 5-5-6）。最後再利用 OAI-PMH 協定呈現期刊書目紀錄間的關係與連結，並且讓使用者能檢索、瀏覽與取得(Haiyan & Cho, 2009)。

---

[16] 關聯的資料另於本書第七章第五節詳述。

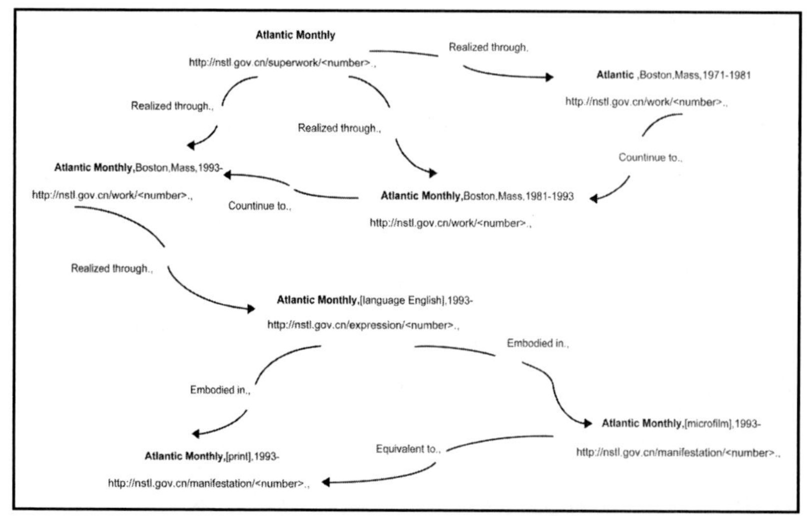

圖 5-5-6　期刊的語意關係連結圖

資料來源：Haiyan, B., & Cho, Y.-L. (2009). *Structuring serials bibliographic relationships through id linking*. Paper presented at the International Conference on Dublin Core and Metadata Applications, Seoul, Korea. Retrieved January 15, 2011, from http://dcpapers.dublincore.org/ojs/pubs/article/view/959/960

二、FRBR 模式在線上公用目錄的應用

為說明 FRBR 模式如何應用於線上公用目錄，以下共分四個部分加以敘述，(一)何謂 FRBR；(二) 何謂 FRBRization；(三) FRBR 對線上公用目錄的影響；(四)相關研究與範例。

(一)何謂 FRBR

1991 年 IFLA 組成研究小組著手研究「書目紀錄功能基本需求」，

該計畫之目的在於：1. 提供一清楚的結構化架構，以連結書目紀錄中的編目資料，滿足讀者的需求；2. 建立國家資料庫系統之概念性架構；3. 建議一國家書目紀錄的核心層級(Murtomaa, 2000, p. 34)。FRBR 採用實體(entities)、屬性（attribute）及關係（relationships）這三層架構來分析書目著錄的對象。根據研究小組的定義，書目著錄的對象可以分成作品（work）、內容版本（expression）、載體版本（manifestation）及單件（item）等，同時採用加權計分的方式辨識出它們各自所需要的核心資料項目（core data elements），企圖進一步地表達實體之間的各種書目關係(Madison, 1999, pp. 7-10)。在 FRBR 中將 Tillett 所提出的書目關係修正為以下六種：

1. 作品對作品(work-to-work)
2. 內容版本對內容版本(expression-to-expression(edition))
3. 內容版本對作品(expression-to-work)
4. 載體版本對載體版本(manifestation-to-manifestation(version))
5. 載體版本對項目(manifestation-to-item)
6. 項目對項目(item-to-item)

「書目紀錄基本需求」的主要概念是將書目著錄的對象分為三群(Murtomaa, 2000, p. 34)，第一群敘述實體間存在的三層關係模式，即實體、屬性及關係，而實體是讀者興趣之所在，又分為以下四種(Madison, 2000, pp. 155-156)：

1. 作品(*work*)：它是明確的知識與藝術創作，此一抽象實體可以提供一個名稱，同時也可以描繪出知識與藝術創作之間的關係。當我們提及狄更斯所撰的《***大衛高伯菲爾***》時，認定它是一部作品，只會去考慮它的知識創作並不會去提到特殊的版本或文本。
2. 內容版本(expression)：為作品知識與藝術創作之展現，包括特定的用字、句子、段落等，展現出其所代表的作品，並且提供同一作品不同版本在知識內容上的區隔。例如：一部以莎士比亞所著的理查三世的英文版為基礎的法文翻譯本。
3. 載體版本(manifestation)：作品版本的具體化，換言之版本是指出版或發行，代表了所有具體物件的最大範圍，這些具體物件都帶有相同的特性反應出知識內容與外觀形式，諸如：手稿、錄影帶、期刊等。載體版本允許我們去描述共同的特質，例如：在圖書館的目錄中可以有兩個關於 The New Yorker 的載體版本，一為印刷版，一為縮影版。
4. 單件(Item)：為載體版本的單一實例，在許多情況下是指單一的有形物件，也就是你在實質或是虛擬的館藏中所查詢的具體物件。舉例來說有兩本相同的書，但其中只有一本有作者的親筆簽名。

由此可見作品是明確的知識與藝術創作，如：《***羅密歐與茱麗葉***》，而某一特定的知識與藝術創作稱為內容版本，如：原作或改編之作品。一部作品可能有許多的內容版本，如：翻譯本，而實質儲存一部作品的內容版本稱為載體版本，如：CD-ROM，所謂載體版本是代表了所有知識內容與外觀形式的主體，單一的載體版本稱為單件。三者之間的關係是作品之單一特定者稱為內容版本，許多內容版本的呈現為載體版本，單一的載體版本稱為單件。第二群是指個人或團體負責第一群實體之知識與藝術創作之製作與銷售者。第三群是指作品之主題中所展現的觀念、物件、事件或地點。在實體關係模式中會將載體版本加以描述、聚合並連結權威形式的名稱、作品及主題。在 FRBR 中這些元素稱做屬性，它們是讀者形成查詢問題以及找尋特定實體的要件。

關於第一群實體之間的關係如圖 5-5-7，第二群作品及其知識與藝術創作負責者之間的關係如圖 5-5-8，第三群作品主題之間的關係如圖 5-5-9。

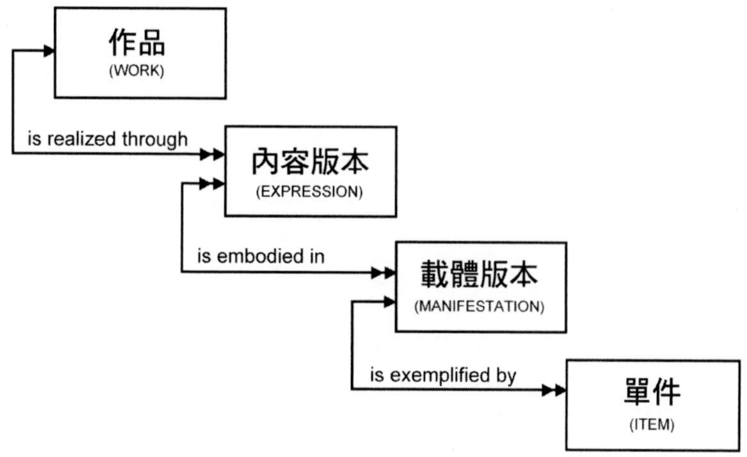

圖 5-5-7　FRBR 第一群實體間的關係圖

資料來源：International Federation of Library Associations and Institutions. (2007, December 26). *Functional requirements for bibliographic records final report*, p.13. Retrieved April 12, 2010, from http://archive.ifla.org/VII/s13/frbr/frbr_2008.pdf

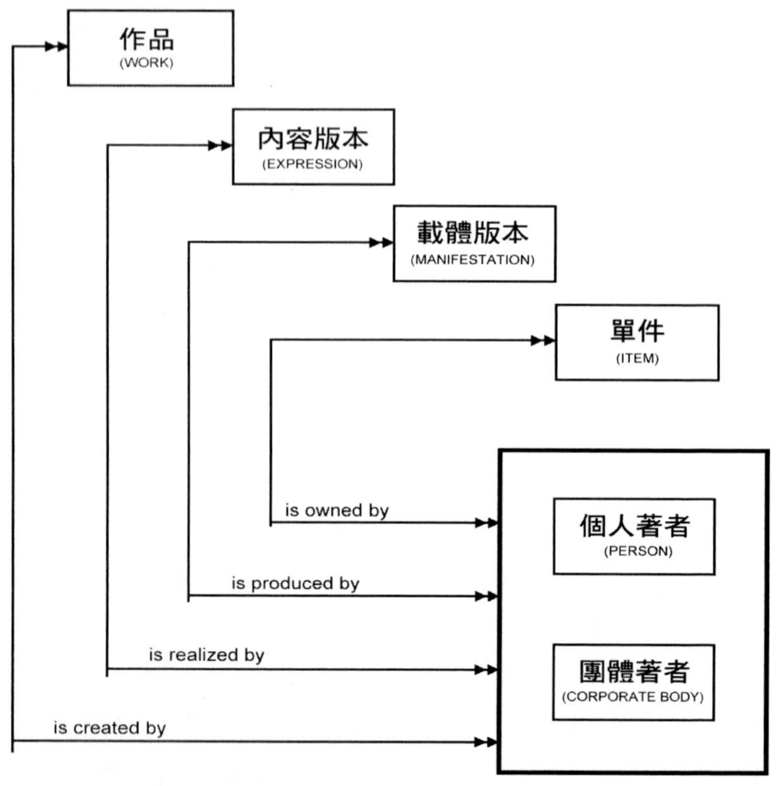

圖 5-5-8　FRBR 實體及其知識與藝術創作負責者間關係圖

資料來源:International Federation of Library Associations and Institutions. (2007, December 26). *Functional requirements for bibliographic records final report*, p14. Retrieved April 12, 2010, from http://archive.ifla.org/VII/s13/frbr/frbr_2008.pdf

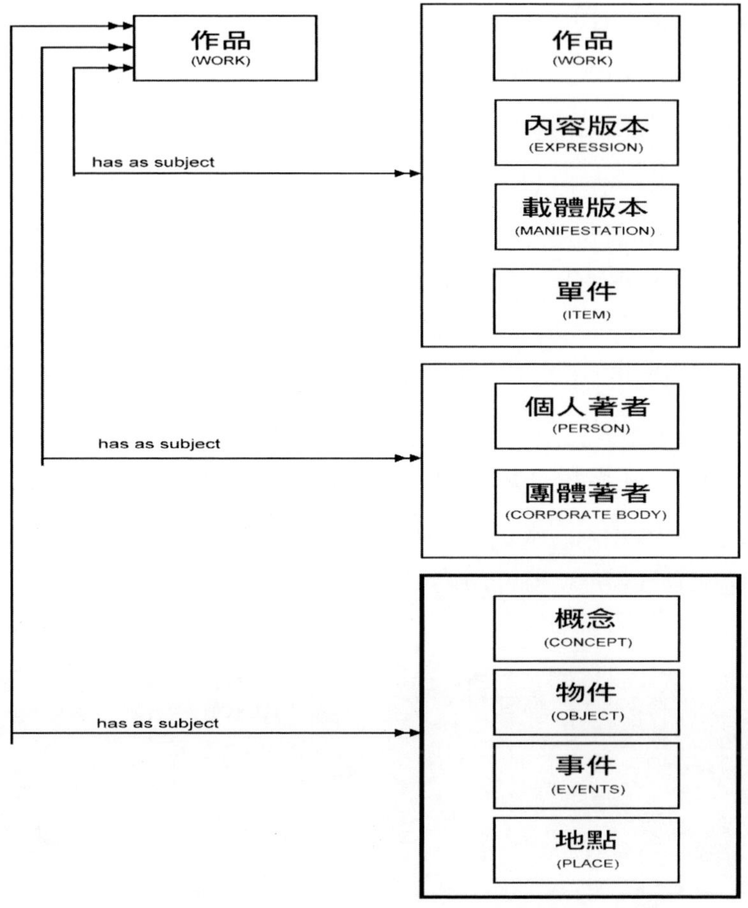

圖 5-5-9　FRBR 第三群作品與主題間的關係圖

資料來源: International Federation of Library Associations and Institutions. (2007, December 26). *Functional requirements for bibliographic records final report, p.15*. Retrieved April 12, 2010, from http://archive.ifla.org/VII/s13/frbr/frbr_2008.pdf

(二) 何謂 FRBRization

所謂 FRBRization 是指檢視書目紀錄並研究如何將書目紀錄分成 FRBR 提出之作品群組(work cluster)，以便能符合 FRBR 之需求，這樣的過程被稱做 FRBR 化，即 FRBRization(張慧銖, 2007, p. 36)。其目的在加強既存目錄的書目關係，利於使用者達成檢索的任務，以及設計或改寫一個新的使用者介面，用以展示書目關係。

FRBR 化的流程要先經過 FRBR 實體辨識，提取書目紀錄中的實體進入 FRBR 模式當中，再將重複的實體聚合起來，過程如圖 5-5-10。其中聚合的步驟較為困難，因為書目紀錄在概念上是被放置在 FRBR 模式的載體版本層次，但 FRBR 模式卻沒有對作品及內容版本層次提出具體的對應關係(Dickey, 2008)。

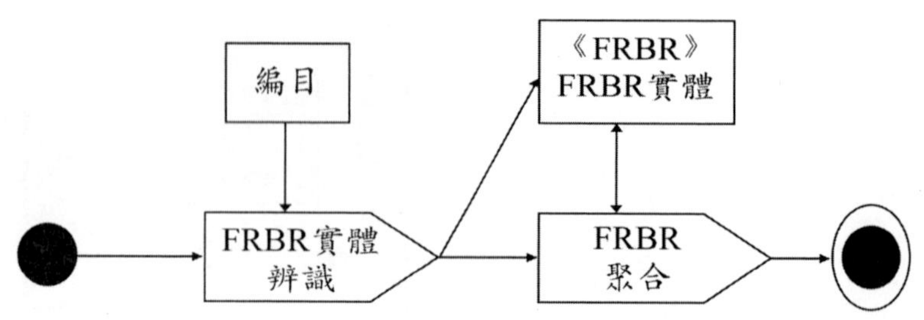

圖 5-5-10　FRBRization 程序示意圖

資料來源：eContentplus programme1. (2010, January). *A central TEL authority metadata repository*. Retrieved January10, 2010, from http://www.theeuropeanlibrary.org/portal/organisation/cooperation/telplus/documents/TELplus-D3%206_v1%204_2008_07_29.pdf

(三) FRBR 對線上公用目錄的影響

關於FRBR對線上公用目錄的影響，可以從四個面向加以觀察，茲說明如下：

1. 書目紀錄呈現方面

   以作品為中心編目，把作品的內容版本、載體版本和單件等資訊統一到作品樹狀結構的目錄之下，再透過相關資源的聚合，反映實體之間的相互關係，如此便可增加書目紀錄的內容，強化紀錄之間的邏輯關係。

2. 檢索方面

   以作品為基礎建立書目紀錄，可使相關紀錄以作品為核心加以聚合，讓使用者執行一次檢索即可獲取所有的相關資源，亦可協助其辨識及選擇所需資源。在提高回收率的同時，也為資料庫節省空間，從而能提高檢索效率。

3. 館員方面

   可使編目工作更加系統化與條理化，因為資料元素被分配對應到適當的書目層次，直接交換紀錄將更為容易且快速，亦使比對工作變得容易。運用 FRBR 模式將有助於編目分享，減少重複編目，亦可降低編目成本。

4. 使用者方面

   除可提供使用者更完善、更精確的查詢外，復因檢索介面友善、簡單明瞭，可使檢索結果完整且易於瀏覽，便於使用者辨識與選擇資訊。

(四)相關研究與範例

分析 FRBR 應用於線上公用目錄相關的研究範例，大約可以歸納出以下三點：1.至今已有許多 FRBR 的相關研究及實際的應用，而這也正代表 FRBR 確實持續在影響著圖書館的發展；2.可以看出 FRBR 的實驗計畫大多應用在聯合目錄等資料量眾多的資料庫，因為資料量夠大才能顯現 FRBR 模式分層的效果並看出書目關係的脈絡；3. FRBR 整體模式尚未被完全應用，大部分的研究與實作都集中在 FBRB 的第一群實體，鮮少有第二群或第三群實體的研究或應用。從文獻探討中也可以發現多數學者或機構都對 FRBR 的發展抱持著正面的態度，但是實際應用在 OPAC 的過程中，還是要注意許多挑戰，諸如：書目紀錄品質、MARC 格式、演算法等。以下分別介紹幾個相關研究：

1. WorldCat Work-Set Algorithm(Hickey & Toves, 2009)

此研究將 FRBR 作品的概念應用在 WorldCat 中，試圖預估 WorldCat 中作品的數量，並且從抽取的樣本中了解作品的重要特質。其方法為隨機從 WorldCat 中抽取 1,000 筆紀錄，以作品及載體版本的概念進行分析，同時採用自動掃瞄及人工查檢兩種方式進行作品分組。研究結果瞭解 WorldCat 中作品類型關係，若應用 FRBR 於 WorldCat 中，僅需專注於少量的複雜作品，即可讓整個資料庫發揮最大效益。

2. Korean Union Catalog(Cho, 2006)

此研究之目的為提出理論方法，鼓勵韓國各地的圖書館能將 FRBR 概念運用在其 OPAC 之中。研究方法以理論建構 FRBR 的作品群組分類流程(參見圖 5-5-11)，之後再將 FRBR 應用在 OPAC 之中(參見圖 5-5-12)。而作品群組分類的步驟為先比對劃一題名、再進行題名及作者對照，最後由專家進行檢視評斷合適性，再給予主要款目(題名/作者鍵)。

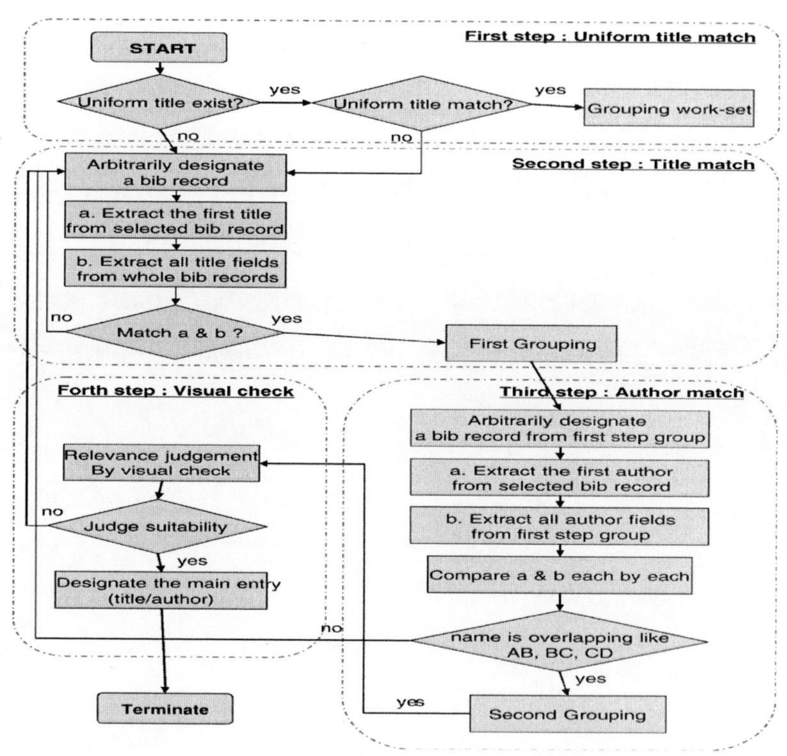

圖 5-5-11 應用 FRBR 之作品群組分類流程圖

資料來源：Cho, J. (2006). A study on the application method of the Functional Requirements for Bibliographic Records (FRBR) to the Online Public Access Catalog (OPAC) in Korean libraries. *Library Collections, Acquisitions & Technical Services, 30*(3-4), 208.

將聯合目錄資料庫建立 FRBR 的作品群組後，該研究提出將 FRBR 應用到當地 OPAC 的概念模式，並加入 xISBN Web 服務。整個模式流程共有 9 大步驟(參見圖 5-5-12)：1. 使用者選取當地 OPAC 書目資訊中的 ISBN 號碼；2. 系統要求 URL 和 ISBN 號碼；3. xISBN 系統送出包含 ISBN 的 XML 檔；4. 當地的 OPAC 從 XML 檔中提取 ISBN 資訊並對照提取當地資料庫的書目紀錄；5. 輸出 OPAC 資料庫中匹配的書目紀錄資訊；6. 檢索聯合資料庫中的相關紀錄；7. 在當地資料庫找不到的相關紀錄，在聯合資料庫中進行 ISBN 檢索；8. 書目資訊由聯合目錄回傳；9. 可對擁有該館藏的圖書館申請 ILL 服務。

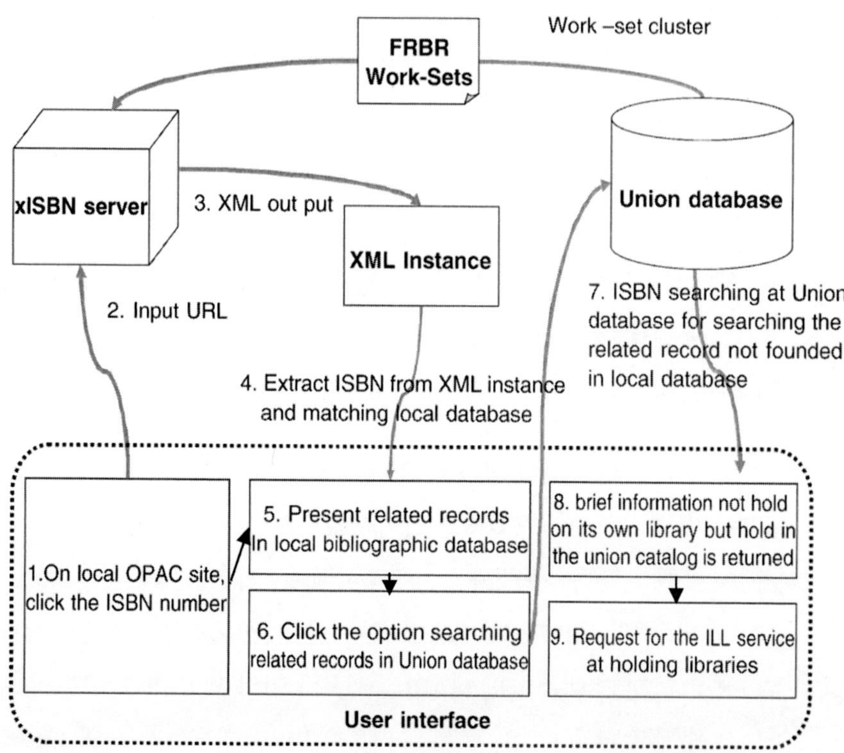

圖 5-5-12 應用 FRBR 到當地圖書館之 OPAC 概念模型

資料來源：Cho, J. (2006). A study on the application method of the Functional Requirements for Bibliographic Records (FRBR) to the Online Public Access Catalog (OPAC) in Korean libraries. *Library Collections, Acquisitions & Technical Services, 30*(3-4), 211.

3. FRBR 應用於 NBINet(張慧銖, 2007)

該研究之目的在評估 NBINet 採用 FRBR 模式的可行性，方法由 NBINet 中選擇測試樣本 5,733 筆紀錄，撰寫程式產生 CMARC 書目紀錄的「題名/作者鍵」再進行作品比對，同時輔以人工方式確認是否能聚集 NBINet 資料庫中的作品。透過比對，可以指出相同的作品，而透過紀錄可以辨別內容版本，研究發現 NBINet 若要採用 FRBR 模式仍要克服許多問題，最主要的還是書目資料庫的品質問題。

4. The European Library(2010)

此聯合目錄欲整合 48 所、35 種語言的歐洲國家圖書館之書目資料，以提供通用的館藏檢索點。館藏資源包括紙本與數位型式之圖書、期刊、手稿、學位論文、海報、地圖、錄音及錄影資料等[17]。建置方式先將 MARC 紀錄 FRBR 化，共採取四個步驟，分別為：(1)依 FRBR 需求評估及修正 MARC 紀錄；(2)提取 FRBR 實體進行編碼；(3)彙整重複的 FRBR 實體；(4)將 FRBR 資訊合併至 OPAC 和權威資料庫。OPAC 以 FRBR 的架構整合資訊，檢索結果能以簡短的單件清單呈現，而清單中則會呈現與單件相關的書目(參見圖 5-5-13)。檢索結果的呈現相當友善，且有 30 個群集(作品)、623 個結果(書目紀錄符合內容版本)。其中 30 個群集是 30 個最「相關」的作品。

[17] 網址為 http://search.theeuropeanlibrary.org/portal/en/index.html

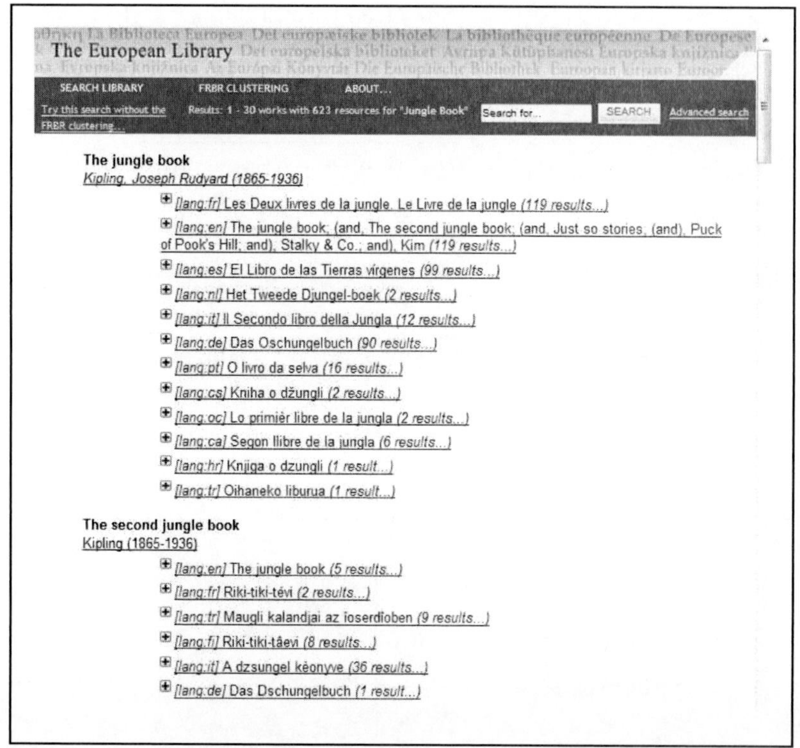

圖 5-5-13 The European Library OPAC 以 FRBR 的架構整合資訊

第六節 連續性出版品適用 FRBR 之探討

FRBR 最終報告出版之後，許多應用都集中在非連續性出版品，特別是文學及音樂作品，而忽略其在連續性出版品的應用。究其原因主要還是源於連續性出版品的複雜性，直到最近幾年，研究焦點才開始轉移到連續性出版品。然而 FRBR 是否適用於連續性出版品？學者專家卻有不同的見解。Jean Hirons(2002)認為在概念層次上，FRBR 能夠清楚地應用於連續性出版品，Tom Delsey(2003)亦表贊同。Delsey 同時指出在 FRBR 的屬性定義中，對於作品、內容版本、載體版本，都分別有適用或特別指定作為連續性出版品的屬性。為瞭解 FRBR 適用連續性出版品的狀況，茲將 FRBR 最終報告中與連續性出版品相關的應用層次、屬性及屬性定義整理如表 5-6-1：

表 5-6-1　FRBR 關於連續性出版品之應用層次、屬性及屬性定義一覽表

應用層次	屬性	屬性定義
作品	出版意向（intended termination）	說明作品是有限期完成或將無限期繼續發行。
內容版本	可延展性（extensibility of expression）	預期未來會有其他智慧或藝術性內容加入，例：內容版本一次只完成一部分或一期。
	可修訂性（revisability of expression）	預期未來內容版本的智慧或藝術性內容會被修訂，例：初稿、臨時報告、定期更新的名錄。
	編次方式（sequencing pattern, serial）	指期刊是以卷、期或日期來代表每一次的發行卷期，如：volume、number。
	預期出版的規律性（expected regularity of issue, serial）	預期發行的規律性，如：規律、不規律。

	預期出版頻率（expected frequency of issue, serial）	每一卷期預期發行的間隔，如：weekly, monthly, quarterly, annually, etc.
載體版本	出版狀態（publication status, serial）	期刊的出版現況，如：仍在出版、已停止發行。
	編次（numbering serial）	出現在載體版本上的卷期與日期。如：Volume 1, number 1 (January 1971)

Delsey(2003)雖然指出了 FRBR 的應用屬性，但對於整份期刊、單期、單篇論文應如何導入 FRBR 第一組實體的四個層次中，則不論是他或是 FRBR 的最終報告都缺乏詳細的說明與例子。Frieda Rosenberg(2004)認為連續性資源本身的複雜性使其與 FRBR 間形成更為複雜的關係，而連續性出版品遵循 AACR2 的紀錄格式，也是造成其應用 FRBR 的問題之一，意即編目規則的規定使得連續性出版品衍成多筆紀錄，因而使書目關係變得複雜。

本節針對FRBR是否適用於連續性出版品加以探討，共分為一、連續性出版品的「作品」所指為何？二、連續性出版品如何導入 FRBR 模式？三、連續性出版品應用 FRBR 之研究計畫，四、結語等四部分加以敘述。

一、連續性出版品的「作品」

「作品」可說是 FRBR 第一組實體的核心概念，在 FRBR 最終報告中，將作品定義為「藝術與創作的成果」，並指出「作品的概念是抽象的，無法用一實體來代表。不同文化環境對於作品的定義也不相同。因此，不同文化或國家對作品範圍的界定也有所不同，以致所設定的書目描述亦不相同。」(International Federation of Library Associations and Institutions, 2007b)。連續性出版品的組成結構不同於一般圖書，若從其最基本的組成結構區分，可以分為整份期刊、單期與單篇三個層次，且每個層次都可屬於智慧與藝術性的創作。若對照到 FRBR 對作品所提出的闡釋，連續性出版品的作品究竟是指三個層次中的哪一個？此點在 FRBR 最終報告中並沒有明確地說明。

由於 FRBR 報告缺乏連續性出版品的應用範例，因此研究者似乎也只能從 FRBR 定義的「作品對作品」的關係中列出的「續刊」、「附刊」、「補篇」以及「整體/部分」等關係，試圖推敲連續性出版品的作品所指為何。然而此種自由心證的結果，將導致 FRBR 於連續性出版品的應用無法標準化，最後可能會造成使用者看不懂各個圖書館目錄所呈現的書目關係，甚至形成未來互通上的障礙。

連續性出版品編目的問題，也反應出定義「作品」的困難，根據 AACR2R，連續性出版品應依其改變的程度決定是否應另建新紀錄，此規定所引發的問題是，究竟哪個作品的實體應該被紀錄？Everett Allgood(2007)因此指出定義連續性出版品的「作品」有其困難，因為連續性出版品的紀錄是多面向（multi-dimensional）的，通常包括連結參照（linking references）到垂直與平行的相關資源。

Regina Reynolds 及 Marla Whitney Chesler(2009, p. 52)曾提到將 FRBR 的實體概念應用在連續性出版品有其困難，因為關於連續性出版品「作品」的定義，仍有太多爭論。每當刊名改變時，是否就應該要視其為另一個新作品，或者應將刊名前後變更的歷史皆視為同一個作品？然而 Tom Delsey(2003)與 Pat Riva(2003)卻點出連續性出版品的「作品」可視為一「聚集作品（aggregate work）」，亦即連續性出版品是由多個獨立的作品所組成。而所謂聚集作品的特性包括：有共同的題名、經訂閱取得、是一個分離的個別部分(Jones, 2005, p. 232)。

關於連續性出版品「作品」的定義，目前仍未有正式且統一的共識。Ronald Hegler(1997a)提醒，「作品」應該要有無爭議性的理論基礎來支撐，才能有利於書目控制。陳和琴(2004, p. 64)亦指出「FRBR 強調目錄展現同一作品的辨識與聚合，除非作品與作品之間的疆界能夠劃清，否則 FRBR 化不易執行。」由此可見，在定義連續性出版品的「作品」前，仍應謹慎思考其中的複雜關係並加以釐清，以避免未來造成目錄呈現時的混亂狀況。

二、連續性出版品導入 FRBR 模式

由於連續性出版品的作品無法有一正式的定義，也造成 FRBR 模式導入之困難。2003 年 Pat Riva(2003, p. 16)提出 FRBR 應用於連續性出版品的概念，將 FRBR 模式導入連續性出版品後所呈現之結構如下表：

表 5-6-2　Pat Riva 提出之連續性出版品應用 FRBR 對應表

FRBR模式	連續性出版品的應用
作品	整份連續性出版品
內容版本	原文、翻譯成其他語言、為聽障者錄製的助聽版
載體版本	原始印刷版、再印版、微縮複製、CD-ROM、遠距數位版(PDF)
單　　件	訂閱之每期或複本（each subscription/ copy held）

資料來源：Riva, P. (2003). Defining the boundaries: FRBR, AACR and the serial. *Serials Librarian, 45*(3), 16.

在上述的應用模式裡，連續性出版品是指一種聚集的作品，相當於整份連續性出版品（意即整份期刊），內容版本用以區別表現方式的不同，例如語言及表現形式，載體版本則指載錄的實體，像是紙本、微縮、光碟、數位等，而單件指的是「單期」（單期期刊）。

Steve Shadle(2006)提出連續性出版品中有一種遞迴關係（Recursive Relationship）是 FRBR 中未曾提到過的，但可以用 FRBR 的整體/部分（whole/ part）予以含蓋。他首先將期刊解構為整份期刊、單期、單篇三個層次，然後導入 FRBR 模式，呈現的結構如圖 5-6-1 所示。內容為一篇俄文的文章刊登於俄文的期刊中，除了紙本之外，同時以線上版呈現於商業網站，此文亦被翻譯成英文並刊登在翻譯的英文期刊中。

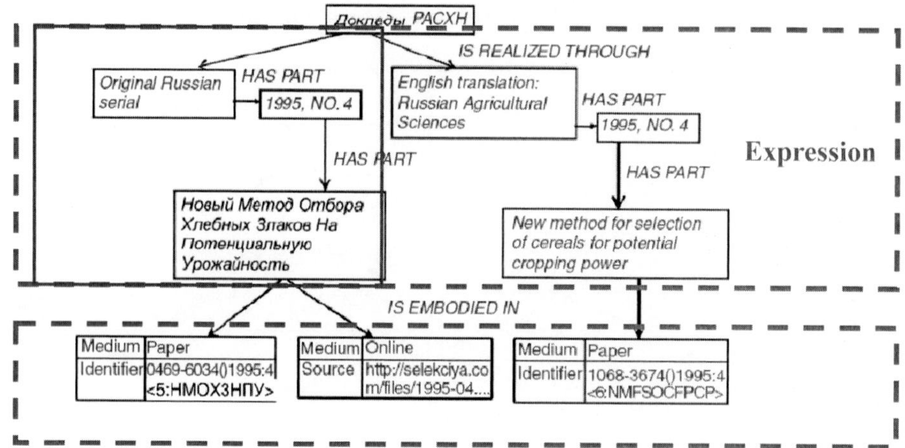

圖 5-6-1　Steve Shadle 提出之連續性出版品應用 FRBR 示意圖

資料來源：Shadle, S. (2006). FRBR and serials: An overview and analysis. *Serials Librarian, 50*(1/2), 100.

將前文提到的期刊組成之基本結構，比對 Pat Riva(2003)與 Steve Shadle(2006)兩人所提出的連續性出版品應用 FRBR 模式，可以約略描繪出比較表如下：

表 5-6-3　連續性出版品各層次應用 FRBR 模式比較表

FRBR模式	Pat Riva的應用	Steve Shadle的應用
作品	整份期刊	整份期刊
內容版本		單期 單篇
載體版本		
單件	單期	單篇的載體 (online 或print)

由表 5-6-3 可以看出，在 Pat Riva 的應用模式裡，期刊的單期屬於 FRBR 的「單件」層次，且 Pat Riva 並未將單篇論文考慮進去；而在 Steve Shadle 的應用模式裡，單期、單篇均屬於 FRBR 的內容版本。由此更能彰顯連續性出版品導入 FRBR 各規範層次的不足，這也與許多學者在討論內容版本、載體版本、單件之間的混淆不謀而合。因此，如欲將 FRBR 普遍推行於各圖書館，提供連續性出版品階層式的目錄架構，仍應致力於將連續性出版品各層次導入規範定義清楚，才能使連續性出版品呈現一致化的結構，也才能讓使用者可以輕鬆地悠遊於各圖書館的目錄。

透過前文之分析可以歸納出以下幾點：(1)目前學者對於連續性出版品「作品」的定義，大致上都傾向應是一種「聚集作品（aggregate work）」，也就是說整份期刊是由單期作品與單篇作品所組成，而這「整份期刊」便是連續性出版品所指的「作品」；(2) 由表 5-6-3 所呈現兩位學者之看法，僅為「一份」連續性出版品的內在關係，但 FRBR 又應如何建立連續性出版品的衍生關係與接續關係呢？

Kristin Antelman(2004, p. 243)指出，使用者需要有一個更高層次的概念架構，這一點可從使用者的需求看出，在資料類型多元的現代，館藏目錄裡包含了各種電子版本，讀者需要看到館藏中的各種版本，以利選擇適合自己的資料，這與 Lubetzky(1953, p. 6)在其目錄的第二目的所提到的概念相同。

三、連續性出版品應用 FRBR 之相關計畫

FRBR 應用於連續性出版品雖然仍有作品定義不明確、各層次之間的導入缺乏清楚的規範等問題，但目前在已經有一些圖書館開始採用 FRBR 的概念來建構期刊目錄的查尋與顯示。以下將以美國北卡州立大學圖書館（The North Carolina State University library）所建置 E-Matrix 計畫(Antelman & Davis, 2005, pp. 285-288)，及美國伊利諾大學香檳分校圖書館 ORR 建置計畫為個案分別加以說明(Naun, 2007)。

北卡州立大學圖書館當初發展 E-Matrix 的目的，是希望能夠跳脫 MARC 格式及圖書館自動化系統的限制，利用 FRBR 的階層式特性及使用者導向來設計的一個電子資源管理系統。於是他們在 2005 年開始採用 FRBR 模式，加上以「連續性出版品是一種聚集的作品」

的概念，進行 E-Matrix 的建置。

在系統建置之初，他們加入了使用者的觀點，發展出一個修改過後的連續性出版品 FRBR 描述模式，將 manifestation 及 expression 合併為一個層次，稱作 manifexpressions。若以「American Scientist」這本期刊為例，將 American Scientist 視為一個作品，在 NCSU 圖書館中共典藏有 4 種不同的 manifexpressions 的作品，包括紙本、線上全文、EBSCO 資料庫中的文章選集(selected articles)、ProQuest 資料庫中的文章選集(selected articles)，如下所示：

American Scientist (work)

- Full text (manifexpressions)
- Print (manifexpressions)
- Selected articles (Link to EBSCO product) (manifexpressions)
- Selected articles (Link to ProQuest product) (manifexpressions)

然而經過實施之後，發現這種方法雖然適合獲取，但對讀者卻沒有幫助，於是進一步將模式修改為 work、expression、manifestation 三種顯示方式，如下所示：

American Scientist (work)

- Full text (expression)
  - ✧ online (manifestation)
  - ✧ print (manifestation)
- Selected articles (expression)
  - ✧ Link to EBSCO product (manifestation)
  - ✧ Link to ProQuest product (manifestation)

實際連結NCSU圖書館的目錄進行期刊搜尋[18]，可以得到下列結果：

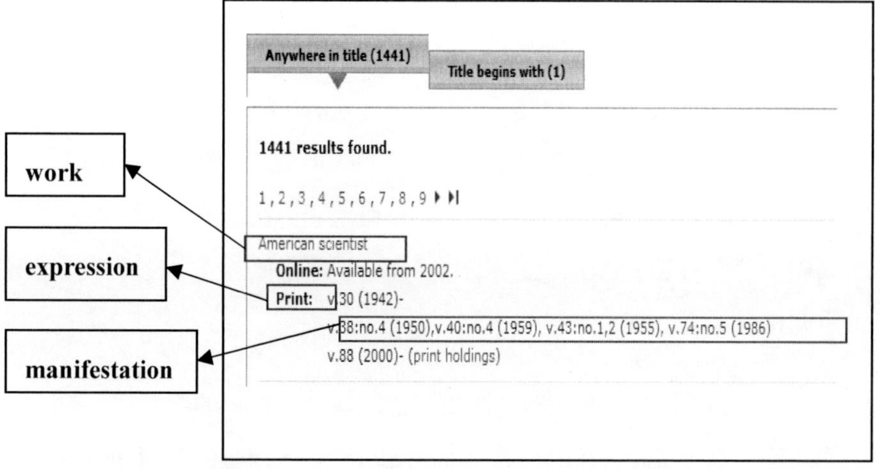

圖 5-6-2 以期刊 *American Scientist* 查詢 NCSU 之 E-Matrix 結果

資料來源：North Carolina State University Libraries. (2010). *Search the collection: Journals*. Retrieved April 12, 2010, from http://www.lib.ncsu.edu/journals/

18 網址為 http://www.lib.ncsu.edu/journals/

在此計畫進行過程中遭遇到另一個困難是如何決定 E-Matrix 中的作品辨識，通常館員會認為刊名是最好的辨識元素，但是當刊名改變時，讀者容易混淆。最後，他們決定由 E-Matrix 自行給予每個作品一個識別碼。多個刊名(title)可經由相同的作品識別碼(work id)被連結在一起。執行檢索後，就可以根據刊名(title)索引的作品識別碼找到該作品的所有載體版本。

美國伊利諾大學香檳分校圖書館(*University of Illinois at Urbana-Champaign*，簡稱 UIUC)應用 FRBR 模式於電子期刊的檢索工具。該館為數位資源另提供一個目錄(Online Research Resources，簡稱 ORR)[19]，特別是針對電子期刊，主要在解決線上公用目錄呈現數位資源的缺點。此目錄雖非刻意依照 FRBR 模式而設計，卻可以提供層次的紀錄結構，該館發現 FRBR 概念應用在電子期刊檢索工具極為適合，同時 FRBR 也為期刊管理資料庫系統架構之設計提供重要指引。

除了前述計畫之外，有些圖書館也已經將 FRBR 的概念納入他們的期刊查尋或圖書館的目錄中，例如愛荷華大學圖書館的 Primo 系統(University of Iowa Libraries, 2010)、伊利諾大學香檳分校的線上研究資源系統(University of Illinois at Urbana-Champaign–Online Research Resources)(2010)。

---

19 網址為 http://www.library.illinois.edu/orr/

四、結語

經過前述探討後，可以歸納出以下幾個要點：

（一）關於連續性出版品之「作品」，目前大多傾向將其視為一個集合作品(aggregate work)，但仍缺乏一個正式的定義。

（二）FRBR 將作品層次抽離出來，以聚集相關作品的概念，很適合導入書目關係複雜的連續性出版品，而利用聚集的概念所提供的目錄，對使用者而言在檢索結果的呈現上將是一大突破。至於 FRBR 的作品/內容版本/載體版本/單件四個層次如何導入連續性出版品，仍然缺乏統一的規範。如果各圖書館在實作時，各自解讀與定義，那麼各館的目錄結構將不可能有較一致的呈現方式，還是可能導致使用者在使用多個系統時產生混淆，且容易造成未來資料互通的阻礙。

（三）書目家族的概念可以解決連續性出版品各種衍生與接續版本在目錄中所造成的混淆，但是目前僅有少數的實驗性計畫。為釐清連續性出版品複雜的出版關係，FRBR 的應用令人期待，但對於作品、層次間的定義問題，端賴 FRBR 相關任務小組繼續進行研究。因此，FRBR 應用於連續性出版品的後續發展，仍然值得持續追蹤與關注。

第六章　引進電子資源對圖書館組織架構的影響

近幾十年來由於電子出版的興起，使得各類型的圖書館及其館員在資訊科技時代裡已經體驗到相當程度的改變，收藏的資料從架上的圖書轉為電腦中的位元組；電子資源日漸普及，採購館藏的成本亦逐年增長，但經費卻並未相對增加，直接影響到館員購買以及維護館藏的能力。除了紙本資源轉型成電子格式外，原生數位資源也逐漸增長，而採購館藏的方式從個別購買到套裝採購，無論在價格或方式上都產生變化。套裝的資源內容舉凡電子資料庫、電子期刊、電子書等皆包含其中。然而任何型式的資訊，包括電子資源在內，都應該涵蓋在同一套館藏發展政策的範圍內，與發展紙本館藏一般，應依據選擇標準和評估程序進行建置(Demas, 1994)。

由於電子出版品有其獨特性並快速地進入圖書館，已然突破圖書館以往傳統的作業模式。當圖書館面臨這些新型態的資源時，應該如何加以選擇並將其整合到現有的館藏之中？又該如何提供服務？其中牽涉到採訪、組織整理與相關服務政策的修改，工作流程的變動，人員的配置與教育訓練，以及組織架構的調整。其中又以組織調整最為重要，因為組織架構除可事先將人員與資源做最好的分配與調度，使計畫得以成功並提供協調的機制外(Ibegbulam & Olorunsola, 2001)，組織調整也意味著前述之政策修改、工作流程變動、人員配置與教育訓練等要項亦將一併納入考量(Boss & Schmidt, 2007, pp. 118-119)。

由於每一所圖書館都有其特定的組織架構，且其組織方式必須接納所屬機構的特定目標，以便具有效率與效能，同時也必須考量母機構所面臨的內、外在環境而予以調整。在進行組織重整時可以從兩方向著手，一是捨棄舊組織而建立新的組織結構，二是在既有的組織結構中另行架構出其他的組織型態，包括：委員會、工作小組、專案組織或矩陣式組織(Stueart & Moran, 2007)。傳統上圖書館大都採行功能分工的部門組織結構，但功能分工式的組織結構在面對資訊科技蓬勃發展的衝擊下，已逐漸喪失滿足讀者資訊需求的能力，因而引發圖書館組織重整的動機。

學者指出若圖書館能依據學科主題，組成工作小組並分配人力資源，在滿足讀者資訊需求方面，或許比功能分工式的部門組織結構更能展現出良好的經營績效。換言之，以學科主題為基礎的組織結構，嘗試以讀者資訊需求做為第一考量，善用每位館員本身的專業知識與技能，將館員分配成許多不同的專業次團體或工作小組，每一位館員在一個主題或學科範圍內扮演著資訊專家的角色，可充分利用資訊科技並掌握讀者需求，如此將能為讀者提供更好與更適切的資訊服務(林素甘, 1998, pp. 85-86)。

組織若要進行變革，還必需多留意一些影響管理變革的因素(Ferguson, 2007, p. 525)，包括：

1. 不同的人對改變的接受度不同:有些人很能接受改變並做調整，有的人則會產生不滿並企圖抵抗。
2. 每個人都有基本的需求，必須得到滿足：某些程度上變革的過程會影響到個人既有的習慣，因此他們會很想知道究竟會有哪些改變。
3. 變革經常牽扯出損失，人員會進入損失曲線(lose curve)，而過程會由驚訝到憤怒、由反對轉而接受到恢復，但並不是每個人都會經歷所有過程。
4. 預期需要被管理：確保改變符合人們的期望，或承諾於他們。
5. 擔心被處置：要消除人們心理的恐懼。

為探討圖書館引進電子資源之後，對組織架構與人員所造成的影響，下文將舉例說明若干圖書館在面臨電子資源的衝擊時，如何調整其組織架構與人員配置。本章共分四節，第一節探討電子資源對圖書館的衝擊，第二節以實例說明圖書館受到電子資源衝擊後如何進行組織變革，第三節闡述館員技術能力與教育訓練之相關問題，第四節為結語。

第一節　電子資源對圖書館的衝擊

對圖書館而言，電子資源的產生與發展帶來許多衝擊，包括資源採購的方法與速度，紙本與電子資源經費分配的比例，人員的調度與訓練等。而外在環境的變動更顯現圖書館所擔負之資訊傳播的職責更為艱巨，大環境改變應是促使圖書館正視組織調整的重要因素，而業務自動化、取得與擁有的爭議、以使用者為焦點等三個要項，正可以說明圖書館所受到的衝擊，茲分別敘述如下：

一、業務自動化

由於圖書館引進各式的整合系統，使其業務自動化之後，相較於過去採購圖書，採訪館員現在花費更多的時間在洽談光碟、可供遠端查詢之全文，或多媒體資料庫的權限；而讀者服務則無論在提供新型式的資訊，或檢索的方式上也都受到自動化的影響(Cargill, 1990, p. 34)。因此，圖書館應認知在面對環境快速改變，以及資訊科技所創造的新文化時，必須重新給自己定位，也要對館員的角色重新界定。

二、取得與擁有

在取得與擁有的爭議上，以往多數圖書館都儘可能地採購，以擁有實體館藏，並且以快速提供讀者利用為目標，可以避免在讀者有需求時向他館借閱而花費時間等待資料的傳遞。然而因為資訊需求與維持館藏費用的增加，已逐漸將擁有的傳統觀念轉變為強調取得，或至少做到兩者並存(Kane, 1997)，其結果常必須透過合作取得，以取代擁有。

三、以使用者為焦點

以使用者為焦點是 21 世紀圖書館經營的方向，圖書館越來越轉向廣納使用者的意見，以確保圖書館的運作和服務能滿足其需要。Janet A. Mullen(1993)曾提出全面品質管理，提供了組織架構的改變，以達到組織扁平化、增強員工能力，與下放決策權。此一趨勢大都表現在多數圖書館員所認知的館藏，為達成此目標，全面品質管理逐漸被許多機構、大學與圖書館視為達到計畫目標的重要方法。

對圖書館員來說，電子資源顯示出極大資源管理的挑戰，它除了佔掉大部分的經費預算之外，這些資源引進圖書館後不僅影響圖書館網頁的展現方式，並且造成外部使用者、網路建置與硬體等相關使用問題。除了經費必需不斷地增加，更重要的是為提供圖書館讀者高品質的電子資源與服務，必然會佔據館員的時間與專長去選擇與維護。而電子資源的本質就是要提高注意力去確保電子期刊的刊期、提供檢索、與出版社保持關係並洽談使用權。此外，也要能積極參加聯盟，以最合理的價格採購適用的電子資源。因此，想要擁有健全的電子館藏就必須要有圖書館的強力保證、館員與相關人員之間的合作，更要與讀者進行良好的溝通。而這些目標的達成都有賴健全的組織架構，因為它是達成機構目標與目的之方法，更可彰顯組織的活動及其效率與效能(Ibegbulam & Olorunsola, 2001)。

第二節　圖書館因應電子館藏的組織變革

Peggy Johnson(1991, p. 24)觀察到傳統圖書館的組織大都分為技術服務、讀者服務與行政支援，每一部門之下再依功能或活動細分為幾個組別。然而因活動的不同，導致工作哲學與教育訓練有所差異，甚至常用的術語都是造成各部門之間產生隔閡與誤解的因素，其中最常聽聞者便是技術服務與讀者服務部門間的溝通困難。因此，許多圖書館都在進行組織調整，試圖弭平上述隔閡並適應未定且變動的環境。

有些圖書館採用自我管理的模式，如：賓州州立大學圖書館（Pennsylvania State University Library）就將採訪組改為採訪服務並重組為六個團隊，即繼續訂購小組（the continuing order team）、一次訂購小組（the one time order team）、閱選訂購小組（the approval team）、校園圖書館聯合小組（the commonwealth campus libraries team）、支援小組（the support team），以及訂購服務協調小組(the acquisition services coordinating team）。每個組之下都有館員及支援人力，且每組都必須向由三名成員組成之訂購服務協調小組報告，該組再向副館長報告。據報導其實施成效相當良好，因為所有的人員都可以參與解決問題，可提高內部溝通成效，但缺點是在團隊中工作極為耗時，並且需要很多的教育訓練(Stanley & Branchie-Brown, 1995)。

為瞭解電子館藏對圖書館組織有何具體的影響，以下就文獻所得，介紹幾所圖書館在引進電子資源時，其組織架構調整與人員安排的實際經驗與做法：

一、德國巴伐利亞圖書館的組織改造(Schaffler, 2004)

該館成立於 1558 年，館藏量約有八百萬冊，四萬種連續性出版品，5,100 種電子期刊，87,000 種手稿，以及 18,700 種古版本和百萬餘件的其他類型資料。她除了是慕尼黑的一所公共學術研究圖書館外，也是巴伐利亞的區域圖書館中心，並且負有法定寄存與檔案保存的功能，同時也是巴伐利亞圖書館網路辦公室之所在，必須對所有巴伐利亞的圖書館業務扮演諮詢的角色。該館在 1997 年設立了數位化中心(digitization center)，目的是為了獲取自行建立數位產品的經驗。另在 2000 年，經由政府經費的資助，也負責區域聯盟電子資源的談判工作。

該館為了在圖書館之中建立彈性的平台與開放的介面，以因應數位時代的挑戰，加上其所擔負的特殊職責，必須將工作整合在圖書館本身、區域與超區域的層級當中。而其所預估未來的挑戰包括：如何將過去傳統的檔案予以保存並在數位時代中發揮功能；如何取得電子媒體的合法寄存並將圖書館的角色重新定位，以展現多樣性的功能。自 1990 年開始，由於人員減少的趨勢，再加上許多新工作的產生，因而必須進行組織重整。該館組織最重要的改變是採用所謂矩陣式的組織架構（matrix organization），即一方面依據組織的職責分工，另一方面又依相關計畫區分職責，也就是將圖書館分為採訪、編目、讀者服務與資訊科技等四個部門做為骨幹，其中再輔以計畫導向的功能，如圖 6-2-1 所示。

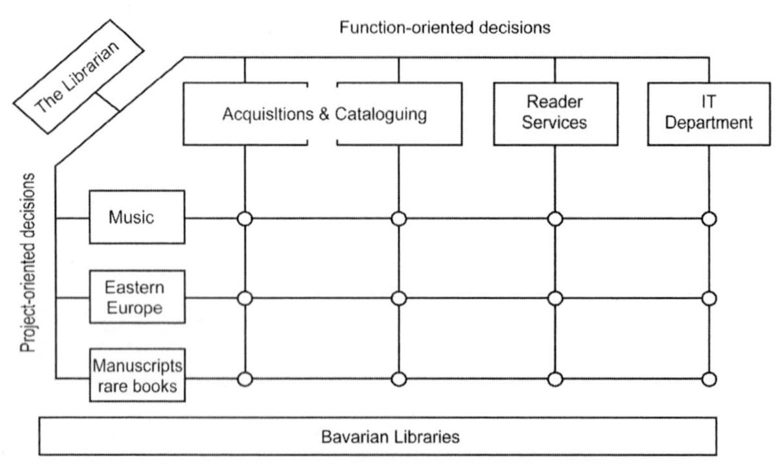

圖 6-2-1　德國巴伐利亞圖書館矩陣組織圖

資料來源：Schaffler, H.(2004). How to organize the digital library: Reengineering and change management in the Bayerische Staatsbibliothek, Munich. *Library Hi Tech, 22*(4), 341.

矩陣的原則可以應用到組織中的每個層級，包括將之前分別獨立的採訪與編目部門整合在一起，這兩個部門的主管雖各自負責其部門的運作，但同時也對兩部門的問題具影響力。在此整合在的部門之中設立了兩個組來處理數位媒體，即「期刊與電子媒體」(Serials and Electronic Media）及「數位圖書館」(Digital Library)。前者負責所有的紙本與電子期刊和其他須談判使用權的電子媒體；後者則負責數位化、建置主題入口的技術，以及數位資源長久保存的議題。參見圖 6-2-2。

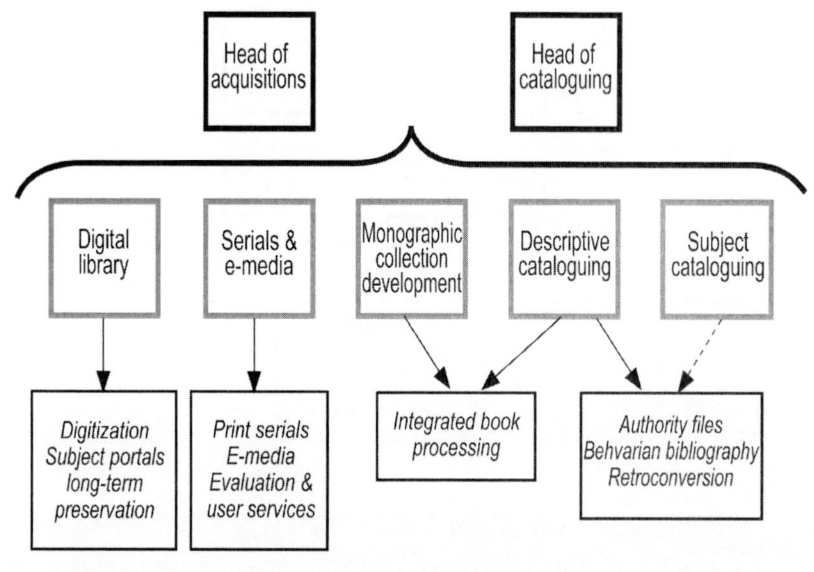

圖 6-2-2　德國巴伐利亞圖書館採訪與編目部門整合圖

資料來源：Schaffler, H.(2004). How to organize the digital library: Reengineering and change management in the Bayerische Staatsbibliothek, Munich. *Library Hi Tech, 22*(4), 341.

在「期刊與電子媒體」部門中共包括四個組，分成兩大單元，一是協調暨館藏發展(coordination and collection development)單元，包括此部門的主管，負責協調工作流程、館員發展和計畫管理、期刊與電子媒體館藏發展，以及協調巴伐利亞圖書館聯盟的成員；另一單元包括紙本期刊、離線及線上電子媒體，以及評估與讀者服務組。參見圖 6-2-3。

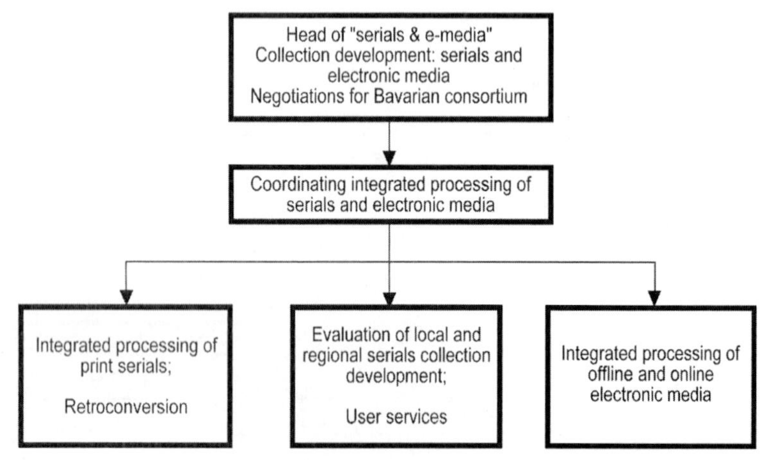

圖 6-2-3　德國巴伐利亞圖書館期刊與電子媒體部門分工圖

資料來源：Schaffler, H.(2004). How to organize the digital library: Reengineering and change management in the Bayerische Staatsbibliothek, Munich. *Library Hi Tech, 22*(4), 342.

除了部門的一般職責之外，此部門的主管還須負責館員的發展，因為電子媒體的引進必需不斷地進行人員的教育訓練與新技術的教導。其次，主管與兩名部分工時的館員還要負責紙本期刊與電子媒體的館藏發展，其工作包括：選擇與評估，處理和出版商、經銷商與代理商的使用權事宜。不若圖書的館藏發展，該館電子期刊與電子媒體的選擇是跨越主題而依據出版品的型式，因為兩者都需要對市場具有專門的知識。依據出版品的型式做選擇之決策也配合應用於圖書的館藏發展基本原則、主題書目專家的變動，與國家館藏計畫中負責的某些主題蒐藏。

由於該館負有區域保存職責，且為讓其他圖書館能夠只選擇電子版，因此傾向儘可能保留紙本並配置相對的電子版館藏，而不會完全以電子版取代。經過採訪與編目部門整合之後，紙本與電子版的處理流程，從訂購、編目、登錄、催缺到裝釘亦整合為一。同時因為紙本期刊小組的設立，也間接促使和其他如讀者服務部門介面的設立，使該館成為主要的文件供應中心。

與紙本期刊不同，電子媒體的處理流程從一開始便要整合在一起，舉凡哪些期刊與資料庫要談判？要如何編目？要如何提供使用等，而這些問題都由「電子媒體」小組負責處理。當然他們必須非常密切地與技術部門聯繫，才知到要怎麼樣把談好授權的資料提供給讀者，同時他們也要與「讀者服務」部門和「電子圖書館」部門密切合作，才能將獲得授權的與自由取用的電子資源組織起來，方便讀者利用。此小組同時也是許多計畫的執行單位，例如：該館並非大學圖書館，所以沒有很清楚的校園，對於如何提供給館外讀者連線使用電子資源，就必須不斷地調整授權範圍與技術問題。此外，該館也要負責研究哪些資料庫在國家館藏計畫之下，適合提供給區域使用。

讀者服務與評估組負責處理應提供哪些服務給讀者？與服務是

否成功？的評估，同時也要在本館與區域性考量下，負責評估期刊與電子媒體的館藏發展。在本館的層次上如同其他的圖書館一般，會因為經費緊縮，參考使用統計、借閱量、館合次數、文獻傳遞量而刪除紙本的訂購；電子版的部分，則會參考廠商提供的使用統計而做增刪的決定。至於區域性考量，則會負責分析聯盟的使用情況、各館的館藏狀況後再做協調。

「期刊與電子媒體」部門負責整合紙本與電子媒體的處理流程與使用權談判，「電子圖書館」部門則處理其餘的電子資源。其工作內容包括：1.館藏數位化；2.協同圖書館與學科專家建置主題入口，如歷史、東歐、巴伐利亞、經典與音樂；3.電子資源的長久保存。

二、科威特大學圖書館的經驗(Al-Ansari, 1999)

科威特是一所中型的大學，約有 19,000 個全職的學生，計有大學部與研究所學程，學科包括：科學、工程、藝術、行政、教育、法律、回教科學、醫學(包括護理)與醫學相關學科(allied health)。該校圖書館採集中管理，下設十一個學院圖書館（faculty libraries）和特藏（specialized collection libraries）圖書館，他們都要直接向館長報告，另醫學與醫學相關學科圖書館則向醫學院院長報告。圖書館行政負責經費控管、採購、技術服務，以及將圖書館資料傳送至各個院分館，整個圖書館的館藏約有 290,000 冊、3,700 種期刊、65,000 種視聽資料、39 中書目與全文資料庫。採用 VTLS(Virginia Tech Library System)自動化系統處理大部分的業務。

圖書館現有的組織架構約可分為兩大部門，即技術服務與資訊服務，皆受到助理館長的監督。技術服務包括以下六個組：阿拉伯文採購、其他語文採購、阿拉伯文編目、其他語文編目、期刊、贈送與交換。另一個部門則分為八個學院圖書館與特藏，其中手稿安置於藝術學院圖書館之下；聯合國館藏置於行政學院圖書館之下。各學院圖書館都負責提供服務，並且將採購與技術服務集中處理。然而此組織方式因無法提供適當的架構關係與跨部門的協調機制，已逐漸顯現不能滿足圖書館系統的需求，且許多發展都需要有效地聚集人力資源，然而現有的架構並無法配合。另來自讀者服務需求的壓力亦逐漸增強，必要的科技也帶來若干壓力。基於此，校方邀請三位來自美國的顧問，他們除了建議採用 VTALS 自動化系統之外，也建議調整圖書館現有的組織架構，以減少重覆作業、增進溝通與協調、重新定義作業程序為目標，希望能以最大的彈性面對改變。

新的組織有三位副館長皆直接向館長報告，館長則向學術支援副校長報告。而三位副館長分別負責技術服務、資訊服務及圖書館系統與網路。茲將其職責分述如下：

1. 技術服務部—下分採訪、編目與館藏發展；期刊、交贈、阿拉伯文採訪、外國語文採訪等都縮編並置於採訪部門之下。館藏發展部門則負責規劃、組織與協調館藏發展之功能運作和計畫，包括：選擇、評估印刷與非印刷資料及書目工具。

2. 資訊服務部—八所學院圖書館，三個特藏圖書館與視聽都隸屬之，且須向資訊服務副館長報告。
3. 圖書館系統與網路部—屬新增單位，須向圖書館自動化副館長報告。其中圖書館系統組負責規劃、組織、協調圖書館自動化系統之功能、程式設計與人員教育訓練有關事宜。資訊網路組負責規劃與協調、發展與維護當地及網際網路。此外，還須負責應用與維護書目光碟和全文資料庫。

新的組織架構中尚包括一個規劃與發展辦公室，直接向館長報告，負責政策與程序的發展、策略規劃、人力資源的訓練與發展、研究進行、圖書館建築與設備。

三、奈及利亞 Ilorin 大學圖書館的經驗(Ibegbulam & Olorunsola, 2001)

多數奈及利亞的學術圖書館組織都是維持傳統的讀者服務與技術服務兩大部門，Ilorin 大學共有四個圖書館，總圖書館服務主要校區的讀者，計有農業、科學、工程、技術等學院，同校區中尚有一法律圖書館，距總圖約僅一百公尺，而醫學圖書館則座落於醫學院，距教育、商學與社會科學院所屬的另一所小型圖書館約半公里。大部分作業都集中於總圖，主要架構亦分為讀者服務與技術服務。但由於服務分散、工作流程不順暢，無法做有效溝通與決策，因而興起組織改造的構想。

新的組織是將圖書館的活動分為四個區塊，即取用服務、資訊服務、特藏及教育訓練。取用服務是指圖書館以任何方式協助讀者有效利用館藏，包括：採訪、編目、流通等。整個組織架構是依據圖書館的功能，以獲取、借閱、利用資源的流程來安排，中間加入少許的行政管理。修改後的組織，如圖 6-2-4 所示。

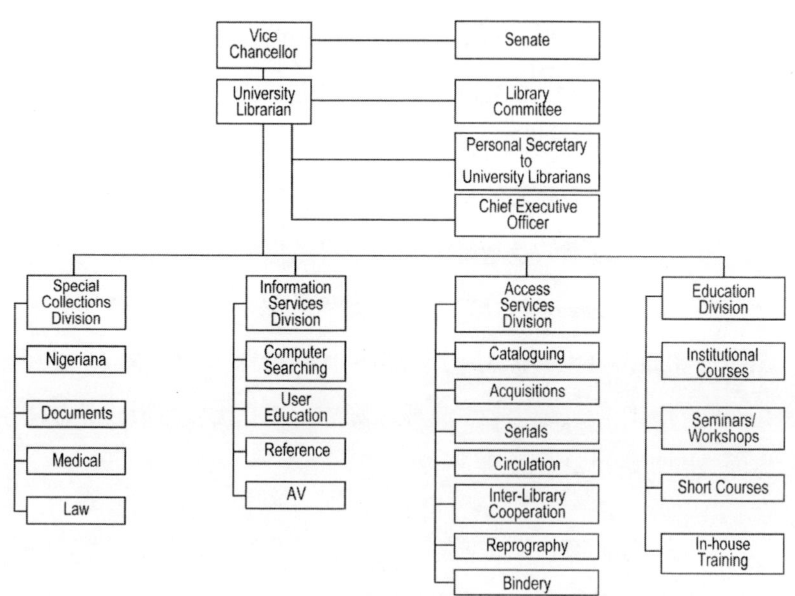

圖 6-2-4　Ilorin 大學圖書館的新組織圖

資料來源: Ibegbulam, I. F., & Olorunsola, R. (2001). Restructuring academic libraries in Nigeria: Issues to consider. *Library Management, 22*(8/9), 385.

四、韓國 Sejong 大學圖書館的經驗(Shin & Young-Seok, 2002)

在韓國圖書館員多半未具學科背景，大部分都是受大學本科之圖書資訊學教育，因此很難有效地服務學術圖書館的讀者。為增進對讀者的服務，一項學術圖書館的計畫就是要將傳統圖書館的組織重整，改採主題式架構，並且從以往依資料的型式改為依據主題區分，以造成許多各別的主題圖書館。其改造的背景有以下幾個因素：1.圖書館自動化，由於圖書館業務自動化之後，分類編目等費時的工作明顯地減少，使圖書館有更多餘力去關注讀者；2.資訊科技的進步使讀者欲獲取資訊的期待提昇，直接查詢各類學術出版品、圖形與數據資訊逐漸成為趨勢，學術圖書館無論是透過館際合作或是文件傳遞服務都必須設法滿足這些讀者的需求。3.過時傳統的階層組織強調的是查核與控制，已難以回應現今讀者的需求。4.以團隊為基礎的工作模式越來越受重視，團隊可以在需要時組成並在任務完成或問題解決後解散。

韓國的學術圖書館普遍存在毫無根據的採購程序、大量的原始編目、缺乏主題專家，以及不佳的讀者服務。以 Sejong 大學圖書館為例，該館未做組織調整前是依圖書資料的類型分為圖書、期刊與參考資源三個部門。自 2000 年 11 月遷入新館後，就重組了人員與資料，舊有的組織在找尋相同主題的資訊時相當困難，因為已依類型打散。新的組織架構考慮到讀者的使用行為，其主要的使用者是教師與學生，他們經常要找的是主題資訊，於是就依據主題重組，且以提供一次購足的服務為導向。圖書館共分為五個主題部門，即社會科學、語言文學、人文學、自然科學與藝術。主題圖書館員在這些主題圖書館中提供服務，他們也同時負責館藏管理、扮演資料庫查詢的中介者、承擔圖書館利用教育。（參見圖 6-2-5）

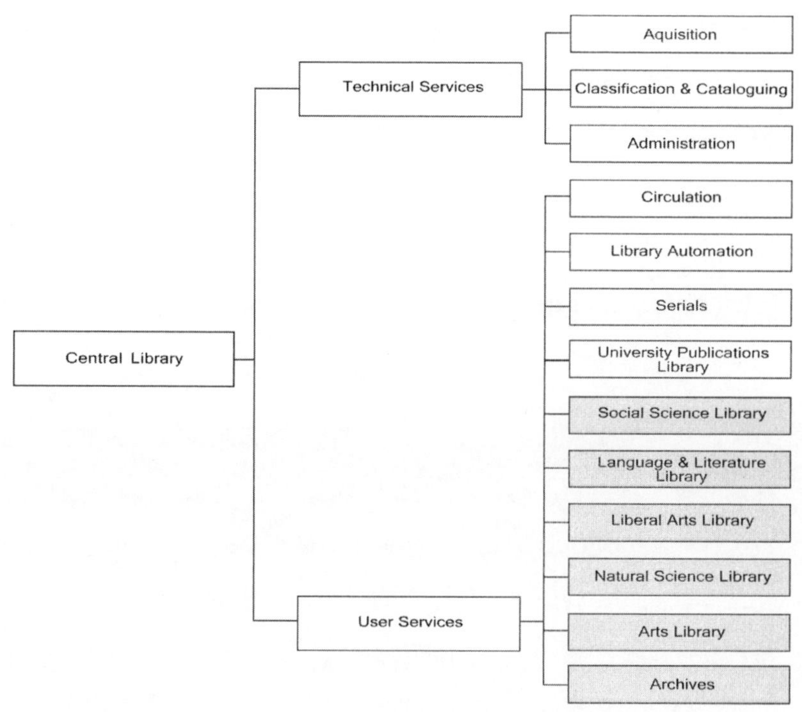

圖 6-2-5　Sejong 大學圖書館組織重整架構圖

資料來源: Shin, E.-F., & Young-Seok, K. (2002). Restructuring library organizations for the twenty-first century: The future of user-oriented services in Korean academic libraries. *Aslib Proceedings, 54*(4), 264.

五、大英圖書館的經驗(Vickery, 2000)

大英圖書館曾探討在面對電子資源的挑戰時，究竟應採用何種方法為佳?是透過專責的團隊、進用新人員、徹底組織重整、或僅簡單地將工作加給現職的館員？雖然大英圖書館已每年都花費了約三十萬英磅在購買電子出版品(多數為 CD-ROM)，但在 1998/1999 年所能提供給使用者的電子資源卻遠遠落後許多學術及研究圖書館。由於使用者的期待很高，因此，便急於發展與協調電子資源的採購和相關服務。雖然採購電子資源是最優先的考慮，但由於大英圖書館的職責必需要持續建立紙本館藏，因此，不能像某些圖書館一般，如：Drexel University，將大部分的紙本資源直接轉成電子式(Montgomery & Sparks, 2000)。

大英圖書館在 1999 年初的狀況是電子資源未有結構性的經費分配、沒有協調人員、也沒有集中控制，圖書館多數人員都可以提採購建議，卻沒有任何有效的協調機制。由於此項工作的急迫性以及工作的範圍使得當時並未考慮進用一個專職的人員，或是新成立一個專職部門。於是決定將原有的採訪人員分組，以相互學習和分享經驗。該館在 1999 年 5 月成立了一個電子工作小組，由五名主要的館藏發展人員組成，以確認問題並建立工作流程。該小組每月開會一次，每一位成員都要負責一份額外的工作，例如：選擇、技術細節、授權或讀者取用。一位電子選擇協調員(electronic selection coordinator)被任命去建立一個資料庫系統；另一位授權代表則要負責所有的授權問題，而這些都是在其例行的工作之外的額外負擔。

1999 年 9 月該館成立了核心電子選擇人員論壇(Core Electronic Selectors Forum)，成員來自各部門，將選擇的工作集中在各館藏的核心選擇人員，而核心選擇人員必須監督與建議其領域的選擇人員。採取此一方式的原因是，由於成員來自各部門，就表示不可能所有的人都可以來開會。而論壇其餘的人員則來自採訪、編目、資訊科技、館藏維護及電子圖書館。論壇每兩個月開一次會，但其餘協調員、委員會或個人則持續在進行其工作。整個工作的過程包括選擇、經費控制、取用策略、授權、資訊科技、管理資訊、採訪編目、保存歸檔等。

到了 2000 年 4 月電子工作小組撰寫了一份進度報告，提出了九點建議，而這些建議都已為圖書館所接受並執行中。其中與組織和人員校相關的是：

1. 組織的模式繼續以核心選擇人員為基礎並建立跨部門的小組，同時採集中控管方式。
2. 館員的需求應予評估，雖然個別的選擇人員被期待自行吸收額外的工作，但還是建議要找尋專責的使用權談判人員，和電子選擇協調員(Electronic Selection Co-ordinator)。
3. 報告最後的結論是，為了採購電子館藏，若干形式的組織調整是必要的，它可以是多種形式，也可以採不同的模式，可以從現有的工作範圍擴充，或甚至建立一個新的部門，各個圖書館可以就自己的環境去選擇適合者。

六、美國 Laupus 醫學圖書館的經驗(Simpson, Coghill, & Greenstein, 2005)

該館是東卡羅萊納大學的一個分館，共有 37 位圖書館員，其中 12 位具有教職。該館設有一位電子資源的館藏發展人員(Collection Development/E-Resources Librarian，簡稱 CD/ERL)，負責採購與管理電子資源、評估與進行使用權談判、與出版社協商訂購價格、聯繫新資源的試用與展示、確保連線使用與提供產品的持續服務。

CD/ERL 與技術服務和資訊服務館員共同負責評估電子資源，他的職責是收集統計資料、比較使用狀況、評估產品的價值。讀者通常在電子資源推薦和評估新產品或圖書館現有產品的過程中扮演一個主要的角色，CD/ERL 並不會做採購電子資源的最後決定，他只是擠身於評估與決策的過程中，可以說是電子資源的前置人員(front man)，然而這並不表示此職位是處於真空狀態，而應該說此職位已經變成資訊服務部門與電腦部門之間的聯絡員，同時要與圖書館各部門做良好的溝通。由於印刷型態的資訊是透過傳統的技服館員予以組織並在 CD/ERL 和資源組織副館長的監督之下完成，所以透過 CD/ERL 便可將紙本與電子資源做完善的協調。

七、美國 Mann 大學圖書館的經驗(Demas, 1994)

該館深深體會電子資源對圖書館各部門的衝擊，咸認必須對現有的組織加以調整才可能應付。而其策略包括：1.促使組織中具備彈性；2.提供組織中各部門的協調與合作機制；3.增強館員面對持續改變的調適能力；4.降低組織中領域地盤的觀念並發展出一套具共識之目標與價值觀，以促進合作。

為集中與組織對電子資源選擇與傳遞所做的努力，該館發展出資訊類型（information genres）的概念，以類分所有的電子出版品及其取用機制。而取用階層（tiers of access）的概念則用以描述所欲提供特定資訊資源的層級。同時將所有館員納入建置電子資源的行列，資訊類型專家必須發展出嚴格評估資源的能力，也要熟悉館藏的選擇決策，包括有能力針對特定資源在不同的取用方式中做選擇。

為避免組織間的成員因隸屬不同單位造成不協調與誤解，特另行設立了電子資源委員會（Electronic Resources Council，簡稱 ERC），此委員會扮演跨部門的討論機制，於新電子媒體引進後，在採訪、編目與提供利用各方面的功能上做協調。此外，尚需評估未被選擇的新電子資源對整體組織的影響，並做成圖書館是否有能力處理的建議。ERC 的成員包括採訪館員、技術服務與讀者服務的部門主管、入口協調員（gateway coordinator）、及資訊科技部門的主管。其運作方式係以館藏發展部門主管為召集人，兩週開會一次。

當有新的電子資源產生時，各資訊類型專家會填寫電子資源訂購單，除了說明該資源的出版資訊外，還要說明它需用何種軟體？計價方式與價格為何？如何提供利用？取用階層為何？等訊息，之後再將此訂購單送到 ERC 去討論並做成決議，以便後續執行。

八、美國佛羅里達大學圖書館的經驗(Champieux, Jackson, & Carrico, 2008)

佛羅里達大學圖書館的組織重整計畫，從評估、分析到執行組織重整活動，係由 Blackwell 公司的顧問服務協助。該館技術服務部門下設採購與授權組，主要任務是採購各種類型的資料，以支援大學內學術和專業課程。該部門下設有四個小組，即專業圖書小組、期刊小組、贈送交換小組，及付款小組。（如圖 6-2-6）

1990 年中期以前技術服務部門完全以採購印刷資料為主，之後由於持續增購電子資源，因此該部門開始擴大現有單位去支援新的工作內容。期刊小組是主要負責電子資源的工作單位，但隨著工作量不斷增加，電子資源的工作內容變得日益複雜，館員要處理授權電子期刊和套裝資料庫，並且要提供資料庫連結功能和確保能檢索使用電子資源，這樣的工作量造成期刊小組負擔過重，所以雖然期刊小組內部組織不大，但卻需要進行改組。

組織重整後有三項改變(如圖 6-2-7)：1.建立一個新的單位：電子資源小組；2.移除贈送交換小組；3.新增技術支援組。在重新調整組織架構後，期刊小組的工作任務回歸到負責交換工作和處理期刊交換贈送，工作流程從採購、付款到交換、贈送統一由期刊小組完成，可提高處理的速度與作業效率。同時電子資源小組負責所有電子資源的採購，包括電子書和電子期刊，還肩負一項重要任務就是改善電子資源的有效管理與採購工作。

佛羅里達大學圖書館經過組織重整後，成立了電子資源小組，且整體組織架構亦達成他們的預期目標，可以有效提昇工作效率。

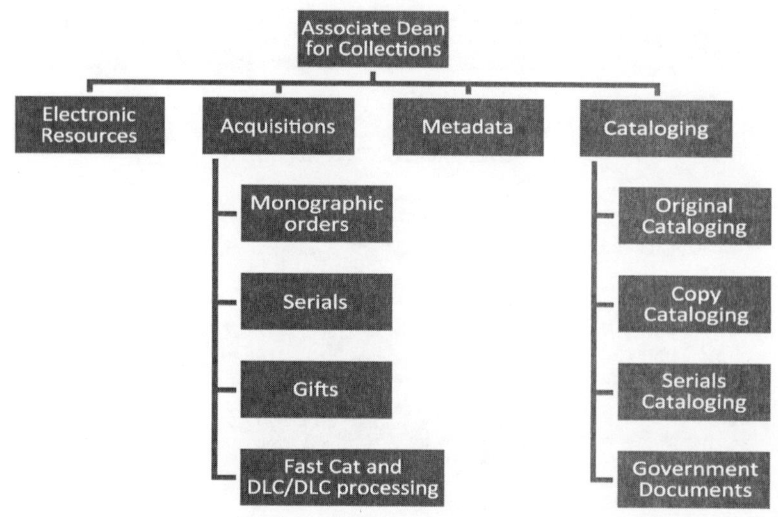

圖 6-2-6　佛羅里達大學圖書館技術服務部門重整前之組織架構圖

資料來源: Champieux, R., Jackson, M., & Carrico, S. (2008). Implementing change and reorganization in the acquisitions departments at the University of Alabama' and the University of Florida. *Bottom Line: Managing Library Finances, 21*(4), 113-121.

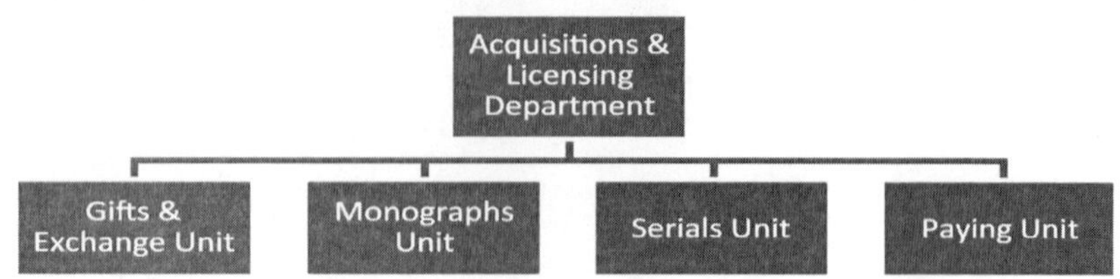

UF Acquisitions & Licensing Department:
After the 2007 Reorganization

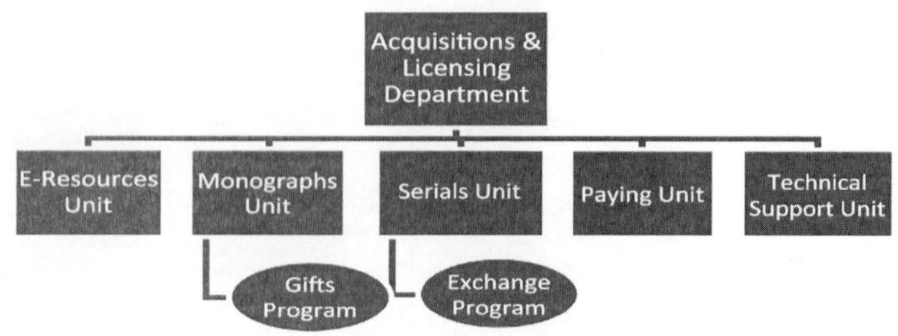

圖 6-2-7　佛羅里達大學圖書館技術服務部門重整後之組織架構圖

資料來源: Champieux, R., Jackson, M., & Carrico, S. (2008). Implementing change and reorganization in the acquisitions departments at the University of Alabama' and the University of Florida. *Bottom Line: Managing Library Finances, 21*(4), 113-121.

第三節　館員的技術能力與教育訓練

圖書館應該在具高度經濟效益與最適合讀者的條件下選擇電子資源，同時顧及讀者及館方應有的權益，以最優惠的價格向廠商購得電子資源。目前圖書館界通常以聯盟的方式，集結多數圖書館的力量向廠商議價，以爭取優惠的價格和具有保障的授權內容，讓各館在有限的經費下獲得最有利的資源。而各式各樣的電子資源納入館藏之後，應遵循館藏管理之核心價值並依據圖書館原有的目標與宗旨提供服務。若要達成此一任務，究竟該由單一館員承擔相關業務，還是要由全體館員共同負責？館員原有的知識與技能是否就足以應付，還是必需儲備新的技能？若為後者，那麼有哪些新技能是必備的？另在館員的教育訓練方面，館方是否應該有不同的規劃與安排？凡此種種都是各級圖書館在面對電子資源的衝擊時，在人力資源管理方面所應該考量的議題，尤其學術圖書館更是首當其衝。

為闡述電子資源對館員技術能力的挑戰與教育訓練的需求，本節共分為三個部分加以說明：一、館員職能的演變；二、電子資源館員之發展與應具備的能力；三、電子資源館員之技能訓練與教育需求。

一、館員職能的演變

約在 1960 年代，當時的學術圖書館館員主要的工作項目包括書目控制、紙本資源徵集，以及館藏發展(Young, 1999, p. 103)。在相隔三十年之後，由於資訊科技的進步影響傳統館員的職能發展，在當時館員甚至認為資訊技術對他們而言是一項威脅。因為許多資訊專家預測未來若應用資訊技術將會導致機構的減縮，許多工作項目會經由委外處理而不再需要館員。但仍有部分館員認為這正是圖書資訊領域轉變的大好機會，因為使用資訊技術可以改變大眾對圖書館與館員的觀點(Hyams, 1996)。但是到了二十世紀末，學者認為許多館員仍然缺乏主要的技能，例如使用網際網路的能力、操作電腦的能力，以及資訊技術的能力，甚至有些館員還有所謂的科技恐懼症(Fourie, 2004, p. 65)。由於館員並未全然接受使用網際網路的資源，也未將其視為執行每日工作任務的重要工具，顯見他們接受新科技的行動較為緩慢。因此，現今除了要對使用者進行如何使用數位資源的教育之外，也應該讓館員體認到運用資訊技術對於使用者的方便性與有效性，進而樂於接受相關的教育訓練。

到了二十一世紀，傳統的館員除了原有的專業技能之外，所需具備的能力更為廣泛，包括了資訊管理、編輯、組織與加值等。他們除了傳統的館內業務管理的能力之外，還必須要有讀者關係管理及預算編列的能力。同時也要對所服務的社群進行環境掃描，針對使用者的特性提供適切的服務，更要評估專業性產品的價值，以便運用於政策的決定。在變化萬千的資訊社會中，還要有時間管理的能力，因為資訊瞬息萬變，若不把握時間就無法及時掌握社會脈動。此外，還要能夠具備獨立研究的能力，但在工作環境中還必須可以和同仁互相合作，因為唯有群策群力才能面對外在環境的快速變化。

而館員在個人情感層面的特性上必須要具有終身學習的熱情與意志力，因為沒有任何事情是可以輕鬆解決的，要有別具創意的思維，讓自己的腦筋活絡，適時地與社會作巧妙性的互動，才能夠使圖書館的服務更貼近使用者的生活(Fourie, 2004, pp. 66-69)。

Dennie Heye(as cited in 謝寶煖, 2007)認為二十一世紀成功的資訊專家除了應具備創意及資訊加值的能力外，還要有創新的能力，並且必須是個搜尋引擎專家(search engine guru)。然而搜尋引擎並無法找到網路上所有的資訊，且因為搜尋引擎是新的媒體，很難用它找到 1990 年之前的資訊，且網路上的資訊品質也未經把關。資訊專家還須具有綜觀全局的能力，要超越自己的工作，對部門、流程、利益關係者(stakeholders) 和趨勢全盤地關注，然後才能知道自己所處的部門和定位。此外，還要有說服他人的能力，要能改變他人的觀點或行為，也要具有簡報以及更新資訊的能力。

簡言之，二十一世紀的圖書館員所應具備的能力當中，有一大部分是屬於個人應有的軟性能力(soft skills)，例如在繼續學習上須具有熱忱、有創新思考能力、有口語表達、溝通能力等，而這些能力除了透過正式的教育學習之外，也可以從生活及工作經驗中逐漸淬煉出來，也就是說個人的特性與競爭力能夠從生活和工作經驗中加以培養。

二、電子資源館員之發展與應具備的能力

由於數位資源快速的發展，圖書館勢必要發展新一代的專業館

員，且要能具備不同於以往的新技能來面對與處理新穎的資訊類型。個人電腦及網際網路的出現，提供專業館員更多服務使用者的機會，也讓館員更有能力將服務的範圍加以擴展。圖書館早期運用電腦技術將傳統的服務如採購、編目及流通的工作內容自動化。在此階段，學術圖書館特別體認到伴隨自動化系統所需的專業技能，因此產生了「自動化館員」及「系統館員」的職務，同時因為館員介於使用者和商業性資料庫之間擔任檢索的工作，也就產生了所謂的「線上檢索館員」 (online search librarian)。

直到 1990 年代，網際網路開始將其觸角延伸到全世界，逐漸地館員不再擔任居中檢索的角色，出版商便對使用者直接行銷其電子產品(Downes & Rao, 2008, pp. 5-6)。正當電子資源如同紙本資源一般普遍時，圖書館便將重心擺在如何將電子資源整合到圖書館現有的館藏之中，此時館藏發展及採購相關的議題特別受到重視(Fisher, 2003, p. 4)。由於電子資源的管理誠屬不易，為因應這樣的趨勢與需求，使得學術圖書館紛紛設立「電子資源館員」 (electronic resources librarian)之職位。

電子資源館員最主要的任務是在豐富的電子資源檢索上進行協調，能夠持續調整系統中已包含的電子資源，讓使用者方便利用。電子資源館員基本上橫跨了參考館員、館藏發展人員、採購館員、編目館員，以及資訊技術專家，不僅要熟悉與廠商所簽訂的合約，對外要是個有技巧的談判者，對內要能與資訊技術人員和非專業人員作良好的溝通，所以溝通的技能是其不可或缺的能力。此外，還要擁有技術相關的知識，並且能夠在瞬息萬變的科技環境中隨時更新知識(Boss & Schmidt, 2007, p. 120; Downes & Rao, 2008, p. 6)。

早在 1998 年，Roy Tennant(1998, p. 102)就認為電子資源館員要具有快速學習的能力、在處理資源上具有彈性、思考上存有懷疑的想法、有冒險的精神、保有服務讀者的觀點、對於資源的多樣性要有正向的思考、有接受改變及獨立運作的能力。一年之後，他又進一步提出新一代的館員應具有資訊技術能力，如此才能創造及管理數位圖書館中的館藏與相關服務，其中包含了要能想像未來技術的發展、有運用標記語言(mark-up language)的能力、編目及了解後設資料的能力、索引資料及利用資料庫的能力、能夠設計使用者介面、在程式設計及網頁運用上也要有一定的能力，同時要有專案管理的經驗(Tennant, 1999, p. 39)。

William Fisher(2003, p. 4)更針對 1985 年到 2001 年之間的圖書館徵才廣告進行內容分析，發現要求電子資源館員須具備的特性可以分為三種類型：第一種偏重傳統的讀者服務功能，必須具備參考諮詢、圖書館利用教育，及館藏發展的能力；第二種偏重技術相關的能力，包括電腦應用能力、線上檢索能力、網頁應用的能力；第三種類型偏向個人因素，舉凡溝通技能、館員親身經驗、管理能力，以及人際之間互動的能力。

若以擔負組織的工作任務來看，電子資源館員須橫跨圖書館中各個單位並擔負各式各樣的職責，例如在技術服務方面要負責採購、帳務，及電子資源連結等工作；在館藏發展方面要負責電子資料庫的試用、授權，以及使用數據的蒐集；在資訊技術部門則要管理軟硬體、系統架構，以及網頁的設計；在讀者服務方面則要進行書目紀錄利用教育與資料庫檢索教學等工作(Hsiung, 2008, p. 35)。由此看來其所應具備的能力可謂無所不包，使得館員的圖書資訊學教育相形之下顯得格外重要。假如圖書館想要將一個館員轉變成電子資源館員，那麼期刊館員應該是不二人選，因為期刊館員除了必須負責紙本期刊的管理之外，還要負責電子出版品如電子期刊、電子書，以及資料庫訂購的工作，其所涉及的工作內容與電子資源館員所應負責的工作範圍較為相符。

電子資源使用數據的統計分析亦屬電子資源館員的重要工作之一，在此方面電子資源館員應具備一定程度的彈性，因為資訊環境本身就具有高度的異動性，館員要能夠順應外界環境的改變來調整自己，尤其負責使用數據統計資料的館員須要對同事及主管解釋數據變化的情形，其中可能包含使用數據的適用性、數據改變的結構和數據本身的限制(Henle, 2008, p. 282)。正因為使用數據隨時都會改變，館員便不應墨守成規，否則就沒有辦法將使用數據所代表的實際意義表達出來。因而需要具備更有彈性的思維，對數據的改變狀況先行了解，再尋找有用的資訊輔佐，以解釋數據所呈現的意義。

除了彈性的思考之外，電子資源館員應該要具有設計或採用一個系統來組織、分析，及呈現使用數據的能力。因為使用數據通常都分散在圖書館中各種不同平台的資料庫及電子期刊，尤其圖書館是跟不同的出版社或代理商訂購商品，因此會取得各式各樣的使用數據，電子資源館員要能將全部的數據統整並以相通的標準呈現。同時蒐集到的使用數據必須能夠與圖書館所花費的成本加以結合，進而分析出圖書館所訂購的電子資源是否達到成本效益。在個人因素方面，除了人際之間的溝通與協調能力之外，耐性也是電子資源館員所應具有的特性之一，因為他必須要嘗試著向同事或長官解釋某些數據或資訊是重要的，而哪些資源並不需要，或某些資訊花費太多成本購買卻沒有達到實際的效益等狀況。因此，館員要具有相當程度的耐心才能對無法接受事實的同事們解釋相關問題(Henle, 2008, pp. 282-283)。

綜上所述，電子資源館員或二十一世紀的館員應具有採購及管理電子資源的能力、管理網頁介面和設計系統的技能，以及溝通協調的能力。而傳統館員如何化身為電子資源館員，或是要再更新自身的職能，就必須要經過相關工作技能的訓練與知識的再教育。

三、電子資源館員之技能訓練與教育需求

在電子資源快速發展的時代，圖書館的徵集、組織及資料提供的方式也正在改變及演化當中，因而圖書資訊學教育勢必要跟著調整課程內容，才能適應不斷演變的服務方式與讀者的需求，也必須在理論知識與實務經驗兩方面取得平衡。正因為館員在職場上所面臨的改變與圖書資訊學教育須重新思考是否要調整課程內容具有相同的意涵，而電子資源館員又是站在資訊科技的最前線(Bradford et al., 2008, p. 51)，因此，圖書資訊學教育的課程內容應該要能支持與培養電子資源館員應具備的技能。

誠如 Roy Tennant 及 William Fisher 所言，數位時代的圖書館員需具備原有傳統的技能之外，還要具有人際溝通與協調的能力，並且對於未來的資訊發展持有積極、正向的態度，對於數位工具也要有深度的了解及應用能力。然而圖書資訊學界究竟要如何因應這樣的職能要求呢？因為傳統的圖書資訊學教育只著重在傳統技能的教導，包括編目實作、參考服務訓練、選書能力培養、書目資料管理、圖書館行政作業等，到了今日的課程教育，除了沿襲傳統的教學模式之外，也須逐漸引進新興的主題，並且針對電子資源館員應有的技能進行教學(Bradford, et al., 2008, p. 55)。

透過 Michael L. Bradford (2008)等人的研究可以了解，目前的圖書資訊學系所的課程與訓練中針對電子資源館員職務上的基本技能大致都能滿足，例如編目、圖書館的管理、電子資源的相關知識與採購課程等，但仍要留意實務上的需求與學術理論教學上的落差，例如在圖資系所的管理課程中對於行政管理的概念雖已提供充足的知識基礎，但是唯有在工作環境中實際體驗才能了解要如何管理館員，而工作場域中的氛圍與現況也只有涉入其中的人方能體會。針對此點，系所方面通常都有替代方案來彌補傳統課程的不足，例如讓學生在圖書館實習及實作上的訓練，藉此讓未來的圖書館員在實際的工作環境中也能擁有些許的實務經驗(Bradford, et al., 2008, p. 67)。

如前所述，除了正式修讀學位之外，繼續教育也扮演著重要的角色。所謂的繼續教育，係指專業人員在整體工作生涯中，藉由常規之在職訓練與外部課程，有系統地更新其專業知識和技術，填補專業理論與實務作業上的落差，以提昇專業人員執行其專業責任所需的工作品質。王冠智認為所謂繼續教育的目的是在擴充館員的能力，使其不只具有足夠的能力來執行目前的工作，也能應付未來的工作要求，同時可為將來在另一組織或另一個角色上預做準備。因此，教育的內容不應只是與目前的工作有關，還要包含與工作內容相關的其他服務(王冠智, 2004, pp. 33-34)。實施繼續教育的方式包括了職前訓練、在職訓練、修讀學位、正式課程選修或旁聽、研習班或研討會、參與專業性會議與演講、輪調見習等(李淑芬, 1994, p. 36)。而繼續教育的形式也相當多樣化，館員要能夠依據個人的需求或是與工作業務相關為主，挑選合適的課程內容，如此才能與其工作表現達到相輔相成的效果。

美國的專業學會也在設法彌補理論與實務之間的落差，圖書館館藏及技術服務學會(Association for Library Collections and Technical Services，簡稱 ALCTS)便開設了為數不少的繼續教育課程，例如課程專班、研習班及預備會議(pre-conferences)等。其中舉辦次數最多、歷史最悠久的是採訪作業基礎課程(Fundamentals of Acquisitions，簡稱 FOA)，FOA 最初是面對面的研習班，後來轉變成線上學習，採網頁式的課程，為期四週，一年之中至少舉辦四次，每個場次的參與程度都非常踴躍。在此研習班中，每種型式的資源都會予以介紹，當然也包括電子資源。透過此課程，負責電子資源管理的專業人員能夠學習到採購方面的知識，例如採訪工作的管理、編列預算、會計業務，與廠商之間關係的建立、工作倫理守則等。

FOA 讓參與的學員對於採購的程序都能夠有基礎性的了解，學員不僅能從理論方面得知應有的知識，更能夠超越原有的實作，對工作流程有更為廣泛的認知。由於電子資源館員大部分的工作都在解決電子資源取用的問題，而館員處理的方式多利用採購工作中慣用的專業詞彙與廠商進行溝通，因此，採購的基礎性知識對學員而言可謂十分重要(Grogg, 2008, pp. 143-144)。另透過學會舉辦的繼續教育也能夠彌補正式教育之不足。

參與繼續教育課程除了能增進知識之外，也能夠讓參與的學員與其他同道互相交流，因為採訪工作在圖書館中通常只佔一小部分，採訪館員常常會被孤立，但繼續教育讓採訪館員們彼此交換工作上的新知訊息，對於電子資源館員來說更需要這樣的交流，因為其所處理的工作內容皆是日新月異，極度需要與他人互動，以得到可能疏漏的重要訊息，透過此一方式能夠讓採訪的程序更臻完善，所以繼續教育在正式教育課程之外實有其不可抹滅的重要性。

在數位時代的圖書館中，新興的電子資源館員所兼負的責任相當繁複且多樣化，除了要具備傳統的技能之外，還要能夠知曉各式的新資訊，並且對於時事脈動有相當的敏銳度，具備良好的人際溝通與表達能力。在二十一世紀不能只是強調舊有的專業技能，也應該培養軟能力來面對電子資源充斥的資訊社會。

在館員的教育方面，正式學位的課程內容須要能與時俱進，教師必須隨時更新自身知識並傳授學生，如此學生才不至於在畢業之後與社會脫軌。對於學術界的理論知識與實務工作之間的差距就必須要透過繼續教育的輔助，讓參加繼續教育的學員能夠更有實際的工作體驗，以拉近學術理論與實務經驗間的距離，而館員也才能夠藉由再進修提昇自我並增進工作表現，進而提昇圖書館員的專業形象。

第四節　結語

由於電子出版的普遍發展，使得電子資源急遽增加，對於圖書館的衝擊，約略可以歸納出下列幾項：1.改變館員的工作內容、模糊原有的工作界線，更新增了許多工作項目並改變作業流程；2.為使分工明確，館務運作順利，不得不進行組織重整；3.館員的職稱改變，紛紛設置電子資源館藏發展人員，以方便人員協調與資源選擇；4.各項服務以讀者為重心，更加重視讀者與館員的教育訓練工作。

面對資訊科技不斷帶來的挑戰和衝擊，若冀望在社會環境與科技浪潮的改變中提昇圖書館的效率與產能，就必須重新檢視圖書館所處的狀態，確認組織運作的活動力是否要加強或改善，或者尋找一個適當的組織結構，以便能更有彈性地回應資訊科技的發展，而組織變革的最終目的乃是希望藉由組織的調整或改變，增加組織的彈性與靈活度，以滿足圖書館讀者日益增加的資訊需求。

從前文之例證我們不難發現，儘管每一所圖書館在面對電子資源的衝擊時有不同的反應，無論是透過專責的團隊、進用新的人員、徹底進行組織重整、或僅簡單地將工作加給現職的館員，其目的無非是要讓圖書館能更具效率與效能，以便對讀者提供最佳的服務。前述多所圖書館都做了組織重整的工作，然而組織重整通常要有對需求彈性極高的人員參與，但人的因素卻常常難以估算，因此妥協是必要的，而人員的發展通常是一個組織調整後重要且困難的課題(Schaffler, 2004)。就以 Sejong 大學圖書館為例，該館已有約二十年未曾做過改變，工作人員長久以來都非常習慣於不變動，但由於有新進、年輕的館員加入，方能帶進新的觀念與做法，也才有能力對讀者進行電子資源檢索等利用教育。

在變動的環境中圖書館的領導者必需審慎思考並評估其組織架構，以適應變化，並且建立彈性的組織，以使圖書館的運作具備效率與效能。在新的組織架構下，所有的人員都要以使用者為中心，每一個單元都應發揮整體架構的部分功能，才能滿足讀者的需要。清楚的視野、館員的參與合作、各層級間的良好溝通、有效的管理等因素可謂組織重整成功的關鍵。同時在重整的過程中必定充滿不確定性、來自部分人員的負面反應，以及額外的資源投注。圖書館的管理人必須要對這些實際的問題有所警惕，而且願意去考慮所有的可能性，以獲取了解和妥協，而這些都要倚靠領導者的機敏與智慧(Al-Ansari, 1999)。

另就館員職稱的改變或新職位的創立來看，顯見圖書館舊有的人員配置已無法滿足電子資源所帶來工作的質變與量變，由前文之圖書館例證中，可以看到超越部門界限的溝通與協調極為重要，其方式可以專設一人，如：Laupus 醫學圖書館。根據 Simpson 所作的網路調查，42 所醫學圖書館中約有百分之四十八實質上有電子資源圖書館員（E-Resources Librarian）的職稱，再根據後續追蹤的問題發現，大約有百分之五（或是 2 個館）的圖書館實質上有專人在負責電子資源，但並不以電子資源圖書館員為其職稱(Simpson, et al., 2005, p. 32)。由此可見，電子資源圖書館員的設置在美國已是相當普遍的情況。而設立跨部門的委員會，如：Mann 大學圖書館的經驗，也是相當值得參考的做法。根據 Mann 大學圖書館的自我檢討，他們認為 ERC 在圖書館中扮演相當重要的教育和團隊建立的角色，同時在討論的過程中可以彼此相互學習，包括對政策與工作流程的看法、關注每一個部門的感受等(Demas, 1994, p. 75)。

國內一項針對 29 所國立與 32 所私立大學圖書館所做的調查顯示(劉玟怡, 2002)，多數圖書館員都已感受到電子期刊對組織結構與工作分工帶來影響，他們所期望調整的組織架構，以「新成立處理電子期刊業務之專責組別或職位」、「成立專案組織、任務小組等跨越既存功能部門之組織」，及「不需調整，由相關人員溝通協調即可」三種為多數，顯見中、外圖書館員對此議題的看法相當接近。

從前文所舉的例子可以證明，電子資源對各國的各類型圖書館都具有影響力，尤以學術圖書館為最。雖然各館所處的主、客觀環境不同，但我們可以由其做法當中了解各種可能性並找出最適合本身圖書館的方式。我們可以從一篇檢視 2001 年 1 月至 2003 年 3 月徵人廣告的論文分析中發現，現今圖書館的組織中，傳統圖書館的功能與電子資源的職責有若干重疊(Cuesta, 2005)。而前文引述之國內所做的研究結果，也呈現國內大學圖書館迄今因紙本期刊的訂購量未明顯減少，故工作量也未明顯減少，但電子期刊的業務量已隨電子期刊館藏的增加而有逐漸增加的情況(劉玟怡, 2002)。可見學術圖書館雖遭遇電子資源的衝擊而不得不思考因應之道，導致有所謂電子資源圖書館員的設立，但在現今與可預見的將來，傳統圖書館的功能，如：採訪、編目、參考、流通等仍會繼續存在，因而在進行組織架構的調整時，依然不可能去除此等功能。

二十一世紀的圖書館處在經費緊縮、科技發展，與大環境不斷變動的情境當中，面對電子資源的蓬勃發展，如何以最經濟有效的方式採購資源？如何與使用者保持良好的互動和溝通，提供符合需求的服務？如何建置具有彈性的組織架構，提供人員合作與協調的機制？如何加強館員各項能力的培養，使圖書館的服務可以因應新媒體的發展而提昇，這些都是圖書館的領導者與全體館員所必須認真思考與解決的課題。

第七章　圖書館資訊組織發展趨勢

由本書前六章的論述可以瞭解電子資源的特性及其成長帶給圖書館的衝擊，無論是描述的標準、主題分析、互通機制、查詢平台、組織架構及人員訓練等面向都與傳統的圖書館服務有很大的差異，使得圖書館員必須積極地採取因應措施，方能提供使讀者滿意的服務。尤其資源的組織可說是一切服務的基石，Michael Gorman(1995, p. 33)就曾指出：「編目是圖書資訊學的核心，亦是圖書館員所有工作的中心，參考館員若不瞭解書目控制便無法在工作上發揮功能。」然而近年來讀者服務與技術服務間的界線日趨模糊，技術服務可說是讀者服務的重要部分，其品質深深影響著讀者服務的品質，晚近甚至有技術服務即是讀者服務的論述出現(Davis, Bowman, & Kasprowski, 2004)。

Jie Huang 及 Katherine Wong(2006)以 Oklahoma 大學圖書館為例，認為編目部門的努力可以相當程度地提高讀者的滿意度，能進行的工作要項包括：書目加值、增加內容註、提供 URL 連結、增加主題標目、進行權威控制、建立讀者服務與技術服務之合作關係、維護書目資料庫、隨選編目(cataloging on demand)，以及進行資源數位化等，同時強調線上公用目錄的品質和建立讀者服務與技術服務之合作關係是達到高品質讀者服務的關鍵因素。可見線上公用目錄的品質與加值狀況會直接影響到使用者的滿意度，而圖書館中讀者服務與技術服務部門的充分合作更是提昇圖書館服務品質的不二法門。

眾所周知目錄一直是支持圖書館發揮其功能的基礎，更是使用者查詢與利用館藏資源的入口，而此種角色與功能已維持了近百年且相當地成功。然而在資訊科技不斷進展的情況下，新的資訊工具及服務方式如雨後春筍般地出現，除了資訊的種類與內容變得更多樣化之外，其改變的幅度和速率更是前所未有地廣大與迅速，且傳播的模式和方法也更為多變，使得目錄不再是使用者與資訊資源間唯一的橋樑。Google 及其他搜尋引擎與網路書店的相關服務，如亞馬遜（Amazon）網路書店，不但提供直觀、親和與易於使用的介面，對於出版品也有十分詳細且豐富的說明。反觀圖書館的線上公用目錄，雖然一直是使用者尋求資訊時的主要管道，但在資訊科技與網路資源的迅速發展，加上使用者資訊設備擁有率的普及，資訊素養能力的提昇，以及面對使用者期望不斷提高的情況下，可說是正面臨著前所未有的衝擊與挑戰(Calhoun, 2006)。因此，如何將圖書館的書目紀錄加值，使得線上公用目錄也能提供更多方便使用者選擇與辨識的加值資訊，包括封面、書評、摘要與目次等，應該是圖書館未來需要努力的方向。此外，如何將線上公用目錄加以升級，提供 FRBR 架構、層面檢索與相關排序等功能更是令人期待的發展。

繼 Web2.0 的觀念興起之後，Library2.0 主張在圖書館各項服務中主動邀請讀者參與並整合其意見亦日漸受到重視，引發許多相關研究的進行，亦同時逐步落實於圖書館的各項服務，例如：提供讀者針對館藏圖書撰寫書評或予以評等的平台，鼓勵以個人觀點與習慣為圖書資源標記主題，介紹個人喜愛並推薦相關圖書等活動，都能充分建立起圖書館與讀者間的溝通橋樑，也能因此集結眾人的力量，分享書評與閱讀心得。因此，耗費許多圖書館人力與時間的主題編目是否能夠整合社會性標記提供更豐富的主題詞，用以揭示資源內容並提供更多的檢索點，讓所有的使用者共享，可說是近年來資訊組織發展的重要議題之一。

Google 及其他搜尋引擎雖然可以讓資訊查詢變得容易，只要任意下一個關鍵詞就可以找到許多資源，但動則數以千計的查詢結果確實造成使用者篩選資訊的壓力，往往僅有耐心查閱檢索結果的前二十筆後便不再繼續瀏覽，因此經常造成遺漏重要資訊的缺憾，這也突顯出利用搜尋引擎查詢產生精確率不足的問題。圖書館為了避免發生此一狀況，利用權威控制將書目紀錄中的個人著者、團體著者、地名、集叢名、會議名稱及主題詞加以規範，使得個人的真名與筆名、相同地名、有多個名稱的同一集叢與會議、同義詞與類同義詞等都能夠連結與聚集在一個權威標目之下，以便提高檢索的精確率。然而由於網路的無遠弗界，跨系統與跨語言的查詢需求變得愈來愈重要，也使得權威控制不僅要考慮在地的需求與系統運作，更有跨系統和跨語言的需要。除了圖書館的目錄之外，其他的機構典藏系統、數位典藏系統，甚至是電子資源管理系統，都因為資源的日益成長而浮現權威控制的需求。因此，權威控制的概念在數位時代中不僅不會式微，還依然會是資訊組織發展的探討議題。

自網路資源大量產生以來，圖書館由是否要針對網路資源編目開始辯論，贊成者以為將紊亂的資源加以整理提供利用是圖書館員的天職，既然網路資源也是資源的一種，那麼圖書館員當然不能放棄它；反對者則認為圖書館的編目員面對數量龐大的印刷型式出版品已經疲於奔命，如何還有精力去處理成長如此迅速的網路資源。於是 Michael Gorman(1999)提出了折衷的意見，他認為可以將網路資源的書目控制分成四個層級：1.完整的編目，使用 AACR2 和 MARC；2.編製詳細的 Dublin Core 紀錄；3.編製簡易的 Dublin Core 紀錄；4.其他未經處理的資源利用搜尋引擎。自此之後圖書館員便有了擇要編目與分層編目的概念，也就是經過篩選後的資源才予編目，而且可以依資料性質選擇編目的詳簡程度。之後便有若干學者建議以下幾種類型的資源應該要進行編目(Huthwaite, 2003, p. 5)：1. 自行建立的電子資源；2. 具學術價值、穩定性高的電子資源；3. 重要的研究資料；4. 參考工具資料；5. 可協助館員推動業務或繼續教育的電子資源。從此之後，網路資源是否要編目似乎已不再是個被討論的議題，各圖書館皆制定了相關政策以為遵循。

旅美學者謝璧瑛(2010, pp. 1-4)曾指出資訊組織牽涉的面向包括了人（people）、科技（technology）與資訊（information）。人需要何種資訊？如何使用資訊？其行為模式如何？是資訊組織過程中所必須關心的部分；科技的演進深刻地影響人們使用資訊的習慣與行為，因而充分地瞭解與掌握科技的進程與內涵可說是資訊組織展現效能的要件；由於資訊的型式多樣化，網路上充斥著各種不同載體的資訊，如何確認資訊的品質，如何提供一站購足的資訊可說是資訊組織的最終目標。由此可以推論資訊組織不僅是個人、機構與圖書館的重要工作，更是一個國家乃至全世界所要共同關心的議題，因此若說它是全民運動或是全球運動應不為過。

身為圖書資訊學界的一份子，我們理當更為關注圖書館資訊組織的成效。但相對的，由於各種數位化計畫不斷產出大量的數位物件，同時為保存機構人員智慧結晶的機構所屬數位典藏品也隨著時間的運轉而持續增加，這些計畫無論是否由圖書館所主導，但如何將各類資源加以整合、加值與連結，以方便使用者利用，其中牽涉到系統的規劃與建置、後設資料的互通與連結、查詢方式的設計與結果的呈現等工作，圖書館似乎亦不能置身事外，甚至是責無旁貸必需加以思考的議題。意即除了要嘗試將圖書館、博物館、以及學校機構中的資源整合並將系統連結之外，亦需將視野擴大，設法把圖書館所建置的資源自動與廣大的網路資源連結，這亦是未來圖書館資訊組織所要面對的挑戰。

由前述各個不同發展面向的分析，應該多少可以描繪出圖書館資訊組織的發展趨勢，其中線上公用目錄是圖書館資訊組織發展的核心，也是使用者與知識連結的介面，正如Joseph C. Harmon(Harmon, 1996)所言，無論科技如何進步，圖書館仍然會持續地維護目錄並充分發展其目的與功能。本章共分五節加以論述：第一節說明新一代圖書館線上公用目錄之發展；第二節闡述書目紀錄加值的重要性與作法；第三節分析使用者標記與圖書館主題標目的整合；第四節說明名稱權威控制的發展與應用；第五節敘述關聯的圖書館資料（Linked Library Data）之發展潛力。

第一節　新一代圖書館線上公用目錄

2005 年 OCLC 針對使用者的資訊尋求行為及對圖書館的偏好程度進行研究，調查報告「圖書館與資訊資源之感知」(*Perceptions of Libraries and Information Resources*)顯示出有高達 84%的人選擇搜尋引擎做為資訊檢索的起始點，而只有 1%的人會選擇圖書館網站，明顯指出使用者偏好搜尋引擎的趨勢(Rosa, 2005, pp. 1-17)。

2007 年 OCLC 調查六個國家的一般民眾及美國的圖書館主管，希望從中發現網路上的社會性參與及合作如何影響圖書館的角色，之後便公布了「網路世界的分享、隱私及信任」(*Sharing, Privacy and Trust in Our Networked World*)研究報告，內容包括：1.網路上社交網路(social networking)、社會媒體(social media)、商業和圖書館服務的使用；2.使用者及圖書館員如何在網路上分享、分享些什麼，以及他們對相關隱私議題的態度；3.對線上隱私的見解；4.圖書館在社交網路中現在及未來的角色。結果指出有越來越多的使用者在網路上建立社群，而新型社交網站的出現正在改變網路的結構與文化，但是圖書館的主管及圖書館員在這方面的參與卻相當不足。此外，相較於 2005 年的調查，網路書店、搜尋引擎、電子郵件及部落格的使用率都有上升的情況，但圖書館網站的使用率卻反而下降了 10%(Rosa, Cantrell, Havens, Hawk, & Jenkins, 2007, pp. vii-ix)。

英國廣播公司 BBC(2007)在一則新聞報導中指出[20]，根據英國國家及大學圖書館常務會議（Society of College National and University Libraries，簡稱 SCONUL）的統計顯示，網路資源的便利性使得大學生造訪圖書館的次數比十年前少了許多。同樣地，美國研究型圖書館資源使用調查的結果，亦顯示使用者每天利用 Yahoo、Google 或非圖書館提供之檢索訊息之比例近 70%，而利用圖書館網頁檢索圖館資源約 20%，利用圖書館提供的資源佔 10%。此一結果顯示，使用者利用圖書館做為檢索資源途徑的比例遠低於搜尋引擎(張甲, 2006, p. 12)。

前述現象給予圖書館及館員相當的震驚與警示，可藉此機會再次檢視圖書館提供查詢的系統和網頁服務。圖書館的線上公用目錄是由傳統的卡片目錄演化而來，具有豐富且複雜的特性，但相較於網路上的檢索工具，OPAC 的介面較不受使用者喜愛，同時線上公用目錄也有諸多被垢病之處，例如：它是設計做為找書而非找尋資訊的工具，可說是一個卡片目錄系統的電腦化成果；其傳遞電子化內容的方式不佳；是以複雜且以文字為基礎的介面；具備相當薄弱的關鍵字查詢引擎；缺乏良好的相關排序；資訊內容的範圍十分窄

[20]該新聞的標題為“Student library ‘falling’ University students are significantly less likely to visit a library than their counterparts a decade ago, reveals a survey.”

化；資訊傳遞與服務的方式亦相當分散(Breeding, 2008)。為解決前述缺失，晚近不斷有學者專家提出新一代線上公用目錄的需求，許多自動化系統廠商亦針對這些需求設計新的自動化系統。Marshall Breeding(2008)指出所謂新一代線上公用目錄的功能應包括：

1. 具親和性、美感和容易使用的介面，讓使用者有良好的使用經驗。
2. 檢索結果提供相關排序，可以讓使用者依條件排序結果，有助於使用者選擇資源，節省瀏覽的時間。
3. 具備層面導覽(Faceted Navigation)的功能，能幫助使用者縮小查詢結果的範圍，讓使用者可以快速聚焦於所需資源。
4. 整合查詢館藏資源之介面，讓使用者只要輸入簡單的關鍵字，即可搜尋所有的圖書館資源。
5. 提供使用者方便、快速的使用環境，因為使用者不喜歡等待，希望資源可以即時取用。

再從美國國會圖書館委託康乃爾大學圖書館 Karen Calhoun 於 2006 年所發表的研究報告來看，該研究的對象主要是學術圖書館目錄，係針對當時的情勢加以分析，提供目錄發展的建議，最後再提出未來的發展藍圖與行動方案。研究方法為廣泛蒐集大量參考文獻，主題包括資訊尋求行為、搜尋引擎的角色(特別是 Google)、行銷策略等，再以文獻資料為基礎進行結構化問卷之訪談，之後綜合分析兩者資料後提出建言(Calhoun, 2006, pp. 7-8)。

該報告的第二章為目錄的未來，Karen Calhoun 建議以企業策略規劃的方法進行圖書館線上公用目錄的改革，她引用 Theodore Levitt 的產品生命週期理論為基礎，該理論對於延長產品生命週期共有四個策略：1.針對現有使用者推廣更頻繁地使用；2.針對現有使用者開發新的應用；3.為現有產品找尋新的使用者；4.找尋新的應用方式及新的使用者。若將此理論導入線上公用目錄，她認為 OPAC 曾經是一個成功的產品，然其生命週期已走到最後階段，但可應用上述策略讓館藏目錄獲得重生。她同時舉例說明如圖 7-1-1：1.現有的使用者及現有的應用，如些許地強化現有目錄；2.現有的使用者及新的應用，如電子期刊、主題導航、書目管理軟體等；3.新的使用者及現有的應用，如大學新鮮人的推廣活動、與課程網頁結合；4.新的使用者及新的應用，如大量數位化、大規模整合其他系統、供全球性使用(Calhoun, 2006, pp. 9-11)。

美國印地安那大學在 2006 年 1 月 15 日發表了有關編目未來發展的白皮書，探討未來編目及線上公用目錄的發展。白皮書中指出，因科技的進步影響線上公用目錄的設計與使用，且目錄的功能會隨著新科技而發展，未來應可提供以下功能來改善檢索結果：自然語言查詢、分類瀏覽(Taxonomy Browsing)、分類對照表(Taxonomy Mapping)及相關演算法(Relevancy Algorithms)等，而多館檢索的概念若將範圍擴展至其他的書目資料庫，可讓線上公用目錄與其他資訊系統間的互通性愈來愈高，例如：提供整合性檢索服務，可同時查詢目錄、其他資料庫和網路資源。此外，亦應重視使用者的需求，建立更多的溝通管道，並且應提供個人化的查詢環境與使用者導向的介面。同時，可讓使用者透過手機、PDA 及其他手提式設備方便連結線上公用目錄(Byrd et al., 2006)。

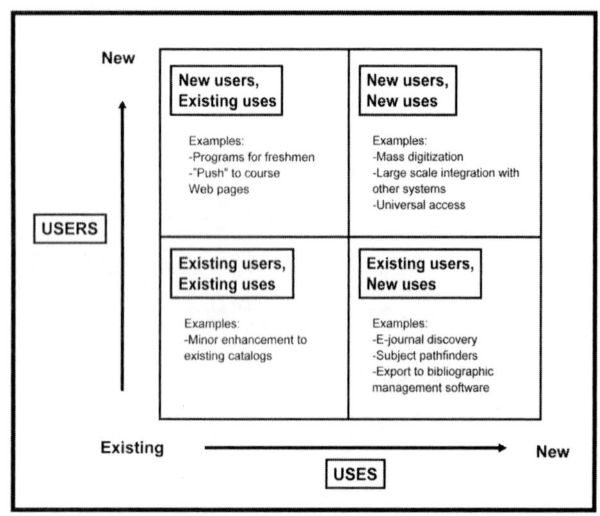

圖 7-1-1　學術圖書館目錄重生策略示意圖

資料來源：Calhoun, K. (2006). The Changing nature of the catalog and its integration with other discovery tools.　Retrieved December 26, 2009, from http://www.loc.gov/catdir/calhoun-report-final.pdf

Tanja Merčun 和 Maja Žumer(2008)評估不同 OPAC 系統的功能，係以一個傳統型式的 OPAC（COBISS）、五個新一代的 OPAC（Ann Arbor District Library、Hennepin County Library、Queens Library、Phoenix Public Library、World Cat），及 Amazon 為研究對象，共整理出六大項、33 個評估項目(如表 7-1-1)。經比較後發現 Amazon 在

各項目錄功能的表現都相當優異，惟未提供自動拼寫更正和即時通訊的功能，其餘 OPAC 部分則各有擅長，但相較之下傳統型式的 OPAC 則顯得十分遜色，功能相當不足。

表 7-1-1　不同 OPAC 系統的功能比較表

目錄功能	評估項目
搜尋	關鍵字搜尋框、拼字確認、拼字自動校正、瀏覽搜尋、全文搜尋
結果呈現與導覽	相關排序、叢集分類和層面導覽、麵包屑導引列
內容與推薦清單	書影與圖片、評論、摘要與註記、文章摘錄、目次、新書、熱門書籍、最近到館書籍與推薦書籍
使用者參與	評分與評論、批評、標籤、清單、論壇討論串
使用者檔案與個人化服務	自動登入、儲存檢索歷程、最近活動紀錄、瀏覽與編輯創作內容、我的最愛、個人化頁面、e-mail通知、個人化推薦服務
其他	RSS、部落格、可下載資源、即時通訊

資料來源：Mercun, T., & Žumer, M. (2008). New generation of catalogues for the new generation of users. *Program: Electronic Library and Information Systems, 42*(3), 257-258.

Sharon Yang 和 Melissa Hofmann(2010) 二人比較 Koha、Evergreen 及 Voyager 三個自動化系統的線上公用目錄，並且依據 Marshall Breeding(2007)所列的十項評估項目進行功能比較：

1. 透過單一檢索窗口能獲得所有資訊；
2. 具備最先進的檢索介面；
3. 有豐富多元的內容；
4. 使用層面導覽；
5. 使用關鍵字檢索框；
6. 具相關判斷；
7. 使用“Did you mean…?”功能，即拼音校正或修正查詢建議；
8. 推薦及相關資源清單；
9. 使用者回應；
10. 使用 RSS 功能。

該研究欲知三個自動化系統中何者才是最接近所謂的新一代線上公用目錄？結果發現以前述十項功能來看依次是 Koha (10 項佔 6/7 項)，Voyager (10 項佔 4 項)，最後是 Evergreen (10 項佔 3 項)。其中三者都不具備的是 1、6、8 項功能；另 Koha 在第 7 項功能僅做到拼音校正(Yang & Hofmann, 2010, p. 149)。

綜合上述，所謂新一代線上公用目錄的功能應可包括以下幾個面向：一、整合 Web 2.0 技術；二、可供多語言主題檢索；三、行動版 OPAC；四、無所不在的 OPAC；五、符合 FRBR 概念架構；六、優質的操作介面，茲分別說明如下：

一、整合 Web 2.0 技術

Web 2.0 的精神在於分享和參與、雙向互動，以及累積豐富的使用者經驗，其資訊傳播方式已由服務者單向提供轉變為與顧客雙方合作，共同建置內容。目前已經有非常多的社會性軟體出現，如 Blogs、Wiki、社會性標記、社會性書籤工具(Social Bookmarking Tool)等。許多圖書館亦將上述工具應用於線上公用目錄，讓使用者可自行利用後設資料和標籤組織數位內容並開放分享，亦便於查詢與聚集網路資源。例如：賓州大學圖書館（Penn State University Library）可由讀者貢獻閱讀心得、註解與標籤。因此，分類和訂定資源主題已不再是館員與學科專家專屬的任務。同時該目錄可連結至 PennTags，供賓州社群查詢、組織與分享線上資源之社會性書籤工具，由成員共同收集和維護網站，也可直接連結至期刊文章及館藏紀錄(黃鴻珠 & 石秋霞, 2006)。又如加州大學的 Northridge 分校 (California State University, Northridge)其線上公用目錄採用開放原始碼的社群標籤工具 LibraryThing，圖書館在分析使用統計數據之後，即做為改進線上目錄功能的參考(Mendes, Quinonez-Skinner, & Skaggs, 2009, p. 30)。關於使用者標籤之相關議題將在本章第三節中詳述。

二、可供多語言主題檢索

隨著網際網路的蓬勃發展，網路資源日益豐富，為因應多語言主題檢索的挑戰及資源共享，本書第三章第七節中曾提到由數個歐洲國家發起的多語言主題查詢合作計畫 MACS(Multilingual Access to Subjects)，試圖在不同的控制詞彙中，利用對映或連結的策略來達到線上公用目錄多語言主題檢索的目的。另捷克等國家也發起 MSAC (Multilingual Subject Access to Catalogues of National Libraries)

計畫，希望讓使用者能依其選擇的語言，檢索到不同語言但同樣主題範圍的所有資料(陳和琴 & 余怜縈, 2005, pp. 26-31)。

三、行動版的 OPAC

行動通訊是國家資訊基礎建設的重大工程之一，早在民國 92 年便有學者探討行動圖書館(Mobile Library)的議題，係由圖書館提供行動資訊服務的角度切入，探討「無線應用協定」（Wireless Application Protocol，簡稱 WAP）在圖書館之應用，並且以 WAP 為基礎，建構一個「行動線上公用目錄」（WAP-based OPAC，簡稱 WAPOPAC）實驗系統，將圖書館的線上公用目錄服務延伸至行動通訊網路上(林信成 & 楊翔淳, 2003)。而隨著行動通訊技術的演進，現已由第二代(2G)行動通訊邁向第三代(3G)行動通訊。

讓讀者利用無線傳輸技術以及手機、智慧型手機、筆電、PDA 等行動設備，在任何時間、任何地點使用各式的隨身終端設備，便可以和圖書館的資訊系統完成同步即時的資料交換過程，即是行動線上公用目錄的理想目標。國外的圖書館大都採用自動化系統廠商所研發的行動 OPAC（即 MOPAC），如 AirPAC，提供行動上網，可查詢書籍到期日、讀者檔資料、預約、續借圖書等服務。而國內的圖書館也已有一些實驗性計畫，如：淡江大學的 WAP 行動通訊設備，可查詢圖書館的書目資料；義守大學的無線行動圖書館雛型系統，允許使用者透過 PDA 查詢圖書資訊；亞東技術學院圖書館則將視訊隨選系統導入行動通訊網路介面；中興大學圖書館為該館網址建立

行動二維條碼 (QR Code)並顯示在圖書館首頁，讓讀者利用 3G 手機的照相功能及解碼軟體，便可自動上網連結到圖書館首頁，使用其導覽服務。

四、無所不在的 OPAC

對應於 Web 2.0，圖書資訊學界也提出了 Library 2.0 或是 Lib 2.0 概念，這個概念的核心與 Web 2.0 相同，都是以使用者為中心。Marnie Webb(2006)提到圖書館應該無所不在，意即當使用者需要圖書館的服務時，服務就該隨手可得，而不是要求使用者必須連回圖書館網站的首頁，才能使用各項服務。圖書館服務在 Lib 2.0 世代的重要課題是可將圖書館的服務傳送到不常使用或是不曾使用圖書館服務的一群人，例如台灣大學圖書館對於圖書館服務 Everywhere 的實踐方式，採用了兩個概念(陳光華, 2008a; 項潔, 2008)：1.整合(一核心)：整合各項服務於圖書館服務入口，讓使用者可以一站滿足其需求；2.分散(多管道)：傳送各項服務到使用者個人環境，使讀者可以透過個人電腦桌面、Blog、Google books、Google Scholar、Wikipedia 等管道，取得圖書館的訊息及相關服務。

五、符合 FRBR 概念架構

1998 年國際圖書館協會聯盟(IFLA)書目紀錄功能需求（Functional Requirements for Bibliographic Records，簡稱 FRBR）研究小組提出 FRBR 最終報告，其目的在於呈現作品間的內容、載體版本等不同層級的關係，對於使用者而言，可提供較好的聚集功能、易於蒐尋資訊，尤其是辨識單一作品內容版本間的關係，期望目錄成為使用者找尋、辨識、選擇與獲取所需資料之工具。在 FRBR 出版後，已有許多傳統圖書館及數位圖書館計畫的應用實例，例如 OCLC 所進行的 FictionFinder 計畫具備 FRBR 功能，將 WorldCat 資料庫中 280 萬筆的小說紀錄進行分析，呈現作品間的內容版本、載體等層級關係，有辨識單一作品的語文、出版年、形式等版本之成效(黃鴻珠 & 石秋霞, 2006)。

FRBR 架構在未來的編目規則和圖書館系統中備受重視，原因在於今日的網絡環境，必須確定不同版本、形式和提供者的內容，而需求也以許多形式呈現，例如欲同時獲取文學作品的多樣版本、譯本和改編版。其他資料類型如期刊，可能必須辨識紙本期刊與其線上複本，或聚合期刊的多重線上匯集商，或將相關文章層級（article-level）的內容連結到連續性出版品之作品，或關聯期刊的歷史，包括早期與其後的題名等。若要將上述關係對照到 MARC 欄位其任務相當繁瑣，部分原因是同樣的 AACR 資料元素可能依其內容會對照到不同的 FRBR 款目。

蔡家齊(2006, pp. 1-18)曾進行「中文線上公用目錄系統 FRBR 功能設計」之研究，研究結果可充分敘明具 FRBR 架構之目錄特色。他指出在使用者介面的呈現上，FRBR 介面提供了較具條理性、較清晰，易於查找檢索結果的資料呈現方式。經過 FRBR 模式化的 OPAC 系統介面須同時具有瀏覽和檢索功能；可依作品內容的限制項目，如作品語文、作品主題、作品文體篩選和排序結果；顯示書目本身的版本資訊；匯集相同作品名稱的館藏；階層化呈現作品家族及區分資料類型。

六、優質的操作介面

新一代線上公用目錄在操作介面上的設計至少要符合直覺式、視覺化、以及無縫式三個目標，茲分別說明如下(Mercun & Žumer, 2008, p. 259)：

（一）直覺式介面

即簡單、不需操作說明，使用者一看就知道要如何操作的介面。希望藉由高親和性的介面能與Google等檢索引擎或商業網站競爭，讓已養成習慣的讀者願意使用。

（二）視覺化介面

以圖形化的方式呈現主題資源（如：主題地圖），或利用顏色、字型大小標記重要資源（如：標籤雲），輔以圖片的呈現（如：書影），以便能吸引讀者的目光。

（三）無縫式介面

讓使用者從檢索到獲取資源都能在同一介面完成，不需另外連結到其他網站，以確保讀者能在圖書館的網站內持續進行資訊尋求行為。

若進一步探究何謂新一代線上公用目錄？對圖書館而言是個相當大的主題，其中涉及許多關鍵議題，包括：圖書館的館藏在數位資訊體系的位置、使用者行為與系統設計的相關性、選擇 metadata 產品與軟體發展的模式等。設計新的目錄不僅是為圖書館目錄的傳統作辯護，其實也在挑戰著傳統。因為新系統必須以創新方式為使用者創造更親和的介面，隨著非圖書館系統廠商和開放原始碼發展者進入介面設計市場，使得系統發展和編目實務的環境變化更加快速，因此，如何逐漸增加 metadata 的整合與連結，讓互通更為順暢，應該是圖書館員在建立新目錄時所應審慎考量的議題(Naun, 2010)。

第二節　書目加值

前文述及隨著網路的普及與 WWW 的發展，大量的使用者愈來愈不喜愛透過圖書館目錄查詢資料，轉而以搜尋引擎取代之(Marcum, 2006; Online Computer Library Center, 2009c)。何以使用者不喜歡使用圖書館的目錄？是因為使用者不瞭解目錄著錄項目的意義？著錄項目不足或太多？著錄項目不足以協助他們辨識與選擇資訊？還是目錄設計的功能與呈現的方式不為使用者所接受？這些問題都必須透過目錄使用研究，方能進一步獲知使用者利用目錄的感受與困難。

根據文獻顯示，以往多數的目錄使用研究或偏重於現有目錄的使用情形、利用目錄查獲所需資料的成功率、讀者使用目錄時遭遇的問題和限制；或針對讀者如何使用線上目錄中的著錄項目進行探討。在這些研究當中有部分透過問卷或訪談獲知讀者最希望目錄中增加的項目就是有關圖書內容的訊息，例如：目次（table of contents）、內容分析(content analysis)、書評(book review)、封面（book cover）、摘要(abstract)、著者的學經歷或所屬學派（about the author）等(藍文欽, 2001)。若是將這些關於圖書內容的訊息加入原有的書目紀錄中，便稱為強化紀錄（enhanced bibliographic records），也就是將書目紀錄加值，以提昇使用者辨識與選擇的能力，從而找到他們需要的資訊(張慧銖, 2003)。

圖書館開始重視書目加值工作可以追溯到 1970 年代末期，直至 1980 年代，為了因應不斷增加的資料量與自動化浪潮的衝擊，對於書目加值的概念便有了更深入的探討，並且以不同方式在線上公用目錄中提供附加資訊的檢索，像是增加主題標目的數量、運用索引資訊或摘要等(Morris, 2001, p. 29)。然而將書目進行加值的概念不只是出現在圖書館的書目紀錄中，2004 年冬季，Google 與學術領域合作進行一系列的計畫，包括 Open WorldCat、Google Scholar、Google Print（後改稱 Google Book Search），以及 2006 年底宣布推出的 Google Patent Search 測試版等(Brandt, 2005)。Google 所提供的書目服務，如圖書之封面、目次、部分內容與摘要等，也讓圖書館重新省思在書目紀錄中提供給使用者的資訊項目與內容是否充足。此外，國內外的網路書店，如亞馬遜、博客來等，也針對書目的相關資訊進行加值，除了建置資源的書名、作者、出版者、國際標準書號、售價等基本項目外，也增加該資源的封面、簡介、目錄、書評，推薦序、延伸閱讀等相關資訊(陳微麗, 2005, p. 2)。

隨著 web 2.0 時代的來臨，圖書館為更貼近讀者需求，相繼推出新一代的線上公用目錄。Jina Choi Wakimoto(2009, p. 409)就曾提出線上公用目錄及編目必須「進化或將死亡」(evolve or die)的警語，可見「改變」與「瞭解讀者需求」的重要性。

2008 年 OCLC 對終端使用者和圖書館員這兩大重要族群進行的問卷調查並於 2009 年 4 月發布最新的研究報告。該研究採用的研究方法包括焦點團體(focus groups)、隨機跳出視窗調查法(pop-up survey)、網路問卷(Web-based survey)等三種方法。茲簡述如下(Online Computer Library Center, 2009d)：

一、終端使用者焦點團體

OCLC 委託 Blue Bear LLC 於 2008 年 5 月在俄亥俄州的哥倫布市建立三個焦點團體，這三個團體分為：18-24 歲的大學生、25-59 歲隨機選取的檢索者、25-59 歲的教師和研究生(在報告中統稱為 Scholars)。

二、終端使用者隨機跳出視窗調查

OCLC 委託 ForeSee Results 進行一個線上彈出視窗的調查，調查對象是 WorldCat 網站全球的終端使用者。在 2008 年 5 月 12 日至

2008 年 7 月 9 日之間共收集了 11,151 份問卷，回覆率是 4%。由於是針對終端使用者進行研究，因此來自館員的回覆不會列入其中。在總數 11,151 份回覆中，有 68%來自於終端使用者，其中 44%是來自於北美以外的地區。

三、圖書館調查

OCLC 委託獨立的行銷研究公司 Marketing Backup 進行一項網路問卷調查，對象針對使用不同介面 Worldcat 資料庫的圖書館員和圖書館工作人員。在 2008 年 9 月 10 日至 2008 年 11 月 30 日之間共有 1,397 位館員和工作人員回覆。回覆者擔任的職務可能是館長、參考館員、編目員、負責採訪或館際合作等，其中有 36%回覆者來自北美以外的地區。

研究結果可分為兩部分敘述，一為終端使用者的需求；另一為圖書館員的需求。

（一）終端使用者的需求(Online Computer Library Center, 2009d)

針對兩項終端使用者的調查，主要的研究發現有以下幾點：

1. 獲取所需資料的需求與發現所需資料的需求一樣重要。所以要有適當、準確、可靠的資料元素，以支持從發現到獲取的過程可說是相當重要的。
2. 使用者希望從發現(Discovery)到傳遞(Delivery)是一個無縫的過

程，同時希望即刻得知資源能否取得，應如何取得；希望有更多直接的連結或是容易的方式能取得無論是文字或是多媒體格式的網路資源。

3. 希望除了作者和標題之外，能有更多可以協助發現資訊的元素，如摘要、總結、目次等。
4. 希望檢索結果能依相關性排序，並且能夠明顯地列出相關性。
5. 以關鍵字檢索為主，但進階檢索的選項及層面可以幫助使用者重新定義、縮減或管理大量的檢索結果。
6. 使用者希望進行如 Google 般的簡單檢索，且得到的檢索結果能確實符合所需。

（二）圖書館員的需求(Online Computer Library Center, 2009d)

針對圖書館員及館內工作人員的調查，主要的研究發現有以下幾點：

1. 館員和使用者一樣，都是有目的在使用目錄和目錄中的資料。館員需要使用目錄中的資料以完成工作，他們對於資料品質的偏好會受到工作任務的影響。
2. 重複的紀錄(同樣的版本或載體型式有多筆紀錄)會阻礙館員的工作。因此，合併 WorldCat 中的重複紀錄是各類型圖書館所屬館員最重視的事。
3. 在一長串增加資料品質的方法中，回覆的館員幾乎都將「在紀錄中增加目次」列為第二選擇，這結果幾乎含蓋了所有類型的圖書館員。

4. 除了合併重複的紀錄及增加目次之外，圖書館員會因職務不同、服務的圖書館類型不同，以及服務的地區不同，而對資料品質的看法有顯著差異。例如公共圖書館的館員需求排名第二的是在書目紀錄「增加封面」；學術圖書館和公共圖書館排名第四的是「升級簡單的紀錄」，但此項目在專門圖書館卻未列入前十名。詳見表 7-2-1。

Which of the following enhancements would you recommend?

By library type

Enhancement	Total		Academic		Public		Special	
	Rank	%	Rank	%	Rank	%	Rank	%
Merge duplicate records	1	52%	1	57%	1	48%	1	56%
Add tables of contents to records	2	40%	2	46%	5	27%	2	44%
Add summaries to records	3	28%	3	29%	6	27%	3	28%
Fix typos	4	27%	5	28%	3	29%	4	27%
Upgrade brief records	5	25%	4	29%	4	29%	14	17%
Add cover art to results	6	25%	11	23%	2	35%	12	18%
Make it easier to correct records	7	25%	6	26%	11	25%	6	24%
Fix MARC coding errors	8	24%	7	26%	9	25%	8	21%
Add summaries to results	9	24%	9	23%	7	27%	10	19%
Increase accuracy of library holding information	10	24%	13	22%	8	25%	5	25%
More records for online resources	11	22%	8	26%	14	14%	7	24%
Add more formats	12	22%	10	23%	10	25%	11	19%
More clickable links to online content	14	18%	14	20%	13	15%	9	21%

Source: *Online Catalogs: What Users and Librarians Want*, OCLC, 2009 (Library survey)

表 7-2-1　各類型圖書館員對加值目錄之品質需求一覽表

資料來源：Online Computer Library Center. (2009). Online catalogs what users and librarians want. Retrieved March 3, 2009, from http://www.oclc.org/reports/onlinecatalogs/fullreport.pdf

綜合上述，OCLC 的報告中提出館員建議目錄應該加強的前五項資訊為：合併複本紀錄、在紀錄中增加目次資訊、在紀錄中增加摘要資訊、修正錯字、提昇簡要紀錄的內容。雖然館員對於目錄應強化的資訊項目之優先順序與讀者不完全相同，但多數館員仍認同豐富的內容與更多資料類型（如視聽資料）的書目紀錄對使用者而言有其重要性，意即圖書館應對書目進行加值，以提供更豐富的書目資訊(Online Computer Library Center, 2009c, pp. 11-21)。該報告同時指出，使用者認為最有幫助及最希望目錄能提供加值項目的前五項分別為：更多線上目次或全文的連結、更多主題資訊、增加簡介或摘要資訊、增加目次資訊、以及點選"details"選項後，能顯示更多、更豐富的資訊。由此可見，書目加值無論對圖書館或使用者而言，都分別具有不同的意義與功效。

根據相關研究顯示(Madarash-Hilla & Hill, 2006; Morris, 2001, p. 34)，如果在書目紀錄中增加圖書資源的目次，可以提昇館藏的使用率。因為使用者可以透過目次辨別作品之間的相關性，檢視相同題名的作品，內容是否類似或完全雷同，以評估繼續閱讀的可能性並做為後續取用資源的判斷依據。此外，若能針對論文集、短篇、合集的篇名或有意義的章節進行目次的著錄並提供檢索，除了可以彌補該類型資源在主題分析之不足外，亦可幫助使用者提高資源檢索的效益，改善線上公用目錄的檢索結果(陳淑燕, 2002)。此外，目次也有助於編目館員分析、確定資源的內容及主題涵蓋的層次，節省其編目時間。一般而言，當圖書館進行採購時，通常只會看到出版商提供的簡短摘要，而無詳述其內容或主題的資訊，若圖書館可以再透過 OCLC、網路書店、甚至是其他圖書館的加值目錄取得目次資訊，則可進一步判斷此資源是否符合館藏發展政策，以決定採購與否，更能藉此有效地利用採購經費(Library of Congress, 2002b)。同時參考館員也可以藉由章節層次，在 LC 將某一概念加入其主題標目之前，得知某些主題的最新詞彙(陳微麗, 2005, p. 21)。因此，對圖書館而言，若進行書目加值可以獲得以下五項優點：1.增加館藏的使用率；2.改善線上公用目錄的檢索效果；3.節省館員編目的時間；4.透過目次內容評估是否採購該資源；5.提供新穎的主題資訊。

在實證研究方面，自 1990 開始便陸續有學者針對書目加值的結果進行研究，基本上將書目加值後產生的影響可以分為下列幾種：1.提昇書目資訊的辨識能力；2.影響檢索結果；3.增加一般館藏使用率；4.增加珍貴館藏資源的能見度與被利用的機會。茲分述如下：

1.　提昇書目資訊的辨識能力

R. Van Orden(1990)便曾針對過去的相關研究計畫加以介紹與分析，認為若在書目紀錄之中增加內容相關的資訊，應該可以提高使用者辨識其所需資訊的可能性，但仍指出需要有更多的實證研究來評估此種做法之檢索效益。

耶魯大學社會科學圖書館選擇舊籍資料進行加值，利用軟硬體設備將舊籍目次掃瞄後置於書目紀錄，希望對讀者在辨識資料時有所幫助，以節省圖書館員與讀者的時間。根據他們的經驗，若不計算軟、硬體的設備投資，該計畫總共掃描了 1,000 冊圖書，每冊書約花費 7.50 美金。至於在價值的判定方面，研究結論是若為有價值的館藏且為增加檢索，應將目次掃描後加入書目紀錄，則無論花費多高都是值得進行的工作(Wheeler, 2000)。

PCC/OCLC 自動強化書目紀錄任務小組(PCC/OCLC Task Group on Automated Record Enhancement)於 2009 年所發表的最終報告中，探討 PCC 與 OCLC 未來合作的可能性，該小組主要在探索 WorldCat 資料庫之主書目紀錄(master record) 以例行性自動化的方式進行書目紀錄內容強化工作，再將修改與強化過的紀錄傳送給各圖書館，其目的在於將 WorldCat 資料庫進行加值後，各館便無需重複再做加值，即可達到提昇使用者辨識書目資訊的能力(Program for Cooperative Cataloging, 2009)。

為瞭解線上目錄的使用者如何使用書目紀錄中的加值項目，其優先順序為何；加值後的強化紀錄如何影響使用者辨識與選擇所需資源之行為；及目錄使用者對於書目加值的整體看法為何？張慧銖(2010)透過觀察與訪談法針對中興大學的學生進行瞭解，研究結果顯示在特定的情境下，受訪者會參雜一般及加值的著錄項目來協助其選擇與辨識所需資源。同時在不同階段因受訪者所獲得的資訊多寡不一的情況下，會不斷修正其資訊需求，由模糊不清到明確，由不確定到瞭解，充分驗證了資訊尋求行為理論。此外，雖然不同的資訊需求情境與系統的介面設計皆會影響加值項目的參考順序，但使用者對於書目加值都持肯定與正面之態度，且強力建議圖書館應該進行此項工作。在該研究中使用者對於書目加值項目的需求程度，依序為「目次」(table of contents)、「內容簡介」(content synopsis)、「部分內容」(excerpted content)、「封面」(book cover) 及「作者簡介」(about the author)。研究建議圖書館可視人力與經費狀況決定書目加值的資源類型與項目的優先次序。

2.　影響檢索結果

OCLC 曾做過一個研究(Dillon & Wenzel, 1990)，目的在評估書目紀錄中若加入目次與摘要，是否會影響檢索的結果，且為正面的影響。研究結果發現，一般而言，檢索的成效確有提昇，然而主要是在回收率的提高，精確率卻反而下降。此外，卡內基大學圖書館以其新書做為實驗對象，將目次加到書目紀錄中，同時將該欄位開放為全文檢索，由於並非所有的新書目次都值得花費人力與電腦的記憶體去做處理，因此，他們便訂定了建立強化紀錄的標準。結果發現大約只有 7.85%的新書合乎加值條件，且每筆目次所佔的空間平均為 12.75 行。經初步評估，這樣的處理方式約略提高了 20%到 30%的檢索率，至於成本效益則需要更長時間的觀察，才能有具體的結論(Michalak, 1990)。另根據英國所做的研究報告指出，書目紀錄經過加強內容後，無論採用自然語言檢索或強化 (enriched) 的欄位檢索，皆可提昇查獲率(Beatty, 1991)。

3.　增加館藏使用率

聖地牙哥州立大學圖書館希望加強書目紀錄中的內容註，以增加合集作品（collective works）被檢索的機會，並且提供較詳盡的館藏敘述，以提高資源共享的效率。研究結果顯示，大約 23% 的圖書所包含的內容資訊應該可以加到內容註中，但實際上卻尚未在編目紀錄中呈現。其中 52% 可增加的資訊是屬於引文式(citation-based)，而有 48% 屬於主題式（subject-based）資訊。此外，約有 65% 的圖書需要的內容註數量不超過 25 個，平均每本圖書只需要 8.03 個(Weintraub & Shimoguchi, 1992)。

Ruth C. Morris(2001, p. 35)探討若在書目紀錄中增加目次內容，是否會影響館藏流通，他在事先已區分有無目次內容的書目紀錄中，以隨機分層方式抽取 3,957 本圖書，進行為期 14 週的流通情況追蹤調查，目的是為瞭解在線上提供圖書的目次是否會增加其使用率。結果顯示，增加圖書的目次內容是提昇館藏流通率最有效的方式。最後，Morris 認為加值工作並無單一標準，要視不同的館藏及使用者的需要進行加值。

汕頭大學圖書館自 2002 年起便將新到館的圖書製作成電子書，利用 OCR 技術辨識目次的掃瞄檔後，分析目次內容並建檔形成目次資料庫，同時將目次資料庫、線上目錄與電子書資料庫相互連結，提供讀者檢索目次資料，若檢索結果為電子書，則可直接點選目次章節查看全文。該館的實驗證明，書目紀錄增加目次內容後提高 45% 的使用率(唐光前, 2004, p. 38)。美國自然歷史博物館圖書館亦採用相同的技術來增加目次資料，該館將 3,890 筆館藏掃瞄目次並利用 OCR 技術將目次數位化後，提供讀者於 OPAC 上查詢，希望可以增加館藏使用率(Pappasab & Herendeen, 2001)。

東南路易斯安那大學於 2004 年所進行的實證研究，將部分圖書加入欄位 505 目次資訊及欄位 520 摘要描述，提供讀者檢索，同時透過欄位 856 超連結顯示書評、出版商資訊；經比較提供書目加值與未經加值之圖書的使用率，結果顯示加值過的圖書使用率高於未經加值之圖書(Madarash-Hilla & Hill, 2006)。

美國國會圖書館為讓使用者繼續利用圖書館的目錄，特成立書目加值建議小組（BEAT），該小組針對書目紀錄中進行目次內容加值的研究，發現有線上目次內容的資源，其流通量增加 45%。由此推論，目次可以提高圖書館資源的曝光率及流通率，使得資源更易於共享(Byrum & Williamson, 2006)。

此外，書目紀錄若增加封面、書評、目次、樣本版本和出版者描述等 URL 的電子式增強項目(electronic enhancements) 呈現時，相對於那些沒有電子增強項目的編目紀錄而言，前者的使用率較高。而當圖書館的線上目錄提供這些加值項目後，這些編目紀錄不僅為單一的書目，也可以利用按鍵連接一系列線上目錄的相關資料。研究結果也顯示，書目紀錄中含有目次(欄位 505)、摘要(欄位 520)，以及電子 URL 連結(欄位 856)的加值項目，比沒有這些加值項目的書目增加四倍的利用率(Madarash-Hilla & Hill, 2006)。

4.　增加珍貴館藏資源的能見度與被利用的機會

部分圖書館或多或少在館藏當中都有特藏資料、檔案、珍貴史料及手稿，由於這些珍貴資源的檢索與取用方式不便，通常只限於學者研究使用，以致這些珍貴特藏經常隱沒於龐大館藏之中而形成所謂的隱性資源（hidden resources）(Wakimoto, 2009, p. 418)。為改善特藏資源的蒐集及使用問題，美國研究圖書館協會(ARL)特殊館藏工作小組於 2009 年 3 月提出應結合科技以強化書目紀錄，即利用技術將特藏資源數位化後並建立完整的後設資料，以提供讀者檢索利用(American Research Libraries, 2009)。整體而言，ARL 的最終目的乃在透過內容豐富的書目資訊增加珍貴館藏資源的能見度，進而提高其使用率。

由上述研究可以證實，透過書目紀錄加值，確實可以提高圖書的利用率，且當書目紀錄內有目次或摘要提供線上查詢時，其結果更為顯著。另一個增加特藏資源的曝光率與提高檢索率的實例為科羅拉多大學博爾德校區圖書館所做的書目加值服務，該館從特殊館藏中挑選出罕用期刊，將這些罕用期刊的封面及目次掃瞄後，於書目紀錄中加入掃瞄檔的網址，提供讀者可於線上公用目錄直接點選查看期刊封面與目次內容，此計畫所帶來的效益不僅增加罕用期刊的檢索使用率，也為該校的特藏部門爭取到更多的贊助與支持(Moeller, 2007)。由此可知，書目加值不僅能提供使用者更多選擇與辨識的素材，更是圖書館行銷館藏與罕用書刊的絕佳管道，圖書館應該根據自身的任務，克服人力與物力的限制朝向書目加值而努力。

第三節　社會性標記

本節針對社會性標記的發展對圖書館造成的影響加以探討，共分為三個部分予以說明：一、何謂社會性標記；二、社會性標記與圖書館資訊組織之比較；三、社會性標記與圖書館之主題標目。

一、何謂社會性標記

根據 Jennifer Trant(2009)的說法，所謂"Tagging"是指一種過程，焦點在於使用者對於詞彙的選擇；"Folksonomy"則是詞彙聚合的結果，焦點在於知識的組織；而"Social tagging"則是一種在社會性技術背景下所產生的標記行為，焦點在於社會性運算與網路。

Folksonomy 譯為俗民分類，最早是由 Thomas Vander Wal(2005)在 2004 年討論書籤共享(Del.icio.us)和圖片共享(Flickr)的資訊架構時，結合了"Folks"及"Taxonomy"兩字而成，又可稱為合作標記(Collaborative tagging)、社會性分類(Social classification)、社會性索引(Social indexing)，及社會性標記(Social tagging)。它是一種由群眾自發性地定義關鍵字的社會性分類法，但有時標記的目的並不在於分類，也不必然需要遵循分類的結構，因此相對於「俗民分類」，「社會性標記」之名稱有較為狹窄的意涵(卜小蝶, 2007b)。而所謂"Folks"，是指一般人、大眾、通俗之意；而"-sonomy"則代表具系統性的、專門的學科知識，兩者合而為一的意義便是：「由大眾所產生的一種分類知識」(卜小蝶, 2007a)。

若與專家所建立的分類相較，Folksonomy 更適用於一般的使用者。由於社會性標記是利用群體的力量收藏和分享標籤的機制，使用者可針對服務的內容，例如照片、網站、連結、書籍和藝術作品等，提供適當的關鍵字或索引詞彙做為標籤，從而創造出一種極具創意的分類方式。因此，目前已有若干網站允許使用者保存網址，並且提供標記註解，即使過了若干時日，標記依然能夠保持來源，有助於資訊的使用者(包括作者本身)能再次地檢索與取用(Gordon-Murnane, 2006)。

由於俗民分類法是由一群沒有受過資訊組織訓練的網路使用者所提供的關鍵字，這些關鍵字雖然沒有圖書館的分類索引精確，但卻可以滿足網路使用者的需求。根據 Pew Internet & American Life Project 在 2006 年 12 月的調查，在 2,373 位美國人當中，就有 28% 的網路使用者會將線上的資源，如照片、新聞故事、或是 blog 文章予以標記或分類，而平日則有 7%的網路使用者會標記或分類線上資源(Rainie, 2007)。由此可見，目前社會性標記的應用確實相當廣泛，且很有可能成為未來的發展趨勢。

二、社會性標記與圖書館資訊組織之比較

若將社會性標記與圖書館之資訊組織相較，可以發現，圖書館中無論是記述編目或主題編目的資料都是經過專業人員依據標準化的工具和程序加以處理。因此，資料皆具有一定程度的品質，但是卻無法明確得知資料的內容能否符合使用者的認知(卜小蝶, 2007b)。

相較之下，社會性標記則顯得較有彈性，因為它是由使用者自行分類編目，所以資料之內容較能符合使用者的認知，但是完全依照使用者個人的觀點進行資源組織，內容不一定周全，並且過度彈性也可能造成資料品質不易維持。有一些使用者在標記時，其目的僅為了方便個人回想，所以不一定會針對圖書的內容主題進行標記，造成部分標籤只有標記者才能理解。根據 Peter J. Rolla(2009, p. 178)研究 LibraryThing 的使用者標籤，發現其中含有大量的個人詞彙，這些個人詞彙對於輸入該詞彙之使用者具有個人意義，但是對圖書館來說，這些詞彙並不見得是有用的敘述詞，也不能針對書籍提供任何的主題檢索。

圖書館的控制詞彙往往被詬病過於僵化陳舊，不符合使用者的習慣，而瀏覽標籤對於偶遇相關資源具有相當的啟發性，由使用者自由產生的獨特標記分類，能更貼近使用者的認知。相較之下，社會性標記的命名缺乏明確的詞彙關係，而且不像控制詞彙，它不能處理詞彙間廣義、狹義及相關等概念，同時相同的標記也可能代表不同的意義，例如單複數(statistics 和 statistic)、模糊(ANT 和 Apache Ant)、縮寫/簡寫(TV 和 Television)、多義詞、同義詞(Mac、Apple、Macintosh)等。

Lois Mai Chan(2009)比較社會性標記與傳統主題索引的異同，研究結果發現主題索引具有以下的特性：

1. 主題分析與呈現需由受過訓練的人員執行；

2. 依據控制詞彙表或索引典可以控制同義詞、同音義異詞，並且能參照擴大、縮小及相關詞；
3. 每個概念只會使用極少量的詞彙；
4. 給詞客觀，無個人偏見或對呈現的詞彙有主觀判斷。

相對而言，社會性標記的特性如下：

1. 不需要編目與索引的訓練，故能廣泛地參與；
2. 詞彙為自由關鍵詞；
3. 容易給標籤；
4. 每一文件不限定詞彙數；
5. 呈現方式沒有特定的規則或政策；
6. 選擇詞彙有完全的自由；
7. 使用主觀及個人的表達詞彙，像是「期望閱讀清單」（wishlist）或「待閱讀」（tbr 即 to be read）；
8. 創造新詞以致於對他人的檢索無幫助；
9. 多數的標籤都是一到二個字；
10. 多數的標籤都是指涉型式（form）或類型（genre）。

另就兩者之優缺點分析，主題索引有以下優點：

1. 已有訂好的規則；
2. 使用控制詞彙；
3. 語法複雜，尤其是主題編目已建立好前後文可讓檢索點更易表達；

4. 控制詞彙表以廣義、狹義及相關詞之關係連結了一個隱藏的知識本體，因此具備階層架構；
5. 透過已建立的政策與控制同義詞與一詞多義，使檢索結果呈現出一致性與可預測性。

主題索引的缺點如下：

1. 訓練專業的編目員和索引者要花費較高的成本；
2. 出版品從出版到被索引或編目完成的時間差較大；
3. 建立和維護控制詞彙需要較多的時間和成本；
4. 過於複雜的索引和檢索系統會令使用者怯步；
5. 缺乏直接獲取使用者觀點的方法。

社會性標記的優點為：

1. 符合使用者需求；
2. 快速且易於使用；
3. 即時更新；
4. 受歡迎且有趣；
5. 能讓使用者參與；
6. 使用自由、民主且無限制；
7. 反應使用者在進行主題查詢時的理念；
8. 低成本。

社會性標記的缺點為：

1. 缺乏詞彙控制是最大的缺點，包括同一概念有多個標籤、同一個標籤有多種意涵；同一詞有多種形式變化、相似詞、有無詞間關係等；
2. 針對複雜的主題無法提供完整的查詢；
3. 提供零星的檢索結果；
4. 許多個人創造的新詞只有給與標籤的人明瞭，顯得太過主觀；
5. 過份彈性。

綜合上述可以明確得知，圖書館之資訊組織使用之類號與主題詞皆由專業人員負責編製，重視的是資料的正確性與一致性，但因更新的速度較慢，易造成類號不符合現實需求、詞彙過於陳舊等缺失。雖編製時有一定的規則與型式，卻因此造成使用者不瞭解與使用障礙。反觀社會性標記為一般使用者自行製作，強調標記的彈性與多元，能貼近使用者，反應其實際需求，但卻無法免除標記模糊與同義的缺失。

三、社會性標記與圖書館主題標目

目前已有許多國外的圖書館應用社會性標記於其網站上，例如美國賓州大學圖書館的 Penntags[21]、美國密西根大學圖書館推出的 MTagger[22]都是在保有原來的主題目錄之外，另收集使用者所輸入的標籤，期能提高 OPAC 的檢索效益。但是標籤結合 OPAC 是否真的

[21] 網址為 http://tags.library.upenn.edu/
[22] 網址為 http://www.lib.umich.edu/mtagger/

能夠增進檢索效益？這也許還有待考驗。就以美國蒙大拿州立大學為例，該校自 2003 年起便在其博碩士論文查詢系統中加入讓使用者可以自行標記的功能，結果發現在 560 篇論文中受測者僅給予 23 個標籤，相對於館方原本依據 LCSH 所給的標題而言，相當地不周延，至於使用者之檢索效益是否具體提昇，仍然有待觀察(Landbeck, 2007; Peterson, 2008)。

若進一步探究標記使用者的行為後發現，使用者偏好採用標籤雲（tag cloud）的原因其實與其檢索目的有極大的關連性，因為使用者對於非專業性的需求多半會採用標籤雲進行檢索，但若是針對專業性的特定目的則會改採關鍵字查詢。此外，運用標籤雲的時機也受到多項因素的影響，例如：使用者檢索的網頁所採用的語言並非其母語，或對所要找的資訊是否受其已具備之專業知識影響等(Sinclair & Hall, 2008)。

陳光華(2008b)的研究發現圖書館主題編目與社會性標記之目的並不完全相同，但藉由使用者所創造的主題標籤與回饋，可以補充圖書館主題標目的不足。P. Merholz(2004)建議藉可由社會性標記得知大眾共同需求的詞彙，以便納入控制詞彙。S. Weibel(2006)也有類似看法，認為控制詞彙有正式的層級，而社會性標記可提供大量數位化資訊，若能整合兩者成為複合式目錄，應可建立更豐富的後設資料。而將社會性標記結合傳統分類從而產生更豐富的控制詞彙(Rosenfeld, 2005)，Wikipedia(Folksonomy, n.d.)形容此為“collabulary”，意即結合社會性標記的優點，包括入門成本較低、廣泛分享豐富詞彙、以使用者可理解為基礎、快速辨識語文變化，並且與各領域專家合作的大眾標註方式，但是必須提供規則與指引給使用者，幫助使用者更一致性地應用標記(Guy & Tonkin, 2008)，同時亦可藉由控制詞彙聚集相似資源的功能，以豐富後設資料(Noruzi, 2007)。Matusiak(2006)認為兩者之間實具有互補的作用，控制詞彙可使檢索具有一致性和互通性，而社會性標記則可帶給使用者更多語言、觀點和專門知識。透過整合標記的圖書館目錄，除了具有專家提供的準確率之外，亦具備由不同背景之使用者所提供自然語言的標籤雲(Weinberger, 2006)。

Marliese Thomas(2009)以量化研究方法，探討社會性標記是否可以改善圖書館的主題檢索，其研究設計修正自 Scott A. Golder 及 Bernardo A. Huberman(2006, pp. 203-204)的標記分類模式，共計八項，包括：主題、類型、標籤建置者、修飾類別(即本身無意義，用來修飾其它標籤)、主觀感受（使用形容詞表達意見）、個人色彩(如：my開頭的標籤，為使用者個人的連結)、任務(如：toread)、外語(由該文作者新增)，用以比較題名關鍵字和主題敘述詞的使用。另亦參考 M.E.I. Kipp(2006)修正 Henk J. Voorbij(1998)所使用的七點量表，應用在比較標記與主題標目的相關程度，包括：完全符合(exact matches)、同義詞(synonyms)、廣義詞(broader terms)、狹義詞(narrower terms)、相關詞(related terms)、未定義關係詞(terms with an undefined relationship)、不相關詞(terms that were not related at all)。該研究使用10本書同時比較Library Thing成員所提供的使用者標籤和 5 個圖書館目錄中的主題標目，結果發現社會性標記能夠增加讀者查獲館藏的機率，尤其是那些題名缺乏主題詞的小說作品，而其研究數據也反映出使用者的自然語言是提供資源發現的一項新途徑，充分呼應了 Luiz H. Mendes、Jennie Quinonez-Skinner 及 Danielle Skaggs (2009, p. 39)三人的研究。

Lois Mai Chan(2009)探討是否有方法可以連接社會性標記與主題標目，使兩者都能達到各自範圍內較好的主題查詢。研究檢測了 20 本在 Library Thing 中被標記最多的非小說作品，比較同一部書的標籤與主題標目，並且依標記雲找出最大的 75 個標籤，以及最長的 50 個標籤（超過 20 個字母）。研究結果建議應將兩者予以連結，意即將控制詞彙的特色整合到社會性標記中，同時將使用者的詞彙與控制詞彙加以比對後納入主題詞表。此外，亦分別針對兩者提出以下改進建議：1. 主題索引方面應該要從專業的方式轉型為共享的方式，應取得使用者的觀點、瞭解使用者的搜尋行為，並且採用社會性標籤做為索引典或主題詞表的建議詞來源，以強化主題查詢。2. 社會性標記應該採用控制詞彙的優點，當使用者進行標記時，應提供敘述詞、主題標目或相關詞供其選擇，或將使用者的標籤與敘述詞或主題標目相比對，並且最好能夠發展出自動化的比對方式。

Kwan Yi 及 Lois Mai Chan(2009)透過字的比對欲瞭解將社會性標籤與 LCSH 連結後，是否能利用 LCSH 為社會性標記帶來秩序。該研究選擇了 Delicious 為標記系統，將 LCSH 的結構轉化為 LCSH tree，同時將兩者加以比對，仔細分析出社會性標籤的特色、兩者的重疊處，以及標籤在 LCSH tree 的分布情形。結果發現有近三分之二的標籤與 LCSH 相符，尚有 10%是可能相符的。同時發現在比對時有一些困難產生，必須要改變或調整比對的方式。研究結果發現透過標籤與 LCSH 的比對，有助於有效檢索與取用被標記過的網路資源，可應用於整合採用此兩種不同索引用語的多數資料儲存庫。而連結控制詞彙可強化合作標記系統的資訊檢索能力，甚至能跨越不同的標記系統、資料儲存庫，及書目資料庫。未來還可以進行社會性標籤與現存控制詞彙的比對研究，包括 LCSH、FAST，及 Art &Architecture Thesaurus (AAT)等，並且發展相關演算法與軟體進行比對。

Scott Simon(2010)探討社會性標籤應用於圖書館目錄的可行性，及是否可提高資訊檢索效率，讓使用者更樂於和圖書館目錄互動。研究結果發現若將標籤整合到目錄之中，可以增加資源的查獲與使用率，並且能鼓勵使用者多利用圖書館目錄。因此，他建議未來在實際運作時，應該將使用者利用標籤的期望及其資訊尋求行為列入參考。

由於社會性標記與主題索引都有相同的目標，就是希望有效組織資訊，方便再擷取利用，也就是要為資訊儲存與檢索提供最有效率與效能的方法，然而這兩種方式卻採取了完全不同的角度，即便如此，但為了嘉惠使用者，未來應該還是可以藉由自動化的分析與整合兩者之使用詞彙，找出相容的最佳模式，而這亦有待更多的實證研究方能達成。

第四節　權威控制

權威控制是圖書資訊學界常用以控制檢索點一致性的方法，在關鍵字與全文檢索盛行、網路資源充斥的今日，權威控制是否仍然有其重要性？答案應該是肯定的。為探討權威控制在數位時代的角色，本節分為五個部分加以說明：一、權威控制的目的與功能；二、編目與線上資料庫之品質差異；三、虛擬國際權威檔的介紹；四、權威控制運用於 OPAC 以外的系統；五、結語。

一、權威控制的目的與功能

權威控制是透過權威檔的應用，以維持圖書館目錄或書目紀錄檔中所採用的個人名稱、團體名稱、集叢名、會議名稱、地名、劃一題名，以及主題等標目格式具有一致性的過程(Chan, 1994)。若應用於線上編目系統中，能藉由系統連結與指引的功能，辨識匿名作者及追蹤名稱各種更替情形，同時能將相關主題與作品聚集一處，以保持目錄中標目的一致性，亦能維護書目資料庫檢索點之文詞形式的一致性，以進一步標示書目資料庫中的名稱、作品與主題之關係，包括：同一著者不同名稱、不同著者相同名稱、同一作品不同題名、不同作品同一題名等狀況，目的在促使線上公用目錄將書目紀錄與權威紀錄連結在一起，以輔助使用者檢索到所需資料(胡歐蘭, 1995)。劉春銀認為權威控制乃是書目檢索項所提供的一種標準形式，藉由採用一致的人名、團體、主題等標目，建立各類參照關係的過程，以便將相關的出版物件進行串聯。Tillett(2003a, p. 2)

更指出圖書館若為每一個實體訂定一個獨特的權威形式名稱，將其他變異形式標目以參照關係相互引見，便可以確保目錄品質，提高檢索效益。而權威工作的內容包括記載標目的不同形式、相關形式、參照、資料來源、建立日期等事項。權威控制的過程則包括選擇呈現形式、選定標目、連結使用標目與未使用標目，以及建立權威檔等(劉春銀, 2006, p. 18)。

由前述權威控制的定義與工作內容可以瞭解權威控制的主要目的在提高書目資料之正確性與可靠性，確定圖書館書目系統中所建立的標目與選用的標目是否具有一致性，並且在資料檔中藉由建立參照關係及參照說明與指引，將不同的標目指引到採用的標目，將選用的與未被選用的標目加以聯繫，以增加查詢檢索途徑，發揮目錄的效能，同時也能提高編目工作的效率，節省查詢時間，甚至可以透過不同書目中心查獲書目紀錄，避免建立重複紀錄並節省人力資源(劉春銀, 2006, pp. 2-10,21; 鄭美珠, 1999, p. 18)。此外，權威控制對圖書館的其他業務亦有相當程度的幫助，例如：採訪可依權威紀錄查證書目資料，而參考可依權威紀錄查核檢索款目的正確性。

二、編目與線上資料庫之品質差異

鄭鈴慧(2002)曾比較編目和線上資料庫在定義資料庫品質之不同，她認為品質控制這個費時又昂貴的方法，是由編目員依據各編目紀錄的品質，測定讀者檢索圖書館目錄成功率的原則，然而這個原則並未受到線上資料庫建置者所青睞，因為他們普遍在意的是查詢速度，以致捨棄檢索點的一致性和標準化。究竟編目員為什麼要進行權威控制？Anthony Panizzi(as cited in Carpenter & Svenonius, 1985)曾對此問題做過最好的陳述：

「我相信，閣下，您將同意在一個大型的公共圖書館中若沒有目錄，就如同皇家委員會被質詢時，無法提供合宜用詞的感覺，但是一個題名應能同時精準而全面地掌握關於資訊真正的內容要旨，和關於書中必然有用的項目，則無論在人文或科學領域，或是在書目的呈現上面，供給讀者許多足夠的選擇，而能從這許多的版次與複本之中找到最足以滿足他的需求者。」

既然權威控制是為了達成標目一致性的程序，那麼所謂的品質便牽涉到「恰當的」(proper)、「精確的」(accurate) 、「全面的」(full) 、「真正的」(real) 、「最好的」(best)、「有用的」(useful) 面向。雖然利用權威控制提昇精確率可以提供讀者最好的服務，但事實上精確率卻是讀者很少在意的部分。Boynton 和她的團隊針對 MEDLINE 的使用進行研究，發現許多使用者很愉快地接受低於 20%精確率的結果，即可為證。另 Scott Hertzberg 與 Lawrence Rudner (1999)針對 ERIC 使用者進行研究，發現大部分的使用者並沒有獲得很好的檢索結果，可見使用者應該採用更好的檢索策略，但是他們卻不這麼做。Michael Buckland(1999)研究資料庫詞彙表和索引典的使用後發現，應該要有更多的詞彙被控制，也應該要有更多的機會讓使用者習資料庫的檢索方法。

進行權威控制可說是以高成本、更多時間和工作量去獲得檢索點的絕對品質，同時得到高回現率與精確率。然而編目的權威控制在成品和本質上的限制，如何與系統設計者合作，提供更簡易和更友善的介面，減少產生檢索點的成本，並且減少使用者檢索時的限制和障礙，這些都應該是進行權威控制的同時所必須考量的重點。

三、虛擬國際權威檔簡介

虛擬國際權威檔（A Virtual International Authority File，簡稱VIAF）是 IFLA 全球書目控制計畫下的一環(Tillett, 2003b)，其原則包括每一個國家要負責建立該國個人或團體名稱的規範紀錄，而所建立的權威規範紀錄必須要提供給所有人使用，同時要統一全球化權威規範紀錄。其目標在達到：1.降低全球編目成本和得到更精確的檢索結果；2.簡化國際性權威紀錄的產生和維護；3.讓使用者以喜好的語言和文字獲取資訊。也就是要強調權威控制的重要性，將使用者放在第一位，先由各國書目中心負責本地的權威控制，並且建立連結，以產生虛擬國際權威檔。雖然各國不同的編目規則有其不同的款目考量，明顯的例子是德國的編目規則不會將團體視為標目，但 AACR2 則是將團體視為標目。為了滿足使用者個人有不同的國籍與文化需求，就必須提供不同文字形式標題的適當參照，且由本地的系統延伸到虛擬國際權威檔。例如：中國的使用者不希望看到「孔夫子」是以拉丁文或羅馬拼音的方式呈現，同樣地日本或韓國人都希望能夠看到自己國家的語文。圖書館若能讓大部分的使用者依其語言、文字或文化背景提供每位使用者喜好的呈現模式，就更能貼近使用者的查詢需求。例如：拼音採“labor”或“labour”就是依循不同的文化背景所產生的結果。

虛擬國際權威檔的範圍包括個人名稱、地理名稱、團體名稱、題名、家族名，及事件。剛開始參與的單位為LC、德國和法國的國家圖書館，以及 OCLC，以虛擬的方式將各機構的名稱權威資料整合到單一的名稱權威服務[23]。該服務共橫跨十六個單位的二十個權威檔。總計有一千三百萬個人名紀錄、一千萬個人物，以及四百五十萬個群組(cluster)(Tillett, 2010)。其運作方式可由以下狀況加以模擬，情境一，首先將所要查詢的資料輸入書目紀錄中，透過本地系統查檢本地的權威檔，若本地權威檔有此筆權威紀錄便展現此筆紀錄，同時自動更新書目紀錄和權威紀錄。以柴可夫斯基為例，在建立書目紀錄時會有以下著錄：

100	1	‡a Tchaikovsky, Peter I
245		‡a Piano concerto
245		‡a Piano concerto

在查詢過當地的權威檔後發現，其名稱的權威格式應為：

100	1	‡a Tchaikovsky, Peter Ilich, ‡ d 1840-1893

[23] 網址為 http://viaf.org/ 。

於是可以將書目紀錄修改如下（增加有網底的部分）：

```
100  1   ‡a Tchaikovsky, Peter Ilich, ‡ d 1840-1893
245      ‡a Piano concerto
```

情境二，當本地的權威檔案沒有紀錄，編目人員在輸入資料、經系統檢查權威檔後，發現並沒有相符合的資料，於是就連結虛擬國際權威檔，找到蘇聯國家圖書館所建立的符合資料，而由蘇聯的權威紀錄可以顯現羅馬字體和西爾里語系的字體。當權威紀錄建置完成後，本地的權威檔系統可以在 700 段輸入權威資料，使用者便可以依據自己的喜好決定要以何種文字顯示，參見圖 7-4-1。

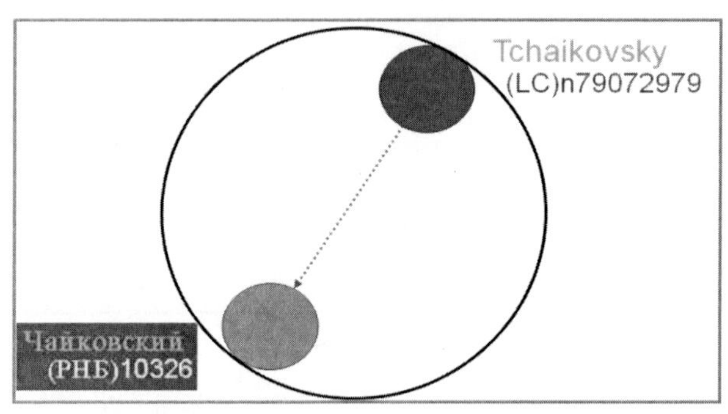

圖 7-4-1　以不同文字形式顯示權威資料示意圖

基本上虛擬國際權威檔的運作模式可以有以下幾種：

1. 採用 Z39.50 協定分散式檢索權威檔（參見圖 7-4-2 及圖 7-4-3）；

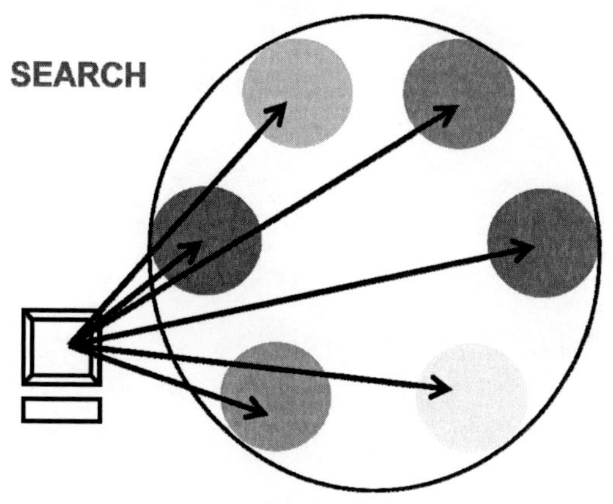

圖 7-4-2　虛擬國際權威檔運作模式－以 Z39.50 協定查詢

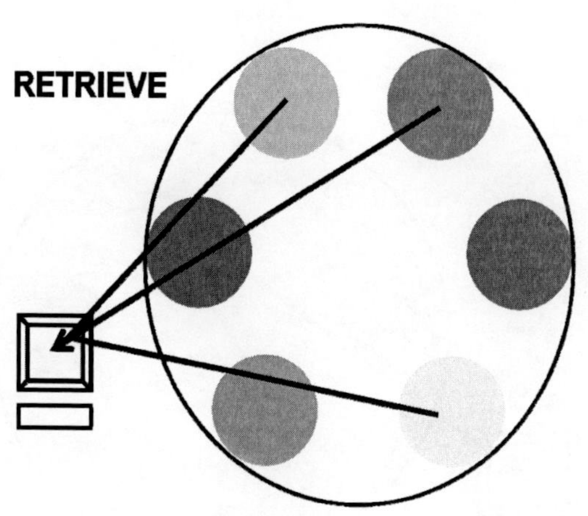

圖 7-4-3　虛擬國際權威檔運作模式－以 Z39.50 協定取得檢索結果

2. 建立權威檔中心，連結其他所有的權威檔，以單一的檢索中心獲取所有的紀錄，並且採用 Z39.50 協定來連結其他檢索系統（參見圖 7-4-4）；
3. 聯合權威檔（採 OAI 模式），此一方式是維護紀錄最好的方法，可運用一個主機從國家權威檔擷取 metadata，當國家權威檔變動時，主機中的資訊就會隨著更新。（參見圖 7-4-5）

為瞭解虛擬國際權威檔成功運作的可能性，由德國國家圖書館、LC 及 OCLC 共同進行一項概念驗證計畫（Proof of Concept Project），測試集中於聯合權威檔模式，使用 OAI 協定連結人名權威紀錄，進行配對計算程式之測試，並且比較人工配對與機器配對的差異。（參見圖 7-4-6）

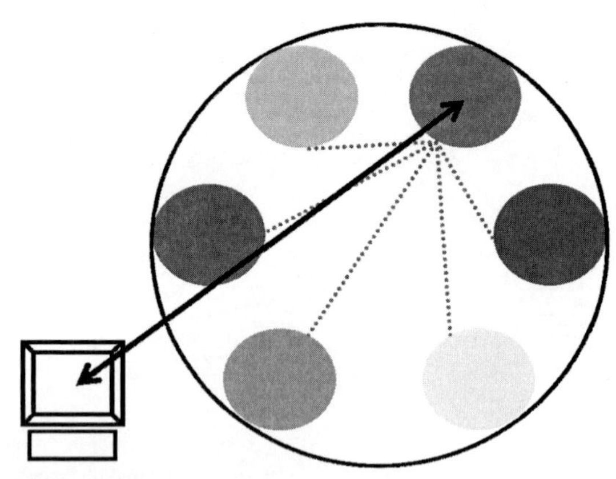

圖 7-4-4　虛擬國際權威檔運作模式－建立權威檔中心

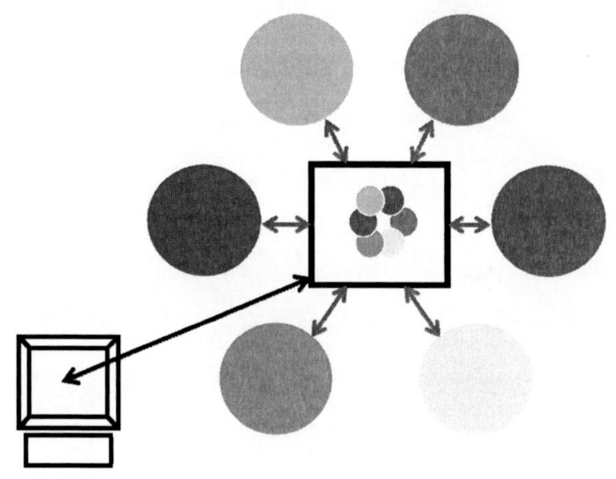

圖 7-4-5　虛擬國際權威檔運作模式－採 OAI 建立聯合權威檔

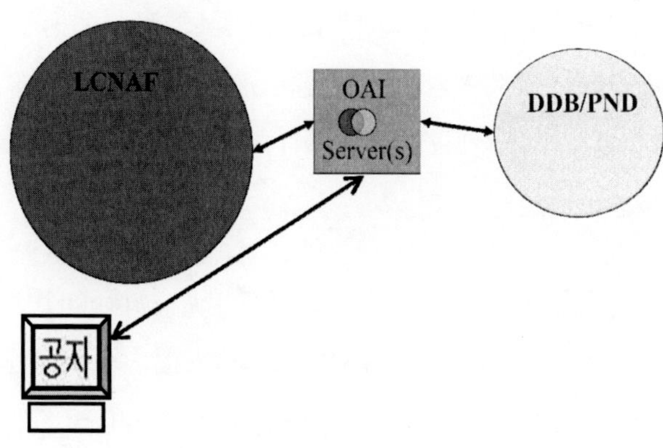

圖 7-4-6　虛擬國際權威檔概念驗證計畫(DDB/LC/OCLC)

連結示意圖

未來虛擬國際權威檔若要成功地成為語意網的組成部分，意即讓機器航行於網路而非人在航行網路，就必須解決版權問題，同時加入其他單位，如出版者、博物館、版權管理單位等，才能夠瀏覽到真實的物件，以連結整個數位世界。

經由前文的介紹可以瞭解虛擬國際權威檔建置的目標在於提供權威資料，減少編目成本，簡化權威控制工作，並且依使用者的喜好提供不同語言、字型及拼法的權威資料，以促成語意網的實現。對於編目員來說 VIAF 可以當做是一個參考工具，用以解決編目上有爭議、有疑問的日期及名稱形式。若以張愛玲為例查詢 VIAF 網站，可以獲得以下資訊[24]：1.各國對「張愛玲」所設定的權威標目示意圖(見圖 7-4-7)；2.各國對「張愛玲」所設定的權威標目展示圖(見圖 7-4-8)；3.各國對「張愛玲」所設定的其他參照名稱示意圖(見圖 7-4-9)；4.各國權威檔中收錄「張愛玲」作品示意圖(見圖 7-4-10)；5.張愛玲簡易生平示意圖(見圖 7-4-11)；6.權威檔格式可供應用之標示圖(見圖 7-4-12)。

目前 VIAF 已可提供 URIs 作為關聯的資料(linked data)，採用 Unicode，有 UNIMARC 及 MARC 21 的支援，現正進行地理名稱的前期工作。未來希望能提供更好的檢索方式，有更多的關聯的資料，能連結 WorldCat 及 Wikipedia 等系統中的人名，而參與者也可

[24] 以下各圖係於 VIAF 網站以張愛玲為例的查詢結果，網址為 http://viaf.org/viaf/112523113/#Zhang,_Ailing。

以擴展到圖書館以外的單位，像是版權處理機構、出版社、博物館、檔案館等。同時可以增加更多的名稱類型，例如團體及家族名、劃一題名、地理名稱等(Tillett, 2010)。

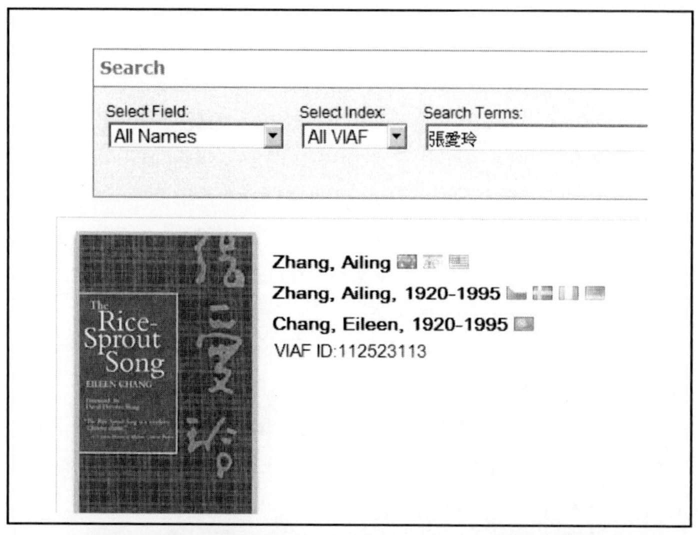

圖 7-4-7　各國對「張愛玲」所設定的權威標目示意圖

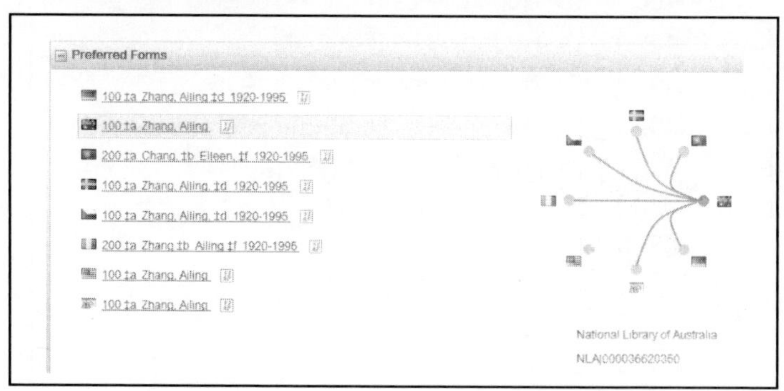

圖 7-4-8　各國對「張愛玲」所設定的權威標目展示圖

4xx's: Alternate Name Forms (27)
400 _ | ‡a Chang Reyher, Eileen ‡d 1920-1995
400 _ | ‡a Chang, Ai-ling ‡d 1920-1995
400 _ | ‡a Chang, Eileen ‡d 1920-1995
400 _ | ‡a Zhang, Ying ‡d 1920-1995
400 0 _ ‡a Zhang Ailing, ‡d 1920-1995
400 1 _ ‡a Ailing, Zhang, ‡d 1920-1995
400 1 _ ‡a Ailing, Zhang ‡d 1920-1995
400 1 _ ‡a Chang, Ai-ling
400 1 _ ‡a Chang, Ai-ling, ‡d 1920-1995
400 1 _ ‡a Chang, Ai-ling ‡d 1920-1995
400 1 _ ‡a Chang, Eileen
400 1 _ ‡a Chang, Eileen, ‡d 1920-1995
400 1 _ ‡a Chang, Eileen ‡d 1920-1995
400 1 _ ‡a Chang, Ying, ‡d 1920-1995
400 1 _ ‡a Chang, Ying ‡d 1920-1995
400 1 _ ‡a Liang, Jing ‡d 1920-1995
400 1 _ ‡a Truong, Ái Linh ‡d 1920-1995
400 1 _ ‡a Truong, Ái Linh, ‡d 1920-1995
400 1 _ ‡a Trương, Ái Linh
400 1 _ ‡a Zhang, Ailing, ‡d 1920-1995
400 1 _ ‡a Zhang, Ying, ‡d 1920-1995
400 1 _ ‡a Zhang, Ying ‡d 1920-1995
400 1 _ ‡a Čang, Ailing, ‡d 1920-1995
400 1 _ ‡a 张爱玲
400 1 _ ‡a 张爱玲
400 1 _ ‡a 張愛玲
400 1 _ ‡a 張爱玲

圖 7-4-9 各國對「張愛玲」所設定的其他參照名稱示意圖

Selected Titles
1. 半生缘 (15)
2. Liu yan (14)
3. 传奇 (13)
4. Ban sheng yuan (13)
5. Chuan qi (12)
6. 流言 (11)
7. Qing cheng zhi lian (11)
8. Zhang kan (10)
9. Yuan nü (10)
10. Se, jie (9)

圖 7-4-10　各國權威檔中收錄「張愛玲」作品示意圖

圖 7-4-11　張愛玲簡易生平示意圖

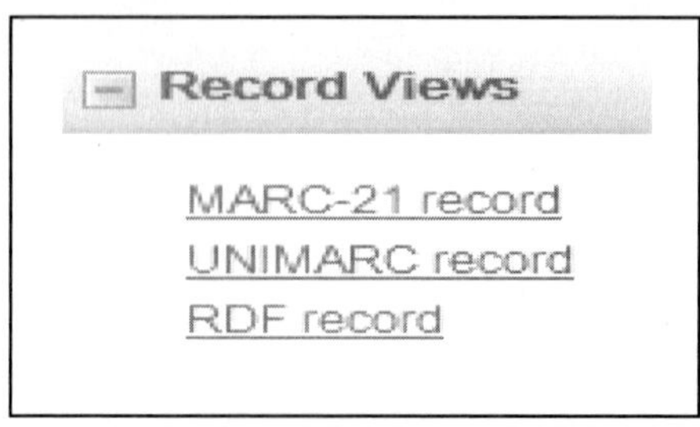

圖 7-4-12 權威檔格式可供應用之標示圖

四、權威控制應用於 OPAC 以外的系統

數位時代中權威控制的觀念不僅應用於圖書館的 OPAC，也逐漸引起機構典藏系統或是數位典藏系統工作團隊的注意，尤其是這些系統若要與 OPAC 連結，那麼權威控制是其中最需要被重視的部分。茲以下列幾個案例加以說明：

(一) 機構典藏中的人名權威控制

Dorothea Salo(2009)針對 2002 年由密西根大學所建立的 OAIster 機構典藏系統，探討其人名權威控制的相關問題。該系統有超過 1,100 位合作者提供 2,300 萬個以上的數位資源紀錄，2009 年 10 月該系統已由 OCLC 接管，故系統中的 metadata 可以透過 WorldCat 及 FirstSearch 查詢。Salo 發現機構典藏的相關標準及軟體都沒有人名權威控制的功能，而機構典藏又從許多不可靠的來源取得大量和相異的 metadata，加上沒有做權威控制，確實會阻礙機器及人們取用和聚集作者資訊。事實上許多單位都已經發現這個問題並採取相關因應措施，但若能使用輔助辨識人名的軟體也許更能夠幫助典藏管理者，然而現今對大部分的典藏管理者來說，在獲得更好的輔助軟體之前，他們也只能盡力維護單位中的人名紀錄。

一個機構典藏的初次使用者很容易發現因缺乏人名權威控制而阻礙了資訊檢索，當他尋獲特定資料後想再繼續找同位作者的其他作品時，點選作者卻可能連結到姓名清單，因為 Dspace 典藏軟體在當時並未提供作者姓名的預設連結功能，所以在 OAIster 以作者查詢會直接連到款目清單而非作者清單，若以作者的全名檢索則會遺漏以縮寫名著錄的資料，因此瀏覽一個混亂未控制的作者姓名清單，不僅會困擾使用者，也會使其失去對系統的信任。

由於機構典藏有跨學科領域的本質，更增加了人名混淆的風險，使用者以作者檢索容易得到不相干的資料，就算是同一個機構中有兩個同名同姓的可能性不大，但是如 OAIster 般集合各機構典藏內容的系統卻很難避免。若能針對典藏內容區別其來源或許略有幫助，但也無法完全解決問題，因為人員之間可能會有跨機構的合作。圖書館的書籍有適當的人名權威控制，但機構典藏中的文章多半沒有，如果有人在其職涯中更改姓名，那麼對機構典藏系統而言，只會使問題更加嚴重。

目前在典藏庫中使用外部的人名權威檔還不是可行的解決辦法，而 OCLC 所提供的虛擬國際權威檔(VIAF)中只有書籍的作者姓名，但在許多學科之中，尤其是科學領域，期刊文獻才是其領域的核心，許多非常傑出的研究者並沒有權威紀錄。 若透過機構自行建立人名權威檔或許略有幫助，但因為現在有許多跨機構的合作，所以也不能完全解決問題。一般的認證管理計畫被認為可以作為權威控制的來源之一，如 OpenID[25]。因為有些 OpenID 的研究者到不同的單位服務時依舊使用相同的 OpenID，以確保相關的資料可以聚集在一起，但典藏單位是否能夠找到其他合著者正確的 OpenID 也是問題所在。

機構典藏軟體若想依賴外部資源做權威控制，至少在未來的三至五年間仍然是個困境。但現今相關的權威控制計畫中，聯合權威檔管理將會擴大單一資源的權威紀錄，使得未來權威資訊的交換更為容易。而機構典藏軟體功能與服務的研發在權威控制方面應該要做到可以自動完成、批次編輯，以及身分認證(也就是增加編目員有修改 metadata 的權限)等功能。

(二) NCSU 電子資源管理系統中的權威控制

以北卡羅萊納州立大學圖書館（North Carolina State University Library，簡稱 NCSU）為例，該館考慮在其電子資源管理系統 E-matrix 中進行名稱權威控制 (Blake & Samples, 2009)，他們先行調查在學術圖書館的 ERM 系統中權威名稱究竟扮演何種角色，同時也尋求

---

[25] OpenID 是一個去中心化的網路身分認證系統。使用 OpenID 的網站，用戶不需要記住用戶名和密碼這樣的傳統驗證標記，只需要預先在一個作為 OpenID 身分提供者（identity provider, IdP）的網站上註冊。網址為 http://zh.wikipedia.org/zh-tw/OpenID

與其計畫相似背景的案例。結果發現 OCLC 曾提出兩個關於權威控制的方案，第一個是“The WorldCat Registry”，另一個是“OCLC's Publisher Name Server”，茲簡述如下：

1. The WorldCat Registry

提供圖書館與其相關企業及服務機構的目錄資料，目標為全球性的規範欄位，作為與圖書館合作機構的權威資料資源，管理身分細節的資料包括名稱、化名、關係、IP 位址等，讓圖書館可以透過一個集中的資料庫連結到供應商、聯營企業及其他圖書館。而其面臨的困境則包括組織雖有責任維護款目，但卻經常出現不一致和不準確的資料，也沒有正式的內容審查和實施標準，因此造成許多圖書館的相關組織紀錄多不完整並且過時。

2. OCLC's Publisher Name Server

此服務將出版商之名稱標準化，同時提供使用者其他相關的 metadata，目標在解決出版者名稱變化的問題，對於出版者的相關資料與形式進行控制。許多圖書館因為無法等到出版商的權威名稱公開取用版本出版，就開始探索如何使用名稱權威檔。

E-Matrix 發展小組在討論產品能力評估報告時，發現團體名稱需要有一致性的規範，由於 E-Matrix 輸入名稱時沒有作權威控制，因此各名稱被應用的範圍非常廣泛。NCSU 圖書館認為創造名稱權威檔是重要的，於是將此工作交給圖書館的 metadata 與編目部門實施，由電子資源館員負責管理。該計畫從 2006 年開始，2007 年 12 月發表了 E-Matrix1.0 版，至今仍在持續進行。

NCSU 圖書館和 E-Matrix 的開發團隊非常依賴傳統圖書館資源來決定權威名稱，例如 The Library of Congress Name Authority File (LCNAF)，如果在 LCNAF 沒有任何符合的標目，Ulrich's Periodicals Directory、ISSN Portal 則被當做是第二種資料來源。該館在 2008 年亞特蘭大電子資源與圖書館的會議中展示了 E-Matrix 名稱權威工具，獲得許多館員的認同，一致認為團體權威名稱報告的功能是非常有用的，也紛紛表達雖然並沒有實施團體權威名稱的經驗，但非常希望能共享團體權威名稱資料，也會設法使用工具來管理與創造團體權威名稱資料，同時認同團體權威名稱資料在 ERM 以外的系統也深具價值。

五、結語

由於權威控制是相當耗時費力的工作，再加上出版資料的多元與分散，在數位時代中，合作建置權威紀錄遂成為一種趨勢。以美國來說，其合作編目計畫中的「名稱權威合作計畫」(Name Authority Cooperative Project，簡稱 NACO)[26]和「標題權威合作計畫」(Subject Authority Cooperative Program，簡稱 SACO)[27]相當具有成效。歐洲的 AUTHOR Project，由法國國家圖書館主導，參與計畫的圖書館有

[26] 網址為 http://www.naco.org/Pages/default.aspx

[27] 網址為 http://www.loc.gov/catdir/pcc/saco/

比利時、西班牙、英國與葡萄牙等國的國家圖書館。此計畫主要的目標是使參與館所建立的權威紀錄能夠彼此分享，並且在同一個平台上相互交換(Tillett, 2000)。2001 年 3 月歐盟多個國家所合作進行的「國際權威資料庫合作建置計畫」(Linking and Exploring Authority Files，簡稱 LEAF)，是一為期三年的計畫，共分成三個階段進行，第一階段自 2001 年 3 月至 2002 年 4 月，工作目標為需求調查與分析；第二階段自 2002 年 5 月至 2003 年 5 月，工作目標為發展軟體與測試；第三階段自 2003 年 1 月至 2004 年 2 月，工作目標為評估與校正。參與的單位計有圖書館、檔案館、研究中心、大學、及系統開發者等共十五個，目標在於建立實體與虛擬並存的資料庫，希望將各單位不同架構的人名權威檔轉成交換格式後，可以自動連結，並且提供搜尋服務，以便未來能在網際網路上合作建置國際虛擬權威檔(LEAF Project Consortium, 2001)。

關於中文名稱權威資料庫的建置現況，以臺灣來說其實很少有圖書館在進行權威控制的工作，主要原因可能是各館的人力不足。目前國家圖書館與國立臺灣大學圖書館已自民國 87 年起開始合作建置中文權威參考資料庫，主要目標在提供各圖書館權威控制作業參考利用，所建置的資料庫稱為「中文名稱權威資料庫」[28]，目的在提供各合作館查詢、維護、下載等項功能，其查詢結果顯示方式、轉出格式及內碼等均有多種選擇，而其他的功能還包括歷次會議紀

[28] 網址為 http://twcna.ncl.edu.tw/nclach/ac.htm

錄、建置原則、討論區等。雖然許多中小型圖書館尚未進行權威控制工作，但該資料庫若能開放給更多的圖書館合作建置，其成效應該會更為明顯。除了應擴大包含在臺灣的各圖書館所建置的資料之外，目前也積極與大陸、香港和澳門洽談，希望能加強兩岸四地在名稱權威資料的合作建置與分享(國家圖書館, 2010c)。此外，臺灣若能進一步爭取加入國際虛擬權威計畫，應該是未來與世界接軌，共同建置與分享權威資料的重要目標。

第五節　關聯的圖書館資料(Linked Library Data)

為瞭解圖書館所建置的書目資訊如何能超越藩籬分享給圖書館以外的個人或單位使用，讓圖書館的資訊成為網路上公開與共用的資訊，進而為語意網的實現貢獻心力。本節分為兩部分加以說明：一為關聯的資料(Linked Data)[29]，二為關聯的圖書館資料(Linked Library Data)。

一、關聯的資料(Linked Data)

全球資訊網(World Wide Web)的創始人同時也是推動語意網的先驅 Tim Berners-Lee(2006)指出：「語意網不只是將資料放在網路

---

[29] 關於 Linked Data，有多位大陸學者將其譯為鏈結資料。

上，而是製造連結，如此一來，無論是個人或機器就能探索網路上的資料。若有能夠互相關聯的資料，那麼當握有一些資料的同時，就能夠找到其他的相關資料。」因此，關聯的資料可以說是 Tim Berners-Lee 提出的語意網理想的一種展現。所謂關聯的資料即是在網路上透過間接引用 URIs 進行發布、分享與連結資料的一種方法。

正如同超文本網路，資料網路也是由網路上的文件所建構的。然而，與超文本網路不同的是超文本文件中的連結關係是寫在 HTML 的關係錨點上，而任意事物之間的資料則是透過 RDF(Resource Description Framework)建立連結，並且以 URI 識別物件或概念，但不論是 HTML 或 RDF 都期望能使網路持續地成長，於是 Tim Berners-Lee(2006)提出了關聯的資料於實作方法上的四項準則，如下：

1. 使用 URI 作為任何事物的標識名稱。
2. 使用 HTTP 的 URI，讓任何人都可以檢索事物的名稱。
3. 當有人搜尋一個 URI 時，能提供有用的 RDF 資訊。
4. 提供連結到其他相關資料的 URI，幫助使用者找到更多的訊息。

關聯的資料透過 RDF 並使用 URIs 來形塑資料，再以 HTTP 作為傳輸管道，使整個資料處理的過程非常輕量且簡潔。而 RDF 本身即是一個非常簡便的框架，任何使用 RDF 來描述的事物都將簡化為一組只有三個要素的形式，即主題(subject)、述語(predicate)，及物件(object)。「主題」是以一個 URI 表示一項資源或是概念，正如同

Tim Berners-Lee(2006)所提到的：「使用 URI 作為事物的名稱」；「述語」則是用來定義一項資源或是概念的特定屬性，例如事物或概念的標題名稱，這些屬性通常是部分的控制詞彙或標準規範(schema)；「物件」通常以兩種形式表現：（1）作為一項資源並以另一個 URI 作為表示、（2）表示一項資源或是概念字面上的原義，可以是一串字元、一組號碼、一項資料等(Singer, 2009, p. 118)。一組 RDF 只能描述單一事物，而一個 RDF 的合集則被稱為是一個「資料圖表(graph)」，透過這個資料圖表，我們就能獲得關於某一特定事物的所有相關資訊，若再透過關係線索就能夠發現更多的相關資源。茲以《*Acta Psychologica*》期刊為例(ISSN: 0001-6918)，說明如下：

1. <http://example.org/ex/Acta+Psychol/0001–6918/> **dc:title** “Acta Psychologica”.

   表示本項資源使用 Dublin Core Elements 作為標準規範，其題名為 Acta Psychologica。

2. <http://example.org/ex/Acta+Psychol/0001–6918/> rdf:type <http://purl.org/ontology/bibo/**Journal**>.

   表示本項資源由書目知識本體詞彙(Bibliographic Ontology Vocabulary)定義為「期刊」。

3. <http://example.org/ex/Acta+Psychol/0001–6918/> **dcterms: isPartOf** <http://example.org/ex/**EBSCO/ASP**>.

   表示使用 Dublin Core Terms 標準規範，指出本項資源被包含在 EBSCO 公司的產品 Academic Search Premier(ASP)裡。

4. <http://example.org/ex/EBSCO/ASP> **dc:title** “Academic Search Premier.”

本項資源使用 Dublin Core Elements 作為標準規範，其標題名稱為 Academic Search Premier(ASP)。

圖 7-5-1 呈現當地的期刊資源如何成為關聯的資料而與外界連結，所有資源其實都會反查連結到初始的物件，即 http://example.org/ex/Acta+Psychol/0001–6918/，同時接續定義在地的期刊資源，其中實體物件管理系統無需瞭解 Elsevier Science 為該期刊的出版者，而書目資源系統也無需儲存圖書館每年付給 EBSCO 多少錢購買 Academic Search Premier 的使用權。

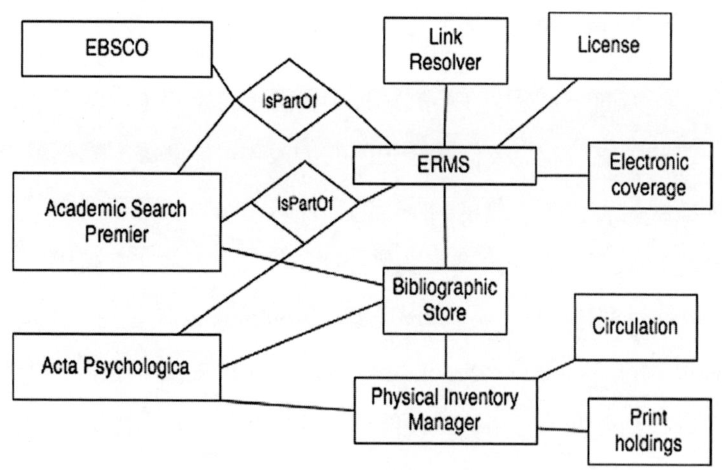

圖 7-5-1　期刊關聯的資料生態系統圖

資料來源：Singer, R. (2009). Linked library data now! *Journal of Electronic Resources Librarianship, 21*(2), 123.

二、關聯的圖書館資料(Linked Library Data)

就資料交換的現況來看，現今的圖書館因為其資料的蒐集與組織皆由圖書館自行進行與使用，所建立的資料絕大部分與外界的網路隔絕，而互助合作也僅存於圖書館之間，由於圖書館所擁有的資料至今尚未成為整體網路的一部分。此狀況主要是因為圖書館之資料集與其他領域資料之間的連結度相當貧乏，也是源於資料蒐集的過程與資料的格式皆聚焦於圖書館的使用情境。若圖書館的資料能成為關聯的資料網或「語意雲（Semantic Cloud）」的一部分，則意味著圖書館可以更符合使用者的期待，例如持續取得非圖書館專業人員也能理解的資訊。再者，投入此不斷增長的知識雲也能協助圖書館在資料集的維護與效率提昇上減輕所需擔負的繁雜任務(Hannemann & Kett, 2010)。

另一方面，語意網在發展過程中實際上也遭遇了一些重大的阻礙，這些阻礙可能需要仰賴圖書館的加入才可能解決。因為現今語意網發展最主要的困難是網路上的文件普遍沒有資料識別標示(data markup)，使得資料與資料之間無法連結，其中人名亦未被標示為人名，也就是說語意網十分需要知識本體(ontologies)的建置，亦即「控制詞彙」的協助(Taylor & Joudrey, 2009)。由於知識本體能夠增進網路搜尋的精確度，應用程式便能進一步地使用知識本體聯繫網頁上的資訊、相關的知識結構，以及邏輯推理規則。

由於圖書館已擁有發展完整的後設資料，而這些後設資料都包含著識別標示(權威控制)與知識本體(控制詞彙)(Taylor & Joudrey,

2009)，再加上這些書目資料是經過專業人員的蒐集、編修與維護，所以品質非常優良。因此，圖書館的資料可謂具有莫大的潛力能成為語意網成長茁壯所須信賴的脊柱(Hannemann & Kett, 2010)。若要將現有的資料轉變為關聯的資料，那麼圖書館無疑是在所有資訊社群之中的首選，因為關聯的資料所需的最基本元素都在圖書館的書目資料中，而所要做的努力就是將資料轉成語意網的結構並讓資料能作為連結之用(Taylor & Joudrey, 2009)。整體而言，圖書館究竟有哪些資料可以成為關聯的資料呢?可能的來源包括基本的資料與服務資料，基本的資料像是：1.控制詞彙，包括國會圖書館標題表、國家代碼表、語言代碼表等之詞彙與詞間關係；2.人名與地名的權威檔；3.書目紀錄，包括單一圖書館的館藏與聯合目錄；4.經對照後的控制詞彙，如透過 MACS 計畫對照的 LCSH 與 RAMEAU；5.各種 metadata 元素集。而服務資料則有：1.為不同項目和活動建立的網頁；2.跨行業、機構的數字資源等(曾蕾, 2009)。

將圖書館的後設資料轉換為關聯的資料之發展已在進行，在經過將美國國會圖書館標題表(LCSH)轉換為關聯的資料格式的一個實驗計畫後，國會圖書館宣布近期將開放包含 URI 識別的 LCSH 及其他權威控制資料，並且承諾將會繼續提供相關的詞彙控制與權威控制資料。Code4RDA 計畫採納 RDA 所創造出來的模型並嘗試提出編碼基礎，以完整支援 RDA。Code4RDA 之初始目標為將現行的 MARC 紀錄以 RDA 及 FRBR 標準規範產生 RDF，由於實務上不可能要求編目員將現存的每一筆書目紀錄都重新形塑成新的格式，因而這個嘗試可說是勢在必行。然而野心勃勃的瑞典國家圖書館實為特例，其國家書目整合了全國 170 個圖書館的館藏資料，並且將書目與權威資料全部都重新製作成 RDF 格式，因此其書目查詢系統 LIBRIS 完全是以關聯的資料所建置。此外，在商業界應用關聯的資料之案例為 Talis Aspire，其提供的服務為建立與維護大學課程的閱讀清單，Aspire 將課程、人員、清單和閱讀素材都使用 RDF 格式，使得跨系所、課程與人員的所有資源都可以相互連結(Singer, 2009, p. 124)。

圖 7-5-2 是關聯的圖書館資料的一個範例，若以《*Omstridda mödrar*》這本書為例，過去圖書館的書目資料大都僅侷限於線上公用目錄的查詢及瀏覽，但在瑞典國家圖書館中除了可以瀏覽書目(http://libris.kb.se/bib/879617)外，他們也一併開放書目資料，並且提供 URI(http://libris.kb.se/data/bib/819617)來連結以 RDF 的方式呈現的書目，同時在 RDF 裡也載明在哪一所圖書館擁有此館藏。例如：<libris:held_by rdf:resource="http://libris.kb.se/resource/library/Mo"/>)，以及使用了哪一個主題，例如：<dc:subject rdf: resource= "http:// libris. kb.se/resource/auth/154863#concept"/>，而這些 URI 又可帶往另一個描述資源的 RDF 資料。透過這樣的模式，圖書館所建立的資料就可以開放給有興趣的使用者加以利用。

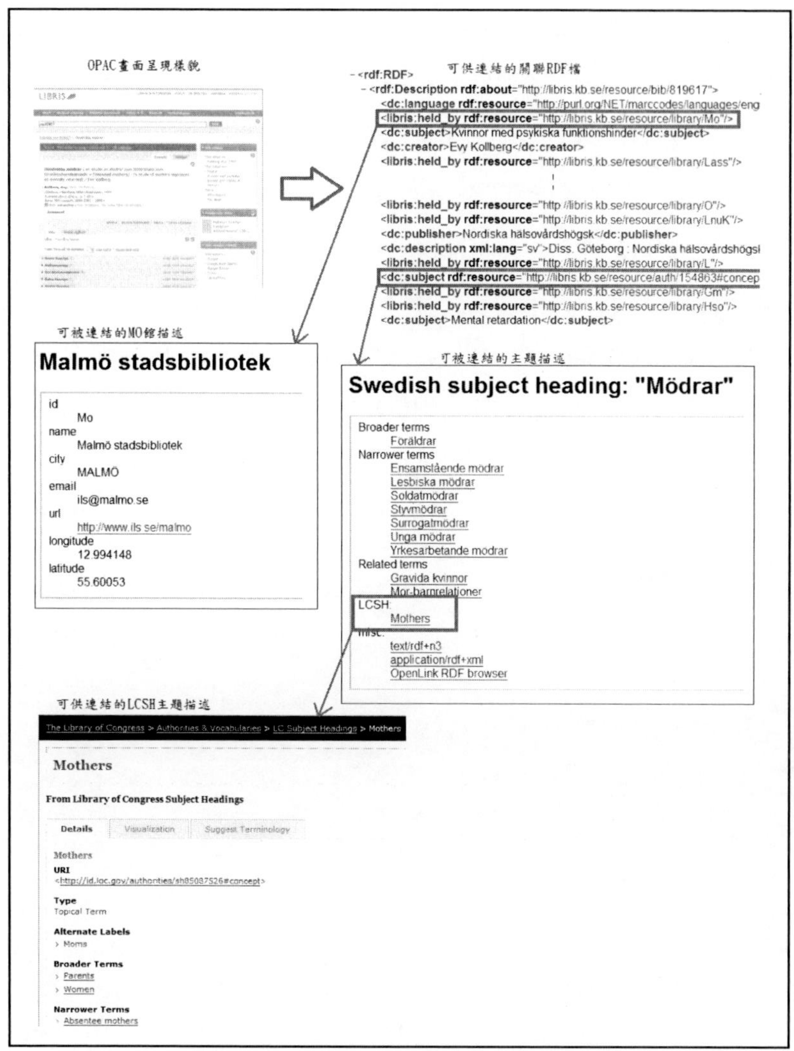

圖 7-5-2　關聯的圖書館資料示意圖

資料來源：作者依據瑞典國家圖書館的書目紀錄及美國國會圖書館主題標目繪製而成

非圖書館單位如何使用圖書館的書目資料至今還難以想像，但是已使用圖書館書目資料的 Wikipedia 與 LibraryThing 皆受到廣大的歡迎。更甚者，OCLC WorldCat 識別標示研究計畫所提供的資料使我們瞭解，一旦圖書館的書目資料能從書目紀錄中被釋放出來，那麼我們將會得到非常豐富之關聯的資料(Taylor & Joudrey, 2009)。倘若圖書館能真正成為網路的一部分，則不論是對網路未來的發展或是人類知識的擴展而言，都是相當重要的一環。關聯的資料似乎是圖書館加入整個資訊社群的合理選項，而相關的工作就必須仰賴圖書館員積極參與詞彙的發展、增進與創造知識本體，也必須關注能符合圖書館需求的非圖書館知識本體，並且搭起圖書館與外界網路之間的溝通橋樑。

參考書目

一、中文部分

丁大可, & 趙燕群. (2010). *美國國會圖書館標題表. 中國大百科智慧藏*. from http://163.17.79.102/%A4%A4%B0%EA%A4j%A6%CA%AC%EC/Content.asp?ID=558&Query=1

卜小蝶. (2007a). Folksonomy的發展與應用. *國立成功大學圖書館館刊, 16*, 1-7.

卜小蝶. (2007b). 社會性標記網站. *使用者導向之網路資源組織與檢索*. 臺北市: 文華.

中國圖書館學會分類編目委員會. (1995). *中國編目規則*. 臺北市: 中國圖書館學會.

中國圖書館學會分類編目委員會. (2000). *中國編目規則*. 臺北市: 中國圖書館學會.

毛慶禎. (2002, November 18). *前組合式標引與主題標目*. Retrieved May 21, 2010, from http://blue.lins.fju.edu.tw/mao/orgknow/preco.htm

王如哲. (2000). *知識管理的理論與應用——以教育領域及其革新為例.* 台北市: 五南.

王妙婭, & 李小梅. (2004). 新的元數據標準 MODS 及其應用. *情報雜誌, 23*(11), 82-83.

王冠智. (2004). *臺北市立圖書館人員教育訓練之研究.* 碩士論文, 國立臺灣大學圖書資訊學研究所, 台北市.

王茜, 陶蘭, & 王弼佐. (2007). 語義 Web 中基于 SKOS 的知識組織模型. *計算機工程與設計, 28*(6), 1441-1443.

王梅玲. (2003). 電子期刊興起及其對學術傳播影響的探討. *中國圖書館學會會報, 71 期*, 61-78.

王梅玲. (2005). 電子期刊對學術圖書館技術服務的影響. *中華民國圖書館學會會報, 75*, 161-172.

王善平. (2003). 萬維網資源整合工具—OpenURL. *上海交通大學學報, 37*, 217-220.

白國應. (1993). 分面組配式分類法 *中國大百科全書智慧藏.* 臺北市: 中國大百科全書.

何光國. (1990). *圖書資訊組織原理.* 台北市: 三民.

余顯強. (2003). 應用網路服務實現開放式服務與系統整合之探討. *圖書資訊學刊, 1*(1), 25-36.

余顯強. (2004). *應用延伸標示語言與圖書館機讀格式轉換之研究*. Paper presented at the 2004 年現代資訊組織與檢索研討會論文集, 台北市. Retrieved December 14, 2010, from http://www.dils.tku.edu.tw/joomla_outsidelink/conference/2004cmior/abstract/abstract2.htm

余顯強, 陳雪華, & 張懷文. (2003). 臺灣大學典藏數位化計畫：建置以 OAI-PMH 為基礎的詮釋資料聯合目錄系統. *資訊傳播與圖書館學, 9*(4), 53-60.

吳紹群. (2008). Open Access 文獻之資訊組織及取用管道分析. *大學圖書館, 12*(2), 106-129.

吳逸賢, & 曾鴻超. (2004). *精彩多媒體應用：我是多媒體高手*. 台北市: 網奕資訊科技.

宋瓊玲. (2002). 從知識組織的面向探討圖書館資訊服務. *國立中央圖書館臺灣分館館刊, 8*(1), 29-37

李世玲. (2005). MODS 的特點及展望. *農業圖書情報學刊, 17*(3), 161-163.

李志成, & 姜齊. (2006). *電子書使用意願模型之建構與實證—科技接受模型之運用*. Paper presented at the 2006 工研院創新與科技管理研討會. Retrieved December 30, 2010, from http://dspace.lib.fcu.edu.tw/bitstream/2377/1003/1/cb11iitm02006000091.pdf

李淑芬. (1994). *我國鄉鎮圖書館館員繼續教育以隔空教育實施之研究.* 碩士論文, 淡江大學教育資料科學研究所圖書館學與資訊科學組, 台北縣淡水鎮.

李惠中. (1985). 淺談索引典的結構、編製與應用趨勢. *中國圖書館學會會報,* (37), 119-123.

谷琦. (2009). 數字對象唯一標示 DOI 的應用研究. *現代情報, 29*(5), 73-76.

阮明淑, & 溫達茂. (2002). ontology 應用於知識組織之初探. *佛教圖書館館訊, 32*, 6-17

林呈潢. (1995). 要查詢款目名稱. In 胡述兆 (Ed.), *圖書館學與資訊科學大辭典(中冊)* (pp. 1633-1634). 臺北市: 漢美.

林信成. (1999). XML 相關技術與下一代 Web 出版趨勢之研究. *教育資料與圖書館學, 37*(2), 184-210.

林信成, & 楊翔淳. (2003). WAPOPAC 系統設計與行動圖書館通訊技術之探討. *圖書與資訊學刊*(44), 1-16.

林信成, 歐陽慧, & 歐陽崇榮. (2003). *主題地圖及其在索引典之應用.* Paper presented at the 2003 年資訊科技與圖書館學術研討會, 台北縣淡水鎮.

林素甘. (1998). 試論圖書館組織變革之源起與因應之道. *圖書與資訊學刊, 24*, 78-92.

林雯瑤. (2006). 層面分類的概念與應用. *教育資料與圖書館學, 44*(2), 153-171.

邱炯友, & 鍾勝仲. (2001). *圖書館之網路全文電子書使用授權與管理.* Paper presented at the e 日千里的電子書研討會, 臺北縣淡水鎮.

侯漢清, & 張馬華 (Eds.). (1991). *主題法導論.* 北京市: 北京大學出版社.

俞芹芳. (2002). 淺論電子書對編目工作的挑戰. *國家圖書館館訊, 91*(3), 1-6.

政大圖檔所, 美國資訊科學與技術學會台北分會, & 國家圖書館. (2010). *數位資源管理與雲端圖書館自動化研討會論文集*, 臺北市.

施國良. (2009). 基于分面分類應用的 SKOS 擴展模型. *圖書情報工作, 53*(10), 95-97+110.

段智華. (2001). *淺談 SOAP*. Retrieved May 18, 2010, from http://www.ibm.com/developerworks/tw/library/x-sisoap/

洪昭蘭. (2005). 網路電子期刊編目議題研探. *臺灣圖書館管理季刊, 1*(3), 53-60.

胡歐蘭. (1995). 權威控制. Retrieved December 21, 2010, from 漢美 http://edic.nict.gov.tw/cgi-bin/tudic/gsweb.cgi?o=ddictionary

范煒. (2006). 語意網環境中的敘詞表實例研究: 利用 SKOS 構造機器可理解的知識組織體系. *情報科學, 24*(7), 1073-1077.

唐光前. (2004). 基於.Net 技術設計與實現圖書目次處理軟件. *現代圖書情報技術, 5*, 38.

唐真成. (2003). *電子書.* 臺北市: 揚智文化.

財團法人台灣網路資訊中心. (2010). *網路主機成長統計*. Retrieved December 21, 2010, from http://www.twnic.net.tw/survy.xls

財團法人國家實驗研究院. (2010, September 2). *CONCERT 電子期刊聯合目錄*. Retrieved December 21, 2010, from http://www.stpi.org.tw/fdb/consortium/ejournal.html

國立歷史博物館, & 雲林科技大學. (2004). *國家歷史文物數位化典藏計畫青銅、版畫後設資料工作手冊*. Retrieved November 25, 2006, from http://www2.ndap.org.tw/eBook/showContent.php?PK=169

國家圖書館. (2001). *圖書館法專案-數位圖書館分散式檢索協定*. Retrieved July 20, 2010, from http://www.ncl.edu.tw/public/Attachment/7112811474371.pdf

國家圖書館. (2005). *機讀編目延伸標示語言文件網頁服務*. Retrieved June 30, 2006, from http://cmarcxml.ncl.edu.tw/index.htm

國家圖書館. (2010a). *2010 現代圖書館學校研討會會議手冊*. 臺北: 國家圖書館.

國家圖書館. (2010b). *國家圖書館技術規範諮詢會議* Paper presented at the 99 年國家圖書館技術規範諮詢會議, 臺北市.

國家圖書館. (2010c). 第八次中文文獻資源共建共享合作會議圖書館中文資源與數位典藏學術研討會論文集. 臺北: 國家圖書館.

張甲. (2006). Google 化與圖書資訊業的前景. *國立成功大學圖書館館刊,* (15), 8-20.

張慧銖. (2003). 線上公用目錄的發展趨勢, *圖書館目錄發展研究* (pp. 298). 臺北市: 文華.

張慧銖. (2007). 全國圖書書目資訊網 (NBINet) 採用 FRBR 模式之可行性研究. *圖書資訊學研究, 1*(2), 33-54.

張慧銖. (2009). Metadata 對於組織電子期刊之適用性探討. *教育資料與圖書館學, 46*(3), 351-376.

張慧銖. (2010). 書目紀錄加值對目錄使用者辨識與選擇行為影響之研究. *圖書資訊學研究, 5*(1).

張慧銖, 陳素美, & 吳國禎. (2006). 數位環境中機讀編目格式的新面貌：MODS 的產生與發展. *國家圖書館館刊, 95*(2), 1-24.

張繼東, & 尹群. (2008). *簡單知識組織系統* SKOS *及其應用*研究. *現代情報, 2008*(11), 20-21+25.

教育部. (2010). *教育部統計處－各校基本資料庫檔案－98 學年度大專校院圖書館統計*. Retrieved March 31, 2010, from http://www.edu.tw/statistics/content.aspx?site_content_sn=21549

曹淑娟. (2010). *臺灣學術電子書聯盟營運模式對國內大學圖書館館藏*

發展之影響. 碩士, 中興大學, 台中.

郭麗芳. (1996). *網路電子期刊之評估研究—以生物醫學資源為例.* 碩士, 輔仁大學, 臺北.

陳巧倫. (2007). *從電子期刊使用探討圖書館期刊館藏發展:以政治大學傳播學院為例.* 碩士論文, 國立政治大學圖書資訊與檔案學研究所, 台北市.

陳光華. (2002). 數位圖書館/博物館的索引典建置系統. *台北市立圖書館館訊, 20*(2), 36-55.

陳光華. (2008a). *圖書館自動化系統與 Web 2.0 的資訊服務.* Paper presented at the 96 學年度全國公私立大學校院圖書館館長聯席會會議手冊, 台中市.

陳光華. (2008b). 圖書館自動化系統與 Web2.0 的資訊服務. Retrieved December 29, 2010, from http://www.lib.nchu.edu.tw/96leaders/pdf/web20open.pdf

陳亞寧. (2000). 電子期刊的剖析研究. *資訊傳播與圖書館學, 6*(4), 71-91.

陳亞寧. (2001). *後谷騰堡時代電子書的應用發展.* Paper presented at the e 日千里的電子書研討會, 臺北縣淡水鎮.

陳亞寧, & 沈漢聰. (2005a). *圖書館社群後設資料發展及其應用之分析:以數位典藏國家型科技計畫為例.* Paper presented at the 後設資料在數位典藏之研究發展：回顧與前瞻研討會, 台北市. Retrieved April 12, 2010, from http://www.sinica.edu.tw/~metadata/bibliography/achievement/93/conference_content.htm

陳亞寧, & 沈漢聰. (2005b). 圖書館社群後設資料發展及其應用之分析：以數位典藏國家型科技計畫為例. In 胡歐蘭教授七秩榮慶籌備小組編著 (Ed.), *21 世紀數位圖書館發展趨勢* (pp. 45-69). 台北市: 文華.

陳亞寧, & 陳淑君. (2005). *後設資料在圖書資訊學的趨勢研究*. Paper presented at the 新世紀資訊組織與典藏技術研討會, 政治大學. Retrieved January 10, 2010, from http://www.lib.nccu.edu.tw/Pub/meeting2005/pdf/09.pdf

陳亞寧, & 陳淑君. (2007). 後設資料入門導論, *數位典藏技術導論* (pp. 26-63). 臺北市: 臺大出版中心.

陳佳君. (1995). 從知識結構探討主題分析. *書府,* (16), 30-48.

陳和琴. (2004). *書目紀錄功能需求初探*. Paper presented at the 2003 年資訊科技與圖書館學術研討會論文集, 臺北縣淡水鎮.

陳和琴, & 余怜縈. (2005). 線上目錄多語言主題檢索之研探. *大學圖書館, 9*(2), 26-45.

陳和琴, & 陳君屏. (2007). *中文電子資源編目* (初版 ed.). 臺北市: 國家圖書館.

陳和琴, & 歐陽慧. (2003). 圖書線上資訊交換標準(ONIX for Books)之探究. *教育資料與圖書館學, 41*(2), 219-235.

陳明來. (2002). 主題分析在圖書資訊組織之角色探討. *圖書與資訊學刊,* (42), 69-84.

陳敏珍. (1994). 主題分析與主題檢索初探. *國立臺灣師範大學圖書館館訊,* (14), 4-8.

陳淑君. (1994). 書目品質控制的另一章：相關書目紀錄關係的建立(下). *中央研究院計算中心通訊, 10*(19). Retrieved April 12, 2010, from http://www.ascc.sinica.edu.tw/nl/83/1019/04.txt

陳淑君. (1999). 電子期刊的館藏發展策略. *大學圖書館, 3*(3), 106-128.

陳淑君. (2006). *後設資料標準探析暨規劃與分析*. Paper presented at the 後設資料建置實務工作坊會議手冊, 臺北市.

陳淑燕. (2002). 圖書目次分析與加值服務：從 Ohio LINK 書目轉錄談起. *國家圖書館館訊,* (1), 29-33.

陳雪華. (1996). 網路資源之組織與整理. *圖書館學刊(臺大) 11*, 23-46.

陳嵩榮. (1999). XML Namespace 與 RDF 的基本概念. *圖書館學與資訊科學, 25*(1), 88-100.

陳嵩榮. (2005). XML/DTD 理論實務與應用(3)—XML Schema 介紹. In 圖家圖書館編目組編輯 (Ed.), *中國圖書館學會資訊組織進階班研習手冊・九十四年*. 臺北市: 中華民國圖書館學會.

陳微麗. (2005). *網路書店書目資訊使用研究.* 碩士, 國立臺灣大學, 臺北市.

曾元顯. (1997). WWW 網站檢索系統. *中國圖書館學會會訊, 105*, 34-39.

曾蕾. (2009). *關聯的圖書館數據(Linked Library Data)*. Paper presented at the 數字環境下圖書館前沿問題研討班, 武漢華中科技大學. Retrieved December 29, 2010, from http://202.114.9.60/dl6/pdf/26.pdf

程蘊嘉. (2002). 網路時代的新閱讀風貌：電子書. *全國新書資訊月刊, 42*, 8-11.

童敏惠. (2002). 當圖書館遇到電子書:淺談電子書利用服務. *臺北市立圖書館館訊, 20*(2), 1-13.

賀梅萍. (2005). 數字環境下基于 XML 的 Dublin Core 與西文編目工作. *現代情報, 25*(11), 72-74.

項潔. (2008). *From OPAC to OPAIR (Open Public Access Information Resources).* Paper presented at the 國際圖書館自動化的歷史回顧與未來展望研討會論文集, 台北市.

黃居仁. (2003a). *從詞彙庫到知識本體：為專業知識庫許個『語意網』的未來美景. 醫藥衛生圖書資源專題講座暨研習會——網路時代參考服務之應用.* Retrieved June 29, 2010, from http://bow.sinica.edu.tw/file/BOW030925SW02.pdf

黃居仁. (2003b). 語意網、詞網與知識本體:淺談未來網路上的知識運籌. *佛教圖書館館訊*, (33), 6-21.

黃彩娟. (2007). *大學圖書館電子書組織整理方式之研究*. 碩士論文, 淡江大學, 台北縣淡水鎮.

黃惠株. (1996). 淺談索引典. *佛教圖書館館訊*, (5), 2-7.

黃羨文. (1997). *紙本圖書與電子書的比較*. 台北: 漢美.

黃鴻珠, & 石秋霞. (2006). *線上目錄的新面貌*. Paper presented at the Web2.0 與圖書館研討會, 臺北市. Retrieved January 15, 2010, from http://www.lib.tku.edu.tw/libintro/pub/web20&lib_semina/onlinecat_ft.pdf

詹麗萍. (2005). *電子資源與圖書館館藏發展*. 臺北市: 麥田.

農業科學資料服務中心. (1995). Part IV:主題分析與主題標引. *主題分析基礎課程*.

廖婉如. (2004). 數位化閱讀方式-電子書. Retrieved December 22, 2010, from http://www.dils.tku.edu.tw/joomla_outsidelink/epaper/27/ebook.htm

熊太純. (2009). 基于 SKOS 的網絡信息資源主題標引. *圖書館學研究*, 7, 63-66.

網路本體語言. (n.d.). *維基百科*. Retrieved May 21, 2010, from http://zh.wikipedia.org/zh-tw/%E7%BD%91%E7%BB%9C%E6%9C

%AC%E4%BD%93%E8%AF%AD%E8%A8%80

趙慶芬. (2005). *電子期刊的資訊組織與取用之研究*. 碩士論文, 國立政治大學, 台北市.

劉文卿, & 馮國卿. (2003). 以標準化 Metadata 為核心發展金融機構 Ontology 之探討. *圖書館學與資訊科學, 29*, 45-59.

劉玟怡. (2002). *電子期刊對大學圖書館組織結構及分工之影響*. 碩士論文, 中興大學圖書資訊學研究所, 台中市.

劉春銀. (2006). 權威控制, *資訊組織基礎班研習手冊* (pp. 2-21). 臺北市: 國家圖書館.

劉春艷, 陳淑萍, & 伍玉成. (2007). 基于 SKOS 的敘詞表到本體的轉換研究. *現代圖書情報技術, 150*, 32-35.

劉春艷, 曾錦丹, & 李佳軍. (2006). 語義 Web 環境下知識組織體系 SKOS 應用研究. *圖書情報工作, 50*(6), 23-27.

數位典藏計畫後設資料工作組. (2008). *後設資料標準簡介*. Retrieved March 9, 2009, from http://metadata,teldap.tw/standard/standard-frame.html

潘松華. (2005). CrossRef 在數字圖書館中的應用。 *圖書館理論與實踐, 6*, 63-65.

潘紫菁. (2006). *應用本體論強化軟體技術之知識管理*. 碩士論文, 國立成功大學, 台南市.

蔡家齊. (2006). *中文線上公用目錄系統FRBR 功能設計之研究.* 碩士, 台灣師範大學, 臺北.

蔡學鏞. (2005, June 17). *書評「A Semantic Web Primer」*. Retrieved May 20, 2010, from http://www.tenlong.com.tw/Read/readForm.php?i=6

鄭美珠. (1999). 從書目鍵檔到權威控制. *臺北市立圖書館館訊, 7*(1), 18.

盧秀菊. (1997). 中文主題標目與標題表. *中國圖書館學會會報, 59*, 25-42.

謝寶煖. (2007, February 9). 21 世紀的 Information Professional 應具備哪些特質. Retrieved December 13, 2010, from http://informationpro.blogspot.com/2007/02/21information-professional.html

鞠福琴. (2005). 數字圖書館編目工作探究. *農業圖書情報學刊, 17*(12), 192-193, 212.

簡單知識組織系統. (n.d.). *維基百科*. Retrieved May 21, 2010, from http://zh.wikipedia.org/zh-tw/%E7%B0%A1%E5%96%AE%E7%9F%A5%E8%AD%98%E7%B5%84%E7%B9%94%E7%B3%BB%E7%B5%B1

藍文欽. (2001). 讀者如何使用圖書館的書目資訊. In 盧荷生教授七秩榮慶論文集編輯委員會編 (Ed.), *盧荷生教授七秩榮慶論文集* (pp. 215-250). 臺北市: 文史哲.

羅昊, & 劉宇. (2003). 文獻編目的第三條道路 MODS 的簡介與分析. *四川圖書館學報, 133*, 31-34.

羅思嘉. (1999). 數位圖書館資源組織與整理：機讀編目格式與 Dublin Core. *大學圖書館, 3*(1), 55-68.

羅思嘉, 陳光華, & 林純如. (2001). 圖書資訊學學術文獻主題分類體系之研究. *圖書資訊學刊,* (16), 185-207.

二、英文部分

Agnew, G. (2003). Developing a metadata strategy. *Cataloging & Classification Quarterly, 36*(3/4), 31-46.

Al-Ansari, H. A. (1999). Improving the organizational structure for an electronic environment: A case analysis of Kuwait University libraries. *Library Review, 48*(3/4), 131-139.

Allgood, J. E. (2007). Serials and multiple versions, or the inexorable trend toward work-level displays. *Library Resources & Technical Services, 51*(3), 160-178.

American Library Association. (1999). Final report(ALA annual report 1999). from http://www.ala.org/alcts/organization/ccs/sac/metaclassfinal.pdf

American Library Association. (2002). Anglo-American Cataloging Rules, 2nd ed., Revision. Ottawa: Canadian Library Association.

American Library Association Committee on Cataloging: Description & Access. (2000). *Task force on metadata: Final report*. Retrieved April 27, 2010, from http://www.libraries.psu.edu/tas/jca/ccda/tf-meta6.html

American Research Libraries. (2009). A discussion report from the ARL working group on special collections. Retrieved January 7, 2010, from http://www.arl.org/bm~doc/scwg-report.pdf

Antelman, K. (2004). Identifying the serial work as a bibliographic entity. *Library Resources & Technical Services, 48*(4), 238-255.

Antelman, K. (2005). The dis-integrated library system of the future. Retrieved January 14, 2011, from http://www.lib.ncsu.edu/endeca/presentations/200510-endeca-antelman.ppt

Antelman, K., & Davis, S. (2005). Implementing a serial work in an electronic resources management system. *Serials Librarian, 48*(3/4), 285-288.

Association of Research Libraries. (2004). Managing electronic resources. 1-14. Retrieved December 22, 2010, from http://www.arl.org/bm~doc/spec282web.pdf

Baca, M. (Ed.). (2008). *Introduction to metadata* (2nd ed.). Los Angeles, CA: Getty Research Institute.

Baca, M., & Harpring, P. (2009). Categories for the description of works of art. Retrieved April 27, 2010, from http://www.getty.edu/research/publications/electronic_publications/cdwa/index.html

Baca, M., & O'Keefe, E. (2009). Sharing standards and expertise in the early 21st century : Moving toward a collaborative, "Cross-Community" model for metadata creation. *International Cataloguing and Bibliographic Control, 38*(4), 59-67.

Baeza-Yates, R., & Ribeiro, B.-N. (1999). *Modern information retrieval*. Harlow, England: Addison-Wesley.

Banerjee, K. (2002). How does XML help libraries? *Computer in Libraries, 22*(8), 30-34.

Barton, J., Currier, S., & Hey, J. M. N. (2003). *Building quality assurance into metadata creation: An analysis based on the learning objects and e-prints communties of practoce*. Paper presented at the 2003 Dublin Core Conference. Retrieved November 30, 2010, from http://dc2003.ischool.washington.edu/Archive-03/03barton.pdf

Batty, D. (1998). WWW -- Wealth, weariness or waste : Controlled vocabulary and thesauri in support of online information access. *D-Lib Magazine*. Retrieved January 13, 2010, from http://www.dlib.org/dlib/november98/11batty.html

BBC. (2007). *Student library visits 'falling' university students are significantly less likely to visit a library than their counterpartes a decade ago, reveals a survey*. Retrieved July 12, 2009, from http://news.bbc.co.uk/2/hi/uk_news/education/6967215.stm

Beall, J. (2006). The death of metadata. *The Serials Librarian, 51*(2), 55-74.

Beatty, S. (1991). ESP at ADFA after five years. *Cataloging Australia, 17*(3/4), 65-92.

Belanger, J. (2007). Cataloguing e-books in UK higher education libraries: Report of a survey. *Program Electronic Library and Information Systems, 41*(3), 203-216.

Benseler, C. (2006). Link LCSH with DCMI with MeSH. OCLC terminologies service will map and connect knowledge organization schemes. *NextSpace, 2*. Retrieved December 29, 2009, from http://www.oclc.org/nextspace/002/labs.htm

Berners-Lee, T. (2006). *Linked data - design Issues*. Retrieved May 09, 2010, from http://www.w3.org/DesignIssues/LinkedData.html

Berners-Lee, T., Hendler, J., & Lassila, O. (2001). The semantic web. *Scientific American*, 29-37.

Bibliographic Control Working Group. (2008). On the record: Report of The Library of Congress working group on the future of bibliographic control. Retrieved December 12, 2010, from http://www.loc.gov/bibliographic-future/news/lcwg-ontherecord-jan08-final.pdf

Birrell, D., Dunsire, G., & Menzies, K. (2009). Online catalogue and repository interoperability study: Exploring the links between library OPACs and repositories in higher education institutions: Final report. 74. Retrieved December 30, 2010, from http://ie-repository.jisc.ac.uk/430/1/OCRIS_Report.pdf

Blake, K., & Samples, J. (2009). Notes on operations: Creating organization nameauthority within an electronic resources management system. *Library Resources & Technical Services, 53*(2), 94-107.

Boss, S. C., & Schmidt, L. O. (2007). Electronic resources (ER) management in the academic library: Process vs. function. *Collection Management, 32*(1/2), 117-140.

Bothmann, R. (2004). Cataloging electronic books. *Library Resources and Technical Services, 48*(1), 12-19.

Bountouri, L., Papatheodorou, C., Soulikias, V., & Stratis, M. (2009). Metadata interoperability in public sector information. *Journal of Information Science, 35*(2), 204-231.

Boydston, J. M. K., & Leysen, J. M. (2006). Observations on the catalogers' role in descriptive metadata creation in academic libraries.

Cataloging & Classification Quarterly, 43(2), 3-17.

Bradford, M. L., Dehmlow, M., Guimaraes, A., Ladd, M., Loghry, P., & Simons, M. (2008). Education and Electronic Resources (ER) librarianship: How library school programs are meeting the needs of the ER librarian position. *Collection Management, 32*(1/2), 49-69.

Brandt, D. (2005, June 19). *Google-eyed U.Michigan gives away its library*. Retrieved January 5, 2009, from http://www.google-watch.org/umich.html

Breeding, M. (2007). Next-Generation flavor in integrated online catalogs. *Library Technology Reports, 43*(4), 38-41.

Breeding, M. (2008). Analysis of library integrated systems marketplace. Annual meeting of university librarians in Taiwan. Taichung, Taiwan: National Chung Hsing University.

Broughton, V. (2001). Faceted classification as a basis for knowledge organization in a digital environment: the Bliss bibliographic classification as a model for vocabulary management and the creation of multi-dimensional knowledge structures. *New Review of Hypermedia & Multimedia, 7*, 67-102.

Broughton, V. (2006). The need for a faceted classification as the basis of all methods of information retrieval. *Aslib Proceedings, 58*(1/2), 49-72.

Bruce, T. R., & Hillmann, D. I. (2004). The continuum of metadata quality: Defining, expressing, exploiting. In D. I. Hillmann & E. L. Westbrooks (Eds.), *Metadata in practice*. Chicago: American Library Association.

Buckland, M. (1999). Mapping entry vocabulary to unfamiliar metadata vocabularies. *D-Lib Magazine, 5*(1). Retrieved April 12, 2010, from http://www.dlib.org/dlib/january99/buckland/01buckland.html

Byrd, J., Charbonneau, G., Charbonneau, M., Courtney, A., Johnson, E., Leonard, K., . . . Turchyn, S. (2006). A white paper on the future of cataloging at Indiana university. 1-31. Retrieved January 9, 2010, from http://www.iub.edu/~libtserv/pub/Future_of_Cataloging_White_Paper.pdf

Byrum, J. D., & Williamson, D. W. (2006). Enriching traditional cataloging for improved access to information: Library of Congress tables of contents projects. *Information Technology and Libraries, 25*(1), 4-11.

Calhoun, K. (2006). The changing nature of the catalog and its Integration with other discovery tools. 1-52. Retrieved December 26, 2009, from http://www.loc.gov/catdir/calhoun-report-final.pdf

Caplan, P. (2003). *Metadata fundamentals for all librarians*. Chicago: American Library Association.

Caplan, P. (2004). Stretching ONIX for serials: The joint working party on the exchange of serials subscription information. *Against the Grain, 15*(6), 88-89.

Caplan, P., & Haas, S. (2004). Metadata rematrixed: Merging museum and library boundaries. *Library Hi Tech, 22*(3), 263-269.

Cargill, J. (1990). Personnel and technology: An opportunity for innovation. *Journal of Library Administration, 13*(1/2), 31-46.

Carpenter, M., & Svenonius, E. (Eds.). (1985). *Foundations of cataloging: A sourcebook*. Littleton, CO: Library Unlimited.

Cataloging Distribution Dervice. (2009). *Tools for authority Control--Subject headings*. Retrieved December 30, 2009, from http://www.loc.gov/cds/lcsh.html

Champieux, R., Jackson, M., & Carrico, S. (2008). Implementing change and reorganization in the acquisitions departments at the University of Alabama' and the University of Florida. *Bottom Line: Managing Library Finances, 21*(4), 113-121.

Chan, L. M. (1994). *Cataloging and classification: An introduction* (2nd ed.). New York: McGraw Hill.

Chan, L. M. (1995). *Library of Congress subject headings: Principles and application* (3rd ed.). Englewood, Co.: Libraries Unlimited.

Chan, L. M. (2005). *Library of Congress subject headings : principles and application* (4th ed.). Westport, Conn.: Libraries Unlimited.

Chan, L. M. (2009). *Social bookmarking and subject indexing*. Paper presented at the IFLA Satellite Pre-Conference of the Classification and Indexing Section, Florence, Italy. Retrieved December 29, 2010, from http://www.ifla2009satelliteflorence.it/meeting2/program/assets/Chan.pdf

Chan, L. M., & Zeng, M. L. (2006). Metadata interoperability and standardization - A study of methodology part I. *D-Lib Magazine, 12*(6). Retrieved December 12, 2010, from http://www.dlib.org/dlib/june06/chan/06chan.html

Cho, J. (2006). A study on the application method of the Functional Requirements for Bibliographic Records (FRBR) to the Online Public Access Catalog (OPAC) in Korean libraries. *Library Collections, Acquisitions, and Technical Services, 30*(3-4), 202-213.

Chu, C. M., & O'Brien, A. (1993). Subject analysis: The critical first stage in indexing. *Journal of Information Science, 19*(6), 439-454.

Chudnov, D., Crooker, C., & Parker, K. (2000). JAKE: Overview and status report. *Serials Review, 26*(4), 13-17.

Cole, J. Y. (2006, March 30). *Jefferson's legacy: A brief history of the Library of Congress -- The Library of Congress: 1800-1992*. Retrieved

December 21, 2010, from http://www.loc.gov/loc/legacy/loc.html

Cook, C. C. (2002). *Classification plus is being replaced by Classification Web*. Retrieved December 30, 2009, from http://classificationweb.net/pipermail/classweb-announce/2002-August/000018.html

Cooperative Online Serials. (2007). Module 31: Remote access electronic serials (Online Serials). Retrieved December 30, 2010, from http://www.loc.gov/acq/conser/pdf/Module31.pdf

Cuddy, C., & Bahr, E. (2006). Trends in cataloging electronic journals in health sciences libraries will title lists or the online catalog prevail? *Journal of Electronic Resources in Medical Libraries, 3*(3), 37-59.

Cuesta, E. M. (2005). The electronic librarian: Inching towards the revolution. *Acquisitions Librarian, 17*(33/34), 53-62.

Curtis, D., Scheschy, V. M., & Tarango, A. R. (2000). *Developing and managing electronic journal collections：A How-to-Do-It manual for librarians*. New York: Neal-Schuman.

Daily, J. E. (1980). Subject headings. *Encyclopedia of library and information science* (Vol. 29, pp. 178). New York: Marcel Dekker.

Davis, S., Bowman, L. N., & Kasprowski, R. (2004). Serials spoken here: Reports of conferences, institutes, and seminars. *Serial Reviews, 30*(1), 67-69.

Day, M. (1998). *Issues and approaches to preservation metadata*. Paper presented at the Joint RLG and NPO Preservation Conference: Guidelines for digital Imaging, Scarman House, University of Warwick, Coventry. Retrieved June 20, 2006, from http://www.ukoln.ac.uk/metadata/presentations/rlg-npo/warwick.html

Delsey, T. (2003). FRBR and serials. Retrieved December 25, 2010, from http://www.ifla.org/files/cataloguing/wgfrbr/papers/delsey.pdf

Demas, S. (1994). Collection development for the electronic library: A conceptual and organizational model. *Library Hi Tech, 12*(3), 71-80.

Dempsey, L. (1996). *A review of metadata: A survey of current resource description formats*. Retrieved December 14, 2010, from http://www.ukoln.ac.uk/metadata/desire/overview/rev_09.htm

Dempsey, L., & Heery, R. (1998). Metadata: A current view of practice and issues. *Journal of documentation, 54*(2), 145-172.

Dickey, T. J. (2008). FRBRization of a library catalog: Better collocation of records, leading to enhanced search, retrieval, and display. *Information Technology and Libraries, 27*(1), 23-32.

Digital Library Federation. (2004). *Electronic resource management: Report of the DLF ERMI Initiative*. Retrieved November 15, 2010, from http://www.diglib.org/pubs/dlf102/dlf102.htm

Dillon, D. (2001). E-books: The University of Texas experience, part 1.

Library Hi-Tech, 19(2), 113-124.

Dillon, M., & Wenzel, P. (1990). Retrieval effectiveness of enhanced bibliographic records. *Library Hi Tech, 8*(3), 43-46.

Dinkelman, A., & Stacy-Bates, K. (2007). Accessing e-books through academic library web sites. *College & Research Libraries, 68*(11), 45-58.

Downes, K. A., & Rao, P. V. (2008). Preferred political, social, and technological characteristics of Electronic Resources (ER) librarians. *Collection Management, 32*(1/2), 3-14.

Drupal. (2009). *Tagging | drupal.org*. Retrieved July 2, 2010, from http://drupal.org/project/tagging

Dublin Core Metadata Initiative. (2003, November 30). *Expressing Dublin Core in HTML/XHTML meta and link elements*. Retrieved April 21, 2010, from http://dublincore.org/documents/dcq-html/

Dublin Core Metadata Initiative. (2005). *DCMI Home.* Retrieved November 13, 2010, from http://dublincore.org/

Dublin Core Metadata Initiative. (2010a). *DC-2010：International conference on Dublin Core and metadata applications*. Retrieved July 13, 2010, from http://www.asis.org/Conferences/DC2010/

Dublin Core Metadata Initiative. (2010b). *DCMI metadata terms*.

Retrieved November 13, 2010, from http://dublincore.org/documents/dcmi-terms/

Dublin Core Metadata Initiative. (2010c, October 10). *DCMI type vocabulary*. Retrieved December 14, 2010, from http://dublincore.org/documents/2010/10/11/dcmi-type-vocabulary/

Dublin Core Metadata Initiative. (2010d). *Dublin Core metadata element set, version 1.1*. Retrieved November 13, 2010, from http://dublincore.org/documents/dces/

Dublin Core Metadata Initiative. (2010e). *Mission and principles*. Retrieved July 13, 2010, from http://dublincore.org/about-us/

Duval, E., Hodgins, W., Sutton, S., & Weibel, S. L. (2002). Metadata principles and practicalities. *D-Lib Magazine, 8*(4). Retrieved December 12, 2010, from http://www.dlib.org/dlib/april02/weibel/04weibel.html

EDItEUR. *ONIX for books*. Retrieved May 2, 2010, from http://www.editeur.org/11/Books/

EDItEUR. *ONIX for serials*. Retrieved May 2, 2010, from http://www.editeur.org/17/Serials/

EDItEUR. (2008a). *ONIX for serials, SPS: Serials products and subscriptions - version 0.92*. Retrieved November 17, 2010, from http://www.editeur.org/18/Current-Releases/#SPS

EDItEUR. (2008b). *ONIX for serials, SRN: Serials release notification - Version 0.92*. Retrieved November 17, 2010, from http://www.editeur.org/18/Current-Releases/#SRN

EDItEUR. (2010). *NISO/EDItEUR ONIX for serials*. Retrieved November 17, 2010, from http://www.editeur.org/84/Overview/

Emery, J., Ginn, C., Tonkery, D., & Petsche, K. (2004). Expose yourself to electronic journals. *The Serials Librarian, 46*(1&2), 99-105.

Fattahi, R. (1996). Super records: An approach towards the description of works appearing in various manifestations. *Library Review, 45*(4), 19-29.

Ferguson, A. W. (2007). Managing change in the Hong Kong library environment. *Library Management, 28*(8/9), 524-530.

Fisher, W. (2003). The electronic resources librarian position: A public services phenomenon? *Library Collections, Acquisitions, & Technical Services, 27*(1), 3-17.

Folksonomy. (n.d.). *Wikipedia*. Retrieved November 21, 2008, from http://en.wikipedia.org/wiki/Folksonomies

Foulonneau, M., Cole, T. W., Blair, C., Gorman, P. C., Hagedorn, K., & Riley, J. (2006). The CIC metadata portal: A collaborative effort in the area of digital libraries. *Science & Technology Libraries, 26*(3/4), 111-135.

Foulonneau, M., & Riley, J. (2008). *Metadata for digital resources : Implementation, systems design and interoperability*. Oxford, UK: Chandos.

Fourie, I. (2004). Librarians and the claiming of new roles: How can we try to make a difference? *Aslib Proceedings, 56*(1), 62-74.

Gilliland-Swetland, A. J. (2000). Introduction to metadata: Setting the stage. Retrieved December 14, 2010, from http://www.slis.kent.edu/~mzeng/metadata/Gilland.pdf

Golder, S. A., & Huberman, B. A. (2006). Usage patterns of collaborative tagging systems. *Journal of Information Science, 32*(2), 198-208.

Gordon-Murnane, L. (2006). Social bookmarking, folksonomies, and web 2.0 tools. *Searcher, 14*(6), 26-38.

Gorman, M. (1999). Metadata or cataloging? A false choice. *The Journal of Internet Cataloging, 2*(1), 5-22.

Gorman, M. (2007). RDA: Imminent debacle: The editor of AACR2 takes issue with cataloging's new direction. *American Libraries, 38*(11), 64-65.

Gorman, M., & Holt, G. (1995). The corruption of cataloging. *Library Journal, 120*(15), 32-34.

Greenberg, J., Pattuelli, M. C., Parsia, B., & Robertson, W. D. (2002).

Author-generated Dublin Core metadata for web resources: A baseline study in an organization. *Journal of Digital Information, 2*(2). Retrieved December 12, 2010, from http://journals.tdl.org/jodi/article/view/42/45

Gregory, C. L. (2008). But I want a real book: An investigation of undergraduates usage and attitudes toward electronic books. *Reference & User Services Quarterly, 47*(3), 266-273.

Grogg, J. E. (2008). Continuing education for E-Resources. *Journal of Electronic Resources Librarianship, 20*(3), 143-146.

Guenther, R. (2005). *Rich descriptive metadata in XML: MODS as a metadata scheme : MODS, MARC and Metadata interoperability, MODS presentations. ALA Annual 2005*. Retrieved June 28, 2006, from http://www.loc.gov/standards/mods/presentations/ala2005-mods_files/frame.htm

Guenther, R. S. (2003). MODS: The metadata object description schema. *Portal: Libraries and the Academy 3*(1), 137-150.

Guy, M., & Tonkin, E. (2008). Folksonomies: Tidying up tags? *D-Lib Magazine, 12*(1). Retrieved July 30, 2007, from http://www.dlib.org/dlib/january06/guy/01guy.html

H.W. Wilson Company. (2010). *Historical highlights from H.W. Wilson's past*. Retrieved July 29, 2010, from http://www.hwwilson.com/abouthw/abouthw.cfm

Hagler, R. (1997a). *Access points for works*. Paper presented at the International Conference on the Principles and Future Development of AACR, Toronto, Canada. Retrieved December 25, 2010, from http://epe.lac-bac.gc.ca/100/200/300/jsc_aacr/access/r-access.pdf

Hagler, R. (1997b). The bibliographic record and information technology. Retrieved December 21, 2010, from http://books.google.com.tw/books?id=_cBvfWouyrYC&lpg=PP1&ots=XCNhhwVjIu&dq=The%20bibliographic%20record%20and%20information%20technology&pg=PA21#v=onepage&q&f=false

Haiyan, B., & Cho, Y.-L. (2009). *Structuring serials bibliographic relationships through ID linking*. Paper presented at the International Conference on Dublin Core and Metadata Applications, Seoul, Korea. Retrieved January 15, 2011, from http://dcpapers.dublincore.org/ojs/pubs/article/view/959/960

Hannemann, J., & Kett, J. (2010). *Linked data for libraries*. Paper presented at the World Library and Information Congress: 76th IFLA General Conference and Assembly, Sweden, Gothenburg. Retrieved December 29, 2010, from http://www.ifla.org/files/hq/papers/ifla76/149-hannemann-en.pdf

Harmon, J. C. (1996). The death of quality cataloging：Does it make a difference for library users? *The Journal of Academic Librarianship, 22*(4), 306-307.

Harper, C. A., & Tillett, B. B. (2007). Library of Congress controlled vocabularies and their application to the semantic web. *Cataloging & Classification Quarterly, 43*(3/4), 47-68.

Henle, A. (2008). Electronic Resources (ER) librarians, usage data, and a changing world. *Collection Management, 32*(3/4), 277-288.

Hertzberg, S., & Rudner, L. (1999). Quality of researchers' searches of the ERIC database. *Education Policy Analysis Archives, 7*(25), 14.

Heye, D. (2006). *Characteristics of the successful twenty-first century information professional*. Oxford: Chandos Publishing. as cited in 謝寶煖. (2007, February 9). 21世紀的 Information Professional 應具備哪些特質. Retrieved December 13, 2010, from http://informationpro.blogspot.com/2007/02/21information-professional.html

Hickey, T. B., & Toves, J. (2009). FRBR work-set algorithm version 2.0. Retrieved January 15, 2011, from http://www.oclc.org/research/activities/past/orprojects/frbralgorithm/2009-08.pdf

Hillmann, D. I., & Westbrooks, E. L. (Eds.). (2004). *Metadata in practice*.

Chicago: American Library Association.

Hirons, J. (2002). *Displays from multiple versions from MARC 21 and FRBR: A brief review for serials*. Paper presented at the CONSER Operations Committee Meeting, Library of Congress. Retrieved December 24, 2010, from http://www.loc.gov/acq/conser/Possible%20hierarchical%20display.pdf

Hodge, G. (2005). Metadata for electronic information resources: From variety to interoperability. *Information Services & Use, 25*(1), 35-45.

Hodge, G. M., & Digital Library Federation. (2000). *Systems of knowledge organization for digital libraries : Beyond traditional authority files*. Washington, DC: Digital Library Federation, Council on Library and Information Resources.

Hoppenbrouwers, J. (2001). MACS Multilingual Access to Subjects. Retrieved July 2, 2010, from http://infolab.uvt.nl/pub/hoppenbrouwersj-2001-23.pdf

Howarth, L. C. (2001). Designing a metadata-enabled namespace for enhancing resource discovery in knowledge bases. *Proceedings International Conference Electronic Resources: Definition, Selection and Cataloguing*. Retrieved February 20, 2009, from http://w3.uniroma1.it/ssab/er/relazioni/howarth_eng.pdf

Howarth, L. C. (2003). Designing a common namespace for searching metadata-enabled knowledge repositories: An international perspective. *Cataloging and Classification Quarterly, 37*(1-2), 173-185.

Hsieh-Yee, I. (2006). *Organizing audiovisual and electronic resources for access: A cataloging guide*. London: Libraries Unlimited.

Hsieh-Yee, I. (2010). *People, information, technology: Information organization research*. Paper presented at the International Symposium on the Future of Information Organization Research, Taipei, Taiwan.

Hsiung, L.-Y. (2008). Expanding the role of the electronic resources (ER) librarian in the hybrid library. *Collection Management, 32*(1/2), 31-47.

Huang, J., & KatherineWong. (2006). Technical service and user service improvement. *Library Management, 27*(6/7), 506-510.

Huthwaite, A. (2003). AACR2 and other metadata standards: The way forward. *Cataloging & Classification Quarterly, 36*(3/4), 87-100.

Hutton, J. (2008). Academic libraries as digital gateways: Linking students to the burgeoning wealth of open online collections. *Journal of Library Administration, 48:3/4*(3/4), 495-507.

Hyams, E. (1996). Professional futures - why the prospects are so rosy. *Aslib Proceedings, 48*(9), 204-208.

Ibegbulam, I. F., & Olorunsola, R. (2001). Restructuring academic libraries in Nigeria: Issues to consider. *Library Management, 22*(8/9), 381-386.

International Digital Publishing Forum. (2010, October). *US trade wholesale electronic book sales*. Retrieved December 21, 2010, from http://www.idpf.org/doc_library/industrystats.htm

International Federation of Library Associations and Institutions. (1999, July 2). *ISBD(ER): International standard bibliographic description for electronic resources*. Retrieved November 12, 2010, from http://archive.ifla.org/VII/s13/pubs/isbd2.htm#3

International Federation of Library Associations and Institutions. (2003). *First IFLA meeting of experts on an international cataloguing code*. Retrieved October 27, 2010, from http://www.d-nb.de/standardisierung/afs/imeicc_index.htm

International Federation of Library Associations and Institutions. (2004). *Second IFLA meeting of experts on an international cataloguing code*. Retrieved October 27, 2010, from http://www.loc.gov/loc/ifla/imeicc/imeicc2/

International Federation of Library Associations and Institutions. (2005a, October 24). *Digtal libraries: Metadata resources*. Retrieved December 13, 2010, from http://archive.ifla.org/II/metadata.htm

International Federation of Library Associations and Institutions. (2005b). *Third IFLA meeting of experts on an international cataloguing code*. Retrieved October 27, 2010, from http://www.loc.gov/loc/ifla/imeicc/

International Federation of Library Associations and Institutions. (2006). *4th IFLA meeting of experts on an international cataloguing code.* Retrieved October 27, 2010, from http://www.nl.go.kr/icc/icc/main.php

International Federation of Library Associations and Institutions. (2007a). *Fifth IFLA meeting of experts on an international cataloguing code. Retrieved.* Retrieved October 27, 2010, from http://www.imeicc5.com/

International Federation of Library Associations and Institutions. (2007b, December 26). *Functional Requirements for Bibliographic Records final report.* Retrieved April 12, 2010, from http://archive.ifla.org/VII/s13/frbr/frbr_2008.pdf

International Federation of Library Associations and Institutions. (2007c). International Standard Bibliographic Description (ISBD)：Preliminary consolidated edition. Retrieved October 29, 2010, from http://archive.ifla.org/VII/s13/pubs/ISBD_consolidated_2007.pdf

International Federation of Library Associations and Institutions. (2009a). ISBD area 0: Content form and media type area. Retrieved November 2, 2010, from http://www.ifla.org/files/cataloguing/isbd/area-0_2009.pdf

International Federation of Library Associations and Institutions. (2009b). *Statement of international cataloguing principles*. Retrieved October

27, 2010, from http://www.ifla.org/files/cataloguing/icp/icp_2009-en.pdf

International Federation of Library Associations and Institutions. (2010). Functional Requirements for Subject Authority Data (FRSAD) final report.

James, C. (2007). Link resolvers and the serials supply chain: Final report for UKSG. 1-60. Retrieved December 12, 2010, from http://www.uksg.org/sites/uksg.org/files/uksg_link_resolvers_final_report.pdf

Jeng, L. H. (2002). What authority? Why control? *Cataloging & Classification Quarterly, 34*(4), 91-97.

Jin, Q. (2008). Is FAST the right direction for a new system of subject cataloging and metadata? *Cataloging & Classification Quarterly, 45*(3), 91-110.

Johnson, P. (1991). *Automation and organizational change in libraries*. Boston, Mass.: G. K. Hall.

Joint Steering Committee. (2009). *Joint Steering Committee for development of RDA：A brief history of AACR*. Retrieved November 4, 2010, from http://www.rda-jsc.org/history.html

Joint Steering Committee. (2010). *RDA toolkit: Resource description & access*. Retrieved November 2, 2010, from http://www.rdatoolkit.org/

Jones, E. (2002). The exchange of serials subscription information: A white paper prepared for the National Information Standards Organization, with support from the Digital Library Federation. Retrieved February 26, 2006, from http://www.niso.org/Serials-WP.Pdf

Jones, E. (2005). The FRBR model as applied to continuing resources. *Library Resources & Technical Services, 49*(4), 227-242.

Kane, L. T. (1997). Access vs. ownership: Do we have to make a choice? *College and Research Libraries, 58*(1), 59-67.

Kemp, R. (2008). Catalog/Cataloging changes and web 2.0 functionality: New directions for serials. *Serials Librarian, 53*(4), 91-112.

Kim, K.-S. (2006). *Facet analyses of categories used in Web directories: A comparative study*. Paper presented at the World Library and Information Congress: 72nd IFLA General Conference and Council, Seoul, Korea. Retrieved January 10, 2010, from http://ifla.queenslibrary.org/IV/ifla72/papers/136-Kim-en.pdf

Kipp, M. E. I. (2006). *Complementary or discrete contexts in online indexing: A comparison of user, creator and intermediary keywords*. Paper presented at the Canadian Association for Information Science, York University, Toronto. Retrieved December 15, 2008, from http://dlist.sir.arizona.edu/

Knudson, F. L., Sprague, N. R., Chafe, D. A., Martinez, M. L. B., Brackbill,

I. M., Musgrave, V. A., & Pratt, K. A. (1997). *Creating electronic journal web pages from OPAC records*. Retrieved January 15, 2011, from http://www.library.ucsb.edu/istl/97-summer/article2.html

La Barre, K. (2006). *The use of faceted analytico-synthetic theory as revealed in the practice of website construction and design*. Ph.D. dissertation, Indiana University, United States -- Indiana.

Lacasta, J., Nogueras-Iso, J., Lopez-Pellicer, F. J., Muro-Medrano, P. R., & Zarazaga-Soria, F. J. (2007). ThManager: An open source tool for creating and visualizing SKOS. *Information Technology & Libraries, 26*(3), 39-51.

Lamoureux, S. D. (2004). FRBR and serials: A complicated combination. Retrieved December 25, 2010, from http://www.unc.edu/~lamours/papers/FRBR.doc

Landbeck, C. (2007). Trouble in paradise: Conflict management and resolution in social classification enviornments. *Bulletin of the American Society for InformationScience and Technology, 34*(1). Retrieved December 29, 2010, from http://www.asis.org/Bulletin/Oct-07/landbeck.html

LEAF Project Consortium. (2001). *Project synopsis*. Retrieved December 8, 2010, from http://www.crxnet.com/leaf/info.html

Library of Congress. (1998). *Draft interim guidelines for cataloging electronic resources*. Retrieved November 12, 2010, from http://lcweb.loc.gov/catdir/cpso/dcmb19_4.html

Library of Congress. (2002a). *EAD: Encoded Archival Description. version 2002 official site*. Retrieved April 27, 2010, from http://www.loc.gov/ead/

Library of Congress. (2002b, January 1). *Library of Congress table of contents survey results*. Retrieved May 11, 2009, from http://www.loc.gov/catdir/tocsurveyresults.html

Library of Congress. (2005, June 7). *MODS to Dublin Core metadata element set mapping: Version 3.0*. Retrieved July 21, 2006, from http://www.loc.gov/standards/mods/mods-dcsimple.html

Library of Congress. (2006a, July 21). *MARCXML: MARC 21 XML schema*. Retrieved July 23, 2006, from http://www.loc.gov/standards/marcxml/

Library of Congress. (2006b). *METS: Metadata Encoding & Transmission Standard*. Retrieved July 23, 2006, from http://www.loc.gov/standards/mets/

Library of Congress. (2006c). *MODS*. Retrieved June 20, 2006, from http://www.loc.gov/standards/mods/

Library of Congress. (2006d, April 11). *MODS user guidelines version 3*. Retrieved June 25, 2006, from http://www.loc.gov/standards/mods/v3/mods-userguide.html

Library of Congress. (2008, March 6). *Web archives: MINERVA*. Retrieved July 30, 2010, from http://lcweb2.loc.gov/diglib/lcwa/html/lcwa-home.html

Library of Congress. (2009a, March 13). *MARC 21 XML schema: Dublin Core transformation*. Retrieved July 13, 2010, from http://www.loc.gov/standards/marcxml/Sandburg/sandburgdc.xml

Library of Congress. (2009b). *MARC standards*. Retrieved March 9, 2009, from http://www.loc.gov/marc/

Library of Congress. (2010a, June 14). *Description of MODS 3.4 changes*. Retrieved July 30, 2010, from http://www.loc.gov/standards/mods/mods-changes-3-4.html

Library of Congress. (2010b). *Library of Congress subject headings weekly list 25*. Retrieved July 17, 2010, from http://www.loc.gov/cgi-bin/gourl?URL=%2Fcatdir%2Fcpso%2Fwls10%2Fawls1025.html

Library of Congress. (2010c). MARC record guide for monograph aggregator vendors: 2nd edition. Retrieved December 24, 2010, from http://www.loc.gov/catdir/pcc/sca/FinalVendorGuide.pdf

Library of Congress. (2010d, May 17). *MODS implementation registry*. Retrieved July 30, 2010, from http://www.loc.gov/standards/mods/registry.php

Library of Congress. (2010e). *Term and code list for RDA content types*. Retrieved November 5, 2010, from http://www.loc.gov/standards/valuelist/rdacontent.html

Library of Congress. (2010f). *Term and code list for RDA media types*. Retrieved November 5, 2010, from http://www.loc.gov/standards/valuelist/rdacarrier.html

Library of Congress. (2010g). *Term and code list for RDA media types*. Retrieved November 5, 2010, from http://www.loc.gov/standards/valuelist/rdamedia.html

Library of Cornell. (2006). *Web hub for developing administrative metadata for electronic resource management*. Retrieved November 15, 2010, from http://www.library.cornell.edu/cts/elicensestudy/webhubarchive.html

Liu, J. (2007). *Metadata and its applications in the digital library : Approaches and practices*. Westport, Conn.: Libraries Unlimited.

Lubetzky, S. (1953). *Cataloging rules and principles: A critique of the ALA rules for entry and a proposed design for their revision*. Washington, D.C.: Library of Congress.

Luther, J. (2009). Streamlining book metadata workflow. Retrieved April 12, 2010, from http://www.niso.org/publications/white_papers/StreamlineBookMetadataWorkflowWhitePaper.pdf

M¨akel¨a, E., Hyv¨onen, E., & Sidoroff, T. (2005). *View-based user interfaces for information retrieval on the semantic web*. Paper presented at the ISWC-2005 Workshop End User Semantic Web Interaction, Galway, Ireland. Retrieved January 10, 2010, from http://www.seco.tkk.fi/publications/2005/makela-hyvonen-et-al-view-based-user-2005.pdf

Madarash-Hilla, C., & Hill, J. B. (2006). Electronically enriched enhancements in catalog records: A use study of books described on records with URL - enhancements versus those without. *Technical Services Quarterly, 23*(2), 19-31.

Madison, O. M. A. (1999). Standards in light of new technologies functional requirements for bibliographic records. *International Cataloguing and Bibliographic Control, 28*(1), 7-10.

Madison, O. M. A. (2000). The IFLA functional requirements for bibliographic records: International standards for universal bibliographic control. *Library Resources & Technical Services, 44*(3), 153-159.

Mann, T. (2007). The peloponnesian war and the future of reference, cataloging, and scholarship in research libraries. Retrieved December

31, 2010, from http://guild2910.org/Peloponnesian%20War%20June%2013%202007.pdf

Marcum, D. B. (2006). The future of cataloging. *Library Resources & Technical Services, 50*(1), 5-9.

Markey, K. (2007). The online library catalog: Paradise lost or paradise regained? *D-Lib Magazine, 13*(1/2). Retrieved April 12, 2010, from http://www.dlib.org/dlib/january07/markey/01markey.html

Martin, D., & Patrick, L. (2009). *FRBRoo introduction.* Retrieved October 31, 2010, from http://www.cidoc-crm.org/frbr_inro.html

Matusiak, K. K. (2006). Towards user-centered indexing in digital image collections. *International Digital Library Perspectives, 22*(4), 283-298.

McCallum, S. H. (2004). An introduction to the Metadata Object Description Schema (MODS). *Library Hi Tech, 22*(1), 82-88.

McCulloch, E., Shiri, A., & Nicholson, D. (2005). Challenges and issues in terminology mapping: A digital library perspective. *Electronic Library, 23*(6), 671-677.

Medeiros, N. (2006). *Metadata in a global world. OCLC Systems & Services: International digital library perspective, 22*(2), 89-91.

Mendes, L. H., Quinonez-Skinner, J., & Skaggs, D. (2009). Subjecting the catalog to tagging. *Library Hi Tech, 27*(1), 30-41.

Mercun, T., & Žumer, M. (2008). New generation of catalogues for the new generation of users. *Program: electronic library and information systems, 42*(3), 243-261.

Merholz, P. (2004, October 19). *Metadata for the masses*. Retrieved November 21, 2008, from http://www.adaptivepath.com/ideas/essays/archives/000361.php

Michalak, T. J. (1990). An experiment in enhancing catalog records at Carnegie Mellon University. *Library Hi Tech, 8*(3), 33-41.

Miles, A., & Perez-Aguera, J. (2007). SKOS: Simple Knowledge Organization for the Web. *Cataloging & Classification Quarterly, 43*(3/4), 69-83.

Miles, A. J., Rogers, N., & Beckett, D. (2004, May 4). *SKOS-Core 1.0 guide*. Retrieved May 21, 2010, from http://www.w3.org/2001/sw/Europe/reports/thes/1.0/guide/20040504/

Miller, E. (2003). *The semantic web*. Retrieved June 29, 2010, from http://www.w3.org/2004/Talks/0120-semweb-umich/

Missingham, R. (2004). Reengineering a national resource discovery service. *D-Lib Magazine, 10*(9). Retrieved December 12, 2010, from http://www.dlib.org/dlib/september04/missingham/09missingham.html

Moeller, P. (2007). Enhancing access to rare journals: Cover images and contents in the online catalog. *Serials Review, 33*(4), 231-237.

Moen, W. E., Stewart, E. L., & McClure, C. R. (1997). *The role of content analysis in evaluating metadata for the U.S. Government Iformation Locator Service: Results from an exploratory study*. Retrieved November 30, 2010, from http://www.unt.edu/wmoen/publications/GILSMDContentAnalysis.htm

Montgomery, C. H., & Sparks, J. L. (2000). The transition to an electronic journal collection: Managing the organizational changes. *Serials Review, 26*(3), 4. Retrieved December 13, 2010, from http://idea.library.drexel.edu/bitstream/1860/582/1/Montgomery%20%26%20Sparks%20-%20Transition%20to%20an%20Electronic%20Journal%20Collection.pdf

Morris, R. C. (2001). Online tables of contents for books: Effect on usage. *Bulletin of the Medical Library Association, 89*(1), 29-36.

Mullen, J. A. (1993). Total quality management: A mindset and method to stimulate change. *Journal of Library Administration, 18*(3/4), 91-108.

Murtomaa, E. (2000). The impact of the functional requirements for bibliographic records recommendations on the ISBD(ER). *Cataloging and Classification Quarterly, 28*(1), 33-41.

National Aeronautics and Space Administration. (1998). Directory of interchange format manual *NSSDC/WDC-A-R&S* (pp. 88-89).

National Information Standards Organization. (2004). Understanding metadata. 1-16. Retrieved April 12, 2010, from http://www.niso.org/publications/press/UnderstandingMetadata.pdf

National Information Standards Organization. (2007). The framework of guidance for building good digital collections. i-95. Retrieved April 12, 2010, from http://www.niso.org/publications/rp/framework3.pdf

Naun, C. (2010). Next generation OPACs: A cataloging viewpoint. *Cataloging & Classification Quarterly, 48*(4), 330-342.

Naun, C. C. (2007). FRBR principles applied to a local online journal finding aid. *Library Resources & Technical Services, 51*(2), 134-145.

Needleman, M. (2002). Zing - z39.50 international: Next generation. *Serials Review, 28*(3), 248-250.

North Carolina State University Libraries. (2010). *Search the collection : Journals*. Retrieved April 12, 2010, from http://www.lib.ncsu.edu/journals/

Noruzi, A. (2007). Folksonomies: Why do we need controlled vocabulary? *Webology, 4*(2). Retrieved March 9, 2009, from http://www.webology.ir/2007/v4n2/editorial12.html

O'Neill, E. T., & Chan, L. M. (2003). *Fast (faceted application of subjectterminology): A simplified lcsh-based vocabulary*. Paper presented at the World Library and Information Congress: 69th IFLA General Conference and Council, Berlin. Retrieved December 31, 2010, from http://archive.ifla.org/IV/ifla69/papers/010e-ONeill_Mai-Chan.pdf

Office for Subject Cataloging Policy Collections Services. (1992). *Library of Congress subject headings* (15th ed.). Washington, D.C.: Cataloging Distribution Service, Library of Congress.

Online Computer Library Center. (2005). *College students' perceptions of libraries and Information resources*. Retrieved July 12, 2009, from http://www.oclc.org/reports/perceptionscollege.htm

Online Computer Library Center. (2009a). *OCLC Terminologies Service - help center - basic search*. Retrieved June 22, 2010, from http://webservices.oclc.org/authorities/terminologies/help/en/term_Search.htm

Online Computer Library Center. (2009b). *OCLC Terminologies Service: Basic search*. Retrieved June 22, 2010, from http://webservices.oclc.org/authorities/terminologies/help/en/term_Search.htm

Online Computer Library Center. (2009c). Online catalogs what users and librarians want. 1-57. Retrieved March 3, 2009, from http://www.oclc.org/reports/onlinecatalogs/fullreport.pdf

Online Computer Library Center. (2009d). Online catalogs: What users and librarians want. 1-58. Retrieved December 27, 2009, from http://www.oclc.org/asiapacific/zhtw/reports/onlinecatalogs/fullreport.pdf

Online Computer Library Center. (2009e). *Terminologies Service*. Retrieved December 28, 2009, from http://www.oclc.org/us/en/terminologies/

Open Archives Initiative. (2008). *Open archives initiative release version 2.0 of the protocol for metadata harvesting*. Retrieved June 2, 2010, from http://www.openarchives.org/OAI/openarchivesprotocol.html

Open Systems Environment Implementors Workshop/Special Interest Group on Library Applications. (1997). *Application profile for the Government Information Locator Service (GILS) version 2*. Retrieved April 27, 2010, from http://www.gils.net/prof_v2.html

Orden, R. V. (1990). Content-enriched access to electronic information: Summaries of selected research. *Library Hi Tech, 8*(3).

Panizzi, A. (1850). Mr. Panizzi to the right hon: the Earl of Ellesmere. (Reprinted from: Carpenter, M., & Svenonius, E. (Eds.). (1985). Foundations of Cataloging: A Sourcebook. Littleton, CO: Library

Unlimited.).

Pappasab, E., & Herendeen, A. (2001). Enhancing bibliographic records with tables of contents derived from OCR technologies at the American Museum of Natural History Library. *Cataloging & Classification Quarterly, 29*(4), 61-72.

Park, J.-R. (2006a). Semantic interoperability and metadata quality: An analysis of metadata item records of digitalimage collections. *Knowledge Organization, 33*(1), 20-34.

Park, J.-R. (2006b). *Semantic mapping of Dublin Core metadata element names and their definitions.*

Park, J.-R., & Childress, E. (2009). Dublin Core metadata semantics: An analysis of the perspectives of information professionals. *Journal of Information Science, 35*(6), 727-739.

Park, J.-R., & Maszaros, S. (2009). Matadata object description schema (MODS) in digital repositories: An exploratory study of metadata use and quality. *Knowledge organization, 36*, 46-59.

Patel, D. (2002). *Organizing the web: A faceted approach.* Paper presented at the Workshop on Information Resource Management, DRTC, Bangalore. Retrieved January 10, 2010 from http://drtc.isibang.ac.in:8080/jspui/bitstream/1849/80/2/Paper-CG.PDF

Patton, E. (Ed.). (2009). *Functional requirements for authority data : A conceptual model* (Vol. 34). München: K.G. Saur.

Peterson, E. (2008). Parallel systems: The coexistence of subject cataloging and folksonomy. *Library Philosophy and Practice, 2008*(April), 5. Retrieved December 29, 2010, from http://www.webpages.uidaho.edu/~mbolin/e-peterson3.pdf

Polydoratou, P., & Nicholas, D. (2001). Familiarity with and use of metadata formats and metadata registries amongst those working in diverse professional communities within the information sector. *Aslib Proceedings, 53*(8), 309-324.

Prasad, A. R. D., & Nabonita, G. (2008). Concept naming vs concept categorisation: A faceted approach to semantic annotation. *Online Information Review, 32*(4), 500-510.

Priscilla, C. (2004, March 10). *NISO EDItEUR joint working party on the exchange of serials subscription information (JWP)*. Retrieved November 17, 2010, from http://www.loc.gov/acq/conser/ONIX-summit.html

Program for Cooperative Cataloging. (2009). Final report PCC/OCLC task group on automated record enhancement. 5. Retrieved January 14, 2010, from http://www.loc.gov/catdir/pcc/sca/AREFinalRept.pdf

Publishers International Linking Association. (2002). *Crossref system demo*. Retrieved December 13, 2010, from http://www.crossref.org/09demo/index.html

Rainie, L. (2007). 28% of online americans have used the internet to tag content. 1-9. Retrieved January 2, 2010, from http://www.pewinternet.org/~/media/Files/Reports/2007/PIP_Tagging.pdf.pdf

Register, R., Cohn, K., Hawkins, L., Henderson, H., Reynolds, R., Shadle, S. C., . . . Yue, P. W. (2009). Metadata in a digital age: New models of creation, discovery, and use. *Serials Librarian, 56*(1-4), 7-24.

Reitz, J. M. (2010, April 12). *Online dictionary for library and information science. Electronic journal*. Retrieved December 30, 2010, from http://lu.com/odlis/odlis_e.cfm#electronicjournal

Reynolds, R., Chesler, M. W., & Beck, M. (2009). The tao of serials: 101 things non-catalogers should know about serials ... or is it continuing resources? *Serials Librarian, 56*(1-4), 44-53.

Riva, P. (2003). Defining the boundaries: FRBR, AACR and the serial. *Serials Librarian, 45*(3), 15-21.

Rolla, P. J. (2009). User tags versus subject headings: Can user-supplied data improve subject access to library collections? *Library Resources Technical Services, 53*(3), 174-184.

Rosa, C. D. (2005). Perceptions of libraries and information resources: A report to the OCLC membership. 1-290. Retrieved December 22, 2009, from http://www.oclc.org/reports/pdfs/Percept_all.pdf

Rosa, C. D., Cantrell, J., Havens, A., Hawk, J., & Jenkins, L. (2007). Sharing, privacy and trust in our networked world. 1-280. Retrieved January 8, 2010, from http://www.oclc.org/reports/pdfs/sharing.pdf

Rosenberg, F. (2004). FRBR and serials: A complicated combination. Retrieved April 12, 2010, from http://www.unc.edu/~lamours/papers/FRBR.doc

Rosenberg, F., & Hillman, D. (2004). An approach to serials with FRBR in mind. Retrieved April 6, 2010, from http://www.lib.unc.edu/cat/mfh/serials_approach_frbr.pdf

Rosenfeld, L. (2005, January 06). *Folksonomies? How about metadata ecologies? LouisRosenfeld.com*. Retrieved December 15, 2008, from http://www.louisrosenfeld.com/home/bloug_archive/000330.html

Roucolle, A. (2008). *The new ISSN standard makes life easier for the serials community*. Paper presented at the World Library and Information Congress: 74th IFLA General Conference and Council, Canada: Québec. Retrieved December 13, 2010, from http://archive.ifla.org/IV/ifla74/papers/151-Roucolle-en.pdf

Rubin, R. E. (2004a). *Foundations of library and information science* (2nd ed.). New York: Neal-Schuman Publishers.

Rubin, R. E. (2004b). Redefining the library: The impacts and implications of technological change *foundations of library and information science* (2nd ed., pp. 79-120). New York: Neal-Schuman.

Rutgers University Libraries. (2003). *Rutgers University Libraries' staff resources: Central technical services: Cataloging electronic monographs*. Retrieved October 29, 2009, from http://www.libraries.rutgers.edu/rul/staff/technical_services/cataloging/cataloging_electronic_monographs.shtml

Salo, D. (2009). Name authority control in institutional repositories. *Cataloging & Classification Quarterly, 47*(3/4), 249-261.

Sanchez-Alonso, S., & Garcia-Barriocanal, E. (2006). Making use of upper ontologies to foster interoperability between SKOS concept schemes. *Online Information Review, 30*(3), 263-277.

Sanchez, E., Fatout, L., Howser, A., & Vance, C. (2006). Cleanup of NetLibrary cataloging records: A methodical front-end process. *Technical Services Quarterly, 23*(4), 51-71.

Schaffler, H. (2004). How to organize the digital library: Reengineering and change management in the Bayerische Staatsbibliothek, Munich. *Library Hi Tech, 22*(4), 340-346.

Schwartz, C. (2008). Thesauri and facets and tags, Oh my! A look at three decades in subject analysis. *Library Trends, 56*(4), 830-842.

Sha, V. T. (1995). Cataloging internet resources: The library approach. *The*

Electronic Library, 13(5), 467-476.

Shadle, S. (2004). The aggregator-neutral record: Putting procedures into practice. *Serials Librarian, 47*(1/2), 139-152.

Shadle, S. (2006). FRBR and serials: An overview and analysis. *Serials Librarian, 50*(1/2), 83-103.

Shin, E.-F., & Young-Seok, K. (2002). Restructuring library organizations for the twenty-first century: The future of user-oriented services in Korean academic libraries. *Aslib Proceedings, 54*(4), 260-266.

Shreeves, S. L., Riley, J., & Milewicz, L. (2006). Moving towards shareable metadata. *First Monday, 11*(8). Retrieved April 12, 2010, from http://firstmonday.org/htbin/cgiwrap/bin/ojs/index.php/fm/article/view/1386/1304

Simon, S. (2010). Seek and find: Folksonomy tags to support usability and findability in library catalogs. Retrieved January 9, 2011, from http://things-she-said.org/lis/files/Gricel%20Dominguez_Research%20paper_folksonomies.pdf

Simpson, S. N., Coghill, J. G., & Greenstein, P. C. (2005). Electronic resources librarian in the health sciences library: An emerging role. *Journal of Electronic Resources in Medical Libraries, 2*(1), 27-39.

Sinclair, J., & Hall, M. C. (2008). The folksonomy tag cloud: When is it useful? *Journal of Information Science, 34*(1), 15-29.

Singer, R. (2009). Linked library data now! *Journal of Electronic Resources Librarianship, 21*(2), 114-126.

Smiraglia, R. (1994, May 21-25). *Derivative bibliographic relationships: Linkages in the bibliographic universe.* Paper presented at the Navigating the Networks: Proceedings of the ASIS Mid-Year Meeting, Portland, Ore.

Smiraglia, R. (2007). Bibliographic families and super works. In A. G. Taylor (Ed.), *Understanding FRBR: What it is and how it will affect our retrieval tools*. West port: Libraries Unlimited.

Sokvitne, L. (2000). *An evaluation of the effectiveness of current Dublin Core metadata for retrieval*. Retrieved November 8, 2010, from http://www.vala.org.au/vala2000/2000pdf/Sokvitne

Spiteri, L. F. (1999). The essential elements of faceted thesauri. *Cataloging & Classification Quarterly, 28*(4), 31-52.

Stanley, N. M., & Branchie-Brown, L. (1995). Reorganizing acquisitions at the Pennsylvania State University Libraries: From work units to teams. *Library Acquisitions: Practice and Theory, 19*(4), 417-425.

Stone, A. T. (2000). The LCSH century: A brief history of the Library of Congress Subject Headings, and introduction to the centennial essays. *Cataloging & Classification Quarterly, 29*(1/2), 1-15.

Stueart, R. D., & Moran, B. B. (2007). The structure of organizations : Today and in the future. *library and information center management* (7th ed., pp. 181-206). Greenwood: Libraries Unlimited.

Billings, H. (2002). *Magic and hypersystems: Constructing the information-sharing library* (p.1). Chicago: ALA. as cited in Rubin, R. E. (2004a). *Foundations of library and information science* (2nd ed., p.100). New York: Neal-Schuman Publishers.

Summers, E., Isaac, A., Redding, C., & Krech, D. (2008). *LCSH, SKOS and linked data*. Paper presented at the International Conference on Dublin Core and Metadata Applications, Berlin, Germany. Retrieved December 31, 2010, from http://dc2008.de/wp-content/uploads/2008/09/summers-isaac-redding-krech.pdf

Suominen, O., Viljanen, K., & Hyvänen, E. (2007). User-centric faceted search for semantic portals. *Lecture notes in computer science, 4519*, 356 - 370.

Svenonius, E. (1986). Unanswered questions in the design of controlled vocabularies. *Journal of the American Society for Information Science, 37*(5), 331-340.

Swartout, B., Patil, R., Knight, K., & Russ, T. (1997). Toward distributed use of large-scale ontologies. *AAAI technical report, SS-97-06*,

138-148. Retrieved Decemebr 31, 2010, from http://www.aaai.org/Papers/Symposia/Spring/1997/SS-97-06/SS97-06-018.pdf

Taylor, A. G., & Joudrey, D. N. (2009). Ontologies. In 3rd (Ed.), *The organization of information* (pp. 357-359). Westport, Connecticut London: Libraries unlimited.

Tedd, L. (2005). E-Books in academic libraries: An international overview. *New Review of Academic Librarianship, 11*(1), 57-79.

Tennant , R. (1998). The most important management decision: Hiring staff for the new millennium. *Library Journal, 123*(3), 102.

Tennant, R. (1999). Skills for the new millennium. *Library Journal, 124*(1), 39.

Tennant, R. (2001). Different paths to interoperability. *Library Journal, 126*(3), 118-119.

Text Encoding Initiative. (2007, November 1). *TEI: P5 guidelines*. Retrieved April 27, 2010, from http://www.tei-c.org/Guidelines/P5/

The European Library. (2010). *What is the european library?* Retrieved January 15, 2011, from http://www.theeuropeanlibrary.org/portal/organisation/about_us/aboutus_en.html

The International Organization for Standardization, & The International Electrotechnical Commission. (2002). ISO/IEC 13250 topic maps. Retrieved May 21, 2010, from http://www.y12.doe.gov/sgml/sc34/document/0322_files/iso13250-2nd-ed-v2.pdf

Thomas, M. (2009). To tag or not to tag? *Library Hi Tech, 27*(3), 411-434.

Thornton, G. A. (2000). Impact of electronic resources on collection development, the roles of librarians, and library consortia. *Library Trend, 48*(4), 843-844.

Tillett, B. B. (1991a). A summary of the treatment of bibliographic relationships in cataloging rules. *Library Resources and Technical Services, 35*(4), 393-405.

Tillett, B. B. (1991b). A taxonomy of bibliographic relationships. *Library Resources and Technical Services, 35*(2), 150-158.

Tillett, B. B. (2000). Authority control at the international level. *Library Resources & Technical Services, 44*(3), 171-172.

Tillett, B. B. (2003a). *Authority control: State of the art and new perspectives*. Paper presented at the International Conference Authority Control: Definition and International Experiences, Florence. Retrieved January 10, 2011, from http://eprints.rclis.org/bitstream/10760/4193/1/tillett_eng.pdf

Tillett, B. B. (2003b). *A virtual international authority file.* Paper presented at the 1st Meeting of Experts on an International Cataloguing Code, Frankfurt.

Tillett, B. B. (2010). VIAF (Virtual International Authority File)building blocks for the future: Making controlled vocabularies available for the semantic web. 26. Retrieved January 9, 2010, from http://www.bne.es/export/sites/BNWEB1/es/Actividades/ActosCulturales/CicloCitaBN/CitaBN2010/docs/CitaBNE-VIAF-280410-BTillett.ppt

Timothy, W. C., & Muriel, F. (2007). *Using the open archives initiative protocol for metadata harvesting*. Westport, Conn.: Libraries Unlimited.

Tonta, Y. (1996). Scholarly communication and the use of networked information sources. *IFLA Journal, 22*(3), 240-245.

Trant, J. (2009). Studying social tagging and folksonomy: A review and framework. *Journal of Digital Information, 10*(1), 1-44.

Tudhope, D., & Binding, C. (2006). Toward terminology services: Experiences with a pilot web service thesaurus browser. *Bulletin of the American Society for Information Science & Technology, 32*(5), 6-9.

Tudhope, D., & Binding, C. (2008). Faceted thesauri. *Axiomathes, 18*(2), 211-222.

Uddin, M. N., & Janecek, P. (2007). Faceted classification in web information architecture. *Electronic Library, 25*(2), 219-233.

United Kingdom Serials Group. (2007). Link resolvers and the serials supply chain final report for UKSG. Retrieved December 12, 2010, from http://www.uksg.org/sites/uksg.org/files/uksg_link_resolvers_final_report.pdf

University Library University of Illinois at Urbana-Champaign. (2010). *Online research resources*. Retrieved December 23, 2010, from http://www.library.illinois.edu/orr/

University of California Libraries. (2005). Rethinking how we provide bibliographic services for the University of California. Retrieved April 12, 2010, from http://libraries.universityofcalifornia.edu/sopag/BSTF/Final.pdf

University of Iowa Libraries. (2010). Searching on database: InfoHawk catalog. Retrieved April 12, 2010, from http://alephprod.lib.uiowa.edu/F?func=file&file_name=find-b&local_base=uiowa

Vassiliou, M., & Rowley, J. (2008). Progressing the definition of "e-book". *Library Hi Tech, 26*(3), 355-368.

Vickery, J. (2000). *Reorganisation in the British Library to acquire electronic resources*. Paper presented at the 66th IFLA Council and

General Conference, Jerusalem, Israel. Retrieved December 16, 2010,, from http://archive.ifla.org/IV/ifla66/papers/116-180e.htm

Visual Resources Association. (2008). *VRA core core categories. version 4.0.* Retrieved April 27, 2010, from http://vraweb.org/projects/vracore4/index.html

Voorbij, H. J. (1998). Title keywords and subject descriptors: A comparison of subject search entries of books in the humanities and social sciences. *Journal of Documentation, 54*(4), 466-476.

Wakimoto, J. C. (2009). Scope of the library catalog in times of transition. *Cataloging & Classification Quarterly, 47*(5), 409-426.

Wal, T. V. (2005, February 21). *Explaining and showing broad and narrow folksonomies*. Retrieved December 29, 2010, from http://www.personalinfocloud.com/2005/02/explaining_and_.html

Wang, J., & Pribyl, A. (2007). The nature of the digital resource : How the process for the management of digital resources differs from (and is the same as) that of other formats. *Collection Management, 32*(1/2), 141-153.

Watson, P. D. (2003). Sources for E-journals. *Library Technology Reports, 39*(2), 6-27.

Webb, M. (2006, July 20). *Ten ways to use web 2.0 to change the world or at least engage more community in good work you're already doing.*

Retrieved December 28, 2010, from http://www.techsoup.org/learningcenter/webbuilding/page5669.cfm

Weibel, S. (2006, March 03). *Hybrid vigor. Weibel lines*. Retrieved November 21, 2008, from http://weibel-lines.typepad.com/weibelines/2006/03/hybrid_vigor.html

Weibel, S., Godby, J., Miller, E., & Daniel, R. (1995). *OCLC/NCSA Metadata Workshop Report*. Retrieved December 6, 2010, from http://xml.coverpages.org/metadata.html

Weihs, J. R. (Ed.). (1998). *The principles and future of AACR: Proceedings of the international conference on the principles and future development of AACR, Toronto, Ontario, Canada, October 23-25, 1997*. Canada, Toronto: Canadian Library Association.

Weinberger, D. (2006, June 10). *PennTags – When card catalogs meet tags. Many2Many: A Group Weblog on Social Software*. Retrieved November 21, 2008, from http://many.corante.com/archives/2006/06/10/penntags_when_card_catalogs_meet_tags.php

Weintraub, T. S., & Shimoguchi, W. (1992). Catalog record contents enhancement. *Library Resources and Technical Services, 37*(2), 167-180.

Weitz, J. (2004). Cataloging electronic resources: OCLC-MARC coding guidelines. Retrieved July 30, 2005, from http://www.oclc.org/support/documentation/worldcat/cataloging/electronicresources/

Wheeler, W. J. (2000). Scanning book tables of contents: A preliminary report on costs and procedures. *The Bottom Line: Managing Library Finances, 13*(1), 21-25.

Wilson, P. (1978). *Two kinds of power: An essay of bibliographical control*. California, L.A.: University of California Press.

World Wide Web Consortium. (2004a, February 10). *OWL web ontology language overview*. Retrieved May 21, 2010, from http://www.w3.org/TR/owl-features/

World Wide Web Consortium. (2004b, February 10). *RDF primer*. Retrieved May 21, 2010, from http://www.w3.org/TR/rdf-primer/

World Wide Web Consortium. (2004c, February 10). *RDF vocabulary description language 1.0: RDF schema*. Retrieved May 21, 2010, from http://www.w3.org/TR/rdf-schema/World Wide Web Consortium. (2004d, February 10). *RDF/XML syntax specification (revised)*. Retrieved May 21, 2010, from http://www.w3.org/TR/rdf-syntax-grammar/

World Wide Web Consortium. (2005, November 2). *SKOS core guide*. Retrieved May 21, 2010, from http://www.w3.org/TR/2005/WD-swbp-skos-core-guide-20051102/

World Wide Web Consortium. (2009, August 18). *SKOS simple knowledge organization system reference*. Retrieved May 21, 2010, from http://www.w3.org/TR/skos-reference/

Yang, S. Q., & Hofmann, M. A. (2010). The next generation library catalog: A comparative study of the OPACs of Koha, Evergreen, and Voyager. *Information Technology and Libraries, 29*(3), 141-150.

Yee, K.-P., Swearingen, K., Li, K., & Hearst, M. (2003). *Searching and organizing: Faceted metadata for image search and browsing*. Paper presented at the Conference on Human Factors in Computing Systems: Proceedings of the Conference on Human Factors in Computing Systems in New York 5-10 April 2003, New York.

Yi, K., & Chan, L. M. (2009). Linking folksonomy to Library of Congress Subject Headings: An exploratory study. *Journal of Documentation, 65*(6), 872-900.

Yi, M. (2008). Information organization and retrieval using a topic maps-based ontology: Results of a task-based evaluation. *Journal of the American Society for Information Science & Technology, 59*(12), 1898-1911.

Young, P. R. (1999). Librarianship: A changing profession. In S. R. Graubard & P. LeClerc (Eds.), *Bricks and Bytes* (2nd ed.). New

Brunswick: Transaction Publishers.

Zeng, M. L., & Chan, L. M. (2006). Metadata interoperability and standardization a study of methodology part II. *D-Lib Magazine, 12*(6). Retrieved April 12, 2010, from http://www.dlib.org/dlib/june06/zeng/06zeng.html

Zhang, Y. (1998). The impact of Internet-based electronic resources on formal scholarly communication in the area of library and information science: A citation analysis. *Journal of Information Science, 24*(4), 241-254

Zhao, S., & Zhao, W. (2010). Addressing the challenge: Cataloguing electronic books in academic libraries. *Evidence Based Library and Information Practice, 5*(1), 93-103.

中文索引

ㄉ

ㄊ

ㄐ

英文索引

A

B

I

M

Z

國家圖書館出版品預行編目資料

圖書館電子資源組織——從書架到網路／張慧銖 著
初版　新北市：Airiti Press, 2011.02
面；公分
參考書目：面
ISBN 978-986-6286-37-7　(平裝)
1. 電子資源　2. 資訊組織　3. 主題分析

023.447　　100002864

圖書館電子資源組織——從書架到網路

作　　者／張慧銖
總 編 輯／陳建安
審查召集人／邱炯友
責任編輯／古曉凌
執行編輯／鄭家文
封面編輯／吳雅瑜

出版者／Airiti Press Inc.
新北市永和區成功路一段80號18樓
電話／(02)2926-6006　傳真／(02)2231-7711
服務信箱／press@airiti.com
帳戶／華藝數位股份有限公司
銀行／國泰世華銀行　中和分行
帳號／045039022102
法律顧問／立暘法律事務所　歐宇倫律師
ISBN／978-986-6286-37-7
出版日期／2011年2月14日初版
定　　價／NT$ 500元

※本書通過Airiti Press學術審查委員會雙盲學術審查